Jack Kornfield

LA SABIDURÍA DEL CORAZÓN

Enseñanzas de psicología budista

Traducción del inglés al castellano
de Pilar Alba Navarro

editorial Kairós

© Título original: The Wise Heart: A Guide to the Universal Teachings of Buddhist Psychology

© 2008 by Jack Kornfield
Edición publicada por acuerdo con Bantam Books, editorial de Random House, un sello de Penguin Random House LLC.

© de la edición en castellano:
2025 by Editorial Kairós, S. A.
www.editorialkairos.com

© traducción del inglés al castellano de Pilar Alba Navarro
Revisión: Amelia Padilla

Fotocomposición: Grafime, 08027 Barcelona
Diseño cubierta: Katrien Van Steen
Impresión y encuadernación: Litogama. 08030 Barcelona

Primera edición: Diciembre 2024
ISBN: 978-84-1121-301-1
Depósito legal: B 17.533-2024

A Aung San Suu Kyi
y a los monjes y monjas de Birmania
y a todos nuestros hijos:
que puedan vivir con un corazón sabio

Las enseñanzas budistas no son una religión,
son la ciencia de la mente
DALÁI LAMA

Índice

Parte IV. Encontrar la libertad

Parte V. Encarnar la sabiduría del corazón

Introducción

Hace un año coincidí con el maestro zen Thich Nhat Hanh para dirigir un congreso sobre conciencia y psicoterapia que tuvo lugar en UCLA.[1] Mientras contemplaba desde el estrado a las casi 2000 personas que se habían concentrado allí, me preguntaba qué habría atraído a tanta gente a ese encuentro de tres días. ¿La necesidad de buscar una manera más sabia de afrontar el conflicto, el estrés, los miedos y el agotamiento, tan comunes en la vida moderna? ¿El anhelo de una psicoterapia que contemplase en su perspectiva de curación la dimensión espiritual y el potencial humano más elevado? ¿La esperanza de encontrar sistemas más sencillos para serenar la mente y abrir el corazón?

Me di cuenta de que debía hablar de un modo personal y práctico, como he hecho en este libro. Los participantes de ese encuentro buscaban inspiración y apoyo, como también les ocurre a los estudiantes que acuden al centro de meditación de Spirit Rock, situado a poca distancia de San Francisco. Los que llegan a nuestra luminosa sala de meditación no están huyendo de la vida, sino buscando un camino de mayor sabiduría para vivirla. Cada uno trae consigo sus problemas personales y su deseo genuino de encontrar la felicidad. A menudo cargan con el peso de sus preocupaciones por un mundo asolado por continuas guerras y problemas medioambientales cada vez más graves. Se preguntan qué quedará para la generación de sus hijos. Han oído hablar de la meditación y esperan encontrar la dicha y la libertad interior que prometen las enseñanzas budistas, además de una manera más sabia de cuidar el mundo.

1. *N. de la T.*: Universidad de California, Los Ángeles.

Hace cuarenta años, llegué a un monasterio de la tradición del bosque,[2] en Tailandia, buscando mi propia felicidad. Era un joven solitario y confundido, con un pasado familiar doloroso, que se había graduado en estudios orientales en la universidad de Dartmouth y se había apuntado como voluntario en los *Peace Corps*[3] con la solicitud de ser enviado a un país budista. Cuando miro hacia atrás, me doy cuenta de que no solo estaba intentando huir del dolor de mi familia, sino también del materialismo y el sufrimiento de nuestra cultura en general, tan evidentes en la guerra del Vietnam. Mientras trabajaba con unos equipos médicos en entornos rurales a lo largo del río Mekong, oí hablar de un maestro de meditación, Ajahn Chah, que aceptaba a estudiantes occidentales. Tenía muchas ideas sobre las enseñanzas budistas y la esperanza de que me iban a ayudar, quizá incluso me llevarían a iluminarme. Después de pasar meses en el monasterio de Ajahn Chah, tomé los votos de monje. En los tres años siguientes, fui instruido en las prácticas de la atención plena, la generosidad, la bondad y la integridad. Fue el comienzo de un viaje para toda la vida con las enseñanzas budistas.

Como ocurre en la actualidad en Spirit Rock, el monasterio del bosque recibía visitantes de forma continua. Cada día, Ajahn Chah se sentaba en un banco de madera al borde de un claro del bosque y daba la bienvenida a todos los que llegaban: campesinos que cultivaban el arroz en la zona, peregrinos, buscadores, soldados, jóvenes, ministros del gobierno y estudiantes occidentales. Todos venían con sus preguntas y sus conflictos espirituales, sus penas, sus temores y sus aspiraciones. En un momento, Ajahn Chah podía estar consolando a un hombre que había perdido a su joven hijo y, en el siguiente, riéndose de la arrogancia de la humanidad

2. *N. de la T.*: La tradición del bosque es una corriente budista de tradición Theravada, presente en diversos países del sueste asiático.
3. *N. de la T.*: Los *Peace Corps* o Cuerpos de Paz son un organismo del gobierno de Estados Unidos, que se dedica a ayudar con trabajo voluntario a los países de Asia, África, el Caribe, Latinoamérica, Europa y Oriente Medio.

con un comerciante desencantado. Por la mañana podía enseñar ética a un funcionario medio corrupto del gobierno y, por la tarde, transmitir una meditación sobre la conciencia imperecedera a una anciana monja devota.

Incluso entre estas personas totalmente desconocidas existía un ambiente apreciable de seguridad y confianza. Todos éramos acogidos por la compasión del maestro y por las enseñanzas que nos guiarían en el viaje humano del nacimiento y la muerte, de la alegría y la tristeza. Todos nos sentábamos juntos como una única familia humana.

Ajahn Chah y otros maestros budistas como él son practicantes de una psicología para la vida: uno de los sistemas más antiguos y mejor desarrollados para la sanación y la comprensión que existen en la tierra. Esta psicología no distingue entre los problemas mundanos y los espirituales. Para Ajahn Chah, la ansiedad, el trauma, los problemas financieros, las dificultades físicas, los obstáculos con la meditación, los dilemas éticos y los conflictos sociales eran todo formas de sufrimiento susceptibles de tratarse con la medicina de las enseñanzas budistas. Él podía dar respuesta a una amplia gama de problemas humanos y de posibilidades gracias a su propia meditación profunda y a una extensa variedad de técnicas que le habían transmitido sus maestros. Estas incluían sofisticadas disciplinas de meditación, prácticas de sanación, adiestramiento cognitivo y emocional y sistemas de resolución de conflictos, que utilizaba con el objetivo de despertar las cualidades innatas de integridad, ecuanimidad, gratitud y perdón en los que acudían a él.

La sabiduría que Ajahn Chah encarnaba como sanador existe también en una antigua tradición escrita, que inicialmente fue recogida como las enseñanzas del Buda y después se ha extendido a través de más de cien generaciones que las han estudiado, comentado y practicado. Esta tradición escrita constituye un gran almacén de sabiduría y una profunda exploración de la mente humana, pero no resulta muy accesible para los occidentales.

En este momento está cayendo una lluvia invernal sobre mi sencilla cabaña en el bosque de Spirit Rock. Sobre mi escritorio se encuentran algunos de los textos clásicos de muchas de las principales escuelas históricas de budismo: el *Manual completo de Abhidhamma*, la «versión larga» de ocho mil versos del *Sutra del Corazón*, con sus enseñanzas sobre la forma y el vacío, y un texto tibetano sobre la conciencia de Longchenpa. Con el tiempo, he aprendido a apreciar estos textos y he descubierto que están llenos de joyas de sabiduría. No obstante, el *Abhidhamma* (o *Abhidharma*, en sánscrito), a pesar de que se considera una obra maestra de la tradición Theravada y el compendio esencial de la psicología budista, es también uno de los libros más impenetrables que se han escrito. ¿Como se pueden entender pasajes semejantes a «Los fenómenos materiales inseparables que constituyen la octada pura, que da lugar a la dodécada de la intimidad física y a la triada de la luminosidad, todos como grupos materiales que se originan a partir de la conciencia»? Y el *Sutra del Corazón*, reverenciado como un texto sagrado del budismo Mahayana de la India, China y Japón, puede sonar como una mezcla de mitología fantástica y adivinanzas zen casi indescifrables. Del mismo modo, dilucidar algunas de las enseñanzas de Longchenpa sobre la cognición fundamental del vacío autoexistente, para muchos lectores, podría ser el equivalente a analizar la bioquímica de un fármaco esencial para salvar la vida.

Lo que todos buscamos es la experiencia que subyace a estos textos, que es rica y profunda y gozosamente libre. Cuando Laura llegó a Spirit Rock con su diagnóstico de cáncer y Sharon, una jueza, vino a aprender sobre el perdón, estaban buscando el aspecto esencial, la comprensión profunda que ilumina estas palabras. Pero… ¿cómo encontrarla?

Igual que mi maestro Ajahn Chah, yo intento transmitir la esencia de estos textos como una psicología inmediata y práctica que pueda aplicarse a la vida. Formo parte de una generación de budistas veteranos que incluye a Pema Chödrön, Sharon Salzberg, Joseph Goldstein, Thich Nhat Hanh y otros que han ayudado mucho a introducir las enseñanzas budistas en Occidente. Para hacer esto sin dejar de ser fieles a nuestras raíces, nos hemos centrado principalmente en las enseñanzas básicas, la esencia de la sabiduría budista que abarca todas las tradiciones. Aunque este es un papel distinto al que desempeñan los budistas más ortodoxos y eruditos, es algo primordial cuando se trata de llevar las enseñanzas budistas a una cultura nueva. De este modo, se ha intentado crear un enfoque no sectario y accesible de estas importantes enseñanzas. Esto es lo que otro de mis maestros, Ajahn Buddhadasa, fomentaba: no dividir las enseñanzas en las escuelas de Theravada, Mahayana y Vajrayana, sino ofrecer Buddhayana, los principios básicos del despertar aplicables a la vida.

Junto con estas enseñanzas esenciales budistas, también he incorporado comprensiones importantes de nuestra tradición occidental en psicología. Mi interés por la psicología occidental empezó cuando regresé de Asia y me encontré con problemas que no tuve que afrontar mientras estaba en el monasterio. Ahora tenía dificultades con mi novia, con mi familia, con el dinero y con el modo de ganarme la vida y abrirme camino en el mundo. Descubrí que sentarme en silencio a meditar no era suficiente para transformar mis problemas. No había ningún atajo, ninguna vía de circunvalación espiritual que pudiera ahorrarme el trabajo de integración y la aplicación a la vida cotidiana de los principios que había aprendido en la meditación.

Para completar mi práctica budista, hice un curso de postgrado en psicología y experimenté y me formé en diversos enfoques terapéuticos: reichiano, analítico, jungiano, gestalt, psicodrama. Me incorporé al diálogo que empezaba a desarrollarse entre la psicología occidental y la oriental, trabajando con colegas innovadores en los primeros años de la Universidad Budista Naropa y el Instituto Esalen, así como en centros de meditación y encuentros profesionales en todo el mundo. Poco a poco, el diálogo se hizo más fértil, más rico en matices y más abierto. Actualmente existe un interés creciente entre los profesionales de la salud mental de cualquier escuela de incorporar un enfoque más positivo, espiritual y visionario. Muchas de las personas que trabajan dentro de las restricciones de nuestros sistemas sanitarios y de seguridad social tienen que hacer frente a las limitaciones de nuestro enfoque clínico. Cuando enseño la perspectiva de la nobleza, la práctica de la compasión o sistemas no religiosos de transformar el sufrimiento y nutrir nuestra conexión sagrada con la vida, se produce un alivio palpable.

La reciente explosión de conocimientos en neuropsicología ha ampliado aún más este diálogo. Ahora podemos escudriñar el interior del cerebro para estudiar las mismas cuestiones básicas exploradas por el Buda hace muchos siglos. Los neurocientíficos están proporcionando informaciones extraordinarias, a partir de estudios de meditadores expertos, que están corroborando los refinados análisis del potencial humano descritos por la psicología budista. Debido a que se basan en experimentaciones y observaciones realizadas a lo largo de milenios, los principios y las enseñanzas budistas pueden ser una aportación importante para los estudios científicos sobre psicología de Occidente. Por el momento, ya han contribuido a nuestra comprensión de conceptos como percepción, estrés, sanación, emoción, psicoterapia, potencial humano y conciencia.

A partir de mi experiencia he descubierto que la práctica real de la psicología, tanto la oriental como la occidental, hace que me sienta más abierto, libre y extrañamente vulnerable a la vida. En vez de usar los términos técnicos de Occidente, como *contratransferencia* o *catexis*, o los orientales, como *conciencia que advierte* o *fenómeno íntimo mutable*, encuentro más útil hablar de anhelo, daño, rabia, amor, esperanza, rechazo, soltar, contacto, autoaceptación, independencia y libertad interior. En lugar de la palabra *iluminación*, cargada de tantas ideas y malentendidos, he utilizado términos como libertad interior y liberación para expresar claramente la amplia gama de posibilidades de despertar a las que podemos acceder a través de la práctica budista. Me interesan las historias y los despertares de los estudiantes y practicantes, pues nos ayudan a confiar en nuestra profunda capacidad para ser amables y sabios. Deseo que descubramos el poder del corazón para sostenerlo todo –la tristeza, la soledad, la vergüenza, el deseo, el arrepentimiento, la frustración, la felicidad y la paz– y encontrar la confianza profunda de que, ante cualquier cosa que seamos y cualquier cosa a la que tengamos que hacer frente, podemos ser libres.

Como profesor budista en Occidente, yo no me siento en un banco como Ajahn Chah, pero a menudo recibo a estudiantes y buscadores. Con frecuencia trabajo con personas que asisten a clases o retiros residenciales, donde los estudiantes vienen a meditar por períodos de tres días hasta tres meses. En los retiros se suelen dar enseñanzas diarias e instrucciones de meditación, un programa para períodos de práctica en grupos y largas horas de silencio. Algunos días, los estudiantes tienen encuentros personales con un profesor. Estas sesiones o entrevistas individuales son breves, de quince a veinte minutos.

Cuando los estudiantes llegan a la entrevista, permanecemos sentados juntos en silencio por unos momentos. Después les pregunto por su experiencia en el retiro y cómo les está yendo. A partir de ahí, puede desarrollarse una profunda conversación. A veces, lo único que intento es ser un testigo compasivo de su práctica; otras veces les doy alguna recomendación. Con frecuencia entramos en una investigación del cuerpo y la mente del estudiante en el momento presente, como solía hacer el Buda con los que iban a visitarlo. A lo largo de estas páginas, podrás ver con mayor detalle la manera en que yo y otros profesores trabajamos, y podrás tener una idea de cómo podemos aplicar realmente esta extensa psicología de la compasión en nuestras vidas actuales.

Si eres un médico o un profesional de la salud mental, la psicología budista te ofrecerá comprensiones y posibilidades nuevas y provocativas. Puede complementar o incluso transformar tu manera de trabajar. Si no conoces las enseñanzas budistas y tienes la impresión de que la meditación es algo ajeno a ti, descubrirás que meditar es algo muy natural. Se empieza simplemente poniendo atención de una manera cuidadosa y considerada. Mientras lees y reflexionas sobre este libro estás haciendo una forma de meditación contemplativa. Si eres alguien que tiene más experiencia en la práctica budista, espero poder ser lo suficientemente estimulante como para que descubras formas del todo nuevas de contemplar y practicar el camino del despertar.

Al empezar este diálogo, me gustaría subrayar una cuestión que el Dalái Lama ha comentado a menudo: «Las enseñanzas budistas no son un religión, son una ciencia de la mente». Esto no niega el hecho de que para mucha gente en todo el mundo el budismo también sirva como una religión. Como la mayoría de las religiones, ofrece a sus seguidores una rica tradición de prácticas devotas, rituales para practicar en comunidad e historias sagradas. Pero esto no es el origen del budismo ni su esencia. El Buda fue un ser humano, no un dios, y lo que ofreció a sus seguidores fueron enseñanzas y prácticas basadas en la experiencia, una manera revolucionaria de comprender el sufrimiento y liberarse de él. A partir de sus propios experimentos interiores, descubrió una manera sistemática y extraordinaria de entrenarse para alcanzar la felicidad y los niveles más elevados del desarrollo humano. Hoy en día, este camino de práctica para la liberación es el que atrae a muchos estudiantes occidentales al budismo.

Las enseñanzas de este libro representan un desafío indudable para gran parte de la psicología occidental y también para el materialismo, cinismo y desesperanza presente en la cultura de Occidente. Desde las primeras páginas presentan un enfoque radical y positivo para la psicología y la vida humana. Partiendo de la nobleza y la compasión, la parte I explica la visión budista de la salud mental y la conciencia. En la parte II expone la manera de lograr la sanación y el despertar a través de las prácticas de la atención plena. La parte III trata sobre la transformación de las emociones dañinas. La parte IV describe un amplio abanico de herramientas de la psicología budista. La parte V explora las posibilidades más elevadas del desarrollo, del profundo bienestar mental y de la liberación.

Al final de la mayoría de los capítulos propongo unas prácticas budistas específicas que puedes probar. Considéralas experimentos que puedes explorar con una mente abierta. Si no tienes tiempo de comprometerte con todos, confía en tu intuición y empieza con las prácticas que te parezca que van a ser más beneficiosas para tu corazón. Si te entregas a ellas durante un tiempo, descubrirás que transformarán tu manera de ver el mundo y estar en él.

La psicología de hoy en día necesita urgentemente poder comprender y favorecer las posibilidades más elevadas del desarrollo humano. El sufrimiento y la felicidad de nuestro mundo, tanto individuales como colectivos, dependen de nuestra conciencia. Debemos encontrar una manera más sabia de vivir. La buena noticia es que esto es perfectamente posible. En este libro ofrezco perspectivas visionarias y universales del budismo para sanar nuestros corazones, liberar nuestras mentes y beneficiar a todos los seres.

Parte I
¿Quién eres realmente?

1. Nobleza: nuestra bondad original

Oh, nacido noble. Oh tú, de origen glorioso, recuerda tu radiante naturaleza verdadera, la esencia de la mente. Confía en ella. Vuelve a ella. Es el hogar.
Libro Tibetano de los Muertos

Entonces fue como si de repente viese la belleza secreta de sus corazones, la profundidad de sus corazones que no puede ser alcanzada por el pecado, el deseo o el conocimiento de uno mismo, la esencia de nuestra realidad, la persona que cada uno es a los ojos de lo Divino. Ojalá pudieran todos verse como son en realidad. Ojalá pudiéramos vernos todos así todo el tiempo. No habría más guerras, más odio, más crueldad, más codicia... Supongo que el gran problema sería que todos nos postraríamos para adorarnos unos a otros.
THOMAS MERTON

En un gran templo al norte de la antigua capital de Tailandia, Sukotai, se alzaba desde tiempos antiguos una enorme estatua del Buda. Aunque no era una de las más bellas y refinadas obras de arte budista tailandés, se había mantenido durante 500 años y se había convertido en objeto de veneración por su incuestionable longevidad. Este Buda había sido testigo de violentas tormentas, cambios de gobierno y ejércitos invasores, pero había resistido.

Llegó un momento, sin embargo, en que los monjes que cuidaban el templo advirtieron que la estatua había empezado a agrietarse y que pronto iba a necesitar ser reparada y pintada de nuevo. Tras un período que resultó especialmente caluroso y seco, una de las grietas se hizo tan ancha que a un monje curioso se le ocurrió tomar una linterna para investigar qué había allí dentro. Lo que apareció de golpe al iluminar la grieta fue ¡el destello brillante del oro! En el interior de aquella sencilla estatua, los residentes del templo descubrieron una de las imágenes de oro del Buda más grandes y luminosas que se han creado en el sureste asiático. Ahora, ya despojado de la capa de arcilla, el Buda dorado atrae a multitudes de peregrinos devotos de todas partes de Tailandia.

Los monjes creen que esta deslumbrante obra de arte fue cubierta con yeso y arcilla para protegerla durante las épocas de conflictos y disturbios. De un modo muy parecido, cada uno de nosotros ha tenido que hacer frente a situaciones amenazantes que nos han llevado a cubrir nuestra nobleza innata. Al igual que la gente de Sukotai había olvidado al Buda de oro, también nosotros hemos olvidado nuestra naturaleza esencial. La mayor parte del tiempo actuamos desde la capa protectora. El principal objetivo de la psicología budista es ayudarnos a ver debajo de esta armadura y destapar nuestra bondad original, denominada nuestra naturaleza de Buda.

Este es el primer principio de la psicología budista:

---

1 Ver la nobleza y la belleza interior de todos los seres humanos.

Robert Johnson, el renombrado analista jungiano, ha descrito lo difícil que es para la mayoría de nosotros creer en nuestra bondad. Nos resulta mucho más fácil presuponer que somos nuestros peores miedos y pensamientos, los rasgos no reconocidos que Jung denominó «la sombra». «Curiosamente –escribe Johnson–, las personas se resisten mucho más enérgicamente a aceptar los aspectos nobles de su sombra que a esconder sus partes oscuras [...]. Es más perturbador descubrir que tienes una nobleza profunda de carácter que admitir que eres un vago».

Nuestra creencia en una identidad limitada y carente es un hábito tan fuerte que, sin ella, tememos no poder existir. Si reconociéramos totalmente nuestra dignidad, esto nos llevaría a cambios radicales en nuestra vida. Podría suponer algo demasiado grande. Y, sin embargo, cierta parte de nosotros sabe que el yo asustado y herido no es lo que somos. Todos necesitamos encontrar la manera de ser completos y libres.

En mi familia, no me resultó fácil ver mi propia bondad. Mis recuerdos más antiguos son los de un padre violento, paranoico e imprevisible, de una madre maltratada y atemorizada y de cuatro hijos que nos preguntábamos «¿cómo hemos llegado a esto?». Todos conteníamos la respiración cuando escuchábamos que llegaba mi padre en su coche. En los días buenos, podía ser atento y divertido y nos sentíamos aliviados, pero lo más frecuente era que tuviéramos que escondernos o quedarnos encogidos de miedo para evitar su ira explosiva y sus diatribas. En los viajes familiares, la presión podía dar lugar a que mi padre acabase estampando la cabeza de mi madre contra el parabrisas o a que castigase a sus hijos por culpa del comportamiento brusco de otros conductores. Recuerdo a mi abuela materna rogándole a mi madre que no se divorciase. «Al menos a veces es responsable en su trabajo. No está tan loco como los que están en los centros psiquiátricos».

No obstante, yo sabía que esta infelicidad no era lo único que existía. Recuerdo cuando salía corriendo de mi casa en los días difíciles, a la edad de seis o siete años, mientras mis padres se peleaban. Algo dentro de mí me decía que aquello no era mi hogar, como si hubiera nacido en la familia equivocada. A veces imaginaba, como hacen los niños, que un día llamarían a la puerta y aparecería un señor elegante que preguntaría por mí diciendo mi nombre. Entonces anunciaría que Jack y sus hermanos habían sido traídos secretamente a aquella casa, pero que, ahora, sus verdaderos padres, el rey y la reina, deseaban que volvieran a su auténtica familia. Estas fantasías infantiles alimentaron una de las tendencias más fuertes de mi vida, un anhelo de formar parte de algo valioso y verdadero. Yo buscaba mi familia real, de noble nacimiento.

En los momentos frecuentes de cinismo, podemos considerar la bondad original simplemente como una frase inspiradora, pero, si miramos a través de ella, descubrimos una forma radicalmente diferente de ver y de ser: somos alguien cuyo objetivo es transformar nuestro mundo. Esto no significa que olvidemos la gran cantidad de dolor que soportan las personas ni que nos volvamos estúpidamente vulnerables o tal vez violentos. De hecho, para descubrir la dignidad en los demás, es necesario que reconozcamos sus sufrimientos. Entre los principios más básicos de la psicología budista se encuentran las Cuatro Nobles Verdades, que empiezan por reconocer el sufrimiento inevitable de la vida humana. Por otro lado, es difícil hablar de esta verdad en nuestra cultura moderna, en la que se enseña a las personas a evitar el malestar a toda costa, en la que «la búsqueda de la felicidad» se ha convertido en «el deber de la felicidad». Y, sin embargo, cuando sufrimos, es enormemente reconfortante y útil reconocer la verdad del sufrimiento.

Las enseñanzas budistas nos enseñan a reconocer nuestros sufrimientos individuales, desde la vergüenza y la depresión a la ansiedad y la aflicción. Abordan el sufrimiento colectivo del mundo y nos ayudan a trabajar con el origen de este dolor: las fuerzas de la codicia, el odio y la ilusión en la psique humana. Aunque atender a nuestro sufrimiento es esencial, esto no eclipsa nuestra nobleza fundamental.

La palabra *nobleza* no se refiere a los caballeros y a las cortes medievales. Proviene de la palabra griega *gno* (como *gnosis*), y significa «sabiduría» o «luz interior». En nuestra lengua, nobleza se define como excelencia humana y se aplica al que es ilustre, digno de admiración, excelso y distinguido en sus valores, conducta y comportamiento. ¿Cómo podríamos conectar intuitivamente con esta cualidad en los que nos rodean? Nadie puede decirnos cómo sentir amor; cada uno de nosotros debe encontrar su propio camino para sentir la bondad subyacente en los demás. Una manera es desplazar el marco de referencia del tiempo e imaginar a la persona que está ante nosotros como un niño pequeño, todavía joven e inocente. En una ocasión, después de un día especialmente difícil con mi hija adolescente, me encontré sentado a su lado mientras ella dormía. Pocas horas antes habíamos estado discutiendo por sus planes para salir por la noche; ahora, dormida, tenía la inocencia y la belleza de su infancia. Esa inocencia está en todas las personas, si nos proponemos verla.

O, en vez de retroceder en el tiempo, podemos ir hacia delante. Podemos visualizar a la persona al final de su vida, yaciendo en su lecho de muerte, vulnerable, abierta, con nada que esconder. O simplemente podemos verla como un viajero que lucha por avanzar llevando sus cargas, buscando la felicidad y la dignidad. Bajo los miedos y la necesidad, la agresividad y el dolor, quien sea que encontremos es un ser que, como nosotros, tiene un tremendo potencial para la comprensión y la compasión, a cuya bondad se puede acceder.

Quizá es más fácil admirar el espíritu humano cuando destaca por su brillo en los grandes líderes morales del mundo. Vemos una compasión inquebrantable en la ganadora del premio Nobel de la Paz Aung San Suu Kyi, que ha conservado la firmeza y el amor a pesar de los largos años de arresto domiciliario en Birmania. Recordamos como el presidente de Sudáfrica, Nelson Mandela, salió de la cárcel con un espíritu gentil de valor y dignidad que resistió los veintisiete años de torturas y privaciones. Pero el mismo espíritu también resplandece en los niños sanos de todo el mundo. Su alegría y belleza natural pueden despertar de nuevo muestra naturaleza de Buda. Ellos nos recuerdan que hemos nacido con este espíritu brillante.

Entonces, ¿por qué, en la psicología occidental, tenemos que centrarnos en el lado oscuro de la naturaleza humana? Incluso antes de Freud, la psicología occidental se basaba en un modelo médico y, aún hoy, sigue centrándose en la patología. El *Manual diagnóstico y estadístico de los trastornos mentales* de la psiquiatría, que sirve de guía para la mayoría de los terapeutas, clínicos y profesionales de la salud mental, es un listado exhaustivo de cientos de enfermedades y problemas psicológicos. Clasificar los problemas nos ayuda a estudiarlos con la esperanza de poder después curarlos con los métodos más eficaces desde el punto de vista científico y económico. Pero a menudo ponemos tanta atención en las capas protectoras del miedo, la depresión, la confusión y la agresividad que olvidamos quiénes somos realmente.

Como profesor, me encuentro con esto continuamente. Cuando vino a verme un hombre de mediana edad llamado Marty, tras pasar por una separación y un divorcio dolorosos durante un año, estaba atrapado en sus círculos repetitivos de desvalorización y vergüenza que había arrastrado desde la infancia. Creía que había algo espantosamente erróneo en él. Había olvidado su bondad fundamental. Jan, una joven que llegó a la práctica budista después de una larga lucha con la ansiedad y la depresión, tuvo que pasar por grandes dificultades para desprenderse de su autoimagen de persona destrozada y dañada. Durante años se había visto solo a través de su diagnóstico y de los diversos medicamentos que habían fracasado en su tratamiento.

A medida que la psicología se orienta cada vez más hacia la farmacología, este modelo médico se refuerza. Hoy en día, a la mayoría de los millones de adultos que buscan apoyo para la salud mental se les asigna rápidamente un tratamiento con medicamentos. Y lo que es aún más preocupante, a cientos de miles de niños se les están recentando potentes fármacos psiquiátricos para problemas que van desde el trastorno por déficit de atención con hiperactividad hasta el diagnóstico cada vez más común de trastorno bipolar en la infancia. Aunque estos medicamentos pueden ser adecuados, e incluso imprescindibles, en algunos casos, tanto los ciudadanos de a pie como los profesionales, buscan cada vez más una pastilla como respuesta a la confusión y el sufrimiento humanos. Puede haber otras maneras.

Libertad interior: la liberación del corazón

Si no nos centramos en los límites humanos y en la patología, ¿qué otra posibilidad hay? Existe la creencia de que la libertad humana es posible bajo cualquier circunstancia. Las enseñanzas budistas lo expresan de esta manera: «Del mismo modo que todos los océanos tienen un único sabor, el sabor salado, todas las enseñanzas del Buda tienen un único sabor, el sabor de la liberación».

El psicólogo Viktor Frankl fue el único miembro de su familia que sobrevivió en los campos de concentración nazis. Sin embargo, a pesar de este sufrimiento, él encontró el camino de la sanación. Frankl escribió: «Los que vivimos en campos de concentración podemos recordar a los hombres que recorrían los barracones consolando a los demás, dándoles el último trozo de pan que les quedaba. Puede que fueran pocos en número, pero ofrecen pruebas suficientes de que al hombre se le puede arrebatar todo salvo una cosa: la última de las libertades humanas –la elección de la actitud personal ante cualquier conjunto de circunstancias– para decidir su propio camino».

Cuando estamos perdidos en nuestras peores crisis y conflictos, en los estados más profundos de miedo y confusión, nos parece que nuestro dolor no tendrá fin. Podemos sentirnos como si no hubiera ninguna salida, ninguna esperanza. Sin embargo, cierta sabiduría oculta anhela la libertad. «Si no fuera posible liberar al corazón de la trampa en los estados dañinos –dice el Buda–, yo no os enseñaría a hacerlo. Pero porque es posible liberar al corazón de la trampa de los estados dañinos, yo ofrezco estas enseñanzas».

El despertar de la libertad interior del espíritu es el propósito de los cientos de enseñanzas y prácticas budistas. Cada una de estas prácticas nos ayuda a reconocer y a desprendernos de esos patrones dañinos que crean sufrimiento y a desarrollar en su lugar patrones saludables. Lo que es importante en el enfoque de la psicología budista es que pone el acento tanto en la práctica y entrenamiento como en la compresión. En vez de ir a terapia a comentar tus problemas para que te escuchen una vez por semana, existe una pauta de entrenamientos y disciplinas que se realizan con una continuidad diaria para ayudarte a aprender y a practicar formas saludables de ser. Estas prácticas nos devuelven nuestra sabiduría y compasión innatas y nos conducen a la libertad.

La percepción sagrada

Los santos son santos no porque su santidad los haga admirables a otros, sino porque el don de la santidad les permite admirar a todos.
THOMAS MERTON

Cada vez que nos encontramos con otro ser humano y honramos su dignidad, ayudamos a las personas que nos rodean. Sus corazones resuenan con el nuestro de la misma manera que las cuerdas de un violín vibran con el sonido de otro violín que se toque cerca de él. La psicología occidental ha documentado este fenómeno como «contagio emocional» o resonancia límbica. Si una persona llena de pánico y odio entra en una habitación, lo sentimos inmediatamente, y, a menos que seamos muy conscientes, el estado negativo de esa persona empezará a afectarnos. Cuando entra una persona que expresa alegría, también nosotros nos sentimos bien. Y cuando vemos la bondad de los que están ante nosotros, la dignidad de ellos resuena con nuestra admiración y respeto.

Esta resonancia puede empezar por algo muy simple. En la India, cuando las personas se saludan, juntan sus manos en un gesto de plegaria, se inclinan y dicen *namaste,* «yo honro lo divino que hay en ti». Es una forma de reconocer tu naturaleza de Buda, aquel que realmente eres. Algunos creen que el acto de estrechar la mano proviene de una demostración de cordialidad y seguridad, de demostrar que no se lleva ningún arma. Pero el saludo *namaste* no se queda en «no te haré daño», sino que va un paso más allá, a «veo lo sagrado que hay en ti». Crea la base de una relación sagrada.

Cuando empecé mi entrenamiento como monje budista, pude degustar esta relación sagrada. Alrededor de Ajahn Chah había un aura de honestidad, gentileza y confianza. Era lo contrario de mi familia de origen; y aunque al principio me resultó extraño y desconocido, algo dentro de mí se sintió encantado. En vez de un terreno para el juicio, la crítica y la violencia imprevisible, aquí había una comunidad consagrada a tratar a cada persona con respeto y dignidad. Era hermoso.

En el monasterio, los caminos de los alrededores se barrían diariamente; también se lavaban con cariño las ropas y los cuencos de los monjes. Nuestros votos requerían cuidar la vida en cualquiera de sus manifestaciones. Se ponía atención para evitar pisar las hormigas; se mostraba aprecio por los pájaros y los insectos, las serpientes y los mamíferos. Aprendíamos a valorarnos a nosotros mismos y a los demás por igual. Cuando surgía algún conflicto, recurríamos a las prácticas de la paciencia; y para aprender a perdonar, recibíamos la orientación de un consejo de ancianos que nos enseñaban a abordar nuestros defectos con un respeto atento.

Tanto si se practica en un monasterio de la tradición del bosque como en Occidente, la psicología budista empieza por cultivar de forma deliberada el respeto, comenzando por nosotros mismos. Cuando aprendemos a descansar en nuestra bondad, podemos ver con mayor claridad la bondad en los otros. A medida que desarrollamos nuestro sentido del respeto y el cariño, nos resulta muy útil en las circunstancias más corrientes; y se convierte en algo inestimable en las situaciones extremas.

Una practicante budista contaba que formó parte de un grupo de personas que fueron tomadas como rehenes en un atraco a un banco de Sant Louis. Describía la confusión y el miedo inicial que se apoderaron de los rehenes, así como sus intentos iniciales por controlar su propio corazón desbocado. Después tomó la decisión de no dejarse llevar por el pánico. Utilizó su meditación y su respiración para serenar su mente. A medida que pasaban las horas, de la misma manera que ayudó a los otros rehenes del grupo, se dirigió con respeto a los atracadores y expresó una preocupación genuina por ellos. Pudo ver la desesperación y las necesidades profundas de estos. Cuando más tarde ella y el resto de los rehenes fueron liberados ilesos, se sintió agradecida al pensar que el cuidado y el respeto que había mostrado hacia los atracadores habían hecho posible la liberación.

Cuando tratamos con respeto y honramos a los que nos rodean, abrimos un canal para nuestra propia bondad. He comprobado esta verdad trabajando con presidiarios y delincuentes de bandas. Cuando tienen la experiencia de alguien que los respeta y los valora, pueden sentirse dignos de admiración, aceptar y reconocer lo bueno que hay en ellos. Cuando vemos lo sagrado en otro, tanto si pertenece a nuestra familia como a nuestros conocidos, en una reunión de negocios o en una sesión de terapia, transformamos sus corazones.

El Dalái Lama encarna esta percepción sagrada cuando viaja por el mundo, y esa es una de las razones por las que tanta gente busca acercarse a él. Hace varios años, Su Santidad visitó San Francisco y le invitamos para que impartiese enseñanzas en el centro de meditación de Spirit Rock. El Dalái Lama es el jefe del gobierno tibetano en el exilio, y el Departamento de Estado de EE. UU. había destinado docenas de agentes del Servicio Secreto para protegerlo a él y a su séquito. Acostumbrados a custodiar a líderes, príncipes y reyes extranjeros, los agentes del Servicio Secreto se vieron sorprendentemente conmovidos por la actitud respetuosa y la gentileza amorosa del Daláі Lama. Al final, le pidieron que les diera su bendición. Luego todos querían hacerse fotos con él. Varios dijeron: «Hemos tenido el privilegio de proteger a líderes políticos, príncipes y jefes de gobierno; sin embargo, hay algo diferente en el Dalái Lama. Él nos trata como si fuéramos especiales».

Más tarde, durante una serie de charlas públicas para impartir sus enseñanzas, se hospedó en un famoso hotel de San Francisco donde se suelen alojar dignatarios políticos. Justo antes de partir, el Dalái Lama comentó al director del hotel que quería dar las gracias personalmente a los empleados, a tantos como deseasen conocerlo. Así que, a la mañana siguiente, una larga fila de camareras, lavaplatos, cocineros y personal de mantenimiento, secretarias y encargados se alineaba a las puertas del hotel. Y antes de que partiese la caravana de coches del Dalái Lama, este recorrió la fila de empleados tocando amorosamente cada mano, haciendo vibrar las cuerdas de cada corazón.

Hace algunos años, me hablaron de una profesora de historia de una escuela de enseñanza secundaria que conocía este mismo secreto. Una tarde en la que los alumnos estaban especialmente inquietos y distraídos, les dijo que interrumpiesen cualquier trabajo académico. Dejó que los alumnos descansasen mientras ella escribía en la pizarra los nombres de cada uno de ellos. Después les pidió que copiasen la lista y, a continuación, que escribiesen junto a cada nombre alguna cosa que les gustase o admirasen de ese compañero. Al final de la clase recogió los papeles.

Semanas más tarde, en otro día especialmente difícil justo antes de las vacaciones de invierno, la profesora volvió a interrumpir la clase. Entregó a cada alumno una hoja con su nombre escrito en la parte de arriba. En cada una, había pegado las veintiséis cosas buenas que los otros estudiantes habían dicho de esa persona. Con sus rostros sonrientes, leyeron boquiabiertos y emocionados la cantidad de cualidades bellas que los demás habían apreciado en ellos.

Tres años más tarde, la profesora recibió una llamada de la madre de uno de sus antiguos estudiantes. Robert era el típico gracioso, pero también uno de sus preferidos. La madre le comunicó la triste noticia de que habían matado a su hijo en la Guerra del Golfo. La profesora asistió al funeral, en el que hablaron muchos antiguos amigos de Robert y compañeros de la escuela. Justo al final de la ceremonia, la madre de Robert se acercó a ella. Sacó un trozo de papel gastado que obviamente había sido plegado y replegado muchas veces y dijo: «Esta es una de las pocas cosas que encontraron en el bolsillo de Robert cuando los militares recuperaron su cuerpo». Era el papel en el que la profesora había pegado cuidadosamente las veintiséis cualidades que sus compañeros admiraban en él.

Al ver esto, los ojos de la profesora se llenaron de lágrimas. Mientras se secaba las mejillas, otra antigua alumna que estaba cerca de ella abrió su bolso, sacó su hoja cuidadosamente doblada y confesó que siempre la llevaba con ella. Un tercer ex alumno dijo que su hoja estaba enmarcada y colgada en la cocina de su casa; otro contó que la hoja había estado entre los textos que se leyeron en su boda. La percepción de bondad que esta profesora propuso había transformado los corazones de sus estudiantes de maneras que solo podía imaginar en sueños.

Todos podemos recordar algún momento en el que alguien vio esta bondad en nosotros y nos bendijo. En un retiro, una mujer de mediana edad recordaba que una persona, una monja, había sido amable con ella en la época en que, siendo una adolescente asustada y solitaria, se quedó embarazada sin estar casada. Había recordado su nombre todos estos años. Un joven con el que trabajé en un centro de menores se acordaba de un viejo jardinero que vivía junto a su casa que lo quería y lo valoraba. El respeto del jardinero había permanecido con él a pesar de todas sus dificultades. Esta posibilidad fue expresada por el premio nobel Nelson Mandela: «Nunca hace daño tener una opinión demasiado elevada de alguien; a menudo, las personas se sienten ennoblecidas y actúan mejor como consecuencia».

Ver con una percepción sagrada no significa ignorar la necesidad de desarrollo y cambio en un individuo. La percepción sagrada es en parte una paradoja. El maestro zen Shunryu Suzuki comentó a un discípulo: «¡Eres perfecto tal como eres. Y... todavía queda espacio para mejorar!». La psicología budista ofrece meditaciones, estrategias cognitivas, enseñanzas sobre ética y un conjunto de poderosas prácticas que favorecen la transformación interior. Pero empieza con una visión sumamente radical, una visión capaz de transformar a cualquiera que sea contemplado por ella: el reconocimiento de la nobleza innata y de la libertad de amar que está al alcance de cualquiera de nosotros.

Práctica: ver la bondad secreta

Elige un día en que te despiertes de buen humor, con el corazón abierto al mundo. Si esos días son raros en ti, elige uno de tus mejores días. Antes de empezar con tus actividades, haz el propósito claro de que durante la mañana tratarás de ver la nobleza interior de tres personas. Mantén la intención en tu corazón mientras hablas o trabajas con ellas. Nota cómo esta percepción afecta a tu interacción con ellas, cómo afecta a tu propio corazón, cómo afecta a tu trabajo. Después elige cinco de tus días de mejor humor, y cada uno de esos días haz esta práctica.

Después de ver así a tres personas en cada uno de esos cinco días, toma la decisión clara de practicar el ver la bondad durante todo un día en tanta gente como puedas. Desde luego, te resultará difícil con algunas personas. Déjalas para más tarde y practica antes con aquellas cuya nobleza y belleza puedas ver más fácilmente. Cuando hayas hecho esto lo mejor que puedas durante un día, elige un día a la semana para hacer esta práctica durante uno o dos meses.

Finalmente, cuando se haya vuelto algo más natural para ti el ver la bondad secreta, amplía tu práctica. Añade más días. Prueba a practicar en los días en los que te sientas más estresado. Poco a poco incluye a los desconocidos y a las personas difíciles, hasta que tu corazón aprenda a reconocer y a bendecir en silencio a cualquiera que encuentres. Proponte ver a tantos seres como puedas con un respeto amoroso. Muévete por la vida como si fueras el Dalái Lama de incógnito.

2. Abrazando el mundo con bondad: una psicología de la compasión

Oh, nacido noble, ahora está naciendo en ti la suprema compasión hacia todos los seres vivos que han olvidado su verdadera naturaleza.
Texto del Mahamudra del yogui tibetano Longchenpa

Sobreponte a cualquier amargura, porque con ella no puedes estar a la altura de la magnitud del dolor que te fue encomendado [...]. Como la madre del mundo que lleva el dolor de este en su corazón, estás compartiendo la totalidad de este dolor, y se te pide que lo recibas con compasión y alegría en vez de con pena por ti mismo.
Maestro sufí Pir Vilayat Khan

Alan Wallace, un destacado maestro occidental de budismo tibetano, lo expresa así: «Imagínate que vas caminando por la calle cargado con tus bolsas de la compra y alguien choca contigo bruscamente, de modo que te caes y tu compra queda toda desperdigada por el suelo. Al levantarte entre el amasijo de huevos rotos y zumo de tomate, estás a punto de gritar "¡Imbécil! ¿Qué te pasa? ¿Estás ciego o qué?". Pero justo cuando vas a decirlo, ves que la persona que ha chocado contigo es realmente ciega. Él también está tendido entre la comida desparramada, y tu furia se desvanece en un instante, y en vez de ella, le muestras amablemente tu preocupación: "¿Te has hecho daño? ¿Puedo ayudarte?"». Nuestra situación es así. Cuando nos damos cuenta claramente de que el origen de nuestro desequilibrio y sufrimiento en el mundo es la ignorancia, podemos abrir la puerta a la sabiduría y a la compasión.

Todas las personas que vienen buscando enseñanzas espirituales o psicoterapia traen su carga de confusión y aflicción. El budismo enseña que sufrimos no porque hayamos pecado, sino porque estamos ciegos. La compasión es la respuesta natural a esta ceguera; surge siempre que vemos nuestra situación humana claramente. Los textos budistas describen la compasión como el estremecimiento del corazón frente al dolor, como la capacidad de ver nuestras luchas con «ojos amables». Necesitamos compasión, no ira, para que nos ayude a ser cariñosos con nuestras dificultades y a no cerrarnos a ellas por el miedo. De este modo tiene lugar la sanación.

Este es el segundo principio de la psicología budista:

2 La compasión es nuestra naturaleza más profunda, surge de nuestra interconexión con todas las cosas.

Cuando empecé con la práctica budista como monje, no era consciente de cuánto dolor había en mi interior. Había logrado encerrar los recuerdos de violencia de la infancia, las dudas sobre mí mismo y los sentimientos de falta de valía, la lucha por ser amado. En la meditación y la vida monástica todo emergió: la historia bien guardada, los juicios y los dolores enterrados. Al comienzo, la exigencia del programa y las prácticas incrementaron mis sentimientos de lucha y de desvalorización. Intenté esforzarme para disciplinarme, para ser mejor. Finalmente descubrí que el sentimiento de falta de valía no mejora con el esfuerzo; aprendí que para sanarse de verdad se necesita compasión.

En una ocasión estaba enfermo, probablemente por la malaria, tendido en la cama de mi cabaña, con fiebre y sintiéndome desgraciado. Un anciano del monasterio me había dado un medicamento, pero que resultó lento en producir efecto. Ajahn Chah vino a visitarme. «Estás enfermo. Tienes fiebre, ¿eh?», preguntó. «Sí», contesté con voz débil. «Te duele todo, ¿no?». Asentí con la cabeza. «Sientes pena por ti mismo, ¿verdad?». Esbocé una pequeña sonrisa. «Te gustaría irte a casa a ver a tu madre». Sonreí y asentí. «Sí, es sufrimiento, eso es. Casi todos los monjes del monasterio lo han pasado. Al menos ahora tenemos buenas medicinas». Hizo una pausa. «Aquí. Aquí es donde tenemos que trabajar. No solo hay que sentarse en la sala de meditación. Es difícil. Todos los tormentos del cuerpo y los estados de la mente. Aprendes mucho». Esperó un rato, después me miró como un abuelo cariñoso y amable. «Puedes soportarlo, ¿sabes? Puedes». Y sentí que él estaba allí totalmente conmigo, que conocía mi dolor por las duras luchas que también había tenido que afrontar. El medicamento tardó un día más en actuar, pero la sencilla bondad de Ajahn Chah hizo que la situación fuese soportable. Su compasión me dio coraje y me ayudó a encontrar mi propia libertad en medio del sufrimiento.

Bajo la sofisticación de la psicología budista se encuentra la simplicidad de la compasión. Podemos acceder a esta compasión cada vez que nuestra mente se serena, cada vez que permitimos que nuestro corazón se abra. Desgraciadamente, como la arcilla que cubría la estatua del Buda, gruesas capas de ignorancia y de traumas ocultan nuestra compasión. A escala global, la ignorancia se manifiesta como injusticia, racismo, explotación y violencia. En la escala personal, vemos nuestros estados de envidia, ansiedad, adicción y agresividad. Cuando consideramos esta ceguera como el final de la historia, limitamos la posibilidad de desarrollo humano. Pongamos el casode Freud, cuyo trabajo revolucionario aportó una importante comprensión de la psique. Pero en *El malestar de la cultura*, llega a una conclusión profundamente pesimista sobre el corazón humano. Declara: «La cultura debe utilizar todos sus esfuerzos para poner límites a los instintos agresivos del hombre [...] el precepto ideal de amar al prójimo como a uno mismo ... efectivamente se justifica, porque no hay nada más contrario y antagónico a la primitiva naturaleza humana». Sí, debemos reconocer este aspecto agresivo de la naturaleza humana. Pero en este ensayo, Freud se queda aquí, obviando por completo el aspecto opuesto y más poderoso de que nuestras vidas particulares y toda nuestra sociedad se construyen a partir de incontables actos de bondad.

La compasión es nuestra naturaleza

Desde la perspectiva de la psicología budista, la compasión es natural. Deriva de nuestra interconexión, que el budismo denomina «interdependencia». Esto puede apreciarse fácilmente en nuestro mundo físico. En el útero, todo feto es interdependiente con el cuerpo de la madre. Si uno de los dos se enferma, el otro también se ve afectado. De la misma manera somos interdependientes con el cuerpo de la tierra. Los minerales del suelo integran el trigo y nuestros huesos, las nubes cargadas de lluvia se convierten en nuestra bebida y nuestra sangre, el oxígeno de los árboles y los bosques es el aire que respiramos. Cuanto más conscientes somos de este destino compartido, más compasión surge en nosotros hacia el propio planeta.

La comunidad humana está también interconectada. El premio nobel de la paz Desmond Tutu lo expresa de un modo simple: «En África, cuando le preguntas a alguien "¿cómo estás?", te responde en plural, a pesar de que le estés hablando a una única persona. Un hombre dice: "Estamos bien" o "No estamos bien". Él puede estar muy bien, pero su abuela no lo está tanto y, en consecuencia, tampoco lo está él... El concepto del ser humano solitario y aislado es realmente una contradicción». Por suerte, cada vez somos más conscientes de nuestra interconexión global. Cada comida que hacemos está vinculada al sudor de los campesinos, los trabajadores inmigrantes y los camioneros que recorren largas distancias. Depende del clima global y de las lombrices de tierra, de siglos de experimentación en la rotación de cultivos y de los descubrimientos científicos de Mendel sobre la selección de semillas. Sus raíces se extienden desde la primitiva agricultura de Mesopotamia y China hasta la cotización de esta mañana en la Bolsa Mercantil de Chicago.

De la misma manera que somos interdependientes con la tierra y las otras personas, estamos también conectados en la conciencia. La psicología occidental todavía no reconoce esto, pero es cierto. Hace años, cuando mi esposa y yo estudiábamos en un *ashram* en las montañas de la India, ella tuvo una visión muy clara y también difícil de una muerte en su familia. Intenté tranquilizarla diciéndole que las imágenes de muerte forman parte del proceso de meditación; por desgracia estaba equivocado. Diez días más tarde recibimos un telegrama que empezaba diciendo: «Tu hermano Paul ha muerto». Cuando seguimos leyendo descubrimos que el telegrama había sido enviado el mismo día de su visión, y que Paul había muerto ese día tal como ella lo había visto. Todos hemos escuchado historias de ese tipo. La razón es porque estamos conectados en la conciencia. Este hecho se basa en la compasión.

También hay una base neurológica para la compasión. En la década de 1980, el científico italiano Giacomo Rizzolatti y sus colaboradores descubrieron un tipo de células del cerebro que llamaron «neuronas espejo». Las exhaustivas investigaciones realizadas desde entonces han demostrado que, a través de nuestras neuronas espejo, sentimos realmente las emociones, movimientos e intenciones de los otros. Los investigadores describen esta empatía natural como parte del cerebro social, un circuito neuronal que nos conecta íntimamente en cualquier relación humana.

En la psicología budista, la compasión no es una lucha ni un sacrificio. Dentro de nuestro cuerpo, la compasión es algo natural e intuitivo. No pensamos: «Oh, mi pobre dedo se ha hecho daño. Tal vez debería ayudarle». En cuanto se lastima, respondemos al instante porque es algo innato en nosotros. A través de la meditación, expandimos de forma natural los límites de la conciencia a la compasión hacia todos los seres, como si formasen parte de nuestra familia. Aprendemos que, aunque la compasión esté oculta debido al miedo o a los traumas, podemos despertarla de nuevo. En una situación como la de encontrarse con una niña llorando atrapada en una casa en llamas, un endurecido criminal tiene la misma posibilidad que cualquier otro de arriesgar su vida para rescatarla. Todos tenemos momentos en los que resplandece la apertura y la belleza de nuestra naturaleza de Buda.

D. S. Barnett, en un relato publicado en la revista *The Sun,* describe su experiencia de cómo la compasión puede florecer incluso en las circunstancias de una infancia terrible.

> Mi madre siempre me aseguraba que las niñas tan traviesas como yo estábamos destinadas a recibir castigos atroces. Me decía: «Si yo fuese tú, tendría miedo de irme a dormir, por el temor de que Dios me matase». Pronunciaba estas palabras con un tono suave, como lamentándolo, triste por el destino de su hija descarriada.

Después de la descripción de años de malos tratos y violaciones, Barnett seguía:

> Las palabras más devastadoras que mi madre dijo las escuché un día cuando le pregunté si me quería. (Acababa de ser traída a casa por la policía tras uno de mis muchos intentos de escaparme, por lo que no era el momento más oportuno para esa pregunta).
>
> Me respondió: «¡Cómo va a quererte alguien!».
>
> Tardé casi cincuenta años en curarme del daño de sus horribles comentarios.

A continuación explicaba un ritual de su infancia que la ayudó a sobrevivir.

> Desde la edad de cinco o seis años hasta casi la adolescencia, siempre que no podía dormir me deslizaba con cuidado bajo las mantas e iba sigilosamente hasta la cocina a coger un trozo de pan o de queso y, después, me volvía a la cama con él. Entonces, me imaginaba que mis manos pertenecían a otra persona, a un ser sin nombre, tal vez un ángel, que me consolaba y tranquilizaba. Con la mano derecha me daba pedacitos de pan o de queso para que los comiese, mientras con la mano izquierda me acariciaba las mejillas y el pelo. Con los ojos cerrados, me susurraba a mí misma: «Así, así. Duérmete. Ahora estás a salvo. Todo está bien. Te quiero».

Al describir el panorama desolador de su infancia, Barnett muestra que el cariño fluye a través de nosotros como un ángel interior misericordioso, como los brotes verdes de las plantas que se abren paso a través de las grietas del asfalto. Podemos ver la mano natural de la compasión en todas las maneras en que intentamos cuidarnos para no hacernos daño, en mil gestos diarios de autoprotección.

El problema del odio hacia uno mismo

En 1989, en uno de los primeros encuentros internacionales de maestros budistas, los maestros occidentales sacamos a colación el enorme problema del sentimiento de falta de valía y de autocrítica, la vergüenza y el odio hacia uno mismo, así como la frecuencia con que esto surge en la práctica de los estudiantes occidentales. El Dalái Lama y otros maestros de Asia se quedaron estupefactos. No podían comprender la expresión *odio hacia uno mismo*. El Dalái Lama estuvo diez minutos consultando a Geshe Thupten Jinja, su traductor, para intentar entenderlo. Después se volvió hacia nosotros y nos preguntó cuántos de los que estábamos allí habíamos experimentado este problema en nosotros mismos o en nuestros estudiantes. Vio que todos asentimos con la cabeza. Parecía verdaderamente sorprendido. «Pero es un error –dijo–. ¡Todos los seres son valiosos!».

Sin embargo, el juicio hacia uno mismo y la vergüenza estaban en muchos de los que llegaban a la práctica budista. Desde luego, yo los conocía en mí mismo.

Para sobrevivir en períodos de extremo conflicto dentro de mi familia, escondí mi dolor. Me convertí en un pacificador y en un buen chico. Cuando mis padres discutían, intentaba calmarlos, sin demasiado éxito. En la escuela, intenté mantenerme a salvo agradando a los profesores. En secreto, envidiaba a los «chicos malos» que se saltaban las clases, fumaban al salir de la escuela y participaban en peleas. Parecía que ellos se lo pasaban mejor. Hoy, sin embargo, sé que muchos de ellos también estaban luchando, fingiendo ser fríos para mantener a raya sus propios miedos.

A la vez que intentaba ser bueno, tenía un sentimiento subyacente de no ser querido, de estar siempre buscando la aceptación. En la meditación y en la terapia orientada al cuerpo, llegué a conocer estos sentimientos de manera más profunda, pues surgían a menudo. Aprendí a poner las manos en mi vientre y en mi corazón para sostener el dolor y el vacío. A veces lo sentía como un hambre insaciable, y otras me sentía muy pequeño. Cuando yo era muy niño, mis padres ya tenían tremendas discusiones, me contó mi madre, mientras yo lloraba sin parar. Mi hermano gemelo y yo, junto con el hermano que nació un año más tarde, nos aliamos para sobrevivir durante la mayor parte de nuestra infancia, mientras nuestros padres se sentían triplemente abrumados. Para mí, el biberón que recibía a las horas previstas parecía no ser suficiente, pues interiormente sentía el vacío en mi estómago y en mi corazón y la sensación de no ser digno de ser querido. Encogido en un ovillo, me vino una imagen en la que me sentía como un niño hambriento de Etiopía de los que había visto en la televisión. Llamé a este niño Ethie. Sí, quería comida, pero más que nada quería amor. Esta era la comida de la que él estaba hambriento, y a través de los años de práctica, aprendí poco a poco a proporcionársela. Mi compasión por Ethie me ha inspirado con fuerza para apoyar a organizaciones de ayuda a niños que pasan hambre.

Cada uno de nosotros lleva su propia carga de dolor. A veces, el dolor que sufrimos es grande y evidente; otras veces es sutil. Nuestro dolor puede ser un reflejo de la frialdad de nuestras familias, de los traumas de nuestros padres, de la influencia agobiante de la mayor parte de la educación actual y de los medios de comunicación, de las dificultades de ser hombre o mujer. Como resultado, a menudo nos sentimos como si hubiéramos sido rechazados. Para sobrevivir, tenemos que ocultar nuestros corazones, añadir una capa de arcilla y defendernos.

Dejamos de creer que somos valiosos y dignos de ser amados. La mística Simona Weil nos dice: «El peligro no está en que el alma dude de que exista el pan, sino en que, por un engaño, se convenza a sí misma de que no tiene hambre». La compasión nos recuerda que merecemos ser aceptados, no importa lo perdidos que hayamos estado. Mientras lees este libro, a veces la psicología budista podrá resultarte árida, llena de listas y de prácticas. Recuerda siempre confiar en la compasión. Las experiencias de los practicantes cuyas historias se cuentan aquí continuamente describen la recuperación de la compasión y del amor por uno mismo. A partir de aquí se produce un cambio de identidad, un desprendimiento de la capa de arcilla, una vuelta a nuestra bondad original.

Un veterano de la Guerra del Golfo y divorciado, Andrew, vino a meditar para encontrar alivio. Se le había roto el corazón en el desierto. Su patrulla se había encontrado con un búnker con soldados iraquíes. Dispararon contra ellos y después lanzaron granadas. Luego descubrieron en el interior los cuerpos de unos soldados muy jóvenes, con una bandera blanca, que no pudieron llegar a comunicar su rendición. Andrew arrastraba la exigencia demoledora de haberse visto obligado a matar a los veinte años. También soportaba la tristeza por sus compañeros militares que aún seguían sufriendo las secuelas de la guerra. Cuando vino al retiro, no sabía lo que quería, pero sentía en su interior un deseo no expresado de perdón, sanación y reconexión con el mundo. En pocas palabras, anhelaba las aguas curativas de la compasión.

Cuando perdemos el contacto con nuestra ternura, podemos no darnos cuenta de que es posible despertarla de nuevo de una forma tan simple y directa. La compasión está al alcance de nuestra mano. Rose, una practicante budista, se reunió conmigo en un pequeño grupo durante un retiro. Cuando llegó su turno de hablar, solo quería estar allí sentada, en silencio. Era naturalmente tímida. «Es mucho más difícil cuando me relaciono con la gente –dijo–. Sé que en cierto modo es mi manera de ser, pero también tiene que ver con el dolor de mi historia familiar. No puedo soportar que nadie me mire». Mientras hablaba, sus ojos estaban cerrados para sentirse segura. Hablar en un grupo era terrible para ella. Cuando le pregunté desde cuando le ocurría eso, contestó que, por lo que recordaba, desde siempre. «Mis padres siempre estaban controlándome, irritados, con el ceño fruncido, enfadados, juzgándome por todo. No tengo recuerdos de nada más que eso».

Mientras Rose continuaba atenta a su experiencia, empezó a llorar, y le pregunté si podía encontrar algún lugar seguro dentro de su cuerpo. «No había ninguno», dijo. ¿Podía recordar algún momento de su infancia en el que se hubiera sentido bien? Tardó un rato en contestar. Finalmente abrió los ojos y, frotándose con los dedos la palma de la otra mano, dijo: «Los lápices de colores». Y sonrió. Se acordaba de cuando tenía cinco años y abrazaba con alegría una caja de lápices. Le sugerí que podía dibujar con ellos. «¡No, no! –exclamó–. Criticaban todo lo que dibujaba. Solo me sentía bien cuando los abrazaba».

El Buda nos enseñó que podemos desarrollar la bondad visualizando una madre amorosa que sostiene en brazos a su hijo querido. Le propuse a Rose que cerrase los ojos y se imaginase a esa pequeña niña con la caja de lápices de colores. Entonces le pregunté: «Si no hubiera nadie mirando, ¿qué pasaría ahora?». Con los ojos aún cerrados, alzó la cara, extendió los brazos y dijo: «Bailaría con ellos. Como una princesa de cuento. Eso es lo que siempre quise ser».

Cuando la sesión con el grupo terminó, me fui a una tienda y compré para ella una caja de lápices de colores. Ese día Rose salió al bosque y bailó. Después pintó un dibujo, el primero que hacía desde su infancia. Me lo enseñó. Cuando volvió a sentarse a meditar, su corazón estaba lleno de alegría, su mente estaba abierta, su cuerpo de sesenta y cuatro años colmado de bienestar.

La compasión hacia nuestro miedo y nuestra vergüenza nos abre a los demás. Después de que Rose aprendiese a pintar y a practicar la compasión hacia ella misma, empezó a incluir a todas las niñas que habían sufrido como ella, las más próximas y las más lejanas, las que se habían sentido traicionadas, perdidas, aisladas. Pudo sentirlas como si fueran sus hermanas, y supo que no estaba sola. Ahora ya no era solo el dolor de Rose: abrazó la pena de todas las mujeres del mundo en su corazón.

La compasión es valentía

Cuando éramos niños, a muchos de nosotros nos enseñaron que la valentía era la forma en que un guerrero o un explorador se enfrenta audazmente al peligro. Sin embargo, según la psicología budista, la gran valentía no se demuestra con agresividad o ambición. La agresividad y la ambición a menudo son más expresiones del miedo y de la ilusión. El corazón valiente es el de aquel que no teme abrirse al mundo. Con la compasión, aprendemos a confiar en nuestra capacidad para abrirnos a la vida sin armaduras. Como nos recuerda el poeta Rilke: «En último término dependemos de nuestra vulnerabilidad». Esto no es un ideal poético, sino una verdad basada en la vida, demostrada por nuestros más venerados sabios. Mahatma Gandhi tuvo el coraje de ser encarcelado y golpeado, de perseverar a través de las dificultades sin rendirse a la amargura y a la desesperación. Su vulnerabilidad se convirtió en su fuerza.

Necesitamos este valor para afrontar un difícil divorcio sin agresividad y sin aumentar el dolor y la angustia. Lo necesitamos cuando nuestros hijos tienen problemas, cuando las cosas no van bien en el trabajo. En todas estas situaciones somos vulnerables y todos los implicados en ellas necesitan compasión.

Las enseñanzas budistas nos hablan de la compasión hacia todos los seres. Para la mayoría de nosotros, la compasión se desarrolla tomando de una en una cada persona o cada situación difícil. La novelista Ann Patchett, que escribió durante la Guerra del Golfo, lo expresa así: «Cuando se toma cada vida por separado, la mente adquiere una vívida comprensión. Si considero las muertes de una en una, me doy cuenta de que el soldado Michael E. Linderman, de Douglas, Oregón, solo tenía 19 años, y sé lo que es tener 19 años. Y reparo en que no disponían del retrato típico de militar del marino de primera Dion J. Stephenson, de Bountfil, Utah, y por eso usaron su retrato de la fiesta de gala en la facultad, en la que aparece con una pajarita [...]. Después de mirar estas fotos, resulta difícil seguir la guerra, porque si eres honesto, tienes que detenerte y amarlos y llorar su muerte, y son tantos, que es imposible no quedarse corto».

Martin Luther King nos exhortaba: «Nunca sucumbas a la tentación de caer en la amargura. Cuando reclames justicia, asegúrate de que actúas con dignidad y disciplina, usando solo los instrumentos del amor». En los peores momentos, esta actitud parece imposible. Sin embargo, a pesar de que algunos de los seguidores de Luther King más tarde rechazaron sus preceptos de no violencia, algo dentro de nosotros sabe que cerrarse no es el camino. Sí, el mundo está lleno de dolor, de incertidumbre y de injusticia. Pero en esta vulnerable vida humana, cada pérdida es una oportunidad para cerrarse al mundo o para afrontarla con dignidad y dejar que el corazón responda.

El empresario israelí Yitzhak Frankenthal tuvo que enfrentarse a esta decisión cuando su hijo fue asesinado por un grupo de militantes palestinos. Pocos días después, acudió a la residencia del primer ministro israelí y declaró: «No estoy dispuesto a delegar mi ética a los soldados y a los políticos. Si las fuerzas de seguridad se dispusieran ahora a contraatacar y matasen a palestinos inocentes como represalia, les diría que no son mejores que los asesinos de mi hijo. Incluso aunque descubriesen que su asesino estaba planeando otro ataque homicida, si estuviera rodeado de niños y civiles inocentes, les diría que no. No busquen la venganza. Hagan todo lo que puedan para evitar y prevenir la violencia, la muerte de todos los israelíes y los palestinos. Pero no maten. En el nombre de mi hijo, por favor, escúchenme». Luego fundó el Arik Institute, al que puso el nombre de su hijo, para trabajar en favor de la reconciliación y la paz.

Vivir con compasión no significa que tengamos que donar todas nuestras posesiones, acoger a todos los mendigos que encontremos y arreglar todos los problemas que se presenten en nuestra extensa familia o nuestra comunidad. La compasión no es codependencia. No significa perdernos el respeto a nosotros mismos ni sacrificarnos ciegamente por los otros. En Occidente nos confundimos en este punto: tememos equivocadamente que si nos volvemos demasiado compasivos nos veremos abrumados por el sufrimiento de los demás; pero esto ocurre solo cuando nuestra compasión es parcial. En la psicología budista, la compasión es un círculo que abarca a todos los seres, *incluidos nosotros*. La compasión florece solamente cuando nos acordamos de nosotros mismos y de los demás, cuando los dos lados están en armonía.

Ser compasivos no significa ser tontos. No tiene nada que ver con hacer lo que quieren los otros para que no se sientan mal. En la compasión hay un sí y hay un no, que se dicen con la misma valentía del corazón. No al maltrato, no al racismo, no a la violencia, tanto personal como mundial. El «no» no se dice desde el odio, sino desde el amor inquebrantable. Los budistas lo llaman la espada implacable de la compasión. Es el no poderoso de abandonar una familia destructiva, es el no doloroso de permitir que un adicto experimente las consecuencias de sus actos.

Donde sea que practiquemos, la compasión nos trae de vuelta a la vida. Cuando una mujer llamada Lavonne llegó a la práctica budista hace tres años, después de la muerte de su marido, estaba enojada y desesperada. Se había cerrado totalmente al mundo, como si su pérdida fuese una traición imperdonable. Vivía sola, sin ningún contacto con sus antiguos amigos, sus hermanas y sus hijos, y había abandonado el trabajo en política que hasta entonces la había inspirado. La vida se había vuelto fría, cruel, sin sentido. Su cuerpo estaba rígido. Ella sabía que necesitaba ayuda.

Tras los dos meses de su retiro de meditación, tras respirar con suavidad miles de veces, empezó a liberar los dolores de su cuerpo afligido. Practicó la bondad y la compasión hacia ella misma. Después, su compasión creció para incluir a todos aquellos que, como ella, habían perdido a los miembros más queridos de su familia. Su corazón empezó a aligerarse. Una mañana vino a verme y sacó un huevo de su bolsillo, un huevo duro que había tomado del desayuno hacía dos días. Me dijo que era su corazón, redondo, suave y caliente, y que lo llevaba todo el día en la mano mientras caminaba o meditaba sentada. Fue su forma de abrazarse, de traer de nuevo el calor de la vida a su corazón afligido. «Ahora –me dijo– estoy preparada para volver al mundo y amarlo de nuevo».

Práctica: meditación de la compasión

A fin de cultivar la compasión, medita sentado en silencio para centrarte. En esta práctica tradicional combinarás la repetición interna de una intención con la visualización y la evocación del sentimiento de compasión. Al principio, respira con suavidad y siente tu cuerpo, los latidos de tu corazón, la vida dentro de ti. Siente el aprecio por tu propia vida, la manera en que te cuidas cuando te toca enfrentarte al dolor. Después de un rato, trae a tu mente a alguna persona cercana por la que sientas un gran cariño. Visualízala y siente tu afecto natural hacia ella. Date cuenta de cómo la abrazas en tu corazón. Después toma conciencia de su carga de dolor, de los sufrimientos de su vida. Siente cómo se abre tu corazón para desearle el bien, para enviarle consuelo, para compartir su dolor y recibirlo con compasión. Esta es la respuesta natural del corazón. Interiormente recita estas frases:

Que descanses en la compasión.
Que tu dolor y tu pena se alivien.
Que puedas estar en paz.

Continúa recitando esto mientras abrazas a esa persona en tu corazón. Puedes modificar estas frases del modo que quieras para que se ajusten a la verdad del deseo de tu corazón.

Tras unos minutos, vuelve la compasión hacia ti mismo y hacia la carga de tu dolor. Recita las mismas frases:

Que descanse en la compasión.
Que mi dolor y mi pena se alivien.
Que pueda estar en paz.

Después de un rato, empieza a extender la compasión a otras personas que conozcas. Trae a tu mente a tus seres queridos, uno tras otro. Abraza en tu corazón la imagen de cada uno de ellos, siendo consciente de las dificultades de esa persona, y envíales tus buenos deseos con las mismas frases.

Después puedes ampliar aún más tu compasión, paso a paso, hasta el sufrimiento de tus amigos, de tus vecinos, de tu comunidad, de todos los que sufren, de las personas difíciles, de tus enemigos y, finalmente, a la hermandad de todos los seres. Siente la conexión bondadosa con toda la vida y todas sus criaturas.

Trabaja con la práctica de la compasión de forma intuitiva. A veces puedes sentir que te resulta difícil, como si te sintieras abrumado por el dolor. Recuerda que no estás intentando «arreglar» el dolor del mundo, solo lo estás abrazando con el corazón compasivo. Sigue practicando de forma relajada y suave. Respira. Deja que tu respiración y tu corazón descansen naturalmente, como un centro de compasión en medio del mundo.

3. ¿Quién se mira en el espejo? La naturaleza de la conciencia

En su estado verdadero, la conciencia se encuentra desnuda, inmaculada, clara, vacía, transparente, eterna, libre de cualquier condicionamiento. Oh, nacido noble, recuerda el puro espacio abierto de tu verdadera naturaleza.

Libro tibetano de la gran liberación

La conciencia es luminosa, su naturaleza brilla intensamente, pero se ve nublada por los apegos que la visitan.

ANGUTTARA NIKAYA

La doctora Rachel Remen, que enseña a médicos cómo tratar la mente y el corazón, además del cuerpo, cuenta esta historia:

> Durante los últimos diez años de su vida, el padre de Tim sufrió la enfermedad de Alzheimer. A pesar de los abnegados cuidados de su esposa, se fue deteriorando poco a poco hasta convertirse en una especie de vegetal andante. Era incapaz de hablar y precisaba que lo alimentasen, vistiesen y atendiesen como si se tratase de un niño pequeño... Un domingo, mientras la madre de Tim había salido a comprar, Tim y su hermano, que entonces tenían 15 y 17 años, estaban mirando un partido de fútbol en tanto su padre permanecía cerca de ellos sentado en una silla. De repente, se cayó hacia delante desplomándose en el suelo. Los dos hijos comprendieron de inmediato que algo muy grave le había sucedido. Asustado, el hermano mayor de Tim le dijo a este que llamase al servicio de urgencias. Antes de que pudiera reaccionar, una voz que no había oído en

> diez años, una voz que apenas recordaba, le interrumpió. «No llames, hijo. Dile a tu madre que la quiero. Dile que estoy bien». Y el padre de Tim murió…
>
> Tim, que ahora es cardiólogo, explica: «Como murió de forma inesperada en casa, la ley exigió que se hiciera una autopsia. El cerebro de mi padre estaba casi totalmente destrozado por la enfermedad. Durante muchos años me he preguntado ¿quién habló?, ¿quiénes somos realmente? Nunca encontré la menor ayuda en los conocimientos médicos para responder a esa pregunta. La mayor parte de la vida no puede explicarse, solo podemos ser testigos de ella».

Como médico y científico, Tim se ha visto confrontado por el misterio de la conciencia que existe más allá del cerebro, más allá del cuerpo. Recientemente, la ciencia occidental está empezando a cuestionarse acerca de la naturaleza y el origen de la conciencia, a pesar de que durante siglos los filósofos de Occidente ya se habían interesado por estas cuestiones. Los estudios científicos recientes sobre experiencias cercanas a la muerte y fuera del cuerpo, junto con los experimentos sobre la visión remota, nos permiten vislumbrar otras dimensiones de la conciencia. Pero, ¿qué conclusión podemos sacar de ello?

La psicología budista nos conduce directamente al misterio, para que veamos por nosotros mismos cómo funciona la conciencia, independientemente de cualquier objeto o contenido. En primer lugar describe la conciencia como «aquello que conoce», aquello que experimenta. Para entender esto, podemos examinar con atención la conciencia.

Empecemos simplemente mirándonos en un espejo. Cuando lo hacemos, a menudo nos asustamos al advertir que nuestro cuerpo parece más viejo, a pesar de que nosotros no nos sentimos mayores. Esto es porque el cuerpo existe en el tiempo, pero la conciencia que lo percibe está fuera del tiempo, nunca envejece. De forma intuitiva sabemos esto. En vez de quedarnos atrapados en el hecho de que nuestra compra acaba de quedar desparramada en el suelo, es como si diéramos un paso atrás y viésemos nuestra experiencia con una comprensión fuera del tiempo.

Normalmente nos olvidamos de la conciencia, la ignoramos como si un pez ignorase el agua. Y por eso continuamente nos centramos en el contenido de la experiencia: lo que está ocurriendo en nuestro cuerpo, lo que sentimos o lo que pensamos. No obstante, cada vez que nos movemos, escuchamos, pensamos o percibimos, la conciencia recibe todo lo que ocurre. Si no comprendemos la naturaleza y el funcionamiento de la conciencia, es imposible que vivamos con sabiduría.

Este es el tercer principio de la psicología budista:

---

3 Cuando retiramos la atención de la experiencia y la llevamos a la conciencia espaciosa que conoce, surge la sabiduría.

La capacidad de estar plenamente atentos, de observar sin quedarnos atrapados en la experiencia es algo extraordinario y a la vez liberador. «La atención plena es esencial», nos enseñó el Buda. Como veremos, el poder transformador de la atención plena es lo que sustenta toda la psicología budista. A aquellos que buscan comprenderse a sí mismos, el Buda les dice: «Con la mente, observa la mente». La herramienta principal de la psicología budista es nuestra observación. Con la atención plena podemos darnos cuenta de lo que pasa dentro de nosotros y observar cómo funciona nuestra mente y nuestra experiencia.

Lo que solemos llamar mente hace referencia a la «mente pensante», a la fuente inagotable de ideas, imágenes, creatividad, juicios y soluciones a problemas que fluyen espontáneamente de nuestra mente. Pero cuando miramos con atención, descubrimos que la mente no es solo nuestros pensamientos, no es solo el flujo siempre cambiante de ideas e imágenes. También incluye una amplia gama de estados mentales, de cualidades que acompañan al proceso de pensar: sentimientos, estados de ánimo, la intuición, los instintos. Y lo que es más importante, aunque a menudo pasa desapercibido, es el mero hecho de ser conscientes. Esta capacidad central es la esencia de la mente.

Desde la época de Isaac Newton, los físicos han estudiado el misterioso funcionamiento de la gravedad; han descrito sus leyes y características. La conciencia es como la gravedad, una parte esencial de la existencia que también puede describirse, cuyas leyes pueden conocerse, cuyo poder, alcance y funcionamiento pueden estudiarse. Pero, por desgracia, la psicología occidental ha desatendido casi por completo el estudio de la conciencia. Quizá esto se deba a que la psicología tradicional de Occidente se ha centrado en gran medida en la patología, o a que no existe ningún método externo sencillo para medir la conciencia. En sus últimos años, Francis Crick, premio nobel por el descubrimiento compartido de la doble hélice del ADN, se dedicó a investigar la cuestión básica de la conciencia. Él creía que la conciencia era esencial para la comprensión de la biología, así como la gravedad lo es para la física, y se lamentó del modo en que la comunidad científica había ignorado a este elefante situado ante sus ojos: «Durante muchos años, la conciencia fue un tabú para la psicología americana [...] e incluso recientemente se sigue ignorando, porque resulta algo demasiado inaprensible para ser estudiado».

La ciencia materialista occidental describe la conciencia y su contenido como un producto del cerebro. De hecho, los científicos han demostrado que, cuando se estimulan o se dañan diferentes partes del cerebro, se modifica directamente el estado de ánimo o el contenido de la experiencia consciente. Pero estos estudios solo nos aportan una imagen parcial. ¿Qué es la conciencia en sí misma? ¿Es meramente un «producto» de la evolución de las neuronas del cerebro? ¿O es nuestro sistema nervioso algo parecido a un televisor y un DVD, un receptor y un registrador de acontecimientos, pero no la verdadera fuente de la conciencia? La psicología budista propone como principio que la conciencia es la condición para la vida y que el cuerpo físico interactúa con ella, pero no es su origen.

Si te sientas en silencio y diriges tu atención hacia tu conciencia, resulta difícil identificarla o describirla. Experimentarás que la conciencia existe, pero que no tiene un color ni se encuentra en ningún lugar. Al principio esto resultará frustrante y difícil de comprender. Pero la cualidad transparente, inaprensible y, no obstante, viva de la conciencia constituye su naturaleza, algo parecido al aire que nos rodea. Si te relajas y permites esta experiencia del saber inaprensible, descubrirás lo que los escritores budistas denominan «el claro cielo abierto de la conciencia». Es vacío como el espacio, pero, a diferencia del espacio, es sensible: conoce la experiencia. En su verdadero estado, la conciencia es simplemente este conocer: claro, abierto, despierto, sin color ni forma, que contiene todas las cosas y, sin embargo, no se limita a ellas. Esta cualidad abierta de la conciencia se describe como no condicionada. Como ocurre en el cielo, todos los tipos de nubes y condiciones atmosféricas pueden aparecer en él, pero no afectan al cielo en sí mismo. Las tormentas pueden aparecer y desaparecer, pero el cielo permanece abierto, sin límites, sin que le afecte nada de lo que surge. La conciencia no resulta afectada por la experiencia, al igual que el cielo.

La conciencia puede compararse también a un espejo. Un espejo refleja todas las cosas; no obstante, permanece brillante y transparente, sin sufrir ningún cambio, sea cual sea la imagen que aparezca en él, bella o terrible. Una breve meditación puede ayudarte a entender esto. Después de leer las tres frases siguientes, levanta la vista del libro. Quédate sentado en silencio e intenta *dejar de ser consciente*. No seas consciente de ningún sonido, de ninguna visión, de ninguna sensación, de ningún pensamiento. Inténtalo. Inmediatamente descubrirás que no puedes hacerlo. Las percepciones visuales, los sonidos, los sentimientos y los pensamientos seguirán siendo conocidos por la conciencia. Date cuenta de que no puedes dejar de ser consciente. Advierte cómo la conciencia conoce toda la variedad de experiencias sin cerrarse a ninguna para favorecer a otra. Esta es la naturaleza de la conciencia semejante a un espejo: capaz de reflejar, luminosa, impoluta y pacífica.

Las dos dimensiones de la conciencia

Pero el espejo y el cielo representan solo un aspecto de la conciencia. A través del análisis budista, se descubre que la conciencia, como la luz, tiene dos dimensiones. Del mismo modo que la luz puede describirse como una onda y como una partícula, la conciencia tiene una cualidad ilimitada semejante a una onda o al cielo, así como un aspecto particular semejante a una partícula. En su dimensión comparable al cielo, la conciencia es inalterable, como el cielo o el espejo. En su dimensión semejante a una partícula, la conciencia es momentánea. En cada momento de la experiencia, surge un estado singular de la conciencia que tiene el sabor de esa experiencia. Con un entrenamiento minucioso de la atención plena, los meditadores pueden experimentar esta cualidad semejante a la de la partícula que aparece y desaparece como burbujas o como granos de arena.

Cuando el aspecto momentáneo de la conciencia recibe una experiencia, adquiere el color de esta, transportado por ella. En un texto budista, la cualidad semejante a la partícula de la conciencia se describe con 121 sabores diferentes o estados. Existen estados de gozo, de temor, estados expandidos y constreñidos, estados de pesar y estados amorosos. Los estados vienen con las historias, con los sentimientos, las percepciones, las creencias y las intenciones. El maestro zen Thich Nhat Hanh lo describe así: «La mente es como un televisor con cientos de canales. ¿Qué canal vas a sintonizar?». Normalmente nos centramos en la historia dramática contada sin advertir que existe siempre una conciencia que la recibe.

A través de la atención plena aprendemos a identificar qué canal estamos viendo. Podemos aprender a cambiar los canales, las historias y los estados reconociendo que todos los estados son simplemente apariencias en la conciencia. Y lo más importante, podemos empezar a entender la naturaleza subyacente de la propia conciencia.

Seguidamente se presenta una descripción de los dos aspectos fundamentales de la conciencia:

LA NATURALEZA DE LA CONCIENCIA SEMEJANTE A UN ESPEJO	LA NATURALEZA DE LA CONCIENCIA SEMEJANTE A UNA PARTÍCULA
Abierta	*Momentánea*
Transparente	*Impersonal*
Eterna	*Que registra una experiencia sentida*
Plenamente conocedora	*Con el sabor de los estados mentales*
Pura	*Condicionada*
Semejante a una onda, sin límites	*Rápida*
No nacida, inmortal	*Efímera*

Despertar a la conciencia pura: el cielo

Desarrolla una mente que sea amplia como el espacio, donde tanto las experiencias agradables como las desagradables puedan aparecer y desaparecer sin conflicto, sin lucha, sin sufrimiento.
MAJJHIMA NIKAYA

Mientras estudiaba budismo en la universidad, probé a meditar por mi cuenta, pero no tuve éxito, porque no sabía lo que estaba haciendo. El problema no era que tuviera miedo del silencio o de algo terriblemente oscuro que pudiera encontrar dentro de mí, aunque estos malentendidos son comunes en la práctica de la meditación. Lo que ocurría es que mi cuerpo se sentía incómodo y mi mente no paraba de moverse en millones de direcciones. Cuando escuché las enseñanzas de Ajahn Chah, la práctica se volvió poco a poco más clara. Me enseñó a relajarme y a sentir mi respiración atentamente, lo que me ayudó a centrar y a serenar mi mente. Después me enseñó a ser plenamente consciente del flujo de pensamientos y sensaciones sin reaccionar a ellos como si fuesen un problema. Esto requirió cierta práctica.

Finalmente me enseñó la lección más importante, descansar en la propia conciencia. Su propio maestro, Ajahn Mun, lo explicaba así: «Podemos darnos cuenta de la diferencia entre la conciencia y todas las experiencias y estados transitorios que surgen y desaparecen en ella. Cuando no entendemos este punto, tomamos cada uno de esos estados como si fuese real. Pero cuando las condiciones cambiantes como la felicidad y la infelicidad se ven por lo que son, descubrimos un camino hacia la paz. Si podemos descansar en la sabiduría, en la pura conciencia, no hay mucho más que hacer».

¿Descansar en la conciencia significa apartarse del mundo o retirarse a contemplarse el ombligo? En absoluto. Descansar en el saber no es lo mismo que volverse indiferente. Cuando miro atrás en mi propia vida, puedo ver mis propias luchas para descubrir esta verdad. A causa del conflicto y de la violencia imprevisible de mi familia, hubo momentos en los que deseé escapar, pero no pude. Al enfrentarme al trauma, en ocasiones caí en la depresión, en la ira o en el cinismo. Pero como principal protección, desarrollé la capacidad de desconectarme de lo que estaba ocurriendo. El desapego vino de forma natural. Lo utilizaba para sentirme en paz conmigo mismo y para intentar calmar a los que me rodeaban. Desde luego, estos patrones persistieron, y ahora los utilizo cuando los necesito en la vida.

De modo que cuando al principio intentaba meditar, lo confundía con la estrategia que utilicé con mi familia. Poco a poco descubrí lo equivocado que estaba. Mi desapego había consistido en protegerme del dolor y del conflicto metiéndome bajo un caparazón. Era algo más parecido a la indiferencia. En la psicología budista, la indiferencia se denomina el «enemigo cercano» de la verdadera apertura y ecuanimidad, una imitación equivocada. Para descansar en la conciencia, tuve que desaprender este desapego defensivo y aprender a sentirlo todo. Tuve que permitirme reconocer y experimentar los sentimientos y pensamientos, los conflictos, lo imprevisible de la vida, para aprender que podía confiar en la apertura de la conciencia. Descansar en la conciencia es lo opuesto a la contracción y el miedo. Cuando descansamos en la conciencia, no sentimos miedo ante las condiciones cambiantes de la vida.

En el monasterio, Ajahn Chah solía darse cuenta de cuándo nos encontrábamos atrapados en estados de preocupación, ira, duda o tristeza. Sonreía con humor y nos instaba a que investigásemos: «¿Quién está dudando? ¿Quién está enfadado? ¿Puedes descansar en la conciencia que se da cuenta de todos los estados?». A veces nos aconsejaba permanecer sentados junto a alguien que estuviera muriéndose, para que estuviéramos especialmente atentos al momento misterioso en que la conciencia sale y una persona llena de vida se convierte en un cadáver inerte. A veces decía: «Si te pierdes en el bosque, no estás realmente perdido. Cuando de verdad estás perdido, es cuando te olvidas de quién eres».

Esta sabiduría o conciencia pura ha recibido muchos nombres, y todos hacen referencia a su esencia eterna. Ajahn Chah y los monjes de la tradición del bosque de Tailandia hablan de ella como la «Mente Original» o «Aquel que sabe». El budismo tibetano se refiere a ello como *rigpa*, silencioso e inteligente. En el Zen se denomina «mente básica» o «esencia de la mente». Los yoguis hindúes hablan del «testigo eterno». A pesar de que estas enseñanzas pueden sonar abstractas, son realmente prácticas. Para entenderlas podemos simplemente darnos cuenta de las dos dimensiones distintas de nuestra vida: el flujo siempre cambiante de experiencias, y aquello que conoce las experiencias.

Quizá podamos entender mejor esto con la historia de un palestino llamado Salam, un buen amigo mío. Conocí a Salam mientras impartía enseñanzas a enfermos terminales en el Área de la Bahía de San Francisco. Él podía sentarse junto a los moribundos porque no le tenía miedo a la muerte. A finales de la década de 1960 principios de la década de 1970, Salam había vivido en Jerusalén trabajando como activista y periodista. Como escribía sobre la creación de una capital palestina en Jerusalén este y sobre el establecimiento de un estado palestino, solía ser arrestado con frecuencia. Pasó casi seis años en las prisiones israelíes. Fue interrogado a menudo y, de vez en cuando, sometido a torturas. Esto ocurría en los dos bandos de la guerra.

Una tarde, después de haber sido golpeado con violencia, su cuerpo yacía en el suelo de la prisión mientras un policía especialmente cruel le daba patadas. Le salía sangre de la boca y, como se indicó más tarde en el informe de la policía, las autoridades creyeron que había muerto.

Recordaba el dolor de estar siendo golpeado. Después, como cuentan con frecuencia las víctimas de accidentes o de torturas, sintió que su conciencia salía del cuerpo y subía hacia el techo. Al principio sintió paz y silencio, como si estuviera en una película muda, mientras contemplaba su cuerpo inmóvil recibiendo las patadas del policía. Y entonces, de un modo sorprendente, su conciencia se expandió. Sabía que era el cuerpo tendido allá abajo, pero ahora sentía que también era la bota que golpeaba su cuerpo. Era también la pintura verde desconchada de las paredes de la prisión, la cabra que se oía balando afuera, la suciedad de las uñas de los dedos del policía; era la vida, la vida entera y la conciencia de toda ella, sin ninguna separación. Al serlo todo, nunca podía morir. Todos sus miedos se desvanecieron. Se dio cuenta de que la muerte era una ilusión. Experimentaba un bienestar y una alegría indescriptibles. Y entonces se despertó en él una compasión espontánea hacia la absurda locura de los humanos que se creen separados, aferrados a las naciones y haciendo la guerra.

Dos días más tarde, describió Salam, volvió a la conciencia en un cuerpo magullado y amoratado en el suelo de una celda, sin miedo ni remordimiento, solo sorprendido. Su experiencia cambió totalmente su manera de sentir la vida y la muerte. Se negó a continuar participando en cualquier forma de conflicto. Cuando lo liberaron, se casó con una mujer judía y tuvo un hijo judío palestino. Esta, dice, fue su respuesta a la locura disparatada del mundo.

Volver a nuestra esencia

«¿Quiénes somos realmente?», preguntan los koans zen. «¿Quién tiene este cuerpo?» o ¿Cuál era tu rostro original antes de que naciesen tus padres?». Esas preguntas nos obligan a mirar directamente a la conciencia que habita en nuestro cuerpo. Ajahn Chah nos proponía «ser el que Conoce». Los maestros tibetanos enseñan a sus estudiantes a dirigir su mirada a su interior para ver quién o qué está observando. Ajahn Jumnian, un maestro de la tradición del bosque de Tailandia, decía a sus estudiantes que fuesen testigos de toda la experiencia como si la observasen desde el «tercer ojo», en el centro del entrecejo. En todas estas prácticas volvemos a nuestra conciencia y descansamos en ella.

Es como si estuviésemos en un cine, completamente perdidos en cualquier película –romántica, de aventuras, cómica o trágica– que estemos protagonizando en ese momento. Entonces, se nos pide que miremos detrás de eso para encontrar el origen. Al volver nuestras cabezas, nos damos cuenta por primera vez de que todo el drama surge de una serie de imágenes cambiantes que son proyectadas por un haz de luz en la pantalla. La luz, clara y brillante, adquiere los colores de las distintas formas que aparecen en la película, sin embargo, su naturaleza esencial es pura e inmutable.

En algunos momentos, también hay pausas en la acción; la historia va un poco más lenta, incluso resulta aburrida. Podemos cambiar de postura impacientes en nuestros asientos, advirtiendo que la gente a nuestro alrededor come palomitas, recordando que estamos en un cine. Del mismo modo, podemos advertir que hay pausas entre nuestros pensamientos, pausas en la sensación que tenemos de nosotros mismos. En vez de estar perdidos en las ideas y los problemas que tenemos ante nosotros, creando todo un drama de nosotros mismos, hay momentos en que sentimos el espacio alrededor de nuestra experiencia, soltamos todo y nos relajamos. «Estos espacios –dice el maestro de meditación Chögyam Trungpa– son sumamente valiosos». Nos recuerdan que siempre podemos descansar en la conciencia, que la libertad es siempre posible.

No necesitamos circunstancias especiales para meditar ni una experiencia cercana a la muerte como la de Salam para regresar a la conciencia. En la escuela, un chico advierte de repente que un rayo de sol ilumina el polvo y ya no es el serio estudiante de quinto grado que se esfuerza por aprender matemáticas. Sonríe al advertir el misterio siempre presente, y toda su situación y su drama escolar descansan en una conciencia silenciosa y libre. Una mujer que va caminando por la calle piensa en una amiga lejana y, por un instante, olvida las gestiones que la ocupan y se da cuenta de la eternidad y de su pequeña vida a través de ella. En medio de una discusión, podemos interrumpirnos, reírnos, soltar nuestros argumentos y quedarnos en silencio. Cada uno de estos momentos nos ofrece la posibilidad de degustar la libertad.

Como hemos visto, cuando nos detenemos a investigar por primera vez quiénes somos, podemos sentirnos confundidos, como un pez fuera del agua. Descubrimos que no hay nada sólido, nadie que perciba. Este es un descubrimiento maravilloso. La conciencia no tiene forma ni color. Está más allá de la presencia o de la ausencia, del ir y venir. Se trata solo de un espacio despejado donde podemos ser conscientes, un espacio vacío y que, no obstante, tiene la capacidad de conocer. Mientras sostienes este libro, la conciencia está leyendo estas palabras y reflexionando sobre su propia naturaleza. Detente y pregúntate quién está leyendo. Tu primera respuesta puede ser «No siento nada, solo hay vacío». Permanece con esta percepción, con esta espaciosidad vacía. Aprende a confiar en ella. Es la conciencia sin límites, que refleja todo lo que aparece y que, sin embargo, no puede ser tocada por nada.

Si continúas investigando de esta manera, poco a poco desarrollarás la capacidad de distinguir entre los acontecimientos y las experiencias de la vida y la conciencia que conoce. Aprenderás a descansar en ese conocer imperturbable, para reposar en medio de cualquier circunstancia, incluso en los momentos difíciles o de confusión.

Este descanso, este reposar, es muy distinto del desapego patológico que aprendí en mi infancia. A causa del miedo, me aparté de la experiencia, protegiéndome a través de la distancia sutil de mi papel de testigo. Cuando descasamos verdaderamente en la conciencia, nuestra experiencia es espaciosa e íntima, sin defensas. Con ella surge la compasión; sentimos la conexión natural de nuestro corazón con la vida.

Una practicante de meditación, María, trabaja como enfermera en el Departamento de Urgencias de un hospital regional. Describía cómo había aprendido a usar el arte de descansar en la conciencia: «A veces no hay demasiado trabajo y puedo trabajar de forma automática, controlando a los pacientes o haciendo el papeleo rutinario, mientras mi mente vaga pensando en un millón de cosas diferentes. Luego puede ingresar toda una avalancha de pacientes: accidentes, infartos, crisis asmáticas... Yo hago mi parte del trabajo, pero a la vez estoy conectada con todo lo que está pasando. He aprendido a abrir la conciencia. Es como si mi mente se volviera espaciosa y silenciosa, presente, sensible a lo que pueda necesitarse y, sin embargo, a la vez, desapegada de algún modo. Supongo que es como el fluir del que hablan los atletas. Estoy allí en medio, haciendo todo lo que hay que hacer y, sin embargo, alguna parte de mí está contemplándolo todo, silenciosa.

»Me sucede más últimamente, y no solo en el trabajo. Cuando hago mi práctica de meditación, se vuelve más fuerte. Tuve una fuerte discusión con mi hijo y, de golpe, pude sentir que mi cuerpo se estaba tensando, me di cuenta de cómo creía que mi punto de vista era el correcto. Con solo sentir esto, me relajé y entré en el estado de conciencia, y todo se abrió. Estaba diciendo que no, pero también podía sentir el amor y la manera en que cada uno simplemente estaba haciendo su papel y tenía que interpretarlo bien, pero detrás de eso había espacio, todo estaba correcto».

Cuando aprendemos a descansar en la conciencia, surge tanto el amor como el silencio. Escuchamos qué es lo que hay que hacer después y somos conscientes de todo lo que está ocurriendo, es un gran espacio y un sentimiento de amor que nos conecta. Cuando hay espacio suficiente, todo nuestro ser puede captar la situación y estar en calma. Vemos la danza de la vida, bailamos maravillosamente, pero no estamos atrapados en ella. En cualquier situación, podemos abrirnos, relajarnos y volver a la dimensión de cielo de la conciencia.

Práctica: el río de sonido

Siéntate en una postura cómoda y relajada. Cierra los ojos. Deja que tu cuerpo descanse y que tu respiración sea natural. Empieza a escuchar la melodía de sonidos a tu alrededor. Advierte los que suenan más fuertes y los más débiles, los que están lejos y los que están cerca. Advierte los sonidos que surgen y se desvanecen solos, sin dejar ningún rastro. Después de escuchar durante unos minutos, siente o imagina que tu mente no se limita a tu cabeza. Siente cómo tu mente se expande hasta más allá de los sonidos más distantes. Imagina que no hay límites para tu mente, no hay dentro ni fuera. Deja que la conciencia de tu mente se extienda en todas las direcciones como el cielo abierto.

Relájate en la espaciosidad y solo escucha. Ahora cada sonido –voces de personas, ruido de coches, el viento, sonidos sutiles– emergerá y se disipará como nubes en el espacio abierto de tu mente. Deja que los sonidos vengan y se vayan, tanto los fuertes como los débiles, los lejanos y los cercanos, deja que sean nubes en el vasto espacio de tu conciencia, apareciendo y desapareciendo sin resistencia. Mientras descansas en la conciencia abierta durante un rato, date cuenta de cómo los pensamientos y sentimientos también surgen y se desvanecen como los sonidos en el espacio abierto de la mente. Deja que los pensamientos y los sentimientos vengan y se vayan sin luchar y sin poner resistencia. Pensamientos agradables y desagradables, imágenes, palabras, alegrías y tristezas... Deja que vengan y se vayan como las nubes en el cielo despejado de tu mente.

Después, en esta conciencia espaciosa, date cuenta también de cómo experimentas tu cuerpo. La mente no es el cuerpo. Las sensaciones del cuerpo flotan y cambian en el cielo abierto de la mente. La respiración se hace sola; se mueve como una brisa. Si observas con atención, el cuerpo no es sólido. Descubrirás zonas que están duras y zonas que están blandas, sensaciones de presión y de hormigueo, de calor y de frío, todo flotando en el espacio de la conciencia.

Relájate. Descansa en esta espaciosidad. Deja que las sensaciones floten y cambien. Permite que los pensamientos y las imágenes, los sentimientos y los sonidos vengan y se vayan como nubes en el espacio despejado y abierto de la conciencia. Mientras lo haces, presta atención a la propia conciencia. Date cuenta de que es nítida, transparente, eterna y sin ningún conflicto, que acoge todas las cosas, pero no se limita a ellas. Esta es tu verdadera naturaleza. Descansa en ella. Confía en ella. Esta es tu casa.

4. Los colores de la conciencia

La conciencia adquiere los colores de los estados que la visitan.
BUDA

Habla o actúa con una mente ilusoria y la desgracia
te seguirá como la rueda al buey que tira del carro.
Habla o actúa con una mente clara y la felicidad
te seguirá tan de cerca como tu sombra, inquebrantable.
DHAMMAPADA

Cuando Ajahn Chah advertía que lo estaba pasando mal, solía llamar mi atención: «¿Qué? ¿Atrapado de nuevo en algún estado?». En el monasterio del bosque, constantemente recibíamos la instrucción tanto de observar la propia conciencia como de nombrar de forma precisa cada uno de los estados que la llenasen a lo largo del día: *asustado, aburrido, relajado, confundido, resentido, tranquilo, frustrado*, etcétera.

A veces, Ajahn Chah nos pedía que nombráramos en voz alta nuestros estados para que pudiéramos reconocerlos con más claridad. A un monje recién divorciado, de Bangkok, le amonestaba: «¿Sientes tristeza? ¿Rabia? ¿Pena de ti mismo? Bueno, es natural. Contémplalo todo». Y riéndose, le decía a un monje inglés que se sentía confundido: «¿Puedes ver lo que ocurre? Estás distraído, confundido, hecho un lío. Solo son estados de la mente. Venga, ¿te crees los estados de tu mente? ¿Estás atrapado en ellos? Entonces seguro que sufrirás».

Cuando nos volvimos más hábiles para advertirlos, subió el listón. De forma deliberada complicaba las cosas y observaba lo que ocurría. En la estación más caliente, nos enviaba descalzos a mendigar comida durante una excursión de quince kilómetros, y después nos sonreía cuando volvíamos para ver si estábamos frustrados o decepcionados. Nos tenía sentados hasta altas horas de la noche para que escuchásemos sus interminables charlas, sin ningún descanso, y venía a despertarnos alegremente a las cuatro de la mañana. Cuando nos mostrábamos irritados, nos preguntaba: «¿Estás enfadado? ¿De quién es la culpa?».

En la cultura popular de Occidente se nos enseña que la manera de alcanzar la felicidad es cambiando nuestro ambiente externo para que se adapte a nuestros deseos. Pero esta estrategia no funciona. En toda vida se manifiesta el placer y el dolor, la ganancia y la pérdida, el elogio y la recriminación. La psicología budista ofrece un enfoque diferente de la felicidad, nos enseña que los estados de conciencia son más importantes que las circunstancias externas.

La manera en que experimentamos la vida depende más que nada de los estados particulares de la mente con que la recibimos. Si estás mirando el desempate en un partido de fútbol y tu hija es la nerviosa portera de uno de los equipos, tu conciencia estará llena de preocupación, interés y excitación en cada jugada. Si eres el chofer que está esperando para recoger al hijo de alguien, contemplarás las mismas escenas, los jugadores y la pelota con aburrimiento y desinterés. Si eres el árbitro, percibirás las cosas de otro modo diferente. Lo mismo ocurre cuando se está escuchando música de Beethoven, arrancando malas hierbas, viendo una película de Woody Allen o visitando la Ciudad de México. La conciencia pura adquiere los colores de nuestros pensamientos, emociones y expectativas.

El Buda dijo: «Del mismo modo que al tocar un laúd, gracias a las cualidades del instrumento de madera, las cuerdas y la actuación del músico, los momentos de experiencias y de conciencia aparecen y, después de cobrar existencia, se desvanecen».

Cuando la conciencia adquiere un color o es condicionada, actúa como las partículas, apareciendo y desapareciendo, adquiriendo cualquier cualidad que se presente en ella. Puede sentirse como una sucesión de momentos diferentes que surgen de las condiciones presentes, tanto de la mente como de los sentidos. Del mismo modo que ocurre con la luz y con el sonido, puede observarse la forma en que la conciencia surge como momentos particulares diferenciados. Y, como Ajahn Chah intentó enseñarnos, algunos de estos momentos pueden también cambiarse.

Aquí está el cuarto principio de la psicología budista:

---

4 Reconoce los estados mentales que llenan la conciencia. Cambia los estados dañinos por estados saludables.

Para explorar este aspecto de la conciencia comparable a la partícula, puede ser necesario revisar alguna de las listas del Buda, que se encuentran entre los mapas más detallados de la psicología humana que se han desarrollado. Para los occidentales, este es uno de los aspectos difíciles de la psicología budista. Existen cientos de listas y tablas de estados y relaciones. En ciertos monasterios de Birmania y Tailandia, especialmente en aquellos en los que se estudia el análisis psicológico refinado del *Abhidharma*, he visto pizarras llenas de complejos diagramas que representaban el modo en que los estados sutiles de percepción, respuestas y conciencia interactúan a un nivel microscópico. Parecía una clase de física en el Instituto Tecnológico de Massachusetts,[4] o un seminario sobre cibernética y teoría de los sistemas.

4. *N. de la T.*: El Instituto Tecnológico de Massachusetts (MIT, del inglés *Massachusetts Institute of Technology*) es una de las principales instituciones dedicadas a la docencia y a la investigación en Estados Unidos, especialmente en ciencia, ingeniería y economía. Cuenta con numerosos premios nobel entre sus profesores y antiguos alumnos y se considera una de las mejores universidades de ciencia e ingeniería del mundo.

Dicho de forma simple, el Buda era un fanático de las listas. Existen las Dos Verdades, las Tres Características, los Cuatro Fundamentos de la Atención Plena, los Cinco Obstáculos, las Seis Perfecciones, los Sietes Factores de la Iluminación y el Sendero Óctuple. Existen listas de 52, 89 y 121 estados de conciencia. En las escuelas de budismo posteriores, las listas crecieron, hasta 80 000 versos de sabiduría y 84 000 medios hábiles. A algunas personas con afinidad por la ingeniería, como Robert Hover, un americano que se convirtió en profesor de meditación en Birmania en la década de 1960, les encantan las listas. Desafortunadamente, a la mayoría de nosotros nos despiertan una sensación de desazón, como los recuerdos de la aritmética mal enseñada o de un viejo tío obsesivo. No es nuestra forma de aprender.

No obstante, estas listas tienen una función crucial. La psicología budista era en su origen una tradición oral, recitada durante quinientos años antes de que fuese escrita. Muchas de las listas constituyen un sistema nemotécnico tradicional, un modo de recordar las enseñanzas en detalle y profundamente sin que se pierda la información esencial. Formaban parte de la ciencia de la época, sistematizada y repetida, usada en experimentos internos de exquisita precisión durante siglos. A pesar de que ahora existen como textos escritos, estas listas todavía se recitan de memoria y se consideran un precioso legado. De hecho, esta forma de conocimiento sistematizado no solo se contempló en la India, sino en todas las culturas desarrolladas de la antigüedad. Existen documentos en los que se describe que Abdul Kassem Ismael, el gran visir de la Persia del siglo x, no podía soportar separarse de su biblioteca de 17 000 libros. Cuando viajaba, los libros eran transportados por una caravana de 400 camellos, adiestrados para caminar manteniendo el orden alfabético de la biblioteca.

Para ayudarnos a entender los cambios momentáneos del color de la conciencia, la psicología budista los sitúa en un sistema de tres partes. Referido como «el todo», este sistema abarca la totalidad de nuestra experiencia humana. La primera parte incluye todas las impresiones recibidas a través de las puertas de los sentidos. Esta lista es breve, porque nuestra experiencia de los sentidos comprende solo seis tipos de percepciones: visuales, auditivas, del gusto, del olfato, del tacto/corporales y pensamientos/sentimientos. Se debe tener en cuenta que, en el sistema budista, la mente se considera la sexta puerta de los sentidos, que recibe pensamientos, sentimientos e intuiciones del mismo modo que los ojos reciben las imágenes visuales y los oídos los sonidos.

La segunda parte está constituida por los momentos diferenciados de la conciencia que recibe cada experiencia sensorial. Un cadáver reciente también recibe estímulos sensoriales, como la luz del sol o la brisa en la piel, pero no existe conciencia que pueda registrarlos. Para que podamos experimentar algo, es necesario que surja un momento de conciencia en la puerta del sentido. Estas seis partículas básicas de la conciencia son momentos individuales de conocimiento que se denominan, respectivamente, conciencia de la vista, del oído, de la lengua, de la nariz, del cuerpo y de la mente.

A través de los sentidos y su conciencia particular construimos nuestra realidad, del mismo modo que un artista puede pintar el mundo entero utilizando cualquier combinación de los colores rojo, naranja, amarillo, verde, azul y violeta. El Buda decía: «Monjes, ¿habéis visto una pintura que sea una obra de arte? Esa obra de arte se crea con la mente además de con los sentidos. En realidad, la mente es más artística y creativa que cualquier obra de arte; es la fuente de toda la creatividad humana».

Al principio, yo creía que estas listas eran algo arcaico y a veces arbitrario, pero mis maestros insistieron en que podían ayudarme a entender mi experiencia directa de forma más clara. El maestro birmano Mahasi Sayadaw, en su instrucción para la meditación, me propuso hacer las cosas más despacio y advertir de forma precisa cómo surgían y desaparecían en cada momento. En el comedor del monasterio, cada segundo traía nuevas imágenes, sonidos, olores y pensamientos. Cuando me sentaba a comer arroz con pescado al curry, podía notar el roce de la ropa, escuchar los tonos cambiantes de las voces de los visitantes, sentir y oler el sudor de mi cuerpo; al observar con plena atención cómo extendía mi brazo para coger un mango y comerlo, me di cuenta de que había un fondo de comentarios de pensamientos y sentimientos. Al principio, todo esto estaba mezclado, pero después de meses de entrenamiento en la atención plena, mi percepción se hizo microscópica. Unos pocos minutos contenían miles de momentos de sonidos, imágenes y sabores, junto con la conciencia del oído, la vista y la lengua; todo mezclado, como manchas de colores en una pintura impresionista o los puntos de luz en una pantalla de televisión, para crear mi experiencia del almuerzo.

Incluso ahora, mientras lees, puedes advertir estas seis impresiones de los sentidos y estas seis conciencias, que surgen y se desvanecen rápidamente como los fotogramas de una película, uno tras otro. Detente un momento, levanta la vista del libro y date cuenta de cómo el libro y las ideas que contiene desaparecen de tu conciencia, sustituidas por las imágenes que tienes ante ti. Vuelve a esta página y de nuevo, después de leer esta frase, desplaza tu atención a tus sensaciones corporales: el contacto con el asiento y con el suelo, sensaciones de calor o frío, hormigueo, tensiones, vibraciones. Date cuenta de cómo el libro y las ideas que contienen se apartan de la conciencia cuando lo haces. Las impresiones de los sentidos y la conciencia de los sentidos son los dos primeros pasos para construir nuestro mundo.

Estados mentales dañinos y estados saludables

Para completar este cuadro de nuestro mundo, volvamos a la mujer que está viendo cómo su hija juega al fútbol. Contempla el juego y escucha los sonidos, y estas percepciones son recibidas por la conciencia de la vista y el oído. También está excitada, preocupada, orgullosa, interesada. Su experiencia de los sentidos está coloreada por muchos estados mentales. Estos estados mentales constituyen el tercer aspecto de la experiencia humana. Estas cualidades de la mente, llamadas estados mentales, dan color a la conciencia. Una lista habitual incluye 52 cualidades, mientras que otras listas enumeran hasta 121. Por lo visto, entre los distintos monasterios, los monjes no lograban ponerse acuerdo.

Con cada impresión de los sentidos y con la conciencia que la recibe, surgen cualidades de la mente, como preocupación, orgullo y excitación. Surgen entre los sentidos y la conciencia y añaden su color a la experiencia. Estas cualidades mentales y lo que traen a cada experiencia son esenciales para nuestra felicidad.

Un amigo recomendó a Dennis, un agente inmobiliario, que asistiese a un curso de meditación en Spirit Rock. Dennis era un hombre atractivo de treinta y tantos años que ya venía con sus propias listas y acababa de romper con su novia de veintisiete. Estaba triste porque ninguno de los dos se había portado demasiado bien. También había pasado por toda una serie de maestros espirituales. Pensé que con seguridad yo iba a ser la siguiente decepción de su lista.

Al principio Dennis odiaba la meditación. «¿No podría encontrar otra chica y ya está?», preguntó. Le dije que se olvidase de la chica y que centrase su atención en la respiración y en el cuerpo. Durante las siguientes semanas le indiqué que prestase atención y se diera cuenta no solo de sus experiencias externas, sino también de sus estados mentales, de las cualidades mentales que llenaban su día. Dennis no estaba preparado para lo que vio. Creía ser una persona feliz, pero descubrió más momentos de insatisfacción de los que hubiera podido imaginar. Junto con ellos, había estados mentales de aversión, aburrimiento, juicio y ansiedad. También había muchos momentos de placer, pero le sorprendió la frecuencia con la que se sentía insatisfecho o ansioso. Inmediatamente empezó a juzgarse: «¿Qué me ocurre? ¿Por qué no puedo estar más sereno?». Ahora estaba insatisfecho con su propia mente. Cuando me lo dijo, me reí y le hice notar que simplemente estaba atrapado en los estados mentales de insatisfacción, y sufriendo por ello, en vez de considerarlos solo como pensamientos.

Este fue un momento crucial para Dennis, en el que empezó a entender la naturaleza de la felicidad. Al final, Dennis desplazó la atención de los problemas externos a los estados internos que conformaban su experiencia.

A través de la psicología budista podemos entender fácilmente la salud mental. La presencia de estados mentales saludables crea una mente sana; la presencia de estados mentales dañinos crea una mente angustiada, infelicidad y enfermedad mental. Esto refleja una diferencia importante respecto a la mayor parte de la psicología occidental, que se centra principalmente en los contenidos residuales de la conciencia, en *lo que* pensamos. Aunque esta visión ha dado lugar a muchos enfoques terapéuticos creativos, a menudo nos deja enredados en la producción interminable de pensamientos y emociones. Aquí, la psicología budista da un giro liberador, retrocediendo un paso para investigar con la atención plena el funcionamiento de los propios estados mentales, enseñándonos a liberarnos de aquellos que nos provocan sufrimiento y a favorecer los que producen dicha.

Volvamos a la lista de factores mentales. Los factores mentales se dividen en tres grupos. En primer lugar hay trece cualidades comunes y universales que todos experimentamos en muchos mo-

<table>
<tr><th colspan="3">EL TODO</th></tr>
<tr><th>EXPERIENCIAS DE LOS SENTIDOS</th><th>ESTADOS MENTALES</th><th>CONCIENCIA DE LOS SENTIDOS</th></tr>
<tr><td>PERCEPCIONES VISUALES

colores, formas, tamaños</td><td rowspan="6">ESTADOS MENTALES COMUNES
como recuerdos, estabilidad, sensibilidad emocional (agradable o desagradable), deseo y fuerza vital

Además de

ESTADOS DAÑINOS
Las tres raíces son:
apego, aversión e ilusión,
que dan lugar a:
preocupación, envidia, rigidez, agitación, codicia, egoísmo, odio, avaricia, cinismo, estupidez, intolerancia, confusión, percepción errónea, temeridad y otros.

o

ESTADOS SALUDABLES
Las tres raíces son:
sabiduría, amor y generosidad,
que dan lugar a:
atención plena, confianza, cordialidad, modestia, alegría, discernimiento, flexibilidad, claridad, ecuanimidad, aceptación, bondad y otros.</td><td>CONCIENCIA DE LA VISTA

ver</td></tr>
<tr><td>SONIDOS

ruidos, vibraciones, voces</td><td>CONCIENCIA DEL OÍDO

oír</td></tr>
<tr><td>SABORES

ácido, dulce, amargo</td><td>CONCIENCIA DE LA LENGUA

saborear</td></tr>
<tr><td>OLORES

acre, aromático, delicado</td><td>CONCIENCIA DE LA NARIZ

oler</td></tr>
<tr><td>PERCEPCIONES FÍSICAS

suavidad, picor, calor</td><td>CONCIENCIA DEL CUERPO

sentir</td></tr>
<tr><td>PENSAMIENTOS, SENTIMIENTOS

emociones, imágenes, ideas</td><td>CONCIENCIA DE LA MENTE

pensar, sentir, intuir</td></tr>
</table>

mentos, como la estabilidad, la fuerza vital, la sensibilidad emocional (agradable o desagradable), el deseo y la apreciación. Estos son modos básicos en los que funciona la mente. Al ver cómo surgen estos factores, podemos entender de qué manera la mente recibe y procesa la información de forma instantánea.

Lo siguiente, y más importante, es dirigir nuestra atención a los factores mentales que es posible adiestrar. Se dividen en estados saludables y estados dañinos. Los factores dañinos tienen tres raíces: el apego, la aversión y la ilusión. A partir de estas raíces surgen estados de envidia, rigidez, ansiedad, estupidez, cinismo, egoísmo, duda, agitación y percepción errónea. Todos los experimentamos a veces. Cuanto más fuertes son estos estados, más intensamente sufrimos. En el peor de los casos, dan lugar a psicopatologías. El apego y la codicia dan lugar a la adicción, la preocupación se convierte en paranoia, el cinismo en sociopatía, la aversión en odio y en ira. La guerra, la violencia, el racismo, la explotación y la injusticia son sus frutos.

Los factores saludables tienen tres raíces: el amor, la generosidad y la sabiduría. A partir de estas tres raíces surgen estados de claridad, serenidad, discernimiento, alegría, aceptación, confianza, discreción y equilibrio. Cada uno de estos estados mentales saludables crea una mente feliz y libre. Se desarrollan a partir de la atención plena, y, como la luz del sol en la niebla, la presencia de estos estados disuelve los estados dañinos. Entre las miles de prácticas y enseñanzas budistas, casi todas trabajan para liberar los estadios dañinos y cultivar los saludables.

La división de las cualidades mentales en estados dañinos y saludables nos ayuda a ver las causas de nuestra felicidad y nuestro sufrimiento con claridad. También describe una importante verdad psicológica: los factores saludables y dañinos se inhiben mutuamente. De modo que, cuando fomentamos los estados saludables, los dañinos desaparecen.

Para trabajar con nuestros estados mentales, tenemos que reconocer la rapidez con la que pueden cambiar, desapareciendo a menudo sin que nos demos cuenta. Como no somos conscientes de nuestros estados internos, nos sentimos controlados por las influencias externas. El mundo nos complacerá en un momento y nos defraudará en el siguiente, y nos veremos atrapados en nuestros patrones habituales de apego y frustración. En un periódico de San Francisco apareció un artículo sobre los conductores que estaban enojados, en la cercana ciudad de Pleasanton. Al parecer la policía había tenido problemas con algunos conductores que conducían a gran velocidad por la autopista. Pidieron a sus ingenieros de tráfico que creasen semáforos que fueran sensibles al exceso de velocidad en una distancia de 100 metros antes de los cruces. Los conductores que habitualmente rebasan los límites de velocidad se encontraron que todos los semáforos se ponían en rojo a su paso. Había un montón de conductores furiosos. En la prensa se llamó a esto «karma instantáneo». Una mejor forma de viajar es observar nuestros estados mentales.

Si nos entrenamos en la atención plena, aprendemos a ser conscientes de nuestros estados mentales sin que nos atrapen. Esta capacidad de introspección es la clave de la psicología budista. El Buda pregunta: «¿De qué manera un practicante puede permanecer estable en la observación de los estados de su mente?». Y su instrucción es: «El practicante es consciente de cuándo la mente está tensa y de cuándo está relajada..., el practicante es consciente de cuándo la mente alberga odio y de cuándo alberga amor... el practicante es consciente de cuándo la mente alberga preocupación y de cuándo está serena».

Al contemplar nuestra mente, podemos advertir los estados mentales que predominan, como si nos diéramos cuenta del tiempo que hace. Del mismo modo que una tormenta puede traer lluvia, viento y frío, podemos observar el conjunto de estados dañinos que aparecen en los días malos. Podemos encontrar resentimiento, miedo, ira, preocupación, duda, envidia o agitación.

Podemos advertir cuán a menudo estos estados surgen y cómo nos apegamos a su punto de vista.

También podemos advertir los estados saludables en los períodos en los que nos sentimos más libres y con el corazón abierto. Podemos sentir cómo el amor, la generosidad, la flexibilidad, la tranquilidad y la simplicidad son naturales en nosotros. Es importante darse cuenta de estos estados. Ellos nos enseñan a confiar en nuestra bondad original, en nuestra naturaleza de Buda.

June vino a verme cuando estaba atravesando un turbulento divorcio. Estaba especialmente preocupada por su hija de once años. Empezamos sentándonos juntos a meditar, sin pretender arreglar nada, solamente sosteniendo la tristeza y el dolor de toda la situación con compasión. En vez de tratar su experiencia como una emergencia e intentar cambiarla, hicimos algunas respiraciones profundas y nos situamos en la experiencia, solo estando presentes en el momento. Con esta nueva espaciosidad, indiqué a June que prestase atención a sus estados internos, a lo que sentía y a lo que pensaba. Inmediatamente empezó a llorar. Dijo que su vida interior se movía desde la extrema preocupación y la agitación a la autorrecriminación, la culpa y la ira. No podía dormir; se obsesionaba imaginando el futuro que ya no podría ocurrir. Su médico le había dado tranquilizantes, que la habían serenado un poco, pero su mente estaba aún abrumada.

La invité a que reconociera amablemente en voz alta los estados que estuvieran presentes. Empezó a identificar el conjunto de estados de ira y miedo en el momento en que aparecían. Pudo darse cuenta de lo pegajosos que eran y de lo fácil que era creer el hechizo que proyectaban. Y, sin embargo, mientras estábamos sentados y su capacidad de estar atenta se hacía más fuerte, empezó a advertir que no eran la única cosa en la vida. Se río un poco y se dio cuenta de que hacía mucho tiempo que no sentía ese alivio.

Para apoyar esta claridad recién descubierta, propuse a June todo un programa que incluía meditaciones sentadas diarias para practicar la atención plena y la compasión. También se comprometió a practicar el no causar sufrimiento, incluso al que pronto iba a ser su exmarido. Cada mañana recitaba una intención de compasión y paz para sí misma y para todas las personas que encontrase. Simplificó su forma de vivir y empezó de nuevo a hacer ejercicio con algunas amigas. Pasaba mucho tiempo con su hija. Yo me encontraba con ella periódicamente para apoyar los cambios que favorecerían sus estados mentales saludables y para ayudarla a confiar en su fuerza interior y en su bondad.

June atravesó un largo proceso legal que, finalmente terminó con una aportación suficiente de dinero y la custodia compartida. Incluso a pesar de la meditación, dijo que experimentó sufrimiento y desesperación durante todo ese tiempo. Sin embargo, debido a que el sufrimiento era tan intenso, se sintió también motivada a trabajar con su mente. A través de su práctica de la atención plena, empezó a reconocer cada vez con mayor claridad los patrones de miedo y celos como estados mentales dañinos. Se dio cuenta de cuánto dolor le provocaban en su cuerpo y en su mente, porque eran tóxicos y destructivos. Y como deseaba vivir de una forma más amorosa, poco a poco empezó a desprenderse de ellos.

Soltar los condicionamientos dañinos

«Para convertirte en tu propio psicólogo –dice el Lama Yeshe–, no necesitas aprender demasiada filosofía. Lo único que tienes que hacer es examinar tu mente cada día. Cada día compruebas cómo están tus asuntos materiales, cada mañana compruebas la comida que hay en la nevera. ¿Por qué no examinar el estado de tu mente? ¡Investigar el estado de tu mente es mucho más importante!».

Cuando aprendemos a ser plenamente conscientes de los estados mentales, empezamos también a ver la forma en que son habituales, el modo en que están condicionados. La neurociencia moderna nos dice que hemos grabado nuestras reacciones del pasado en las sinapsis que envían mensajes de una neurona a otra, lo que hace más probable que en el futuro envíen el mismo mensaje. Prestando atención, reconocemos cuán a menudo la experiencia de un momento se ve seguida por una reacción inmediata. Puede que nos quedemos sorprendidos al ver lo impersonales y habituales que son nuestras respuestas, pero poco a poco comprenderemos que la atención plena nos ofrece la opción de elegir una respuesta más saludable.

Un estudiante de meditación, Jeremy, me habló de lo difícil que le resultaba encontrarse con un antiguo amigo suyo, Zach, que le había traicionado en un negocio. Antes de eso, cada vez que Jeremy se encontraba con su amigo experimentaba la visión de su amigo junto con un sentimiento de afecto, excitación y felicidad. Ahora, cuando lo veía, sentía ira, tristeza e infelicidad.

En estas dos situaciones, la experiencia sensorial de encontrarse con Zach era la misma. La diferencia esencial está en las cualidades mentales que surgían con la experiencia. Como eran vecinos, se encontraban a menudo. Habían intentado hablar; incluso habían probado a meditar; sin embargo, los sentimientos de ira y resentimiento persistían. La visión de Zach traía consigo una respuesta automática condicionada por la traición. Jeremy podía sentir su mente y su cuerpo contrayéndose con dolor cuando el recuerdo surgía de nuevo.

En el siguiente encuentro, en vez de volver a visualizar por enésima vez la historia de su agravio, Jeremy se paró a advertir lo que ocurría. Investigó más profundamente el dolor. Sí, le había dolido, pero ya había hecho lo necesario para evitar más perdidas. Respirando suavemente, pudo advertir que no había ningún nuevo problema, que sus estados mentales eran el resultado de un conflicto pasado. Respiró de nuevo y dejó que la ira y la agitación estuviesen, sosteniéndolas con la atención plena, sin alimentarlas. Empezaron a suavizarse, y apareció un sentimiento tranquilo de alivio. Cuando su examigo pasó ante él, pudo reconocer la traición, pero no se quedó atascado obsesivamente en los estados de infelicidad. Con este simple acto de observar sus estados, Jeremy dio un importante paso hacia la comprensión y la liberación.

Como Ajahn Chah enseñaba, «cuando tienes sabiduría, el contacto con la experiencia es como estar ante un árbol lleno de mangos maduros. Podemos elegir entre los mangos buenos y los que ya están pasados. Escoges lo que más te conviene, porque sabes qué frutos te sentarán mal y cuáles te sentarán bien». Al entrenarnos en la atención plena, empezamos a ver qué frutos son dañinos y cuáles son sanos. Practicando con las experiencias agradables y desagradables, descubrimos el poder de la atención plena para permitir una respuesta saludable a lo que sea que surja. La atención plena es el rey o la reina de los estados saludables. Se da cuenta de qué experiencias están presentes y crea las condiciones para que surjan nuestra integridad, amor, generosidad y simplicidad naturales.

Con la atención plena en los estados mentales, podemos elegir entre practicar la paz o ir a la guerra, entre quedarnos apresados y atascados o liberarnos de los estados dolorosos y sentirnos bien. Podemos desprendernos de la capa de arcilla y dejar que brille el oro del interior.

Práctica: reconocer los estados mentales

Elige un día en que sientas que estás teniendo dificultades y observa con atención plena tus estados mentales como si fueses un antropólogo, sin juzgarlos y sin resistirte. Generalmente aparecerán varios estados difíciles juntos, como preocupación, desasosiego, ira, confusión, codicia, nerviosismo y percepción errónea.

Determina tres momentos durante el día que hayas considerado difíciles. Fíjate bien y advierte de dónde provienen tus estados mentales. Sin ningún juicio, advierte qué estados mentales están presentes, su nivel de intensidad, cuánto duran y hasta qué punto te atrapan. Si te sirve, regístralos y descríbelos por escrito. Haz esto en dos días más de este tipo. Después de los tres días, date cuenta del efecto de reconocer con la atención plena los estados difíciles que has tenido. Si ha sido revelador o te ha ayudado a liberarte de su control, continúa con la práctica.

A continuación, de la misma manera, fíjate en un día en que te sientas muy positivo y empieza observar con atención plena los estados saludables que están presentes. Puedes revisar los estados mentales de la página 75. Quizá adviertas estados de equilibrio, claridad, flexibilidad, cordialidad, amor, sabiduría, confianza o alegría. Advierte los estados predominantes, su nivel de intensidad, cuánto duran y si te apegas a ellos. De nuevo, si te sirve, regístralos por escrito. Haz esto otra vez en dos días más de este tipo.

Después de los tres días, date cuenta del efecto de reconocer con la atención plena los estados saludables que has experimentado. Date cuenta de que puedes ser consciente de estos estados y favorecerlos con tu atención. Ahora que has aprendido a hacerlo, continúa con esta práctica.

5. La ilusión misteriosa del yo

Estudiar el camino es estudiar el yo.
Estudiar el yo es olvidar el yo.
Olvidar el yo es estar iluminado por todas las cosas.
Maestro zen DOGEN

Nos tomamos las cosas muy personalmente.
Cuanto más nos aferramos al yo, más problemas.
Sin yo, pues… [riendo] … no hay problemas.
Maestro HINA-TYANA DHAMMA LOKA

Al final de la ceremonia de ordenación budista, en un lugar sagrado en lo profundo del bosque del monasterio, el nuevo monje recibe su primera instrucción de meditación. Consiste en la pregunta: «¿Quién soy?», una práctica de autoinvestigación sistemática. Empezando por el cuerpo, preguntamos: «¿Soy la piel, el pelo, los músculos y los huesos, los órganos o la sangre? ¿Soy este cuerpo?». La ciencia moderna nos dice que las células del cuerpo se renuevan totalmente cada siete años. Si no soy los elementos físicos de este cuerpo, ¿qué soy? ¿Soy el fluir de los sentimientos que cambia constantemente? ¿Soy los recuerdos y las percepciones? ¿Soy los pensamientos y los conceptos, las opiniones y las creencias? ¿Quién soy?

Esto no es una pregunta teórica; es la pregunta más práctica que podemos hacernos en medio de los problemas o del sufrimiento. ¿Quién creo ser, en el trabajo, en mi familia, en mi comunidad, en mi propio corazón? La manera en que respondamos a esta pregunta puede conducirnos a la confusión y a la lucha o –en donde quiera que estemos– a la libertad y a la calma. Es absolutamente crucial entender el conflicto humano.

Según las enseñanzas budistas clásicas, dos estados mentales crean la sensación del yo. Uno se denomina «la visión del yo», que adquiere ciertos aspectos de la experiencia como *yo, mí* o *mío*. El segundo es la «visión comparada», que evalúa la sensación creada del yo como mejor que, peor que o igual que los otros. Creamos una sensación del yo siempre que nos identificamos con nuestro cuerpo, nuestra mente, nuestras creencias, nuestros roles, nuestra situación en la vida. Esta identificación ocurre de forma inconsciente, una y otra vez, cada vez que tomamos nuestros sentimientos, pensamientos o percepciones como yo o como mío.

La sensación del yo puede crearse de maneras saludables o dañinas. Una amiga pierde una elección para formar parte de la junta directiva de una escuela local después de que se difundiesen ciertos comentarios difamatorios sobre ella. Ella se identifica con la culpa, se lo toma de una manera muy personal. Un hombre se entera de que su anciano padre, una persona conservadora, probablemente no lo incluirá en el testamento. Solo sus «buenas» hermanas serán las herederas. Se compara con ellas y se convierte en el perdedor y se identifica con el papel del hijo rechazado. La hija de una mujer se queda embarazada y se convierte en madre con diecisiete años. La mujer se identifica con el papel de la madre que ha permitido que esto le ocurra a su hija. Nace la nieta y es una niña preciosa. La mujer olvida todos sus juicios y se comporta como una abuela amorosa y entusiasta. Ahora esta es su identidad, que redime su vida; pero entonces la hija se va a vivir a otro lugar. La mujer se identifica con una persona que siempre es abandonada y rechazada. ¿Quién es realmente?

En el entrenamiento budista, investigamos la propia idea de la identidad, preguntándonos quiénes somos en todos estos roles. Al hacerlo, encontramos que la capas de identidad se van abriendo y, poco a poco, desprendiéndose o disolviéndose a través de la práctica sistemática de la atención plena. Descubrimos que nuestra identificación con un sentido limitado del yo crea nuestro sufrimiento. Deshacernos de estas limitaciones puede liberarnos de toda una vida de luchas.

Este es el quinto principio de la psicología budista:

---

5 Nuestras ideas del yo se crean a través de la identificación. Cuanto menos nos aferremos a las ideas sobre el yo, más libres y felices seremos.

Mitch, que vino a un retiro de meditación, arrastraba una larga historia de dolor. A la edad de cuatro años fue abandonado por su padre, un ludópata, y más tarde pasó a manos de su padrastro, quien abusó física y sexualmente de los tres hijos. En la escuela secundaria, para aturdirse del dolor, se inició en lo que se convertiría en una grave toxicomanía. Su hermana mayor había sido ingresada varias veces en el hospital psiquiátrico. Gracias a los grupos de ayuda de los doce pasos, Mitch logró el apoyo suficiente para terminar sus estudios universitarios y desarrollar su profesión como ingeniero de *software*. Ahora estaba casado y tenía dos hijos. Leyendo sobre budismo, descubrió que, para su inteligencia técnica, este enfoque sistemático con el que explorar la vida interior resultaba atractivo. Aunque los primeros retiros a los que asistió fueron difíciles y se sintió bastante inquieto, persistió y, poco a poco descubrió que luchaba menos con el dolor del cuerpo y con sus procesos de pensamiento. Con gran alivio, se apuntó a un nuevo retiro.

En ese retiro, Mitch empezó a desmoronarse. Todos los roles de adulto que tanto le había costado construir –su sentido del yo como ingeniero, como padre, como marido– parecían ahora una falsa fachada. Empezó a sentir de nuevo el terrible estado de miedo y confusión en el que había vivido siendo niño. Experimentó la regresión que a menudo se produce en un retiro. Parecía un niño herido y asustado. Mitch temía que este dolor fuera a durar toda la vida. Lo animé a confiar en que podría descubrir cómo soportarlo. «Me siento tan mal, tan poca cosa. ¿Cómo voy a atravesar esto?», preguntaba. Lo invité a respirar conscientemente y a sentir su cuerpo descansando sobre la tierra. Cuando estuvo preparado, empezó a examinar con la atención plena el estado de su cuerpo. Lo sentía pequeño, rígido, dolorido, contraído. A pesar del dolor, empezó a relajarse poco a poco. Le propuse que advirtiese cualquier sentimiento que estuviera presente. Había angustia, vulnerabilidad, desvalimiento, miedo e ira. Le pregunté qué edad sentía que tenía. «Ocho años», dijo. «¿Qué pensamientos e historias surgen con estos sentimientos?», le pregunté. «No dejo de repetirme "Me odio. Soy una persona horrible. Me parece que esto no se va a acabar nunca"», contestó. Poco a poco, Mitch consiguió tomar distancia de sus pensamientos y contemplarlos con la atención plena.

Entonces le pregunté: «¿Y son ciertas esas historias que te has contado durante tanto tiempo? ¿Es eso lo que eres?». Lo miré con cariño directamente a los ojos. Su sensación de identificación con esa historia empezó a tambalearse, a parecer menos segura. Seguí: «Todas las sensaciones cambiantes de tu cuerpo, el dolor y la tensión, ¿es eso lo que eres?». «No exactamente». «¿Y los sentimientos difíciles, el miedo y desvalimiento? ¿Es eso lo que eres?». «Bueno, no». «Y los juicios que haces, ¿eres eso?». «No. Todas estas cosas están en mí, pero no, no soy esas cosas». «¿Y quién está siendo consciente de todo eso? Observa bien». «No puedo encontrar a nadie exactamente. Hay conciencia, pero no estoy seguro de quién está siendo consciente». «¿Cómo te sientes ahora?». Con una carcajada respondió: «¡Muchísimo más libre!». Durante un rato permanecimos sentados en silencio, descansando en la conciencia.

Con la práctica, Mitch aprendió a etiquetar cada nivel de experiencia sin resistirse ni identificarse. Como el Buda, siendo testigo de los dolorosos condicionamientos de una vida pasada, practicó sosteniéndolo todo en el abrazo de la gran compasión. Al hacer esto, una parte de él comprendió que su ser herido no era realmente él. Lentamente, Mitch empezó a sanarse.

Cuando dialogaba con sus discípulos, el Buda solía invitarlos a investigar su verdadera naturaleza: «Monjes, a estas cosas que cambian continuamente, ¿podemos llamarlas el yo?». «No, no podemos». «Los sentimientos y las percepciones cambiantes, ¿son el yo?». «No, no lo son». «Los pensamientos y las creaciones mentales cambiantes, ¿son el yo?». «No, tampoco». «¿Podemos entonces aferrarnos a los estados cambiantes de la conciencia y considerarlos como el yo?». «No, venerable maestro». «En definitiva –siguió el Buda–, en nada de esto podemos encontrar al yo».

Lo que tomamos como yo es provisional, ficticio, construido por el apego, una identificación temporal con alguna parte de la experiencia. El yo surge, solidificándose a sí mismo, como un hielo flotando sobre el agua. El hielo está en realidad hecho de la misma agua. La identificación y el apego endurecen el agua, que se convierte en hielo. De forma similar, sentimos nuestro yo como algo separado.

La paradoja del desarrollo

Tanto la psicología occidental como la budista reconocen la necesidad de un desarrollo sano del yo. De hecho, desde el punto de vista de la perspectiva clínica occidental, perder la identidad se considera una crisis. Por lo común, el desarrollo de un sentido claro del yo es un proceso natural. En la psicología occidental, Freud y sus seguidores describieron las etapas de desarrollo del yo y la manera en que un niño separa su identidad poco a poco de la de su madre para sentirse como un yo independiente. Cuando el niño descubre que sus necesidades y anhelos más profundos no siempre son satisfechos por la madre, experimenta una poderosa necesidad de controlar y manipular el mundo imprevisible, y su sentido del yo se hace más fuerte. Su mente aprende a sentirse a sí mismo como un yo separado y a hacer frente a los miedos y frustraciones de la vida, desarrollando recuerdos consoladores, habilidades de lenguaje y estrategias para resolver problemas. El sentido del yo se desarrolla con éxito al identificarse con unas capacidades físicas y sociales de maduración. El buen funcionamiento de esta capacidad central, llamada «ego» por Freud, es una de las definiciones de la salud mental en la psicología occidental.

En algunos textos de psicología budista, como el *Visuddhimagga*, se describe un desarrollo similar del yo. Se dice que el resplandor original de los seres nacidos en la tierra se transforma a medida que estos pasan de la ambrosía de la leche materna al alimento sólido. Los sentimientos de agrado y desagrado se hacen más fuertes y se generan las frustraciones. El mundo que originariamente tenía el sabor de las flores de jazmín se vuelve duro. Los nuevos seres toman conciencia de su necesidad de orinar y defecar. Se vuelven conscientes del sexo masculino y del sexo femenino, y se obsesionan el uno con el otro. Establecen los límites de «yo» y «mío» y se atacan mutuamente, creando la necesidad de protegerse unos de otros. Después aprenden a reprimir sus impulsos y desarrollan el dominio interior. Para ayudarse a moverse en el mundo, el sentido temporal del yo se hace más fuerte en estas etapas diversas.

Desde los organismos más pequeños, pasando por formas complejas de vida, hasta los seres humanos, la creación de límites y la percepción de separación son universales. El regalo de la psicología budista es que nos lleva un paso más lejos. Es la capacidad evolutiva de ver más allá del yo separado. El yo funcional, incluso en su expresión más sana, no es quien somos. Y en la medida en que, como adultos, permanecemos atrapados e identificados con cualquiera de las primeras etapas del desarrollo, nuestro sufrimiento se perpetúa. A diferencia de la occidental, la psicología budista reconoce que el proceso habitual de desarrollo no es el final de la historia. A partir del yo funcional, ofrece un camino de descubrimiento de la ausencia del yo. Nos muestra de qué manera se crea el yo momento a momento. Después disuelve la identificación y nos enseña la gozosa espaciosidad que existe fuera del yo.

Cuando comparamos la manera de entender el yo en la psicología budista y en la occidental, el lenguaje puede resultar confuso. Por ejemplo, existe un doble uso del concepto psicológico de «ego». Técnicamente, en la psicología occidental, el ego describe un aspecto organizativo sano de la mente. Pero en el lenguaje espiritual, ego tiene una connotación más negativa, relacionada con egotismo o egoísmo. De forma similar, para describir el yo, a veces encontramos una cantidad apabullante de términos, que van desde el sentido sano del yo hasta la descripción budista del no yo. El siguiente diagrama puede aportar alguna claridad al respecto.

Psicología occidental

EGO – Uso teórico		SENTIDO SANO DEL YO
Se utiliza para describir la función organizativa necesaria de la mente. Regula las energías del superego (creencias condicionadas) y de los impulsos inconscientes. Puede haber un ego sano o un ego débil y carente.	→	Es la capacidad funcional de dirigir la vida, manejar las frustraciones, hacer uso de los recursos, afrontar los conflictos, trabajar, amar, crear y cuidar de uno mismo y de los otros.

Psicología budista

EGO – Uso habitual en el lenguaje espiritual		SALUD MENTAL
Se utiliza para describir los estados de apego e identificación y las cualidades de autoimportancia y autocentramiento que surgen del pequeño sentido del yo. Deriva de la ilusión de separación y de la ansiedad que esta crea.	→	Es la maduración de cualidades mentales sanas, como sabiduría, confianza, serenidad, flexibilidad, amor, integridad, intuición y generosidad.
↓		↓

NO YO

Descubrimiento de que el sentido del yo y la separación es algo provisorio, falso, creado por el apego y la identificación. La liberación de la identificación con el yo trae consigo la máxima salud mental, libertad, compasión y alegría.

Identificación

La primera vez que las escuchamos, las enseñanzas sobre el no yo pueden despertarnos confusión e incluso miedo. Podemos temer que no yo signifique la pérdida de nuestro ser, como si fuéramos a morir, pero la psicología del no yo es algo distinto. En la práctica, no cambiamos ni eliminamos nada. Simplemente aprendemos a ver a través de las falsas ideas de nuestro yo. Descubrimos que cuando podemos soltar el sentido limitado del yo, ese apego y esa identificación son opcionales.

Para examinar este proceso de identificación, permítete jugar con él mientras lees. Imagina que eres este libro. Identifícate con él. ¿Cómo te sientes como libro? *Soy un libro nuevo. Estoy lleno de palabras y de conocimientos. A algunas personas les parezco interesante. Quizá me convertiré en un éxito de ventas, me haré famoso. Quizá no.* Ahora advierte lo que ocurre cuando cierras este libro. Ciérralo suavemente. *Me gusta que me traten con respeto.* Ábrelo de nuevo y ciérralo de golpe. Tíralo debajo de un cojín o escóndelo entre otros libros. ¿Cómo te sienta eso? *No me gusta que me cierren de golpe, no me gusta que me aparten y me olviden, no me gusta que me tiren o me escondan.* Ahora deja de identificarte con el libro. Ahora es solo un libro. Ábrelo y ciérralo de nuevo. Apártalo o escóndelo. Date cuenta de lo distinto que es sentirlo así. El libro no eres tú.

Este proceso de identificación ocurre todo el tiempo. El gurú de la India con el que estudié, Sri Nisargadatta, solía reírse y decir: «Os identificáis con todo tan fácilmente –con vuestro cuerpo, con vuestro pensamiento, con vuestras opiniones, con vuestros roles–, y por eso sufrís tanto. Yo he soltado toda identificación». Y levantando la mano explicaba. «Mirad cómo se tocan mi dedo pulgar y mi dedo índice. Cuando me identifico con el índice, soy el que siente y el pulgar es el objeto de mi experiencia. Cuando la identificación es al contrario y soy el dedo pulgar, siento este índice como un objeto. De algún modo puedo cambiar el centro de atención y convertirme en cualquier cosa que mire... Yo llamo a esta capacidad de entrar en otros focos de la conciencia amor. Puedes darle el nombre que quieras. El amor dice: «Yo soy todo». La sabiduría dice: «No soy nada». Entre estos dos fluye mi vida.

La capacidad de cambiar de identidades no pertenece solo a los gurús de la India. Es una habilidad humana. Muchas ocupaciones requieren la capacidad de entrar en otras identidades. Los mejores rastreadores de animales se convierten en el animal que persiguen. Los buenos detectives se adentran en la identidad de sus presas. Los actores triunfan por su habilidad de adquirir de forma convincente otras identidades. Una madre se identifica de forma natural e instintiva con su bebé y sabe por qué llora. Los amantes dicen que sus corazones laten como uno solo.

Esta sana liberación de la identificación no es el extrañamiento de uno mismo que experimenta un psicótico mirándose la mano como si fuera un objeto extraño. Esta es una desconexión errónea, el resultado de la ilusión y la patología. La liberación de la identificación tampoco es la negación de la maravillosa singularidad y la esencia única de cada individuo. Nuestra singularidad permanece pero sin el apego y el miedo egocéntricos. Descubrimos que nuestra personalidad es algo menos definitivo, que fluye como un río, naciendo de nuevo a cada momento. La sabiduría dice que no somos nada. El amor dice que lo somos todo. Entre la sabiduría y el amor fluye nuestra vida.

Identificación con el rol y con la imagen

Podemos estudiar la identificación directamente examinando los muchos papeles que la vida nos invita a interpretar. A veces, por ejemplo, puedo sentirme hombre, hijo, progenitor, trabajador, estudiante, marido, contribuyente, sanador, paciente, ciudadano, rebelde y miembro de una tribu particular, un grupo étnico o una religión. Todo son roles. Cada uno surge a partir de las circunstancias y los condicionamientos. Cuando somos niños, mientras estamos con nuestros padres, sentimos con mayor intensidad el papel de hijo o hija. Intentamos comportarnos y hacer lo que sea necesario para cumplir con este rol. Sin embargo, cuando nuestros padres no están y estamos jugando con nuestros amigos, abandonamos nuestro rol de hijo o hija, a menos, desde luego, que tengamos una madre que, debido a su inestable identidad, nos insista en que pensemos en ella todo el tiempo.

Durante cuarenta horas a la semana, muchos de nosotros desempeñamos nuestro papel de trabajador. Sin embargo, en la medida en que nos aferramos a estas identidades, sufrimos. Si intento mantener mi papel de maestro budista cuando llego a casa, es un desastre. Si a mi cansada esposa le imparto las enseñanzas budistas sobre la paciencia o la generosidad, sentirá que la trato con una actitud paternalista y simplemente me recordará que me toca regar el jardín y lavar los platos. Mi hija no quiere un profesor de meditación ni un psicólogo; quiere un padre normal que la escuche y entienda sus experiencias, que tenga ganas de jugar, que la apoye y sea comprensivo. Cuando soy un compañero de trabajo, un marido o un padre, cada uno de los roles aprende de los otros. Si una mujer que es policía no puede relajarse y ser solo un ser humano cuando sale con sus amigos, está prisionera de su identidad. Si el director de una empresa no puede dejar a un lado su trabajo cuando juega con su hijo, los dos sufren. Recuerdo una tira cómica que mostraba una familia de vacaciones en la playa. Todos están en traje de baño, excepto el padre, que va vestido con traje y corbata y lleva su portafolios en la mano. La mujer se ríe: «Solo porque vayas a la oficina cada día...». La historieta es divertida, pero tiene un trasfondo trágico.

Si queremos ser sabios, necesitamos poder entrar en cada rol totalmente, con conciencia y compasión, y soltarlo cuando nuestro trabajo esté hecho. Cuando nos casamos, dejamos de estar solteros. Cuando nuestros hijos se hacen adultos, soltamos nuestro antiguo papel de ayudarlos a manejar su vida. Cuando desempeñamos un nuevo empleo o dejamos otro que teníamos, nos jubilamos o pasamos de ser el empleado a ser el jefe, tenemos que dejar un rol y adoptar otro. Podemos ser libres solo si bajo todos estos papeles temporales no olvidamos quiénes somos realmente.

Del mismo modo que nos identificamos con un rol, podemos identificarnos con una imagen de nosotros mismos. ¿Parezco inteligente, atractivo, fuerte? Generalmente, esto nos preocupa porque también sentimos las cualidades opuestas dentro de nosotros. De modo que, para compensarlo, creamos una imagen de nosotros mismos. Un amigo mío encontraba estos pensamientos compensatorios tan a menudo cuando meditaba que, con sentido del humor, empezó a etiquetarlos cada vez que surgían: «parecer guapo, parecer guapo». Al ver la constante lucha por parecer guapo, pudo sentir más compasión y serenidad.

Como persona que habla en público, a menudo, he aprendido a prestar especial atención a los momentos en que me siento nervioso. Para mí, eso es un signo claro de que estoy identificándome con algo, preocupado por la imagen que daré. En ese estado, no estoy realmente abierto a los otros. En esos momentos, experimento directamente cómo esos pensamientos crean sufrimiento. Sostengo mi preocupación con una atención compasiva. Entonces recuerdo que mi trabajo es enseñar meditación, no enseñar a Jack Kornfield. De golpe me relajo. Me hago más plenamente consciente del presente. Como dice Pema Chrödrön: «Estar preocupado con nuestra propia imagen es como acercarse a un árbol lleno de pájaros que cantan llevando tapones en los oídos». Cuando nos liberamos del apego a nuestra imagen, se produce un enorme alivio, y el mundo se nos abre de nuevo.

Otra forma en la que creamos nuestra identidad es viéndonos como un miembro de un grupo étnico particular, de una religión, una tribu, una casta y una clase. Yo puedo identificarme con un americano de clase media con estudios universitarios; puedo identificarme con un budista; puedo identificarme con mis raíces étnicas como judío con antepasados rusos y turcos. Cada identificación es una descripción de una circunstancia particular y de una estructura social, pero en un nivel más profundo estas identificaciones son también algo provisional, una ilusión. A veces, las descripciones relativas a una etnia o una tribu se utilizan de un modo positivo: honrar nuestra cultura, despertar la dignidad y el respeto, valorar la conexión profunda con otros que son como nosotros.

Pero estas mismas distinciones pueden utilizarse con propósitos racistas o discriminatorios, lo que crea un enorme sufrimiento. Las identificaciones étnicas, religiosas y tribales se han explotado a menudo para obtener poder y seguridad, para separarnos a «nosotros» de «ellos». Las demagogias modernas han utilizado esta identificación para incitar poderosamente el odio hacia «el otro». La incitación al odio, que ha logrado exaltar con tanto éxito los sentimientos de los bosnios, serbios y croatas, ha desembocado en el reciente ciclo de espantosas guerras y limpiezas étnicas. Los fundamentalistas hindúes alimentan la tensión entre los hindúes y musulmanes, en la India, solo para ganar poder político. En Estados Unidos, se utilizan identificaciones y temores similares en los conflictos entre los ciudadanos ya establecidos y los nuevos inmigrantes. Trabajando con miembros de bandas callejeras, he visto que ocurre lo mismo siempre. Los jóvenes del mismo barrio se ven obligados a identificarse con los Crips o con los Bloods.[5] A veces, su vida depende de un signo secreto o del color de su chaqueta. En esencia, estas identificaciones no son lo que somos en realidad.

5. *N. de la T.*: Los Crips y los Bloods son dos bandas callejeras de Estados Unidos, tradicionalmente rivales entre sí, que se identifican por cierto modo de vestir, comportamientos o signos habituales característicos.

En uno de los discursos más revolucionarios de todos los tiempos, el Buda nos anima a mirar más allá de la ceguera de la identificación con un rol y con una casta, con la raza y con las creencias. Declaró: «Si buscáis comprender el yo, no os interroguéis sobre la casta o la raza, la riqueza o vuestro origen de nacimiento, interrogaos sobre el corazón y la conducta. Fijaos en las llamas del fuego. ¿De dónde surge el resplandor? De la madera, y no importa qué tipo de madera sea. Del mismo modo, el corazón brillante de la sabiduría emite su resplandor a partir de cualquier tipo de madera. Lo que nos hace nobles es la conducta virtuosa, la bondad y la compasión».

Si examinamos nuestra imagen, nuestro procedencia, nuestros roles, podemos darnos cuenta de que son temporales. Podemos aprender a honrarlos sin estar totalmente identificados con ellos y sin perdernos en ellos. Cuando Shakespeare escribía sus obras, las limitaciones solo estaban en su imaginación y en la amplia gama de posibilidades teatrales; pero a veces dirigía sus propias obras y, entonces, aunque podía tomar algunas decisiones, tenía que seguir el mismo guion que usaban todos los actores. En este rol, su libertad estaba restringida. En otras ocasiones, también trabajaba como actor. Entonces, su única libertad era variar la interpretación y recitación de sus versos. Ahora bien, en cada uno de estos roles Shakespeare sabía quién era: interiormente no se limitaba al papel ni al guion.

Todos en nuestras vidas experimentaremos épocas en las que nos parecerá que somos el autor, con una gran libertad de elegir una dirección. Y, luego, otros momentos en los que tendremos que interpretar papeles más limitados: padre, trabajador, ciudadano, miembro de la comunidad, contemplador. Una vida madura requiere la capacidad de asumir cada uno de los roles que se nos asignan. La libertad reside en que los mantengamos con ligereza, viéndolos como lo que son.

Identificación con el yo

Después de buscarlo durante más de un siglo, los investigadores del cerebro hace tiempo que han llegado a la conclusión de que no existe un lugar concebible donde se pueda localizar el yo dentro del cerebro físico, y que simplemente no existe.
Time magazine, 2002

Ahora nos toca abordar uno de los temas más profundos y más difíciles de la psicología budista, la experiencia del no yo. Ajahn Chah decía: «Tienes que considerar y contemplar esto poco a poco; no puedes simplemente pensar en ello, porque te explotará la cabeza». Resulta que no solo nuestros roles y nuestra imagen son inciertos y carecen de solidez. Nuestro propio sentido del yo es fundamentalmente falso, solo un concepto. La psicología budista llama a esto ausencia de yo o no yo. Normalmente nos identificamos con nuestras maneras habituales de actuar, percibir y pensar. Nos parece que nuestro cuerpo, pensamientos, sentimientos y personalidad son nuestros, somos nosotros; y, sin embargo, después de examinarlo, todo esto es también provisional, algo susceptible de cambiar. Podemos estar enfermos un año y sanos el siguiente. Podemos estar ansiosos y deprimidos en una etapa de nuestra vida y confiados en otra. A pesar de haber permanecido taciturnos durante años, podemos cambiar y volvernos más sociales, pero continuamos pensando en nosotros como en una persona tímida. Tomamos cada identidad por lo que somos, pero en realidad no estamos sujetos a una forma ni a otra.

Un hombre mayor, fumador durante toda su vida, fue hospitalizado con un enfisema después de haber sufrido varias pequeñas embolias. Sentada junto a su cama, su hija le rogó, como ya había hecho a menudo, que dejase de fumar. Él se negó y le pidió que le comprase un paquete. Le dijo: «En esta vida soy fumador, qué le voy a hacer». Pero varios días después tuvo otra pequeña embolia, al parecer en una de las áreas de la memoria del cerebro. A partir de entonces dejó de fumar para siempre, pero no porque lo hubiera decidido, simplemente se despertó una mañana y olvidó que era fumador.

No es necesario que esperemos a tener una embolia para aprender a soltar nuestra identificación con el cuerpo y con la mente. Podemos entrenarnos para soltar el apego al cuerpo. De lo contrario, cuando nuestro cuerpo cambie de peso, se enferme o envejezca, sufriremos. Debemos cuidar nuestro cuerpo, pero si nos aferramos a una imagen de él, será un problema para nosotros. Joelle, una practicante budista de cuarenta y siete años, contrajo esclerosis múltiple, que se desarrolló rápidamente. En los primeros años perdió el equilibrio, no podía caminar bien ni llevar pesos; al final necesitó una silla de ruedas. A medida que se fue debilitando, se fue sintiendo más y más apartada del mundo: se sentía avergonzada, como si hubiera algo intrínsecamente erróneo en ella.

Entonces fue a un retiro con el maestro espiritual americano Ram Dass, cuyos libros (empezando por *Aquí ahora*) y conferencias han inspirado a una generación de meditadores. Después de más de treinta años de enseñanzas y servicio a los pobres, Ram Dass sufrió una grave embolia. También se quedó en una silla de ruedas y con el habla afectada y, sin embargo, se mostraba lleno de vida, alegre y libre. Decía: «Si considero que mi cuerpo soy yo, tendré un problema. Pero he aprendido que esto no soy yo». La vida de Joelle se transformó tras este encuentro.

Recuerdo que hablé con Ram Dass cuando volvió por primera vez a impartir enseñanzas públicamente, dos años después de su embolia. En ese momento, aún hablaba con una lentitud dolorosa; su famosa perspectiva ingeniosa de tratar lo espiritual se veía ahora impedida por la lucha para encontrar las palabras más sencillas. Cuando le pregunté cómo era volver a enseñar de nuevo, me respondió que era duro. Y siguió diciendo con una sonrisa: «Porque quieren que sea Ram Dass, y ya no soy él».

Cuando investigamos cuidadosamente la cuestión de la identidad, descubrimos que la creación del yo es un proceso que se hace momento a momento. Como en la meticulosa observación de un almuerzo que describí en el capítulo 4, podemos examinar nuestra experiencia y ver cómo cada momento se compone de muchos acontecimientos microscópicos de impresiones de los sentidos corporales, de sentimientos, percepciones y pensamientos. Estos acontecimientos surgen y se desvanecen de forma bastante simple; y después podemos ver de qué manera el sentido del yo se añade a ellos y se crea ese «yo». Nos identificamos con algunas partes de nuestra experiencia y nos apropiamos de esos sentimientos, creencias, narraciones e historias interiores como «mí» o «mío». En cuanto surge esta identificación, esta visión del yo, se crea la ilusión de la separación entre «yo» y los «otros». Pero el sentido del yo y de los otros no es algo sólido, no hay mayor diferencia que la que existe entre Texas y Oklahoma cuando nos encontramos en la frontera de los dos estados. Sin añadir esta identificación, la experiencia de cada momento es simplemente lo que es, «las cosas tal cual son», sin nadie que las posea.

Una de las formas favoritas de Ajahn Chah de enseñar esta verdad consistía en hacer que sus estudiantes se cuestionasen sus identidades sociales. A veces empezaba exagerando nuestros roles, presentándonos cono si fuéramos los personajes típicos de una obra de teatro: «Ese monje es mi catedrático, nuestro intelectual invitado. Tiene dos licenciaturas, no para de pensar. No sé cómo le cabe todo en la cabeza. Y este monje se llama "Dormilón". Duerme todo el tiempo, incluso cuando está sentado bien derecho. Y ese de allá es el tipo duro. Le encanta pelear, está en conflicto con todo. Y ese es nuestro monje deprimido, nunca sonríe. El mundo es verdaderamente una carga y él la lleva en su bolsa de monje. Y yo, yo soy el maestro. Este sí que es un buen papel». Entonces, Ajahn Chah se reía comunicando una gran sensación de libertad y añadía: «Es sencillo: sé el que conoce, no el que posee». Cuando la mente discursiva está serena y la atención despierta, de repente «lo pillamos». Nos acercamos y vemos que no hay nada: solo son sensaciones de los movimientos del cuerpo junto con imágenes, percepciones, impulsos. Surgen pensamientos y opiniones que se piensan solos y se desvanecen, «como burbujas en el Ganges», decía el Buda. Cuando no nos aferramos a ellos, pierden su control sobre nosotros. Bajo la luz de la conciencia, el yo construido de nuestra identificación se relaja. Y lo que se ve es solo el proceso de la vida, ni yo ni el otro, sino la vida que se desarrolla como parte del todo.

Es esencial en este punto darse cuenta de que la ausencia de yo no niega ni rechaza nuestra experiencia de ningún modo. No evitamos nada. Las experiencias son las mismas. Lo único que cambia es que hemos dejado de identificarnos con ellas, dejamos de llamarlas «mi» o «mías». Algunas personas sienten esto como si se les quitase un gran peso de encima: lloran con compasión hacia ellos mismos, dándose cuenta de la carga ilusoria que han estado llevando. Con mayor frecuencia, simplemente nos relajamos y descubrimos una tranquilidad natural a medida que nos desprendemos del sentido limitado del yo.

Como psicólogo budista, soy consciente de que a veces, cuando las personas oyen las enseñanzas de la ausencia de yo, se sienten incómodas o temerosas. Esto ocurre porque centrarse en la ausencia de yo no es siempre la medicina adecuada. Hablarle de ausencia de yo a una persona que se siente débil, traumatizada y frágil puede provocar sentimientos de desorientación e incluso de terror. A veces, lo que se necesita es seguridad y sensación de equilibrio. Podemos proporcionar este equilibrio con nuestra presencia tranquilizadora, recordando la compasión y la conciencia espaciosa. Pero incluso los que son frágiles se pueden beneficiar en ocasiones de la libertad que existe más allá de la propia imagen, más allá de la ilusión del yo.

Recuerdo a Catherine, que había pasado por varios años de depresión. En un momento en que se sentía mejor había asistido a un retiro de una semana. Después de una meditación, una tarde vino a verme, preocupada por la ausencia de yo, y me preguntó: «¿Quién seré si me pierdo? ¿Cómo voy a actuar en el mundo?». Desde el punto de vista de su yo limitado, esto parecía amenazante e imposible. Le dije que se relajase y no luchase para entenderlo, que simplemente se mantuviese presente con compasión. Unos días más tarde vino de nuevo, con una gran sonrisa, y me contó: «He estado practicando la atención plena y, después de una meditación muy tranquila, me levanté y salí al jardín. Cuando vino la decisión de levantarme, el cuerpo se levantó y me di cuenta de que todo ocurría por sí solo. Me sentí tan aliviada, tan ligera, tan libre. Me quedé allí muerta de risa. La idea de creer en un yo me parecía en sí increíblemente chistosa. Ahora está claro». Sonrió, se dio la vuelta y salió riéndose a carcajadas. Como Catherine, tememos perdernos, pero la realidad resulta muy diferente y perfectamente segura. Nos relajamos y descubrimos que podemos soltar el falso sentido del yo creado por la identificación.

La ausencia de yo da lugar al nacimiento del corazón compasivo

Todos hemos tenido la experiencia de estar con personas que se relacionan con la vida de manera relajada y flexible. No se toman las cosas personalmente. Son afables, receptivas, están presentes y, sin embargo, no están rígidas. No se aferran demasiado a su punto de vista, no muestran un apego fuerte a la manera en que piensan que deben funcionar las cosas, ni sujetan tensos lo que consideran «mí» o «mío».

Dipama Barua, una de mis maestros y una anciana budista venerada de Calcuta, representa para mí este espíritu. Fue a la vez una maestra de meditación de elevadísimo nivel y una madre amorosa. Cuando la visitaba en su piso, impartía sus enseñanzas de una forma práctica y humilde. A su alrededor había una sensación palpable de tranquilidad y profundo bienestar. No era el bienestar de la seguridad exterior; vivía en un piso diminuto en uno de los barrios pobres de Calcuta. El bienestar tampoco estaba asociado a una posición o un cierto prestigio; en general era poco conocida. Aunque era una maestra notablemente hábil, su ausencia de yo afloraba en su sonrisa, en su cariño hacia los demás, en su sensibilidad hacia cualquier cosa que se necesitase. Comunicaba al mismo tiempo una sensación de vacuidad y una presencia radiante.

El corazón de Dipama parecía que llenaba su cuerpo entero, toda la habitación, afectando a todos los que entraban en su órbita. Su presencia causaba un gran impacto en los demás. Los que vivían cerca de ella contaban que, cuando ella se trasladó a vivir allí, todo el bloque de pisos se llenó de armonía. Un día, un estudiante se quejaba de que normalmente su mente estaba llena de pensamientos y de planes, de juicios y de remordimientos. Se preguntaba cómo sería vivir la ausencia del yo. Por ello le preguntó sin rodeos a Dipama sobre esa posibilidad: «¿Qué hay en su mente?». Ella sonrió y le contestó: «En mi mente solo hay tres cosas: bondad, concentración y paz». Estos son los frutos de la ausencia de yo.

La ausencia de yo no es un estado de desapego patológico, desconectado del mundo. Tampoco es un estado en el que estemos atrapados en una nueva identidad espiritual: «Mirad cuanta ausencia de yo hay en mí». La ausencia de yo siempre está aquí. En cualquier momento, podemos soltarnos y experimentar la vida sin el «mí» o «mío». Como dijo el apreciado maestro tibetano Kalu Rinpoche: «Cuando entiendas, verás que no eres nada. Y al ser nada, lo serás todo». Cuando la identificación con el pequeño yo se abandona, lo que queda es el corazón espacioso que está conectado con todas las cosas.

Práctica: la creación y la disolución del yo

No es verdad que hay un yo. No es verdad que no hay yo.
Entonces, ¿cuál es la verdad?
AJAHN CHAH

La creación del yo es un proceso que puede observarse momento a momento. Surge cuando nos identificamos con alguna parte de nuestra experiencia y la llamamos «mi» o «mío»: mi cuerpo, mi personalidad, mis opiniones, mis cosas. Podemos volvernos conscientes de la creación y disolución del sentido del yo. Podemos ver lo que ocurre cuando la identificación con el yo es fuerte, cuando es débil, cuando no está.

Elige un día para estudiar la sensación del yo. Cada media hora comprueba qué intenso es el sentido del yo. ¿En qué momentos del día es más fuerte? ¿En qué roles/situaciones? ¿Cómo te sientes cuando el yo es fuerte? ¿Cómo sientes el cuerpo? ¿Cómo responden los otros a este fuerte sentido del yo? ¿Qué ocurriría en la misma situación sin un fuerte sentido del yo?

Date cuenta de en qué momentos el apego al yo es suave o no está presente. ¿Disminuye cuando te relajas o cuando estás a punto de dormirte? ¿Qué ocurre cuando asumes tu papel con ligereza? Permítete experimentar el interesarte por las cosas, pero no tomártelas personalmente. ¿Puedes desenvolverte bien cuando el sentido del yo no es fuerte o incluso no está? Juega con el sentido del yo. Date cuenta de a qué ideas, sensaciones, emociones te aferras con más fuerza y con cuáles te identificas más. ¿Cuáles puedes soltar más fácilmente? ¿Qué pasa si lo haces al revés, sueltas las más fuertes y te identificas con las más débiles?

Toma conciencia de la mente que compara. Date cuenta de cómo surge el sentido del yo cuando nos comparamos con otros. ¿Cómo se siente esta forma del yo cuando te identificas con ella? ¿Cómo es cuando no está? Date cuenta de lo que ocurre cuando alguien te critica. Si alguien te insulta o te desprecia, advierte la fuerza del sentido del yo. Cuando la identificación es fuerte, te sientes ansioso, enfadado, alterado; sin demasiada identificación, te puedes reír.

Por último, prueba esto. Haz como si no hubiera un yo. Deja pasar todas las experiencias como si fueran una película o un sueño, sin apegarte ni tomártelas en serio. Observa cómo se aligera el corazón. En vez de ser la estrella de tu propia película, haz como si fueras los espectadores. Observa la manera en que actúan todos los personajes, incluido «tú mismo». Relájate en la ausencia del sentido del yo y descansa en la conciencia. Observa cómo se desarrolla tu vida sin aferrarte a nada.

6. Desde lo universal a lo personal: una psicología de la paradoja

La forma no es distinta del vacío.
El vacío no es distinto de la forma.
Sin embargo, la forma es forma y el vacío es el vacío.
SUTRA DEL CORAZÓN

Debes conocer tanto lo universal como lo personal, el mundo de las formas y la libertad para no apegarte a ellas. Las formas del mundo tienen su lugar, pero por otro lado aquí no hay nada. Para ser libres, necesitamos respetar estas dos verdades.
AJAHN CHAH

En el lenguaje más simple, somos seres espirituales encarnados en forma humana. Necesitamos recordar nuestro código postal, además de nuestra naturaleza de Buda. Cualquier psicología que niegue nuestra naturaleza espiritual no puede ayudarnos a satisfacer nuestro más profundo potencial. Pero, para que sea verdadera y completa, una psicología espiritual debe también honrar nuestra encarnación humana en el cuerpo, los sentimientos, la sociedad y la propia tierra. Somos criaturas de esta paradoja, esta interpretación de la forma y el vacío.

La psicología budista abarca esta perspectiva multidimensional. Hemos visto de qué modo la conciencia, como la luz, actúa en un nivel como las partículas y, en otro, como las ondas. Por tanto, nuestra existencia también tiene una dimensión universal y otra personal. Esta paradoja psicológica se denomina la Dos Verdades. A veces, estas dos dimensiones, o dos verdades, se traducen equivocadamente como lo «absoluto» y lo «relativo». Esta traducción errónea induce a pensar que lo absoluto o universal tiene un valor superior que lo relativo o personal, pero en realidad son dos aspectos complementarios de la realidad. Ajahn Chah consideraba que para el despertar es esencial llegar a comprender las dos dimensiones, la universal y la personal.

Este es el sexto principio de la psicología budista:

---

6 Nuestra vida tiene una naturaleza universal y una naturaleza personal: debemos respetar las dos dimensiones si queremos ser felices y libres.

La dimensión universal

Experimenta este mundo como una burbuja,
una ola, una ilusión, un sueño.
EL DHAMMAPADA

La dimensión universal es el panorama completo. Cuando recordamos la ausencia de identidad de todas las cosas, vemos nuestra vida con perspectiva. La dimensión universal nos recuerda que todas las cosas en la tierra son transitorias, temporales, que surgen del vacío y después desaparecen.

Las personas que están a punto de morir se enfrentan a esta verdad. Cuando Michele, una practicante budista, estaba muriéndose de cáncer y su cuerpo se estaba consumiendo, me dijo: «Mientras meditaba el otro día, comprendí claramente que yo no soy mi cuerpo, pero hoy me he dado cuenta de que tampoco soy todas las ideas que tengo sobre mí misma. Nadie lo es. Tenemos muchas ideas los unos de los otros basadas en nuestra edad, nuestra personalidad, historia; sin embargo, son temporales, solo actuamos de esa manera durante un tiempo. Cuando Shakespeare escribió

"El mundo entero es un escenario" se daba cuenta claramente». Michele estaba abierta a la sabiduría de la perspectiva universal.

La nobleza se manifiesta cuando se pronuncia esta verdad. «Los elogios y las críticas, la ganancia y la pérdida, el placer y el dolor están siempre cambiando. Daos cuenta de que nada permanece. Eso os permitirá ver con perspectiva vuestros éxitos y vuestros fracasos», Ajahn Chah decía esto para alentarnos. Su perspectiva no era nihilista –no estaba diciendo que la vida no tiene importancia–, sino muy práctica. Cuando en el monasterio la comida era frugal o no estaba buena, cuando las lluvias monzónicas parecían interminables, cuando las noticias del mundo traían dolor, cuando algunos monjes afrontaban algún conflicto, Ajahn Chah nos ofrecía una perspectiva más universal.

«No estamos aquí solo para obtener placer y evitar el dolor –decía–. Nadie puede hacer esto durante mucho tiempo, ¿verdad? Estamos aquí para crecer en sabiduría y compasión, para avanzar en el camino del despertar. Solo con recordar esta verdad universal, todo se vuelve más fácil».

Desde la perspectiva universal, todo lo que nace finalmente muere. La muerte les llega a nuestros mejores amigos y a los miembros de nuestra familia, a veces incluso a los niños. Cuando atravesamos un duelo, nos unimos al duelo universal por todos aquellos que han muerto. Esto no es una tragedia; es sabiduría. Desde la perspectiva universal, la vida es tanto más valiosa y bella porque es efímera.

Uno de mis maestros, Maha Ghosananda, era conocido como el Gandhi de Camboya. Trabajó con los que sobrevivieron al genocidio camboyano de 1975-1988, cuando el país fue tomado por el régimen comunista de los Jemeres Rojos que mataron a dos millones de personas, entre las que se encontraban casi todos los que consideraban intelectuales. Los que quedaron vivos después de este holocausto presenciaron cómo sus pueblos y templos fueron quemados y sus familias asesinadas. En cualquier lugar adonde fuese, Ghosananda enseñaba a los supervivientes las prácticas de la compasión y de la bondad para sus propias pérdidas y para compartir el dolor de todos los que las habían sufrido como ellos. Después los invitaba a recitar con él: «Todo lo que surge se desvanece». Y después seguía: «Habéis perdido tanto... Ahora sabéis lo valioso que es todo en este mundo. Debéis amar otra vez y dejar que las cosas nuevas crezcan». Ghosananda veía la secreta belleza y la entereza de espíritu de aquellas personas. Los animaba para que reconstruyeran sus comunidades, creasen nuevos templos y escuelas y encontrasen familias buenas para los niños huérfanos.

Carla necesitó la misma sanación universal cuando perdió a su mejor amiga en un accidente de coche en el que también ella resultó herida. Se había pinchado el neumático del coche que circulaba delante. No había sido culpa de nadie. La muerte llegó de improviso. Carla necesitaba atravesar el duelo, curarse, rehacer su vida. A lo largo de los meses, sus meditaciones la ayudaron a superar la pena. Gracias a la práctica budista, Carla empezó a reflexionar sobre la naturaleza universal del nacimiento y la muerte. Vio de qué manera la muerte le sucedía a todo el mundo, tanto si se la esperaba como si no. Esto la ayudó a sobreponerse al trauma y el dolor y a empezar de nuevo.

Sin una perspectiva general, los cambios inevitables de la vida pueden abrumarnos. Pero cuando perdemos un trabajo o cuando conseguimos un ascenso, cuando se acaba una relación, cuando tenemos un nieto, cuando nos enfermamos o cuando nos curamos, no se trata de algo simplemente personal. Es la danza de la vida. Esta perspectiva amplia es especialmente importante en las crisis más extremas.

Hace poco compartí con Pema Chödrön un encuentro de una tarde para impartir enseñanzas en San Francisco. En el período de preguntas, una mujer se refirió al suicidio de su pareja hacía algunas semanas. La crudeza de su dolor transmitía angustia. Pema empezó hablando de la necesidad de compasión. Después yo añadí algunas técnicas para ayudarla a liberarse de la culpa y a encontrar el perdón. A continuación pregunté cuántas otras personas entre las tres mil presentes en el auditorio habían experimentado la pérdida por suicidio de un familiar o de un ser querido cercano. Casi trescientas personas se levantaron. Sugerí a la desconsolada mujer que mirase a su alrededor y sintiera la comprensión y el apoyo que ellos le ofrecían. La habitación se quedó en silencio. Fue un momento poderoso que compartimos todos los que estábamos allí.

Cuando trabajo con padres que han perdido a sus hijos, los envío a grupos de padres que han pasado por ese duelo. Necesitan estar con otros que han sobrevivido a una pérdida tan dolorosa, aprender que, a veces, no importa lo que hagamos en esta vida, los hijos mueren. Cuando trabajo con excombatientes de guerra, con supervivientes de suicidios o con personas anoréxicas, les recomiendo que se pongan en contacto con otras personas que tengan en común con ellos esta experiencia. Cuando compartimos nuestros sufrimientos, recordamos que ya no se trata de «mi» o de «suyo», sino de «nuestro». Tanto la perspectiva budista como la psicología occidental entienden el poder de sanación desde una perspectiva universal.

Lo sagrado de la forma

Enséñanos a ocuparnos y a no preocuparnos.

T.S. ELIOT

Si le dices a una maestra zen que todo es como un sueño, tomará su bastón y te dará en la cabeza. Entonces te preguntará: «¿Es esto un sueño?». Centrarse en la perspectiva general solo no es suficiente, debe honrarse también la forma. Una psicología madura requiere que veamos la vida desde múltiples perspectivas. Ajahn Chah enseñaba esto cuando mostraba su mano plana totalmente abierta y explicaba que puedes sostener cosas en la palma de tu mano cuando esta está abierta, pero que su uso es limitado. De forma similar, si la cierras del todo, puedes agarrar cosas, pero su uso es también muy limitado. Gracias a que podemos abrir y cerrar la mano en respuesta a las circunstancias, nuestra mano nos es útil.

A veces, las personas cometen el error de apegarse a la dimensión universal. Como una mano que estuviera siempre abierta, esto es un problema. Los textos budistas dicen que la forma surge del vacío y que, sin embargo, el mundo de la forma se debe abordar de acuerdo con sus condiciones. En ocasiones, se hace referencia a esto con la expresión *talidad*. Las cosas son tal como son. Desde la dimensión universal, tenemos que volver al mundo de la forma y de lo concreto, sin quedarnos atrapados en él.

En una ocasión vino a ver a Ajahn Chah un hombre del pueblo con la idea de pedirle ayuda para una mujer que había perdido la cabeza. En Occidente habríamos dicho que estaba maníaca o que deliraba. Durante varios días había estado profiriendo obscenidades frenéticamente, mezcladas con enseñanzas budistas sobre el vacío, corriendo de un lado a otro, despierta toda la noche y molestando a todo el mundo. Muchos vecinos del pueblo creían que la había poseído un espíritu maligno. Ajahn Chah dijo que la vería.

Pidió a sus monjes que cavasen rápidamente un gran hoyo en la tierra cerca de donde él se sentaba. Otros monjes hicieron una hoguera. «Poned a calentar una gran olla con agua», dijo. Enseguida llegó un grupo de hombres y mujeres arrastrando a la pobre mujer hasta él y pidiéndole que la liberase del espíritu maligno.

Ajahn Chah intentó hablar con ella, pero la mujer siguió gritando obscenidades y farfullando sobre el vacío y otras cosas sin ningún sentido. Ajahn Chah dijo a los monjes que se diesen prisa avivando el fuego y que cavasen el hoyo más profundo. Explicó que la única manera de librarse de aquel espíritu era metiendo a la mujer en el hoyo, tirándole el agua hirviendo encima y enterrándola. Con eso lo conseguirían, dijo. Mientras el agua se calentaba, les indicó: «Dentro de un minuto ya podréis meterla».

De repente, la mujer se tranquilizó y se volvió dócil. Permaneció sentada y habló un poco con Ajahn Chah. Él indicó a la mayoría de la gente que se marchase y empezó a preguntar a la mujer qué le había ocurrido, atendiéndola con verdadera compasión. Escuchó toda la historia que ella le contó. Más tarde explicó a los supersticiosos vecinos que el miedo a morir abrasada la había liberado del espíritu maligno En realidad, lo que había conseguido, nos contó a nosotros, era despertar su espíritu de supervivencia. Después pudo escucharla y orientarla hacia la ayuda que necesitaba.

Esto no quiere decir que semejante intervención radical sea correcta en nuestras circunstancias. Dentro de su contexto cultural, Ajahn Chah era una especie de chamán. Sabía que algo en la vida de esta mujer tenía que morir. Como él sabía que la forma es vacío, podía actuar dentro de ella de manera intuitiva y sabia. Sin embargo, nunca olvidaba la importancia de honrar las realidades tangibles del mundo. En cierto nivel, todo es como un sueño; en otro, lo que hacemos tiene una inmensa importancia.

Cuando volví a Estados Unidos después de estar varios años en el monasterio, incluido un retiro de silencio de un año, me encontraba perdido en el lado universal. Mi mente estaba silenciosa y vacía, y todo tenía la apariencia de un sueño. Desde esta perspectiva, el mundo occidental me parecía frenético y compulsivo. Era un mundo terriblemente materialista, lleno de imágenes de violencia, obsesionado por el éxito; parecía haber perdido totalmente el sentido espiritual.

No tenía ni idea de cómo volver a encajar allí. En mi libro *Camino con corazón*, cuento la historia de cuando fui a encontrarme con mi cuñada en el salón de belleza de Elisabeth Arden en Nueva York. Aún llevaba mi hábito de monje, y cuando subí las escaleras para esperar en el *spa*, hubiera costado decir quién tenía un aspecto más raro: yo, descalzo y con la cabeza afeitada, o aquellas mujeres con trozos de aguacate y barro en la cara y la cabeza llena de rulos.

Después de pasar cinco años en Tailandia, me resultó difícil entrar de nuevo en el mundo de la forma. Tuve que buscar un trabajo, encontrar un lugar para vivir, abrir una cuenta bancaria, tomar mil decisiones. Me peleaba con todos estos detalles porque, en la perspectiva general, no parecían importar demasiado. Más tarde escuché la historia de Taizan Maezumi Roshi, que le preguntó a un estudiante carpintero si la reforma del zendo se acabaría pronto. «Básicamente está hecha –contestó el estudiante–. Solo faltan algunos detalles». El maestro zen enmudeció estupefacto durante un momento y después anunció: «¡Pero los detalles son todo!».

Me llevó años de trabajo y práctica en el mundo aprender a respetar los detalles del trabajo, el dinero y las relaciones. Desde entonces, como maestro, he visto a muchas personas que como yo intentaban utilizar la espiritualidad como una forma de evitar el mundo de la forma. Este es el caso de Mark, un practicante sufí ya mayor y encantador, que trabajaba como jardinero y vigilante de una casa. Era padre de un hijo que vivía en Alemania, pero nunca se ocupaba de él ni le pasaba ningún dinero. Para Mark, todo formaba parte de la danza de Dios, una especie de sueño. Pero en los momentos en que era honesto, Mark deseaba realmente una casa, una vida estable, pero no sabía cómo hacerlo. Y también era el caso de Theresa, cuya depresión se vio reforzada por las enseñanzas budistas sobre el sufrimiento y la impermanencia. Theresa no sabía cómo llevar a cabo los cambios que habían de transformar su vida, de modo que justificaba su estancamiento con tópicos espirituales. «Todo es impermanente y vacío», se decía a sí misma para sentirse mejor.

El problema era que Theresa y Mark no eran felices en sus elecciones. Sus heridas y traumas del pasado los mantenían atascados en el nivel universal, espiritualizando sus problemas. Esto es habitual en los círculos espirituales. Tanto si un budista dice que «todo es un sueño» o un cristiano cree que «todo es la voluntad de Dios», estas verdades pueden malinterpretarse para rechazar las responsabilidades personales. Incluso las experiencias espirituales más genuinas no nos ayudarán si nos situamos por encima del mundo de la forma. Como comentó una vez Alan Jones, deán de la Grace Cathedral en San Francisco, «la experiencia espiritual puede realmente conducir a la fatuidad. No hay nada más insufrible que alguien que piensa que está más iluminado que todos, sin un cierto sentido del humor. Conozco personas que en algún nivel están profundamente en paz e iluminados y, sin embargo, se enfurecen si pierden un autobús. En cierto nivel, podemos aún tener cinco años de edad, y, en otro, ser unos santos. Eso es lo que nos mantiene humildes. Por eso la religión resulta muy divertida».

Un día vino un estudiante a ver a Ajahn Chah y ansiosamente le confió: «¡Ajahn, he alcanzado el primer nivel de la iluminación!». Ajahn Chah replicó: «Bueno, eso es un poco mejor que ser un perro, supongo». Esta comparación es un insulto terrible en Tailandia, y no se dice a la ligera a cualquiera. Contando la historia, Ajahn Chah sonrió y dijo: «Al estudiante no le gustó eso, y se marchó muy ofendido. ¡El "iluminado" estaba enfadado!».

No debemos creernos que somos demasiado espirituales para ninguna experiencia. Si estamos enfadados, decía Ajahn Chah, debemos admitirlo, buscar las causas, conocer los detalles. Si estamos tristes o asustados o avergonzados o necesitados, esa es nuestra condición humana, el lugar perfecto para practicar. Ajahn Chah insistía en que no podíamos encontrar la libertad y la iluminación en ninguna otra parte, solo aquí y ahora. «Es aquí, en el mundo de la forma. Solo en la forma podemos desarrollar nuestra integridad, paciencia, generosidad, autenticidad, entrega, compasión, el gran corazón de un Buda».

Si nos asusta vivir la vida que tenemos, la filosofía budista insiste en que exploremos nuestra resistencia. Si estamos atrapados en el miedo al fracaso, en los traumas del pasado, en la inseguridad, implicarse en el mundo puede resultarnos difícil. Necesitamos hacernos conscientes de cualquier cosa que nos esté impidiendo vivir completamente.

Sharon, con cuarenta y ocho años, desempeñaba con éxito su puesto de directora de recursos humanos de una empresa de Silicon Valley. Era una experta meditadora que había asistido a muchos retiros de meditación de plena atención en silencio y hecho prácticas budistas tibetanas durante años. En su período sabático, vino a nuestro retiro de dos meses en Spirit Rock. Durante las primeras dos semanas pasó por los típicos altibajos hasta relajar el cuerpo y la mente, hasta llegar poco a poco a aquietarse. Cuando su mente se volvió más silenciosa, los límites de su sentido del yo empezaron a evaporarse. Su conciencia se abrió. Miraba a un roble y podía sentir sus brazos como las ramas. Respiraba y la habitación respiraba también. Al profundizar aún más en su atención, descubrió un nivel de percepción casi atómico. Cada sonido, cada paso, cada imagen se descomponía como una pintura puntillista. Después de una semana, sus sentidos se volvieron como un río de miles de puntos vibrantes de luz. Al principio se sintió alarmada, pero confió y se permitió abandonarse a este río cambiante. Un día, tanto su yo como el propio universo se disolvieron, cayendo en un luminoso vacío. Más tarde, su sentido temporal del yo reapareció y durante varios días estuvo flotando entre la forma y el vacío. Ella describe esto como «sentarse como Buda», una experiencia de gozosa liberación, el dulce fruto de años de práctica.

Días más tarde vino a verme deshecha en lágrimas. Desde el vacío, empezó a regresar a su cuerpo. Fue difícil. Empezó a llorar «por su vida, que no era su vida». No estaba seguro de lo que quería decir y le pedí que se explicase. Dijo que su padre siempre había deseado un chico, tanto que, según le había explicado su madre, cuando llamaron del hospital a casa para decir que su esposa había dado a luz a una hermosa niña, él lo entendió mal y creyó que le habían dicho un niño; incluso llamó a sus amigos y anunció el nacimiento de un hijo.

Sharon, hija única, fue educada para ser ese niño. Y ella lo logró, triunfando en los deportes y en la escuela, adoptando gestos varoniles para obtener el amor de su padre. Esto había impregnado toda su vida. Ahora me miraba con ojos inocentes. Días antes, el vacío del yo se había hecho evidente; ahora estaba renaciendo en la totalidad de la forma. En ese momento, parecía muy niña, como una recién nacida. Le dije que ese era el aspecto que tenía y, después, quise darle la bienvenida adecuada a esta tierra como una bella niña. Me sentí como un testigo privilegiado de su nacimiento, como si estuviese en el papel de su padre. Sus ojos se humedecieron, su rostro se suavizó aún más, y entonces me dijo que justo antes de venir a hablar conmigo había salido de la ducha y, de forma espontánea, se había detenido desnuda ante el espejo durante un rato en el baño de las mujeres. Por primera vez en su vida, había apreciado su cuerpo femenino. Entonces se levantó y yo también la admiré y le di la bienvenida, lamentando solo no haber tenido una mantita rosa para arroparla.

Este fue el principio de la nueva vida de Sharon. De manera juguetona, empezó a explorar su encarnación como mujer, en el aspecto exterior con un nuevo vestuario y cambiando su peinado. Y lo que es más importante, interiormente sintió florecer su naturaleza femenina en todo lo que hacía.

Entre lo universal y lo personal, el mundo de los conceptos

Ajahn Chah solía decir: «Usad los conceptos, pero no os dejéis engañar por ellos». Buda explicaba: «Cuando digo que Ananda va a la aldea a pedir limosna, entiendo que los cinco procesos evanescentes y vacíos que constituyen el cuerpo, los sentimientos, las percepciones, los pensamientos y la conciencia van a la aldea, pero para simplificar utilizo el nombre *Ananda*».

Cuando la gente hablaba con Ajahn Chah generalizando sobre los europeos o los tailandeses, él sonreía y preguntaba: «¿El devoto campesino tailandés de tu izquierda o el famoso gánster tailandés de la cárcel local?». Si hablabas de estar triste o feliz todo el tiempo, podía preguntarte: «¿Todo el tiempo?». Incluso en el dolor más profundo, hay momentos en los que estamos ocupados y olvidamos que estamos sufriendo. Incluso en los momentos más felices, alguna parte de nosotros se pregunta «¿Cuánto durará esto? ¿Qué vendrá después?».

La psicología budista cree que la sanación se produce cuando aprendemos a movernos desde el mundo de los conceptos al mundo de la experiencia directa. Nuestros conceptos mentales y nuestras ideas sobre las cosas, la gente, los objetos o los sentimientos son fijos e inmutables. Ahora bien, la realidad de la experiencia es como un río que siempre está cambiando. La percepción directa se encuentra bajo los nombres de las cosas para mostrarnos su naturaleza efímera y misteriosa. Cuando llevamos nuestra atención a la percepción directa de la experiencia, nos volvemos más vivos y más libres.

Cuando sostenemos una manzana en la mano, podemos llamarla por su nombre: *manzana*. Incluso si especificamos si se trata de la variedad *golden*, reineta o *starking*, para nosotros sigue siendo básicamente una manzana. *Manzana* es el nombre, el concepto. El concepto no cambia de un día para otro: una manzana en el almuerzo es una manzana, e incluso cuando está partida en pedazos sigue siendo una manzana.

Pero en la realidad de la experiencia no existe una manzana fija. La visión de una manzana consiste en verdad en un patrón visual sutilmente cambiante, tonalidades de rosa y carmesí, rojo y dorado, matices luminosos que se transforman sin cesar al cambiar la luz o cuando movemos ligeramente la cabeza. Si tomamos con la mano una manzana, su fresca y aromática piel cerosa, dura y al mismo tiempo blanda, cambia a cada momento.

Luego puede que nos llegue una vaharada de su olor, podemos masticar su carne, experimentar la complejidad de sabores que se revelan en nuestra boca, frescos y delicados, mientras la manzana desaparece convertida en agua y en dulzura en nuestro cuerpo. El concepto «manzana» es estático, un objeto en el pensamiento. Pero la experiencia directa de ver, sostener, comer una manzana es una sucesión de colores sutiles, formas y percepciones que cambian a cada minuto sin detenerse ni por un momento. Todas las cosas son iguales en esto: en un nivel existe un mundo aparentemente fijo e inmutable de conceptos, pero en otro, en la realidad inmediata, está el fluir de miles de percepciones sensoriales que aparecen y desaparecen a cada momento. En la percepción directa, no hay una manzana sólida y no hay nadie sólido que la perciba.

Paradójicamente, desde luego, necesitamos utilizar los conceptos una y otra vez. Necesitamos respetar la nacionalidad, la propiedad, el tiempo y el concepto del yo, aunque no describan la experiencia directa de la vida. Con sabiduría, aprendemos a utilizar los conceptos sin que nos engañen, sin perdernos en ellos. Tenemos que recordar nuestra dirección postal y el número de la seguridad social, a pesar de que en otro nivel no existe un yo separado e independiente. Cuando conozco a una persona, puedo observar de qué manera los conceptos de raza, clase y género son ciertos, pero que son solo una parte limitada de la historia. Más allá de los conceptos, podemos ver la verdadera naturaleza de la persona que está ante nosotros.

Del mismo modo, la sabiduría nos revela que «poseer» es algo provisional. No poseemos nuestra casa, nuestro coche ni nuestros hijos, tan solo nos relacionamos con ellos. Cuanto más nos aferremos a la idea de «lo nuestro» o de poseer, mayor infelicidad cosecharemos. Si comprendemos esto, podemos vivir como administradores, interesándonos por las cosas, pero sin quedarnos atrapados en los conceptos del yo y de la posesión.

O podemos reflexionar sobre nuestro concepto común de dinero. Debido a un acuerdo colectivo, damos un inmenso valor a esos pedazos de papel impresos en diferentes colores. Ahora bien, podríamos variar nuestro acuerdo para dar valor a la cera de las velas, o incluso a las boñigas de vaca; y si todo el mundo mantuviese este acuerdo, eso sería nuestro dinero. «¿Cuántas boñigas ganas?», solía preguntarnos Ajahn Chah.

Incluso el tiempo es un concepto: en realidad siempre estamos en el eterno presente. El pasado es solo un recuerdo, el futuro solo una imagen o un pensamiento. Todas nuestras historias sobre el pasado y el futuro son solo ideas, que surgen en el momento. Nuestra historia moderna está tan tiranizada por los objetivos, los planes y los programas de mejora que constantemente vivimos para el futuro. Pero como nos recordaba Aldous Huxley en sus escritos: «Una religión idólatra es aquella que sustituye el tiempo por la eternidad [...] la idea de progreso interminable es obra del demonio, que aún hoy en día exige el sacrificio humano a una escala enorme».

Al comenzar un retiro, a menudo se invita a los participantes a quitarse los relojes. En la práctica de la atención plena, nos entrenamos para vivir el aquí y ahora, porque en el aquí y ahora es donde el corazón se libera. La morada de la sabiduría es el ahora, las circunstancias cambiantes de este día son el ahora. Cuando no estamos preocupados por el tiempo, nos encontramos vivos en el presente.

Vivir el presente se hizo esencial para Margot cuando a su marido, Brian, le diagnosticaron un cáncer de páncreas. Fue un diagnóstico precoz y, después de quitarle el tumor, los médicos le dieron un cincuenta por ciento de probabilidades de vivir durante tres años. Brian, una persona tranquila con una larga historia de práctica en meditación y una buena red de apoyo que le ayudó, mantuvo una actitud de aceptación equilibrada. Margot tuvo más dificultades que su marido: no podía dormir; estaba preocupada todo el tiempo. Después de varias crisis de angustia, sus amigos e hijos mayores se asustaron. Ella vino a verme.

Empezamos a trabajar tanto en el nivel universal como en el personal. Era muy posible que Brian muriese. La muerte es algo natural. Muchas personas tienen cáncer y algunas morirán este año; otras vivirán más años y después morirán. Lo mismo que ella. Este es nuestro destino humano. Nos sentamos con todo su dolor –su miedo a la muerte, la soledad y el abandono, lo que lamentaba– respirando, sosteniéndolo todo con la atención plena y la compasión.

En esa época le propuse a Margot que practicase vivir en el presente. Con la atención plena, empezó a sentir su cuerpo y a centrarse en sus sensaciones. Podía sentir su tensión, pero también podía escuchar el graznido de una urraca al otro lado de la ventana y ver la luz creciente al amanecer. Al entrar en contacto con los sentidos, pudo darse cuenta de que su preocupación y angustia eran producto de sus historias imaginadas de terror, no de verdades del presente. Margot también aprendió a andar de forma consciente para sentir sus pasos, para tocar la tierra en el aquí y ahora. En el tiempo que duraron las visitas al hospital y el tratamiento de Brand, en su larga lucha contra el cáncer, Margot trabajó con esmero con la atención plena para estar en el presente. Decía que era su único alivio.

De modo que gran parte de la profunda satisfacción de la vida moderna surge porque vivimos de una manera cada vez más desconectada. Ya es hora de que recuperemos nuestra reconexión con la vida. El astrofísico Victor Weisskopf nos cuenta su historia:

> Hace varios años recibí una invitación para dar una serie de conferencias en la Universidad de Arizona, en Tucson. Acepté encantado porque eso me daría la oportunidad de visitar el observatorio astronómico de Kitt Peak, que tenía un potente telescopio por el cual siempre había deseado poder mirar. Pedí a los organizadores que reservasen una tarde para visitar el observatorio y ver directamente al-

> gunos objetos interesantes a través del telescopio. Pero me dijeron que eso era imposible porque el telescopio se usaba constantemente para tomar fotografías por ordenador y para otras actividades de investigación. No había tiempo para solo observar objetos. «En tal caso –respondí–, nopodré ir a dar mis charlas». Al cabo de unos días me informaron de que todo había sido dispuesto de acuerdo con mis deseos. Subimos en coche hasta el observatorio en una noche maravillosamente despejada. Las estrellas y la Vía Láctea brillaban con intensidad y se las veía tan cerca que parecía que casi fuera posible tocarlas. Entré en la cúpula y pedí a los técnicos que pusieran en marcha el telescopio computarizado por el que deseaba ver Saturno y una serie de galaxias. Fue un gran placer poder observar con mis propios ojos y con la máxima claridad todos los detalles que antes solo había visto en fotografías. Mientras observaba todo aquello, me di cuenta de que la sala había empezado a llenarse de personas, y una a una también ellas fueron echando un vistazo a través del telescopio. Me contaron que eran astrónomos vinculados con el observatorio, pero que nunca antes habían tenido la oportunidad de ver directamente los objetos de sus investigaciones.

Cuando recordamos quiénes somos realmente, unimos lo personal con lo universal. En vez de volvernos más incorpóreos o espiritualmente rígidos, contemplamos con sentido del humor toda la danza de la vida, y todo se vuelve más fácil y más ligero. Podemos hablar de las hortensias de nuestro jardín, vigilar el colesterol, manifestarnos contra la injusticia y recaudar dinero para los supervivientes de un tsunami o un terremoto. Y podemos descubrir en cada persona su nobleza y belleza intemporal, más allá de la edad, el sexo y la raza. Podemos aceptar las estaciones siempre cambiantes de la vida y conocer su fugaz danza efímera. Honrando la paradoja de nuestra verdadera naturaleza, podemos reírnos con sabiduría y cuidar con ternura cada precioso día que se nos ofrece.

Práctica: ver desde la perspectiva universal

La psicología budista está llena de prácticas para llevarnos a la perspectiva universal. En una práctica, los estudiantes contemplan los ciclos de nacimiento y muerte, imaginando la posibilidad de que hayan nacido muchas veces. En esta reflexión, contempla las circunstancias de tu vida actual como si te ofreciesen la oportunidad perfecta para aprender lecciones importantes y universales. Después pregúntate sinceramente qué lecciones podrían ser esas.

A continuación amplía esta perspectiva universal a una persona cercana a ti: un ser querido o un amigo o amiga íntimos. Siéntate en silencio y trae a tu mente la imagen de ella. Siente la manera en que te relacionas habitualmente con ella. Ahora retrocede en tu mente para considerar los roles e identidades que esa persona representa: hombre o mujer, hijo o hija, pareja, amigo, estudiante, profesor, artista, deportista, trabajador, jefe, éxitos y fracasos.

Retrocede aún más y contempla la manera en que se revela el karma de la persona. Date cuenta de que nació en una determinada familia; imagínala cuando era un bebé, niña, adolescente, adulta, anciana. ¿Quién es realmente debajo de todos esos roles y etapas de la vida? ¿Cuál es su esencia, su espíritu intemporal? ¿Qué es lo que tiene la oportunidad de aprender? ¿Cómo es relacionarse con esa persona más allá de sus roles, fuera del tiempo?

De la misma manera, puedes observar con una perspectiva universal un problema, o una situación en la que estés estancado en la vida. Mantén esta situación difícil en el ojo de tu mente como si estuviera ante ti. Ahora imagina que estás a punto de morirte al final de tu vida y reflexiona sobre cómo ves el problema. Después piensa cuántas personas han afrontado un problema similar. Contémplalo con una perspectiva de cien años hacia el futuro. ¿Cómo se ve esta dificultad? Por último, pregúntate cómo una perspectiva universal puede traer una respuesta sabia desde el corazón para la dificultad a la que te enfrentas.

Parte II
La atención plena: la gran medicina

7. El poder liberador de la atención plena

Amigos míos, solo al establecer la amorosa claridad de la atención plena podréis soltar el anhelo del pasado y del futuro, superar el apego y el sufrimiento, abandonar toda avidez y ansiedad y despertar una inquebrantable libertad del corazón, aquí, ahora.

BUDA

Establece la claridad liberadora de la atención plena en el cuerpo, en los sentimientos, en la mente y en el dharma.

DIGHA NIKYA

En los mitos de todo el mundo, los hombres y las mujeres han buscado un elixir que pudiera protegerlos del sufrimiento. La respuesta de la psicología budista es la atención plena. ¿Cómo funciona la atención plena? Lo explicaré con una historia.

Si has visto alguna vez la película *Gorilas en la niebla*, sabrás quién es Dian Fossey, la valiente investigadora que entró en contacto con una tribu de gorilas. Fossey había ido a África para continuar el trabajo de su mentor George Schaller, un destacado primatólogo que había logrado recoger la información sobre la vida de los gorilas más íntima de las investigaciones realizadas hasta el momento. Cuando sus colegas le preguntaron cómo había sido capaz de aprender tanto sobre estas tímidas y esquivas criaturas, él lo atribuyó a una sola cosa: no llevaba una escopeta.

Las generaciones previas de biólogos habían entrado en el territorio de estos enormes animales con la suposición de que eran peligrosos. Por ello, los científicos llegaban con un espíritu agresivo, armados con grandes rifles. Los gorilas podían sentir el peligro que emanaban estos hombres armados y se mantenían a distancia. En cambio, Schaller y más tarde Fossey entraron en su territorio sin ningún arma. Tenían que moverse despacio, con suavidad y, sobre todo, actuar con todo respeto hacia estos animales. Con el tiempo, al advertir la benevolencia de estos humanos, los gorilas les permitieron permanecer entre ellos y aprender sus costumbres. Sentada en calma horas y horas, con una atención cuidadosa y paciente, Fossey finalmente entendió lo que veía: todo un nuevo mundo de relaciones tribales y familiares, personalidades únicas, hábitos y formas de comunicarse. Como explicó el sabio afroamericano George Washington Carver, «todo te revelará su secreto si lo amas suficientemente».

La atención plena es conciencia, una conciencia respetuosa que no juzga. Por desgracia, la mayor parte del tiempo no prestamos atención de esta manera. Por el contrario, estamos continuamente reaccionando, juzgando si lo que ocurre nos gusta, nos disgusta o podemos ignorarlo. Nos evaluamos a nosotros mismos y a los demás con un montón de expectativas, comentarios y críticas.

Cuando la gente llega por primera vez a una clase de meditación para entrenarse en la atención plena, acude con la expectativa de encontrar la calma y la paz. Generalmente sufren una gran conmoción. La primera hora de meditación revela todo lo contrario, y descubren de forma clara todo un flujo oculto de juicios y evaluaciones. A medida que pasan los minutos, podemos alternar entre la agitación y el aburrimiento. Escuchamos un portazo y deseamos que haya silencio. Las rodillas nos duelen e intentamos evitar el dolor. Quisiéramos tener un cojín mejor. No podemos sentir nuestra respiración y nos frustramos. Nos damos cuenta de que nuestra mente no para de hacer planes y nos sentimos decepcionados. Entonces nos acordamos de alguien con quien estamos enfadados y nos irritamos; y si somos capaces de darnos cuenta de la cantidad de juicios que emitimos, nos sentimos orgullosos de nosotros mismos por advertirlo.

Pero como George Schaller, podemos poner a un lado esas armas del juicio; podemos volvernos plenamente atentos. Cuando estamos plenamente atentos, es como si pudiéramos inclinarnos con respeto ante nuestra experiencia sin ningún juicio ni expectativa. «La atención plena –declaró el Buda– es muy útil».

Este es el séptimo principio de la psicología budista:

---

7 La atención plena en cualquier experiencia es liberadora. La atención plena aporta una visión con perspectiva, equilibrio y libertad.

Paracelso, el maestro y médico de la Edad Media, declaró en una ocasión: «El médico debería hablar a lo que es invisible. Lo que es visible debería formar parte de su conocimiento, y él debería reconocer la enfermedad, de la misma manera que cualquiera que no es médico puede reconocer la enfermedad a partir de los síntomas. Pero esto está lejos de lo que hace a un médico. El médico solo se convierte en tal cuando conoce también aquello que es innombrable, invisible e inmaterial y, sin embargo, tiene efectos». Del mismo modo, la atención plena nos abre a lo invisible de nuestra experiencia.

Peter, un diseñador informático de mediana edad, vino a un retiro de meditación buscando alivio. Estaba intentando sobrellevar el fracaso reciente de un negocio, un precario matrimonio y la enfermedad de su madre, pero la meditación rápidamente destapó su angustia. La rabia y la decepción que impregnaban su situación emergieron en la silenciosa sala de meditación llenando su mente. Sus intentos de acallar su malestar sintiendo la respiración fueron inútiles, y su atención rebotaba despedida una y otra vez de su cuerpo como una pelota de tenis. Entonces vino lo peor. A su lado, una mujer que no paraba de moverse empezó a toser fuerte y repetidamente. La mujer se movía inquieta y tosía cada vez más a medida que transcurría el primer día.

Tras los vanos esfuerzos por permanecer con su propio dolor, Peter se sintió frustrado y enfadado y, al ver que la mujer no dejaba de toser, se enfureció. Fue a buscar a mi coinstructora, Debra Chamberlin-Taylor, e insistió en que la meditación no era el método adecuado para él y que necesitaba marcharse. Ella le pidió que cerrase los ojos y advirtiera con plena atención el estado de su cuerpo. Estaba lleno de tensión y dolor. Con la ayuda de Debra, descubrió que podía sostener la tensión y el dolor con una atención más cariñosa, aceptándolos. Respiró, se relajó un poco y reconoció que la medicina que necesitaba no era otra cosa que comprender su sufrimiento.

La siguiente instrucción que se le dio fue simple: mantén con suavidad la atención plena en tu cuerpo mientras permaneces sentado y date cuenta de cualquier cosa que pase. Cuando volvió a la sala de meditación, pasaron solo unos pocos minutos cuando su inquieta vecina empezó con una larga tanda de toses. Con cada tos, Peter sentía que sus músculos se crispaban y su respiración se detenía. Ahora se volvió más curioso e interesado por la manera en que su cuerpo reaccionaba. Empezó a advertir que al oír cada tos surgía una crispación interna y una ola de rabia, que amainaba mientras continuaba practicando la relajación entre un ataque de tos y otro. Finalmente, al terminar el período de meditación sentada, se levantó para dirigirse al comedor. Al llegar allí, vio que la causante de su tormento, la tosedora, se encontraba justo delante de él en la cola. De inmediato advirtió que, con solo verla, su estómago se contrajo y su respiración se cortó. De nuevo se relajó. Cuando volvió a la sala de meditación comprobó a qué hora estaba fijada su entrevista personal con la instructora. Un poco más abajo en la misma lista leyó el nombre de la inquieta mujer. Solo con leerlo, su estómago y su respiración se tensaron. Como seguía prestando atención, fue capaz de relajarse nuevamente. Se dio cuenta de que su cuerpo se había convertido en un espejo, y que la atención plena le estaba enseñando al mismo tiempo la causa y la curación de su sufrimiento, permitiéndole reconocer la tensión de su mente y relajarla conscientemente.

A medida que siguió el retiro, su atención se volvió más precisa. Se dio cuenta de que sus pensamientos de ansiedad y enfado hacia su familia y sus problemas de trabajo podían desencadenar la misma crispación y tensión que la tos de la mujer. Siempre había intentado mantener las cosas bajo control. Ahora que su vida se había descontrolado, los hábitos de ira, acusación y juicio se habían apoderado de él. Con cada reacción, podía darse cuenta de cómo surgía la tensión. Después de reaccionar fue capaz de detenerse a observar con la atención plena y permitir un cierta relajación. Empezó a confiar en la atención plena. Cuando terminó el retiro, sentía agradecimiento hacia la inquieta mujer que estuvo a su lado. Quería darle las gracias por lo que le había enseñado.

Con la atención plena Peter encontró alivio. También descubrió el beneficio de la curiosidad y de la espaciosidad, al que Shunryu Suzuki se refirió con la célebre expresión «la mente del principiante». Como él explica, «prestamos atención con respeto e interés no para manipular, sino para entender la verdad. Y al ver la verdad, el corazón se libera».

La atención plena, que se traduce en una conciencia paciente, receptiva y libre de juicio, es también importante en la psicoterapia occidental. Desde la «atención permanentemente flotante» que recomendaba Freud a los psicoanalistas y la «aceptación positiva incondicional» de Carl Rogers y otros psicólogos humanistas hasta la «conciencia centrada en el presente» de la Gestalt, esta forma abierta de la conciencia se considera una herramienta de sanación primordial. Desde1980, casi mil publicaciones científicas han documentado la eficacia de la atención plena, a menudo estudiada en prácticas occidentales basadas en el enfoque budista. Es importante distinguir, sin embargo, que mientras que la psicología occidental se ha centrado principalmente en la atención plena del terapeuta, la psicología budista afirma que el verdadero fundamento del bienestar es el entrenamiento sistemático de la atención plena por parte del estudiante. Con la atención plena, la comprensión tiene lugar de manera natural. Como bromeaba un día la maestra budista Sharon Salzberg: «Enseñar es fácil, lo único que tienes que hacer es preguntar si están siendo plenamente atentos».

Atención plena como presencia sin miedo

El arte de vivir no es ir a la deriva despreocupadamente ni tampoco aferrarse a las cosas con temor. Consiste en ser sensibles a cada momento que se presenta, en contemplarlo como algo absolutamente nuevo y único, en tener la mente abierta y totalmente receptiva.

ALAN WATTS

Sentarse con la atención plena con nuestras aflicciones y nuestros miedos, o con los de otros, es un acto de valentía. No es fácil. Marge creía que si se enfrentaba a su rabia se moriría. La fibrosis quística del hijo de Jorge despertaba en él imágenes terroríficas de sillas de ruedas y muerte prematura. Perry temía abordar sus infidelidades y sus peculiaridades sexuales. Jerry apenas podía dejar de pensar en la carnicería que había presenciado estando destinado en Bosnia. Para Angela, encarar la recurrencia de su cáncer significaba encarar la muerte.

Con paciencia y valentía, cada una de estas personas aprendió poco a poco a sentarse con firmeza sobre la tierra y a sentir la contracción y el temblor de su cuerpo sin huir. Aprendieron a sentir el fluir de sus emociones –el miedo, la tristeza y la rabia– y a permitir que se liberasen lentamente con la atención plena. Aprendieron a ver las historias mentales interminables que se repetían una y otra vez y, con los recursos de la atención plena y la compasión, a soltarlas y a relajarse, a aquietar la mente y a volver al presente.

A veces olvidamos que el Buda también tuvo miedo: «¿Cómo sería si en una noche oscura, sin luna, yo entrara en los lugares más extraños y aterradores, cerca de tumbas y en la espesura del bosque, para poder llegar a entender qué es el miedo y el terror? Y al hacerlo, un animal se acercase o el viento susurrara a través de las hojas y yo pensase "quizá ahora viene el miedo y el terror". Y decidido a disipar el poder del miedo y del terror, me quedara en cualquier postura en la que estuviese, sentado o de pie, caminando o tumbado. No me movería hasta que no hubiera afrontado el miedo y el terror en esa postura, hasta que no me viese libre de su poder… Y teniendo esto presente, así lo hice. Afrontando el miedo y el terror, me liberé».

En el entrenamiento tradicional del monasterio del bosque de Ajahn Chah, nos enviaban solos a la selva por la noche para practicar las meditaciones sobre la muerte. Las historias de los monjes que se habían encontrado con tigres y otros animales salvajes nos mantenían despiertos. Había muchas serpientes, incluso cobras. En el monasterio de Ajahn Buddhadasa nos enseñaron a caminar de noche golpeando el suelo con un bastón para que las serpientes nos «oyesen» y se apartasen del camino. En otro monasterio, se solía meditar de vez en cuando toda la noche en el cementerio. Cada pocas semanas, solían traer un cadáver para incinerarlo. Después de encender la pira funeraria y de los cantos, la mayoría de la gente se iba y solo quedaban algunos monjes para cuidar del fuego en la oscuridad del bosque. Al final, debía quedarse un solo monje meditando hasta el amanecer, contemplando la muerte. No todo el mundo hacía estas prácticas. Pero yo era joven, deseaba recibir la iniciación y estaba ansioso por ponerme a prueba, así que me sentía atraído por estas prácticas.

Como descubrí más tarde, sentarme en la oscuridad de la selva con sus tigres y serpientes fue más fácil que sentarme con mis demonios interiores, cuando surgieron mi inseguridad, soledad, vergüenza y aburrimiento, junto con todas mis frustraciones y mi dolor. Necesité más valor para permanecer sentado con todo esto que para quedarme en los cementerios. Poco a poco aprendí a afrontar esos sentimientos con la atención plena, a traer la luz a los oscuros bosques de mi propio corazón.

La atención plena no rechaza la experiencia, deja que actúe como maestro. Un practicante budista con asma grave aprendió a llevar la atención plena a su respiración. Haciéndose consciente de la tensión de su cuerpo y relajando con paciencia los músculos de su garganta y su pecho, fue capaz de reducir las crisis. Otro hombre que estaba en tratamiento por un cáncer utilizó la atención plena para calmar su miedo al dolor y complementar la quimioterapia con la bondad hacia su cuerpo. A través de la atención plena, un político local aprendió a no dejarse intimidar por los que lo atacaban. Una agotada madre soltera con hijos pequeños utilizó la atención plena para reconocer su tensión y su sensación de estar abrumada, abriendo el espacio para volverse más respetuosa hacia ella misma y hacia sus hijos. Todos estos practicantes aprendieron a confiar en la atención plena cuando se presentaron las dificultades en sus vidas. Como el Buda en la espesura del bosque, encontraron la curación y la libertad.

Cuatro principios para la transformación consciente

El aprendizaje solo tiene lugar
en una mente que es inocente y vulnerable.
KRISHNAMURTI

En muchos retiros de Occidente, para practicar la atención plena, se enseñan los cuatro principios de la transformación consciente con el acrónimo RAIN:[6] reconocimiento, aceptación, investigación y no identificación. Dicen los poetas zen que «la lluvia cae indiscriminadamente sobre todas las cosas»; del mismo modo que la lluvia aporta nutrición, los principios RAIN pueden transformar nuestras dificultades.

LOS PRINCIPIOS DE LA TRANSFORMACIÓN

1. Reconocimiento	3. Investigación (cuerpo, emociones, mente y *dharma*)
2. Aceptación	4. No identificación

El *reconocimiento* es el primer principio de la transformación. Cuando nos encontramos atascados en la vida, debemos empezar con la disposición de observar qué es eso. Es como si alguien nos estuviese preguntando cariñosamente: «¿Oye qué está ocurriendo realmente?». ¿Respondemos bruscamente «Nada»? ¿O nos detenemos y reconocemos la realidad de nuestra experiencia, aquí y ahora?

Con el reconocimiento dejamos atrás la negación. La negación socava nuestra libertad. El diabético que niega la enfermedad de su cuerpo no es libre. Tampoco lo es el ejecutivo compulsivo y estresado que niega el coste de su estilo de vida o el aspirante a pintor que se critica a sí mismo y niega su amor por la creación artística. La sociedad que niega su pobreza y su injusticia ha perdido una parte de su libertad también. Si negamos nuestra insatisfacción, nuestra ira, nuestro dolor o nuestra ambición, sufriremos.

Cada vez que reconocemos lo que está ocurriendo realmente se produce una poderosa apertura. «La comprensión, el amor y la inteligencia emergen y florecen sin relación con ninguna tradición externa –comenta el maestro zen Toni Packer–. Es algo que ocurre

6. *N. de la T.*: Lluvia en inglés.

por sí solo cuando un ser humano se cuestiona, se hace preguntas, escucha y mira sin quedarse atascado en el miedo. Cuando el egocentrismo se acalla, cuando queda en suspenso, el cielo y la tierra se abren».

Con el reconocimiento, nuestra conciencia se convierte en el magnífico anfitrión. Nombramos y nos inclinamos interiormente ante nuestra experiencia: «Ah, tristeza; y ahora excitación; mmm, sí, conflicto, y sí, tensión; oh, ahora dolor, sí, y ahora, ah, la mente que juzga». El reconocimiento nos lleva de la ilusión y la ignorancia hacia la libertad. «Podemos encender una lámpara en la oscuridad», dice el Buda. Podemos ver lo que pasa.

La *aceptación* es el siguiente principio de la transformación. La aceptación nos permite relajarnos y abrirnos a los hechos que están ante nosotros. Esto es necesario, porque el reconocimiento puede venir acompañado de una sutil aversión, una resistencia, el deseo de que eso no sea así. Aceptación no significa que no podamos trabajar para mejorar las cosas. Pero justo, en ese momento, son así. Los budistas zen dicen: «Si comprendes, las cosas son como son. Si no comprendes, las cosas siguen siendo como son».

La aceptación no es pasividad. Es un paso hacia delante en el proceso de transformación que requiere valor. «¿Problemas? La vida es un problema. Solo la muerte es agradable –declara Zorba el griego–. Vivir es remangarse y abrazar los problemas». La aceptación es un movimiento voluntario del corazón para incluir cualquier cosa que esté delante: «Esto también». Como individuos, tenemos que empezar con la realidad de nuestro propio sufrimiento. Como sociedad, tenemos que empezar con la realidad del sufrimiento colectivo, de la injusticia, del racismo, de la codicia y del odio. Solo podemos transformar el mundo cuando aprendemos a transformarnos a nosotros mismos. Como en una ocasión comentó Carl Jung: «Quizá yo mismo soy el enemigo que debe ser amado».

Con la aceptación y el respeto, los problemas que parecen intratables a menudo se vuelven susceptibles de trabajarse. Un hombre empezó administrar grandes dosis de aceite de hígado de bacalao a su dóberman porque había oído que era muy bueno para los perros. Cada día agarraba entre sus piernas la cabeza del perro mientras este protestaba, obligándolo a abrir la boca, y le introducía el líquido en la garganta. Un día, el perro consiguió liberarse y dejó caer el aceite de pescado al suelo. Después, para sorpresa del amo, volvió para lamer lo que había caído. Así fue como el hombre descubrió que el perro no se resistía al aceite, sino al modo en que lo obligaba a tomarlo. Con la aceptación y el respeto, pueden producirse transformaciones sorprendentes.

La *investigación* es el tercer principio, que sigue al reconocimiento y la aceptación. El maestro zen Thich Nhat Hanh lo llama «ver profundamente». Con el reconocimiento y la aceptación reconocemos nuestros dilemas y aceptamos la verdad de toda la situación. Después debemos investigar más ampliamente. Donde sea que estemos estancados, es porque no hemos observado con profundidad la naturaleza de la experiencia.

Al llevar a cabo la investigación, nos centramos en cuatro aspectos básicos de la experiencia: cuerpo, emociones, mente y *dharma*. Estos aspectos se conocen como los Cuatro Fundamentos de la Atención Plena, y en los siguientes cuatro capítulos los examinaremos en detalle. Por el momento, vamos a exponerlos de forma general:

LOS CUATRO FUNDAMENTOS DE LA ATENCIÓN PLENA

1. Cuerpo	3. Mente
2. Emociones	4. *Dharma*

Cuando estamos investigando una dificultad y algo se está «cociendo» dentro de nosotros, antes que nada queremos ser conscientes de lo que ocurre en nuestro cuerpo. ¿Podemos localizar dónde se alojan nuestras dificultades? A veces encontramos calor, contracción, dureza o vibración. A veces notamos un latido, una sensación de entumecimiento, alguna forma o color. ¿Exploramos esta zona con resistencia o con atención? ¿Qué ocurre si nos mantenemos en estas sensaciones con plena atención? ¿Se abren? ¿Hay más capas? ¿Hay un centro? ¿Se intensifican, se mueven, se expanden, cambian, se repiten, se disuelven o se transforman?

A continuación investigamos qué emociones forman parten de esta dificultad. ¿Es el tono emocional principalmente agradable, desagradable o neutro? ¿Nos adentramos en este sentimiento con atención plena? ¿Y cuáles son los sentimientos secundarios asociados a esta emoción? A menudo descubrimos una constelación de emociones. Un hombre que recuerda su divorcio puede sentir tristeza, ira, celos, sensación de pérdida, miedo y soledad. Una mujer incapaz de ayudar a su sobrino a dejar una adicción puede sentir anhelo, aversión, culpa, deseo, vacío y desvalorización de sí misma. Con la atención plena, se reconoce y se acepta cada sentimiento. Investigamos si es agradable o doloroso, si hay contracción o relajamiento, tensión o tristeza. Advertimos en qué lugar del cuerpo sentimos esa emoción y qué ocurre ahí cuando mantenemos la atención.

Mirando en el interior de muestra mente, preguntamos qué pensamientos e imágenes se asocian a esta dificultad. Nos hacemos conscientes de todas las historias, juicios y creencias que mantenemos. Cuando miramos con más atención, nos damos cuenta de que son puntos de vista fijos y fragmentarios o perspectivas habituales del pasado. Vemos que solo son historias. Con la atención plena soltamos la adhesión al pensamiento; nos aferramos menos a ellos.

El cuarto fundamento de la atención es el *dharma*. *Dharma* es una palabra importante de múltiples facetas. Puede referirse a las enseñanzas y al camino del budismo. Puede significar la verdad, y en este caso, puede también significar los elementos y patrones que constituyen la experiencia. Investigamos el *dhar-*

ma, observamos los principios y las leyes que están actuando. ¿Es la experiencia tan sólida como parece? ¿Es algo inmutable o es impermanente, cambiante, variable, se recrea a sí misma? ¿Se expande la dificultad en el espacio de nuestra mente o se contrae? ¿Está bajo nuestro control o parece tener vida propia? Nos damos cuenta de si se genera a sí misma. Investigamos si nos aferramos a ella o si simplemente dejamos que esté. Vemos si nuestra relación con ella es una fuente de sufrimiento o de felicidad. Y, finalmente, nos damos cuenta de hasta qué punto nos identificamos con esa experiencia. Esto nos lleva de nuevo a los cuatro principios de RAIN, así como al principio de la no identificación.

La *no identificación* significa que dejamos de hablar de la experiencia como «yo» o «mío». Vemos que nuestra identificación crea dependencia, ansiedad y falta de autenticidad. Para practicar la no identificación, investigamos cada estado, experiencia e historia. «¿Soy esto realmente?». Vemos la transitoriedad de esta identidad. Entonces somos libres para soltarla y descansar en la propia conciencia. Esta es la culminación del proceso de soltar la dificultad a través de los principios de la transformación.

Un practicante budista, Duane, se identificaba a sí mismo con la imagen de un fracasado. En su vida había habido muchas decepciones y, después de años de práctica, también se sentía decepcionado por su meditación. Sin embargo, de algún modo se había vuelto más calmado, aunque todavía se veía abrumado por pensamientos de crítica intransigente y juicio contra sí mismo, los restos de un pasado duro y doloroso. Se identificaba con estos pensamientos y con su historia de sufrimiento. Incluso la práctica de la compasión hacia sí mismo apenas le había procurado un mínimo alivio.

Entonces, durante un retiro de atención plena de diez días, se sintió inspirado por las enseñanzas de no identificación. Le conmovió especialmente el relato del Buda, que en la noche de su iluminación tuvo que enfrentarse a sus propios demonios en forma de los ejércitos y tentaciones de Mara. Duane decidió permanecer despierto toda la noche y afrontar directamente sus propios demonios. Durante muchas horas, intentó mantener la atención en su respiración y en el cuerpo. Alternó la meditación sentada con períodos de meditación caminando. Cada vez que se sentaba, se veía invadido por las conocidas oleadas de somnolencia, dolores corporales y pensamientos críticos. Entonces empezó a advertir que todas las experiencias cambiantes eran acogidas por un elemento común: la propia conciencia.

Al final de la noche, experimentó un momento de «¡aja!». Se dio cuenta de que la conciencia no se veía afectada por ninguna de estas experiencias, que se mantenía abierta e intacta, como el propio espacio. Todas sus luchas, todos sus sentimientos y pensamientos de dolor, iban y veían sin alterar lo más mínimo la conciencia. La conciencia se convirtió en su refugio.

Duane decidió poner a prueba lo que había comprendido. La sala de meditación estaba vacía, de modo que rodó por el suelo. La conciencia simplemente se daba cuenta. Se puso de pie, gritó, rio, hizo extraños sonidos de animales. La conciencia simplemente se daba cuenta. Corrió alrededor de la sala, se tumbó en silencio, salió y caminó hasta el linde del bosque, recogió unas piedras y las arrojó lejos, saltó, rio, volvió a la sala y se sentó. La conciencia simplemente se daba cuenta de todo. Al descubrir esto, se sintió libre. Observó el sol cuando empezó a salir lentamente tras las montañas. Entonces se fue a dormir durante un rato. Cuando se despertó de nuevo, estaba lleno de gozo. Incluso cuando sus dudas volvieron, la conciencia simplemente se dio cuenta. Como la lluvia, su conciencia permitía todas las cosas por igual.

Terminar aquí esta historia sería demasiado optimista. Más tarde, en el retiro, Duane volvió a experimentar períodos de duda, de juicio hacia sí mismo y depresión. Pero ahora, incluso en medio de estas experiencias, podía reconocerlas como duda, juicio o depresión. Ya no podía tomarlas totalmente como su identidad. La conciencia advirtió esto también y permaneció silenciosa, libre.

Los frutos de la no identificación

La psicología budista considera la no identificación como la morada del despertar, el fin de apego, la verdadera paz, el nirvana. Sin identificación, podemos cuidar con respeto de nosotros mismos y de los otros, pero ya no estamos limitados por los miedos y las ilusiones de nuestro pequeño sentido del yo.

¿Funciona realmente la no identificación en las situaciones más duras? Maha Ghosananda lo demostró recorriendo durante quince años las zonas asoladas por la guerra en Camboya enseñando la paz. El mismo espíritu está presente en la siguiente historia de un agente de policía, que encontré en el libro *¿Cómo puedo ayudar?*, de Ram Dass y Paul Gorman.

> Hay dos teorías sobre la delincuencia y sobre cómo abordarla. Los tipos que luchan contra la delincuencia dicen: «Tienes que pensar como un delincuente». Y algunos policías lo aprenden tan bien que ellos mismos adquieren una especie de mentalidad delincuente.
>
> Yo trabajo de manera bastante diferente. Soy un policía pacífico. A mí me parece que el ser humano es esencialmente puro e inocente y que su naturaleza es buena...
>
> Es interesante ver cómo funciona esto.
>
> Arresté a un hombre que estaba muy enfadado, que reaccionó contra mí con gran hostilidad. Cuando tuve que llevarlo hasta un coche celular, me escupió en la cara –que ya está bien– e intentó darme con una silla. Le pusimos las esposas y lo metimos en la furgoneta. Bueno, por el camino, solo intenté apartar estos hechos de mi mente y de nuevo afirmé para mí: «este tipo y yo somos hermanos en el amor». Cuando llegué a la comisaría, de forma espontánea me salió decirle: «Mira, si he hecho algo que te ha ofendido, te pido disculpas». El conductor del coche celular me miró como si estuviera totalmente chalado.
>
> Al día siguiente tenía que llevarlo desde el calabozo donde ha-

> bía pasado la noche hasta el juzgado. Cuando fui a recogerlo, pensé: «Bueno, si confías en tu punto de vista, no lo vas a esposar». Y no lo hice. Llegamos hasta la mitad de un pasillo, un lugar donde hubiera podido atacarme si hubiera querido. Y de repente se detuvo. Yo también me paré. Entonces dijo: «Oye, he pensado en lo que dijiste ayer y quiero disculparme». Sentí la profunda gratitud.
>
> En su expediente de antecedentes se reflejaba que había pasado bastante tiempo en un par de cárceles de las peores y que había tenido problemas con algunos guardias violentos. Yo simbolizaba algo. Y ahora era al revés, una especie de curación, supongo.

La atención plena y la presencia valiente aportan verdadera protección. Cuando recibimos al mundo con reconocimiento, aceptación, investigación y no identificación, descubrimos que, donde quiera que estemos, la libertad es posible, del mismo modo que la lluvia cae y nutre todas las cosas por igual.

Práctica: establecer una meditación diaria

Primero elige un lugar adecuado para tu meditación regular. Coloca allí un cojín de meditación o una silla y añade algunos libros o imágenes que puedan ayudarte a sentirlo como un lugar sagrado y pacífico.

Elige una hora para practicar habitualmente que se adapte a tus horarios y a tu temperamento. Si te gusta madrugar, prueba a sentarte antes de desayunar. Si la noche se adapta más a tu temperamento o a tus horarios, prueba entonces. Empieza sentándote diez o veinte minutos cada vez. Más adelante podrás sentarte por más tiempo y con mayor frecuencia. La meditación diaria puede convertirse en algo parecido a la ducha o a lavarse los dientes. Puede actuar como una limpieza regular y una forma de calmar tu mente y tu corazón.

Tanto si estás en un cojín como en una silla, siéntate derecho. Permite que tu cuerpo se apoye con firmeza en la tierra, que tus manos descansen relajadamente, tu corazón esté abierto, los ojos cerrados con suavidad. Siente tu cuerpo y afloja cualquier tensión evidente. Suelta los pensamientos o planes habituales. Ahora lleva tu atención a las sensaciones de tu respiración. Respira profundamente unas cuantas veces para que notes dónde puedes sentir con más facilidad la respiración: una sensación fresca o un hormigueo en las aletas de la nariz o en la garganta, un movimiento en el pecho, el vientre hinchándose y deshinchándose. Ahora deja que la respiración se vuelva natural. Nota con precisión las sensaciones en cada respiración, relajándote a medida que la sientes, notando cómo las sensaciones de respirar van y vienen sin esfuerzo.

Después de unas cuantas respiraciones es probable que tu atención se vaya a otra parte. No importa si te distraes por un período largo o corto, con suavidad vuelve de nuevo a la respiración. Antes de volver, puedes reconocer de manera consciente dónde te has ido nombrándolo mentalmente con una palabra, como *pensando, divagando, escuchando, anhelando*. Después de nombrar en silencio donde ha estado tu atención, relájate y vuelve amablemente a sentir la siguiente respiración. A medida que tu meditación progresa, puedes sentir con mayor conciencia los lugares donde vagabundea tu atención. Cuando los sentimientos o las emociones fuertes, las sensaciones o los pensamientos te alejen de la respiración, recíbelos con la misma atención plena que le concedes a la respiración. Reconócelos y nómbralos amablemente. Cuando pasen, vuelve a la respiración. O si estás justo empezando y quieres mantenerte más estable, está bien reconocerlos con una palabra y volver a la respiración. Mientras permaneces sentado observando la respiración, permite que los ritmos respiratorios cambien de forma natural, deja que sean cortos, largos, acelerados, lentos, irregulares o tranquilos. Encuentra la calma relajándote en la respiración. Cuando tu respiración se vuelva suave, síguela con una atención delicada y cuidadosa, tan suave como la propia respiración.

Como si estuvieras amaestrando a un cachorro, tendrás que traerte de vuelta cariñosamente mil veces a la respiración. Después de semanas y meses de práctica, poco a poco irás sintiéndote más tranquilo y centrado gracias a la respiración. En este proceso se producirán muchos ciclos, en los que se alternarán los días de tormenta con los días despejados. Tan solo permanece con lo que haya. Al hacerlo, descubrirás que la atención en la respiración te ayuda a mantenerte estable y calma tu cuerpo y tu mente. Partiendo de esta atención plena, puedes acoger de forma equilibrada las otras experiencias que surjan. Estarás centrado en medio de tu vida siempre cambiante.

8. El precioso cuerpo humano

Dentro de esta mente y este cuerpo de una braza de largo,
se encuentran todas las enseñanzas
BUDA

En tu investigación del mundo, nunca permitas que tu mente huya del cuerpo. Examina su naturaleza, observa los elementos que lo componen. Cuando su verdadera naturaleza se ve de forma completa y lúcida desde el corazón, las maravillas del mundo se vuelven claras.
AJAHN MUN

Una de las experiencias mágicas del entrenamiento budista es nuestra capacidad cada vez mayor de calmar la mente y sentir el cuerpo y el mundo nuevamente. Los poetas zen celebran la nieve que cruje en los caminos invernales, las flores que en la primavera cubren sus ropas, el viento entre los pinos, los paseos en la húmeda niebla otoñal, las risas de los niños. En los monasterios de la tradición del bosque en Asia o en los retiros en América, los practicantes comen pausadamente en silencio. Estando plenamente atentos apreciamos el verdadero sabor de la pera, del queso, de la naranja y del pan recién horneado. Aprendemos de nuevo a caminar despacio y advertimos el tacto de la brisa en nuestra piel, el sonido de los cantos de los pájaros, el balanceo rítmico de nuestros pasos, la tierra bajo los pies. Como un prisionero solitario que después de largos meses de soledad ha aprendido a apreciar la presencia de una hormiga visitante, los pequeños detalles de la vida aparecen vibrantes y deliciosos.

Tanto la psicología budista como la occidental abogan por la necesidad de incluir el cuerpo en una visión sabia de la psicología. Freud y sus seguidores, como Jung y Reich, se empeñaron en la ardua empresa de ayudarnos a habitar de nuevo nuestro cuerpo como el conductor de la energía de la vida. Gracias a su trabajo hemos descubierto el valor de nuestros instintos, la elocuencia de la sexualidad, la necesidad de respetar las motivaciones y los impulsos básicos de la vida física. La recuperación de la vida en el cuerpo forma parte de una larga y continuada lucha. La represiva sociedad victoriana que encontró Freud tan enfermizamente asentada se había forjado a partir de siglos de negación del cuerpo. La herencia del neoplatonismo y el cristianismo de la Edad Media habían devaluado el cuerpo y los instintos a favor del espíritu y la razón. Durante siglos, algunos de los padres de la cristiandad temerosos y ascéticos promulgaron la mortificación de la carne como el camino esencial para evitar el pecado.

Y actualmente, de otro modo, podemos ver cómo la sociedad tecnológica ignora la sabiduría del cuerpo. En la vida moderna, el cuerpo se ha convertido en una máquina para vivir, en el objeto de una atención sanitaria basada en premisas económicas, del dopaje con esteroides y de la cirugía estética. Nuestros cuerpos están sometidos ahora a nuevas mortificaciones mientras permanecemos atrapados en los atascos de tráfico, trabajando hacinados en cubículos o en los pupitres de las escuelas bajo la luz artificial, alimentándonos con comida basura y entreteniéndonos con los videojuegos. Demasiados niños se crían ahora frente al televisor en vez de recibir el apoyo de la comunidad y la educación de los cuentos tradicionales que durante miles de años han constituido nuestra herencia cultural. Hemos perdido nuestra conexión con el mundo natural, con la vida instintiva. Por desgracia, cuando ignoramos el cuerpo, él mismo se hace notar a través de diversos síntomas. Si no tenemos una conexión física sana, nos sentimos faltos de vitalidad, experimentamos dolores crónicos y enfermedades relacionadas con el estrés. Sufrimos úlceras y colitis, presión sanguínea alta e infartos. Somos víctimas de la anorexia y la obesidad, la depresión y la ansiedad, los comportamientos violentos y las adicciones. Demasiados de nosotros estamos perdidos como el personaje de James Joyce, el señor Duffy, que «vivía a cierta distancia de su cuerpo». En Nueva York, la agencia Associated Press dio a conocer la noticia de que el cuerpo bien vestido de un hombre de cuarenta y un años que había muerto por la mañana de camino a su trabajo había permanecido todo el día viajando en el bullicioso metro sin que nadie reparase en ello.

A diferencia de los pasajeros inatentos del metro, en el monasterio de Ajahn Chah los monjes permanecíamos sentados deliberadamente junto a los cadáveres. Lo hacíamos para observar la naturaleza efímera del cuerpo, pero, sobre todo, para valorar el regalo del cuerpo mientras permanecemos vivos.

En la filosofía budista, el cuerpo humano se considera enormemente valioso, porque proporciona las condiciones necesarias para alcanzar la libertad y la verdadera felicidad. Empezamos con un entrenamiento sistemático de la atención plena al cuerpo. Sentados y caminando, comiendo y moviéndonos, cultivamos la atención plena. Desarrollamos la capacidad de entrar en la vida del cuerpo. Descubrimos que nuestro cuerpo responde cuando nuestra mente está clara o confusa, cuando nuestro corazón está abierto o cerrado. Aprendemos a abrazar con respeto el misterio de la vida física.

Este es el octavo principio de la psicología budista:

---

8 La atención al cuerpo nos permite vivir plenamente. Nos aporta curación, sabiduría y libertad.

Cuando James se acercó a la práctica budista sufría hipertensión arterial y palpitaciones cardíacas. Era un agobiado empresario y padre de dos niños, cuya custodia y crianza compartía con su exmujer. Tenía la esperanza de que la meditación lo ayudase a reducir sus niveles de estrés. Aparte de esto, estaba interesado en la iluminación, porque en sus lecturas sobre el zen había deducido que esto resolvería sus problemas. Imaginaba la iluminación como un estado de dicha que, una vez alcanzado, le permitiría trascender las dificultades mundanas de su vida.

Para su sorpresa, su entrenamiento budista empezó con una atención minuciosa a la respiración y al cuerpo. Le decepcionó que la atención no se centrase en alcanzar la iluminación, sino en el aquí y el ahora. A medida que siguió practicando con esta sencilla técnica, James se dio cuenta de cuánto pensaba en el futuro, de la tensión de su cuerpo, de cuánto esfuerzo había en su vida. Su historia familiar se había basado en los logros en la escuela, en los deportes y en el trabajo. Sus ambiciosos padres y estrictos profesores le habían instigado para que siguiera esforzándose. Ahora se instigaba él solo, lo que también hacía con sus hijos.

Una vez James hubo reconocido su tensión y desasosiego, recibió la instrucción de prestar atención a los momentos en los que no sintiera esfuerzo. Con la atención plena, empezó a advertir esos pequeños espacios, a reconocerse a sí mismo en la experiencia de no esforzarse. Conectó con un estado que no le resultaba familiar, una sensación incómoda de vacío que siempre había evitado. Animado para que prestase aún más atención, descubrió que ese vacío no familiar contenía la satisfacción. Por primera vez en años, sintió momentos de calma, se sintió en el hogar de su propio cuerpo. Estaba empezando a saborear la iluminación.

En mi caso, fue en el monasterio del bosque de Ajahn Chah donde empecé a saborear la belleza de la vida encarnada. Recuerdo de qué manera tan vívida la práctica de la atención plena despertaba mis sentidos. Me crie en una familia intelectual que vivía en un barrio periférico donde el aire libre significaba el patio trasero y quizá la tienda de accesorios para campamento del centro comercial. Incluso en la universidad mis experiencias al aire libre consistieron básicamente en los desplazamientos entre la biblioteca y el centro de estudiantes. Pero en el monasterio, los edificios del templo se encontraban en un claro rodeado por altísimos árboles de teca y de enredaderas tropicales, por espesos bosques llenos de aves silvestres y cobras. Nuestras pequeñas cabañas estaban repartidas por todo este bosque.

En el bosque aprendí a sentir los cambios de las estaciones, las ropas sudadas y los estridentes cantos de las cigarras en las noches calurosas de verano, los pies enfangados y la humedad interminable en las lluvias monzónicas, los vientos secos de la estación más fresca, en la que necesitaba enrollarme una toalla debajo de la túnica para añadir una capa más de abrigo. Esta fue la primera vez que pude realmente observar las lentas fases de cambio de la luna y la aparición de los planetas matutinos y vespertinos al amanecer y al anochecer.

Cada día traíamos agua de los pozos para lavar y beber y bañarnos. Aprendí a compartir mi cabaña con toda una colección de insectos, a prestar una cuidadosa atención para no pisar las sendas de las hormigas de fuego, cuya picadura resulta especialmente dolorosa, a distinguir los diminutos polluelos de las gallinas silvestres en los bosques.

Y empecé a descubrir los ritmos orgánicos de mi propio cuerpo. Solía meditar hasta tarde en la noche y luego descansar por la mañana. Al principio comía demasiado porque tenía miedo de pasar hambre después de nuestra única comida diaria. Luego aprendí a no hacer caso de mis miedos y a simplemente comer lo que mi cuerpo necesitaba.

Cuando mis dolores físicos se hicieron más fuertes, aprendí a trabajar con ellos. Los aldeanos tailandeses estaban acostumbrados a permanecer sentados durante horas con las piernas cruzadas, sin ningún cojín, en el suelo polvoriento de piedra del templo. Pero yo era un americano de cuerpo rígido acostumbrado a una silla. Me dolían la espalda, el culo y las rodillas. Algunos períodos de meditación eran como una tortura lenta. Aprendí el arte de suavizar, de relajar la zona alrededor del dolor, invitando a mi cuerpo a aceptar las fuertes sensaciones. Ajahn Chah destacaba con insistencia la diferencia entre los dolores que inevitablemente llegan en la vida y el sufrimiento que creamos alrededor del dolor.

Es muy útil aprender cómo trabajar con el dolor, porque en ciertas ocasiones todos tendremos que experimentarlo. El año pasado, Malik, un hombre con una artritis reumatoide progresiva, vino a practicar a un retiro. Médicamente había hecho todo lo que había podido, pero seguía frustrado y enfadado. Trabajamos juntos para que aprendiese a suavizar la ira y la aversión alrededor del dolor, a respirar y a mantener una atención cariñosa hacia su cuerpo, incluso en las contracciones. Utilizó la imagen de un padre sosteniendo y protegiendo en sus brazos a un niño que lloraba. Y lo que fue también importante, Malik tuvo que aprender a relajar sus juicios, su frustración, su ira y su pena de sí mismo. Aprendió la práctica de la compasión hacia sí mismo para luego ampliarla a todos aquellos que sentían dolor en el cuerpo.

Poco a poco, el dolor físico y la frustración de Malik se volvieron más accesibles para trabajar sobre ellos. Descubrió cómo honrar su cuerpo incapacitado con una atención compasiva. Reconoció la lección que aprendió Anne Morrow Lindbergh durante el nacimiento de su hijo. «Ve *con* el dolor, deja que te lleve... abre tus manos y tu cuerpo al dolor. Llega en oleadas como la marea, y debes estar abierta como una barca descansando en la playa, permitiendo que te llene y que después se retire, dejándote vaciar y limpiar... Con una respiración profunda –tan profunda como el dolor– se alcanza una especie de libertad interior frente a este, como si el dolor ya no fuera tuyo sino de tu cuerpo. El espíritu entrega el cuerpo en el altar».

Guiar el corazón de vuelta al cuerpo

No existe ninguna realidad excepto la que contenemos dentro de nosotros. Por eso tanta gente vive una vida irreal. Toman las imágenes externas a ellos por la realidad y nunca permiten que el mundo que se encuentra dentro de su cuerpo y de su mente se revele a sí mismo.

HERMAN HESSE

Para Katie, una joven que había sido secuestrada y violada, llevar la atención al cuerpo fue un viaje delicado y doloroso. Vino a un retiro de un mes con la intención de sanar su trauma y encontrar la paz interior. Al principio, la intensidad de sus recuerdos dolorosos la mantuvo completamente fuera del cuerpo. Después, con una atención compasiva, Katie descubrió que podía sentir sus pies mientras caminaba, pero estar sentada era demasiado estresante para ella. Había estado atada y la inmovilidad le recordaba demasiado al secuestro. Por eso, en vez de meditar sentada, caminó y caminó, aprendiendo a sentir totalmente sus pies en la tierra, sus piernas y el movimiento. Después usó su respiración mientras caminaba para llevar la compasión a la rigidez y al terror, a la tensión de los hombros, los brazos y el torso. Periódicamente se veía invadida por oleadas de miedo, rabia y aflicción y tenía que parar. A veces recuperaba una cierta sensación de bienestar abrazando un árbol o sintiendo sus pies en contacto con la tierra.

Cuando Katie se sintió más fuerte, empezó a sentarse «inmovilizada», como decía ella, y a permitir que poco a poco surgiesen los recuerdos de las cuerdas que la ataban y del pánico. Para apoyar esta práctica, meditamos juntos sentados, creando un espacio de confianza para la compasión que le facilitase la sanación. Dirigiendo su atención amablemente, empezó a sentir todas las sensaciones que había evitado durante tanto tiempo. Su cuerpo lloró y tembló. Después, poco a poco se abrió a las emociones y a las imágenes. Paso a paso, fue capaz de tolerar y liberar más y más recuerdos. Después de varias semanas de práctica, relajó su apego a su historia. Su experiencia se transformó simplemente en sensaciones y emociones, en un recuerdo. Se dio cuenta con alivio de que el secuestro ya no estaba en el presente. Lo único que había ahora eran sensaciones, pensamientos, sentimientos y una espaciosa liberación. Katie empezó a sentirse libre.

Cuando luchamos con la confusión, el miedo, la ambición, la depresión o la pérdida, la psicología budista nos pide que sintamos cómo experimentamos esto en el cuerpo.

Un hombre cuyo matrimonio terminó de forma conflictiva se dio cuenta de la gran carga de aflicción que soportaba en el corazón. Una mujer que había sufrido una remisión de su cáncer de mama descubrió el miedo a la muerte en la rigidez de su pecho y en su respiración constreñida. Un hombre que se había esforzado durante años para crear un negocio y una familia se enfrentó al enorme vacío en su estómago cuando tuvo que vender su negocio y cuando sus hijos se marcharon a la universidad.

Como Katie, a veces nuestro sufrimiento y nuestro malestar físico son tan grandes que no podemos sentarnos a meditar ni mantener inmóvil el cuerpo. En esos casos, para reposar la mente, se utilizan meditaciones de movimiento como la meditación caminando y el yoga o actividades realizadas con plena atención, como barrer el suelo y preparar la comida. En un retiro, si un estudiante se siente inquieto, podemos proponerle que pase un tiempo trabajando en el jardín del centro de meditación. Muchos han recuperado el contacto con la vida cuidando pacientemente las plantas o cavando la tierra. Estas prácticas nos ayudan a que nuestra mente fragmentada aterrice de nuevo en el cuerpo. Recuerdo un caso extremo en el que un anciano lama tibetano en la India recomendó a un estudiante que se encontraba profundamente alterado que ofreciera cien mil postraciones completas al Buda como una manera de serenar su psique desestructurada. El estudiante tardó un año entero en hacerlas, y descubrió que le habían ayudado. Luego el lama le indicó que lo repitiese dos veces más añadiendo también una práctica de compasión. Después de tres años, el bienestar interno de aquel hombre se había restablecido notablemente.

Uno de mis primeros trabajos cuando volví a Estados Unidos del monasterio de Ajahn Chah fue como ayudante en la unidad de agudos de un gran hospital psiquiátrico. Con gran entusiasmo les hablé a mis compañeros sobre la meditación de la atención plena y ellos se preguntaron si podría ser útil para los pacientes. En seguida comprendí claramente que cerrar los ojos para meditar no era lo que más necesitaban estos pacientes: ellos ya estaban perdidos en sus mentes. Lo que necesitaban eran prácticas para encarnarse en sus cuerpos: meditación caminando, yoga, taichi, trabajos de jardinería. Necesitaban volver a recuperar la conexión con la tierra.

Después descubrí que había un gran número de personas en ese hospital que necesitaban desesperadamente la meditación: los estresados psicólogos, los trabajadores sociales, el personal de enfermería, los psiquiatras y los ayudantes. A ellos la meditación de la atención plena podía ofrecerles tanto bienestar personal como una mayor efectividad en su trabajo. Me ofrecí a enseñar como voluntario la meditación con atención plena al personal del hospital. Muchos de ellos vinieron a decirme que el aprendizaje de un método sistemático para calmar sus mentes y atender al cuerpo les había beneficiado enormemente. Estoy seguro de que también ayudó a los pacientes.

Debido a que en la psicología budista el cuerpo humano se considera precioso, sin que importe la fase de la vida en la que nos encontremos, recibimos la instrucción de valorarlo y cuidarlo. Cuando surge la enfermedad física, a menudo disminuye nuestro sentido de la dignidad. Con esto, a veces puede también venir la vergüenza y el odio hacia uno mismo. Podemos tomar la enfermedad como algo personal, como si fuese nuestra culpa. Pero la enfermedad y la salud forman parte de toda vida humana. Cuando nuestros corazones se abran a la comprensión, trataremos nuestro cuerpo y nuestra mente con compasión en todas las circunstancias. Pude ser testigo de cómo un célebre maestro bimano, Taungpulu Sayadaw, guio a un estudiante muy enfermo en uno de nuestros retiros anuales de tres meses. Don era un hombre de cuarenta y uno años con un cáncer que se le había extendido al cerebro y a quien los médicos habían desahuciado después de tratarlo sin ningún éxito. El abultamiento de su cabeza a causa de los tumores era notable y daba la impresión de que le quedaba muy poco tiempo de vida. Lo acompañé para que tuviera una entrevista especial con Taungpulu Sayadaw, esperando que el maestro le instruyese en las prácticas para la muerte consciente tan importantes en la tradición budista. Pero esta no fue en absoluto la respuesta del maestro.

Taungpulu escuchó la historia de Don y después colocó sus manos sobre los tumores para sanarlos directamente. Comentó que el nacimiento humano es precioso y que Don debía hacer todo lo posible por curarse. El maestro cantó durante un rato para crear un agua sanadora especial que Don debería beber y, después, le enseñó unas oraciones sagradas para que las recitase, junto con detalladas visualizaciones curativas: «Debes intentar curarte y vivir lo más posible, porque el nacimiento humano es la forma más valiosa entre todas las formas de vida para realizar el aprendizaje espiritual. Bebe esta agua y practica estas meditaciones y pon todo tu corazón para curarte. Y solo si esto falla, y sabes que te estás muriendo, será entonces el momento de pasar a las prácticas de la muerte. No te mueras todavía». Y aunque Don no se curó totalmente, gracias al aliento infundido por Taungpulu vivió muchos más años de lo que habían predicho los médicos.

Desde el cuerpo a la inmortalidad

Del mismo modo que la conciencia refleja misteriosamente la naturaleza dual de la luz, como onda y partícula, nuestro cuerpo es también un dominio contradictorio. Carl Jung nos recuerda que respetemos «la naturaleza original de nuestro cuerpo». Pero luego continúa diciendo que el cuerpo está también «conectado con las formas más elevadas del espíritu». Insiste en que solo podemos expresar nuestras mejores cualidades cuando el espíritu y el instinto están en armonía: «Demasiado animal deforma al hombre civilizado. Demasiada cultura produce animales enfermos». Para que la sabiduría y la nobleza florezcan, tiene que haber un equilibrio que incluya tanto la vida encarnada como la perspectiva universal.

La cultura moderna americana fomenta una intensa identificación con nuestro aspecto externo, por lo que no resulta fácil ir más allá de esto. Dedicamos una enorme cantidad de tiempo a ocuparnos de nuestro aspecto, de vestirnos, adornarnos y hacer que nuestro cuerpo se vuelva más fuerte. Sin embargo, no importa lo grande que sea nuestro apego, a medida que envejecemos el cuerpo nos traiciona. Si nos limitamos a satisfacer los deseos del cuerpo y a creer que somos el cuerpo, cuanto tengamos que hacer frente a la edad, las enfermedades, las dificultades y la muerte estaremos perdidos y aterrorizados.

Ajahn Chah explica: «Solo hemos alquilado esta casa. Si fuese de nuestra propiedad, le podríamos decir que no se enfermase o que no envejeciese. Pero no hace ningún caso de nuestros deseos. Con sabiduría, si estás vivo, está bien. Y cuando tienes que morir, también está bien. Si lo médicos me dijeran que tengo un cáncer y que voy a morir en pocos meses, les recordaría: "Cuidado, porque la muerte también vendrá a buscarlos. Es solo una cuestión de quién se va primero"».

La psicología budista nos ofrece docenas de prácticas para ver nuestro cuerpo desde la perspectiva universal. Existe una meditación que nos permite sentir nuestro cuerpo como un campo de energía vibrante, como una red de chacras y de centros de energía. Existen prácticas para sentir el cuerpo como un sistema anatómico de carne y hueso, de líquidos y sólidos. En un monasterio utilizamos estas prácticas centrándonos en sentir nuestro esqueleto. Cuando recibíamos la instrucción de llevar nuestro esqueleto de paseo, también teníamos que observar los esqueletos de los otros caminando. Esto nos hizo salir inmediatamente de nuestras historias y melodramas y modificar por completo nuestra identidad.

En otro importante entrenamiento aprendimos a experimentar el cuerpo a través de las propiedades de cuatro elementos principales y los veinticuatro derivados. La psicología budista describe nuestra existencia física con los elementos básicos de la tierra, el aire, el fuego y el agua. Se parece mucho a los sistemas tradicionales de la psicología y la medicina de la antigua Grecia, China, África y los nativos americanos. Los lectores modernos pueden creer de forma errónea que esto es una versión primitiva de la tabla periódica de los elementos. Pero, en realidad, estos cuatro elementos son una descripción de cómo experimentar directamente el cuerpo.

Si cierras los ojos y sientes con atención, no sentirás un «cuerpo». *Cuerpo* es solo una palabra, la idea o el nivel conceptual. Lo que realmente sentirás son zonas duras o blandas, presión o pesadez, texturas como rugoso o suave: este es el elemento tierra. También sentirás zonas frías o calientes: este es el elemento fuego o de temperatura. Notarás zonas de vibración o de quietud: es el elemento aire o vibratorio. Y notarás cohesión y fluidez: este es el elemento agua; solo necesitas parpadear o tragar para sentirlo.

Conocemos nuestro cuerpo más directamente de esta manera. También sabemos a través de los elementos secundarios de color, sonido (el elemento aire en el oído), olor y sabor. Una investigación directa de estos elementos físicos puede liberarnos de profundas capas de identificación y confusión. Esto puede ocurrir tan sencillamente como experimentó Mike, un estudiante que estaba muy obsesionado por pensamientos irracionales de celos. Cuando vino a hablar conmigo, su mente racional sabía que sus pensamientos tormentosos no tenían ningún fundamento real en su relación. Había intentado desprenderse de ellos, pero seguía atrapado en su historia. Me senté con él y le indiqué que dejase que sus pensamientos de celos estuvieran presentes y que notase dónde los sentía en el cuerpo. Se hizo consciente de fuertes sensaciones de calor y contracción en el pecho y, después, de aversión y temor cuando sintió las sensaciones directamente. Advirtió que sus pensamientos obsesivos se calmaron cuando sintió las fuertes sensaciones y emociones que había debajo de ellos, pero dijo que no podía entender la conexión entre los celos y las sensaciones de su pecho.

Entonces invité a Mike a que notase cada elemento con atención. Le pregunté sobre el elemento tierra: ¿sientes esta zona del pecho dura o blanda, densa, suave, pesada o ligera? Y sobre el elemento fuego: ¿Está caliente, frío, templado? El elemento aire del movimiento: ¿vibra o está inmóvil? Y el elemento secundario del color y el olor: si esta zona tuviera un olor y sabor, ¿cuál sería? Descubrió en su pecho una sensación dura, una textura rugosa, algo palpitante, caliente y negro.

Después le pedí que notase cualquier sentimiento e imagen asociados a estas sensaciones de los elementos que estaban presentes. Encontró miedo y sentimientos de abandono; luego vinieron recuerdos del divorcio de sus padres cuando tenía siete años. Recordó la peor parte, el día en que su madre se marchó. Explicó toda la historia y lloró. Sentado, sosteniendo estas experiencias con plena atención, aprendió lentamente a tolerar la pérdida, el vacío, el abandono que había cargado de forma inconsciente en su cuerpo y en su mente.

Mike trabajó con los sentimientos de aflicción, ira, pérdida y miedo durante largo tiempo. Aprendió a reconocer los patrones repetidos de abandono en su vida. Mientras se recordaba a sí mismo como un niño perdido de siete años, sintió que surgía una oleada de bondad. Después le propuse que ampliase esta compasión, que se abriese al dolor de todos los hijos de padres divorciados, de todos los seres humanos abandonados. De este modo, llegó a conocer tanto la naturaleza personal como la universal de su sufrimiento. Poco a poco, su experiencia se volvió más impersonal. Ya no era simplemente este ser herido. Era un adulto meditando, era todo el curso de su historia, era la conciencia siendo testigo de todo ello.

La vida elemental del cuerpo

Los elementos de nuestros cuerpos pueden construir la puerta de entrada a nuestras historias ocultas y a los patrones inconscientes. Al atravesar esta puerta podemos sentir el juego de la encarnación en un contexto más amplio y universal. Podemos sentir los elementos de la vida moviéndose dentro de nosotros. Nuestras experiencias de estar convulsos, rígidos, temblando, sobrecargados, flotantes, flexibles, enraizados o transparentes forman parte del juego de los elementos. Tanto si nos mantenemos estáticos en una postura como si danzamos ligeros se trata del movimiento de la tierra en nuestro cuerpo. Nuestras aflicciones pertenecen al elemento agua, al océano de las lágrimas. Nuestros bostezos y nuestros cantos son las octavas del elemento aire. «En otros tiempos fuiste una montaña, fuiste una nube –escribe Thich Nhat Hanh–. Esto no es poesía, es ciencia».

La meditación sobre los elementos se utiliza también para entender la muerte. Esta es una de las contemplaciones que pueden transformar más la vida. En Occidente nos resistimos a reflexionar sobre el proceso de envejecer y sobre la muerte, porque morir se considera un error y nos asusta. En el enfoque budista nos volvemos deliberadamente hacia la muerte para afrontarla, con la intención de que esto nos aporte sabiduría, perspectiva y una motivación para vivir cada día plenamente. El maestro tibetano Kalu Rinpoche nos dejó una poderosa descripción de cómo se disuelven los elementos cuando nos morimos. Recomendó que contempláramos esto con atención, de modo que pudiéramos cambiar la identidad del cuerpo por la identidad de la conciencia que es nuestra verdadera naturaleza. Mientras lees estas palabras impresas sobre el proceso de morir, date cuenta de cómo cambia tu sentido del yo.

Cuando nos acercamos a la muerte, el elemento tierra empieza a disolverse. Perdemos nuestra fuerza, no podemos mantenernos erguidos ni sostener nada. Nuestras mejillas se hunden. Ya no podemos aguantar nuestra cabeza. Nos cuesta abrir y cerrar los ojos. Nos volvemos pálidos. Nos sentimos pesados e incómodos en cualquier postura; tenemos que pedir ayuda para levantarnos. Algunos textos dicen que nos sentimos como si estuviéramos cayéndonos o hundiéndonos en la tierra, siendo aplastados por un gran peso, como si una montaña presionase nuestro cuerpo. El elemento tierra vuelve a la tierra.

El elemento agua es el siguiente. Empezamos a perder el control de los líquidos de nuestro cuerpo. Nuestra nariz gotea, babeamos. Puede que los ojos lagrimeen, y quizá nos volvemos incontinentes. Ya no podemos mover la lengua. Nuestros ojos empiezan a sentirse secos en sus cuencas. Nuestros labios están demacrados y sin color. La boca y la garganta están pegajosas y obturadas. Las aletas de la nariz están aplastadas y tenemos mucha sed. Temblamos y experimentamos sacudidas. Algunos textos dicen que nos sentimos como si estuviésemos siendo atraídos a un océano o arrastrados por un enorme río. El elemento agua vuelve al agua.

El elemento fuego es el siguiente. La boca y la nariz se secan completamente. Todo el calor del cuerpo empieza a migrar, generalmente desde las manos y los pies hacia el corazón. Quizá se note una sensación de vapor caliente que surge de la coronilla. El aire que se respira a través de la boca y la nariz es frío. Ya no tenemos calor para la digestión. Se hace más y más difícil percibir nada fuera de nosotros. La experiencia interna es la de estar siendo consumidos en una llama o en una crepitante hoguera, o como si el mundo estuviera siendo abrasado en un holocausto de fuego. El elemento fuego vuelve al fuego.

Sigue el elemento aire. La respiración se hace cada vez más difícil. La inspiración es superficial y la espiración se alarga. Emitimos carraspeos y jadeos. Los ciclos respiratorios son cada vez más breves y laboriosos. El cuerpo se sacude en espasmos y luego se queda inmóvil. Nuestra visión va y viene, borrosa y confusa. La experiencia interna es la de un gran viento que barre el mundo, un tornado tragándose todo el universo. El elemento aire vuelve al aire.

Visualizamos la disolución de los elementos, la muerte se hace vívida. Nos despertamos sacudidos por la experiencia y sentimos la provisionalidad de esta encarnación. Esto nos impulsa a vivir de una forma más sabia. A la vez, la disolución de los elementos en la muerte deja claro que el cuerpo no es nuestra verdadera naturaleza. La atención al cuerpo humano nos trae la curación y la regeneración. Entonces, las prácticas basadas en una visión universal llevan la conciencia a una presencia espaciosa que va más allá del cuerpo. A través de la conciencia del cuerpo recordamos quiénes somos realmente.

Práctica: meditación caminando

Uno de los métodos más útiles para observar el cuerpo con atención y para enraizarse es la práctica de la meditación caminando. Se trata de una práctica simple y universal para desarrollar la calma, nuestra conexión y la conciencia encarnada. Puede practicarse de forma regular, antes o después de la meditación sentada o en cualquier otro momento por sí sola, como después de un día atareado o en una ociosa mañana de domingo.

Para practicar, elige un lugar donde puedas caminar cómodamente en un sentido y en otro, en el interior o en el exterior, de entre diez a treinta pasos de longitud. Empieza situándote en uno de los extremos de este «camino», con tus pies plantados con firmeza en el suelo. Deja que tus manos descansen relajadas en cualquier lugar donde estén cómodas. Respira profundamente unas cuantas veces y después abre tus sentidos para ver y sentir todo lo que te rodea. Después de un minuto, lleva tu atención de nuevo al cuerpo. Céntrate en ti y en sentir cómo tu cuerpo se apoya en la tierra. Siente la presión de las plantas de tus pies y las otras sensaciones naturales de estar de pie. Mantente presente y alerta.

Empieza a caminar un poco más despacio de lo habitual. Camina con tranquilidad y un sentimiento de dignidad. Relájate y deja que tu caminar ocurra con elegancia y naturalidad, como si fueses un rey o una reina paseando majestuosamente. Pon la atención en tu cuerpo. A cada paso, date cuenta de las sensaciones al levantar el pie y la pierna del suelo; después apóyalo de nuevo conscientemente. Siente cada paso por completo. Cuando llegues al final de tu camino, detente un momento. Céntrate en ti, da la vuelta con cuidado y haz de nuevo una pausa para que puedas darte cuenta del primer paso de tu recorrido inverso. Puedes experimentar con la velocidad, caminando con el ritmo en el que logres mantenerte más presente.

Continúa caminando plenamente atento en un sentido y en otro de diez a veinte minutos o más. Al igual que con la respiración, cuando estés sentado, tu atención se alejará muchas veces. En cuanto te des cuenta de esto, reconoce con suavidad donde estaba: *divagando, pensando, escuchando, planeando*. Luego vuelve a sentir el siguiente paso. Como si adiestrases a un cachorro, volverás a centrarla mil veces. No importa si te vas durante un segundo o durante diez minutos, simplemente reconoce dónde has estado, relájate y vuelve a tu presencia viva aquí y ahora con el siguiente paso.

Usa esta meditación para calmarte, centrarte y vivir más despierto en tu cuerpo. Practica en casa primero. Puedes ampliar la práctica de caminar conscientemente cuando vayas a comprar, cuando camines por la calle o cuando te dirijas a tu coche o salgas de él. Puedes aprender a disfrutar caminando, en vez de estar perdido planeando y pensando. Con este sencillo método, puedes estar verdaderamente presente, sentir unidos el cuerpo, la mente y el corazón mientras te mueves por la vida.

9. El río de los sentimientos

Cuando surge un sentimiento agradable, date cuenta
de que esta es la experiencia de un sentimiento agradable.
Cuando surge una experiencia dolorosa, date cuenta
de que esta es la experiencia de un sentimiento doloroso.
Cuando surge un sentimiento neutro, date cuenta
de que esta es la experiencia de un sentimiento neutro.
El Gran Discurso de la Atención Plena

En la dinámica con la que trabajamos en la Corte Suprema,
el noventa por ciento de las decisiones se basan en las emociones.
Nuestra parte racional nos proporciona las razones
para apoyar nuestras decisiones.
JUEZ WILLIAM O. DOUGLAS

Cuando mi padre tenía sesenta y cinco años, sufrió un grave ataque cardíaco. Tuvo que ser ingresado en la unidad de cuidados intensivos y esperar a someterse a una intervención a corazón abierto, siempre que sus deteriorados riñones y otras funciones de su cuerpo recuperasen los niveles de funcionamiento adecuados. Mi madre, mis tres hermanos y yo nos encontramos en el hospital. El diagnóstico era poco esperanzador y los médicos dudaban de que pudiera superarlo. Nosotros estábamos muy preocupados.

En la UCI nos dejaban entrar de uno en uno durante un período de quince minutos. Yo me sentía triste y conmocionado, con la sensación de estar entre dos mundos y sin haber dormido demasiado, algo que es común en una situación de emergencia. Pensaba en que mi padre había sido un hombre difícil y complicado, un científico brillante, sí, pero a la vez un tirano y un maltratador de su esposa. Me acordaba de que, aunque nosotros lo pasamos mal, peor había sido para mi madre. Ella solía esconder las botellas de vidrio detrás de las cortinas de la casa para poder usarlas en caso de que necesitase defenderse. Esto no siempre funcionaba. En verano llevaba mangas largas para cubrirse los moretones en los brazos. Pero en ese momento, gracias a la meditación del perdón y a la terapia, me había liberado de gran parte de mi dolor y de mi ira.

En el tercer día en la UCI, era evidente que mi padre se estaba debilitando. Entré a verlo, consciente de que esa podría ser la última vez que lo visitase. Llevaba una máscara de oxígeno y estaba conectado a un montón de máquinas que emitían pitidos constantes; su cuerpo estaba oculto bajo una telaraña de tubos y cables. Me senté al borde de su cama y le pregunté cómo estaba. Dejó salir un gruñido e hizo un gesto expresando dolor e infelicidad. Le hablé de él y de nuestra familia y después permanecí callado durante unos minutos.

Al final miré a mi padre: débil, vulnerable, posiblemente a punto de morir. Le dije: «Te quiero». Sus ojos se abrieron. Con gran esfuerzo, alzó un brazo lleno de esparadrapos, agujas y tubos y se lo llevó a la cara. Se pellizcó la nariz como intentando protegerse de un olor desagradable, frunció el ceño con desdén y negó con la cabeza, como diciendo: eso no se hace en nuestra familia; no se reconocen los sentimientos; es demasiado sentimental, demasiado débil.

En mi caso, para recuperar mi capacidad de sentir, tuve que trabajar durante años en mi experiencia como monje, con la meditación, con la psicoterapia occidental y en las relaciones. Pero si queremos vivir con sabiduría como seres humanos, tenemos que entender lo que sentimos y cómo trabajar con los sentimientos.

Los sentimientos primarios

La psicología budista nos ayuda a distinguir dos aspectos fundamentales de los sentimientos. La primera cualidad y más esencial es la que corresponde a los sentimientos primarios. De acuerdo con esta perspectiva, todo momento de nuestra experiencia sensorial tiene un tono emocional. Como la valencia de los elementos químicos, cada percepción visual, sonora, gustativa, táctil y olfativa tiene una cualidad agradable, dolorosa o neutra. La neurociencia moderna ha confirmado que todo lo que registra el cerebro lleva asignado alguna valencia negativa o positiva. Los tonos emocionales primarios son los primeros que aparecen. Después, a partir de estos sentimientos simples surge toda una gama de sentimientos secundarios, todas las emociones que conocemos, como la alegría, la ira, el miedo o el placer.

«Trabajar con los sentimientos directos es una ruta directa a la iluminación», explicaba uno de mis maestros birmanos. Los sentimientos primarios están fluyendo constantemente en nosotros, pero a menudo tenemos la idea equivocada de que la vida no debería ser de ese modo. En secreto, creemos que, si pudiéramos actuar de modo correcto, nuestros sentimientos serían siempre agradables y no habría nunca dolor ni pérdida.

Así que cuando surge una experiencia dolorosa, a menudo intentamos apartarla; y cuando surge una experiencia agradable, intentamos retenerla. Cuando surge una experiencia neutra, solemos ignorarla. Siempre deseamos los sentimientos correctos (agradables) e intentamos evitar los incorrectos (desagradables). Y cuando son desagradables, reaccionamos sin descanso, tratando de que se vuelvan correctos,

Cuando nuestra sabiduría se hace mayor, nos damos cuenta de que intentar sujetar el fluir de los sentimientos no funciona. Los sentimientos primarios son simplemente sentimientos, y cada día contiene miles de momentos agradables, dolorosos y neutros, en tu caso, en el de Condoleezza Rice, el Dalái Lama, Mick Jagger y el propio Buda. Estos sentimientos no son correctos ni incorrectos, son el fluir de la vida. Sylvia Boorstein, mi colaboradora en Spirit Rock, escribió: «Qué alivio representó para mí acudir a mi primer retiro de meditación y escuchar a personas que parecían bastante felices explicar su verdad tan claramente: la Primera Noble Verdad de que la vida es difícil y dolorosa, por su propia naturaleza, no porque hagamos algo malo».

Nuestra experiencia dolorosa no representa un fracaso. Los maestros de meditación padecen enfermedades y sienten dolor como nosotros. Shunryu Suzuki, Ramana Maharshi y el décimo sexto Karmapa Lama murieron de cáncer. Ajahn Chah sufrió una hemorragia cerebral que lo dejó en coma durante años y el Lama Yeshe ha descrito la increíble dificultad de los largos períodos de hospitalización por los que tuvo que pasar debido a una insuficiencia cardíaca: «Después de 41 años de cuidados intensivos, mi cuerpo parecía el rey del cementerio, mi mente un anti-Dios y mi discurso el ladrido de un viejo perro loco». Y, sin embargo, fueron maestros. Su práctica fue aceptar las experiencias placenteras, dolorosas y neutras de buen grado.

Este es el noveno principio de la psicología budista:

---

9 La sabiduría conoce los sentimientos que se presentan sin perderse en ellos.

En el monasterio del bosque de Ajahn Buddhadasa, recibimos el propósito de estar plenamente atentos al tono emocional de cada sonido y de cada actividad. Al adentrarnos en los caminos del bosque por la mañana, advertíamos el tono neutro de nuestros pasos, el agradable balanceo de nuestro cuerpo al andar. Después de comer sentíamos el desagradable calor y el sudor pegajoso del mediodía tropical que soportaba nuestro cuerpo. Cada vez que nos deteníamos a descansar, sentarnos o leer, intentábamos advertir el tono emocional –agradable, desagradable o neutro– y después notar si había alguna reacción a ello. Ahora, como profesor de meditación, con frecuencia enseño la atención plena a los sentimientos primarios como una forma de ayudar a los estudiantes que están atrapados en las reacciones automáticas.

Jamilla era una joven artista que se veía fácilmente abrumada por pensamientos ansiosos. En vez de centrarse en el contenido de esos pensamientos, le sugerí que advirtiera los sentimientos primarios que había en su cuerpo y en su mente antes y durante la ansiedad. Advirtió que todos eran desagradables. Sentía una tensión dolorosa en el pecho, náuseas en el estómago, una sensación incómoda de vacío. Era como si los pensamientos ansiosos fuesen un mecanismo habitual para escapar de las sensaciones desagradables. Había pasado mucho tiempo viviendo en las historias repetitivas que su mente le contaba. Ahora, al desplazar su atención a los sentimientos primarios, empezó a soltar los pensamientos de preocupación. Descubrió que podía estar realmente atenta a las sensaciones desagradables de su cuerpo. Eran difíciles de soportar, pero con la práctica aprendió a permanecer en ellas y a aceptarlas. Al hacerlo, los pensamientos ansiosos se volvieron menos molestos.

Frederick, otro practicante, había sufrido durante años un espasmo corporal, una especie de tic, que le había causado un gran trastorno. Cuando le indiqué que advirtiese cuidadosamente el tono emocional, descubrió que, justo antes del espasmo, su cuerpo sentía placer y después se desataba el movimiento. Cuando se hizo consciente de la sensación de placer, el espasmo desapareció.

Un tercer estudiante, Jacob, había vivido durante varios años con un carismático lama tibetano; luego se había casado, tenido tres hijos y trabajaba en un periódico local. Aún meditaba cada día y, cuando empecé a trabajar con él, me habló de la calma que sentía meditando. Pero me llamó la atención su postura encorvada y su aire apagado y aburrido. Me pregunté si estaría usando su práctica espiritual para justificar una depresión leve o para tapar sus miedos.

Jacob quería profundizar en su práctica y estuvo de acuerdo en estudiar sus sentimientos primarios. Al principio describió un montón de sentimientos neutros que lo conducían a un estado de pesadez y embotamiento. También tenía momentos de placer, pero le asustaban. Le daba miedo su intensidad y estaba ansioso por lo que podía descubrir si se permitía sentirlos más plenamente. Le sugerí que se escribiera una carta a sí mismo acerca de las cosas que estaba ocultando a su conciencia.

Escribió que, si se sentía más vivo, probablemente estaría todo el rato anhelando tener más placer. Si sintiera la ira, probablemente atacaría a todo el mundo con rabia. Continuó advirtiendo los sentimientos agradables, los desagradables y los neutros, así como las cualidades dolorosas del día, y luego añadió los fuertes sentimientos de deseo, ira y miedo. Poco a poco fue capaz de tolerar e identificar sus sentimientos y sus reacciones ante ellos.

A medida que Jacob se volvió más abierto y consciente de sus sentimientos, le pedí que los conectase con su cuerpo. Le propuse que se sentase manteniéndose erguido, arriesgándose a sentirse más vivo. Sintió una mezcla de interés y resistencia. Le recordé las enseñanzas del Buda sobre la nobleza y le invité a asumir la actitud de un príncipe. Le pedí que reconociese que merecía estar totalmente vivo. Jacob encontró este trabajo muy duro pero gratificante. Más tarde comentó: «Una vez disminuyó el terror inicial, la práctica de caminar como un príncipe, como si tuviera el derecho de estar en esta tierra, me ha proporcionado un gran alivio, felicidad y energía en el cuerpo. Estoy sorprendido. Me siento mucho más libre. Espero que esto dure». Le dije que, como todos los estados, no duraría. Pero Jacob había tocado la nobleza y la libertad; siempre podría volver.

Como Jacob, muchas personas que llegan a la práctica espiritual están asustadas de sus sentimientos. Esperan que la meditación las ayude a trascender el caos de este mundo y a volverlas invulnerables a los sentimientos difíciles. Pero esta es una falsa trascendencia, una negación de la vida; es el miedo con la máscara de la sabiduría.

Trabajar con las emociones

Resulta de gran ayuda comprender que las emociones
que tenemos, las negativas y las positivas, son exactamente
lo que necesitamos para sentirnos totalmente humanos,
para estar totalmente despiertos, totalmente vivos.

PEMA CHRÖDRÖN

En el castellano, las palabras «sentimiento» y «emoción» a menudo se utilizan como sinónimos; sin embargo, la psicología budista distingue los sentimientos primarios de la gama de emociones que les siguen. Cada uno de los tres sentimientos primarios da lugar a emociones secundarias, que incluyen muchos de los estados mentales, tanto los saludables como los no saludables, que aprendimos en el capítulo 4. Podemos ver de qué manera un sentimiento primario agradable puede generar emociones secundarias no saludables, como la avaricia, los celos y el apego, o estados saludables, como la alegría, la calma y la felicidad. El tono neutro de los sentimientos puede generar emociones secundarias no saludables, como el aburrimiento, el letargo y el aislamiento, o estados saludables como la paz, la tranquilidad y la satisfacción. Las experiencias dolorosas pueden dar lugar a estados no saludables, como la aversión, el juicio, la rigidez y el miedo, o a estados saludables, como la claridad, la firmeza y la sabiduría. Estas emociones secundarias son todas ellas estados mentales que confieren un color a la conciencia.

¿Cómo trabajamos con nuestras emociones desde la perspectiva de la psicología budista? La atención plena a través de los principios RAIN de la transformación –reconocimiento, aceptación, investigación y no identificación– nos proporciona el alfabeto básico para el trabajo con las emociones. Como hemos visto, primero tenemos que reconocer lo que ocurre en el presente. ¿Cómo se manifiestan las emociones en nuestro cuerpo? ¿Cómo las sentimos en nuestra mente? Cuando nos sentimos atrapados en la experiencia, el reconocimiento de la emoción es el primer paso esencial. ¿Estamos confusos, tristes, enfadados, temerosos, apegados o esperanzados? Las emociones pueden presentarse agrupadas, por lo que, si las reconocemos atentamente, podemos advertir que hay varias a la vez. A menudo el dolor está presente junto con la ira. Al soltar, podemos sentir alivio y felicidad. El reconocimiento requiere una atención sistemática y minuciosa.

La comprensión emocional es difícil para aquellos de nosotros que, a causa del trauma y la pérdida, nos hemos desconectado de nuestros sentimientos. De niño aprendí a tenerle miedo a los sentimientos. En mi familia, los sentimientos se reprimían o se expresaban explosivamente. Estos patrones pueden transmitirse durante generaciones. Recuerdo haber ido a visitar a la madre y a la abuela de mi padre. La primera era una avara y la otra, una exquisita derrochadora. Vivían una en frente de la otra en la misma calle y se odiaban mutuamente. Recuerdo allí los mismos sentimientos reprimidos o explosivos. Ahora como profesor, a menudo encuentro en los estudiantes de meditación una confusión y una pérdida de contacto similar en relación con los sentimientos.

La atención plena a los sentimientos no requiere gran sofisticación, puede comenzarse de un modo sencillo. Recibí esta carta de una alumna de 8.º grado[7] que había venido con su escuela a Spirit Rock para participar en una tarde de meditación. «Al

7. *N. de la T.*: El curso de 8.º grado de Estados Unidos equivale a 2.º de ESO en España.

principio no me tomé la meditación en serio, hasta que empecé a tener fuertes peleas con mis padres. Una noche, después de una pelea muy fuerte con mi madre, salí a la azotea y utilicé lo poco que sabía de meditación. Cuando abrí de nuevo los ojos y volví a entrar en casa, no me sentía tan furiosa. Ahora la practico y me ayuda cuando siento rabia. Gracias por enseñarnos cómo hacerlo».

Para muchos practicantes occidentales, es importante dedicar un tiempo destinado a recuperar activamente sus sentimientos. Como esta recuperación puede no ser fácil, es posible que necesitemos ayuda. Los practicantes y los profesores pueden sentarse juntos a investigar. ¿Qué sentimientos hay en el momento? ¿Pueden reconocerse y aceptarse totalmente en el aquí y ahora? Para liberar nuestra resistencia, podemos empezar permitiendo que el estado se intensifique, se abra y se expanda, se agrande, cambie o se disuelva.

Aprendemos a confiar en nuestra capacidad de experimentar estados difíciles sin que el miedo se interponga. El poeta Hafiz escribió:

No te rindas ante tu soledad
tan rápidamente.
Deja que penetre en profundidad.
Que fermente y te sazone
como solo ciertos ingredientes humanos
o incluso divinos pueden hacerlo.

El espacio de la conciencia plena nos abre a una calma mayor y al sentido del humor. Un estudiante de meditación que a menudo reaccionaba con ira y crítica, explicó: «Un día, en la autopista, un conductor hizo un giro brusco y se colocó delante de mí. En ese momento sentí irritación y miedo, pero entonces sonreí y pensé: "Estúpido imbécil... No voy a juzgarte"».

En un retiro intensivo de meditación podemos pasar por períodos de fuertes emociones. Al comienzo nos sentimos abrumados, hasta que encontramos un lugar intermedio con la atención plena en el que ni los suprimimos ni nos perdemos totalmente en ellos. Para nuestra sorpresa, a medida que les dejamos espacio en nuestra conciencia, pueden volverse más vivos. Experimentamos los sentimientos puros e intensos de alegría o de tristeza tal como vienen. Es como si nos dejásemos llevar por el río de los sentimientos, porque sabemos cómo nadar en él.

Una vez aceptamos los sentimientos que surgen, podemos investigarlos. Podemos advertir cómo se siente el cuerpo; el color, la densidad, el tamaño y la energía del estado de ánimo; las historias que nuestra mente crea cuando están presentes. También podemos reconocer cuan automáticas pueden ser, cómo surgen incontroladamente a partir de los condicionamientos del pasado.

Este es el caso de Jacob, cuyo estado de ánimo apagado pudo ser transformado con la atención a sus sentimientos y mediante la práctica de caminar como un príncipe. «No puedo soportarlo –se quejaba–. Me siento estresado y agobiado, mi cuerpo se derrumba y vuelvo a sentir embotamiento y depresión». Le expliqué que era natural y le sugerí que estudiase más en profundidad su ciclo de sentimientos, como un antropólogo. ¿Cuándo aparecen, de día o de noche? ¿Cuánto duran? ¿Qué los precede y qué viene después? ¿Los controlas o tienen vida propia?

Al cabo de varias semanas, Jacob observó un sentimiento de bienestar digno de un príncipe cuando estaba al aire libre, leyendo algo inspirador o en compañía de ciertos amigos, y cómo surgían el tedio y la decepción después de la comida de mediodía, sentimientos que podían prolongarse hasta la hora de acostarse. Después conectó su depresión vespertina con su infancia: al volver de la escuela, solía esconderse en su habitación para evitar la tensión debida a la ira frecuente de sus padres. Y lo más importante, percibió con qué rapidez sus sentimientos cambiaban: en un momento se sentía como un príncipe, en otro como un niño aterrado, en otro como una persona necesitada y sola, después como un adulto feliz, fuerte o triste. Cada sentimiento estaba asociado con un punto de vista diferente, una manera diferente de ver el mundo.

«Es algo tan impersonal –declaró al final–. Todos estos sentimientos cambian constantemente, y lo mismo ocurre con los puntos de vista asociados a ellos. Ahora puedo sentirlos. ¿Qué se supone que tengo que hacer ahora? ¿Quizá simplemente dejar de creerlos a todos?». A través de la atención plena, la sabiduría intuitiva de Jacob creció. Comprendió que algunos de sus sentimientos tan rápidamente cambiantes eran antiguas reacciones habituales que podía sentir y soltar. Otros traían importantes mensajes y era importante honrarlos. Poco a poco, su inteligencia interior respecto a sus sentimientos se hizo mayor. Podía experimentar de forma más completa el juego de las emociones y, aun así, sostenerlas con una perspectiva más espaciosa.

De la misma manera que le ocurrió a Jacob, cuando desarrollamos el reconocimiento, la aceptación y la investigación de los sentimientos podemos reconocer nuestra naturaleza impersonal y vacía. Podemos advertir cómo surge un sentimiento, cuánto dura y qué ocurre después. Generalmente pensamos que los sentimientos y las emociones duran mucho. Hablamos de estar una mañana ansiosos, un día irritados, una semana encandilados, un mes deprimidos. Pero si investigamos con mayor atención, descubrimos que la mayoría de los sentimientos no duran más de quince o treinta segundos.

Supongamos que sentimos un estado de ira o de anhelo. Si lo percibimos atentamente en el cuerpo y en la mente, inevitablemente empezará a cambiar, a expandirse o a intensificarse, a disolverse o a transformarse en otro sentimiento. La ira puede transformarse en rabia y después en dolor y después volver a convertirse e ira. O quizá el anhelo se transforme en amor o en tristeza y después en contracción y después de nuevo en anhelo, y luego viene el pensamiento «¿qué vamos a cenar?». Todo esto en uno o dos minutos.

Los sentimientos surgen como una serie de olas en la conciencia; cada sentimiento puede traer una sensación de ser joven o viejo, espacioso o limitado. Cuando aprendemos a investigar los sentimientos, nuestra inteligencia emocional crece. A través de la atención plena, se desarrolla una intuición natural y un discernimiento que nos ayudan a saber qué sentimientos requieren una acción y cuáles nos conducirán al sufrimiento si actuamos basándonos en ellos. Algunos sentimientos llevan mensajes importantes, y es necesario que respondamos y atendamos a las situaciones que los generan. Con la misma frecuencia, los estados emocionales simplemente están presentes, son la atmósfera en la que vivimos. Aunque sean fuertes, no es necesario que los suprimamos, que nos apeguemos a ellos o que nos identifiquemos con ellos. Podemos atravesar todas estas perturbaciones sin preocuparnos: ninguna emoción es definitiva.

Cuando Aleesha llegó para su aprendizaje budista, explicó que había estado deprimida desde su divorcio cuatro años antes. Se había apartado de su hija y sus dos nietos. Tenía problemas para dormir. Durante un tiempo había usado antidepresivos y somníferos, pero ahora había dejado de tomarlos. Le dije que en ciertos casos consideraba que los medicamentos podían ser útiles. Para algunas personas pueden ser importantes mientras luchan con una larga depresión, y mucho más para las que se enfrentan al trastorno bipolar o a otras enfermedades mentales aún más serias.

Pero Aleesha tenía la sensación de que era el momento de dejar su medicación y trabajar más directamente con el miedo y la ira y el dolor que tanto la oprimían. Primero la animé para que se mantuviese constantemente anclada en su cuerpo, de modo que no se sintiera arrastrada por las olas de emociones que la aterraban. Se dio cuenta de cuánto odiaba sus sentimientos. Al abrirse a la resistencia que normalmente la mantenía atascada, se sorprendió.

Cuando nombró y reconoció amablemente su resistencia (como aversión, odio, juicio) y le dejó espacio, no duró mucho tiempo. Tras diez o veinte segundos, algo se suavizó, se produjo una relajación, que era el signo de una apertura interior. Al disolverse la resistencia, se encontró cara a cara con las emociones que tan difíciles le resultaban. Allí estaban el dolor, la ira y el miedo.

Aleesha nombró cada una de las emociones que se presentaron. Las sintió en su cuerpo y les dejó espacio para que se expandiesen, para que se intensificasen y se disolviesen. De nuevo, para su sorpresa, las emociones fueron cambiando. El enfado se transformó en calor y el calor, en contracción que, al intensificarse, encendió una rabia que se extendió como fuego y luego se suavizó. Entonces el corazón empezó a latir y surgió la aflicción, que se hizo cada vez mayor, hasta que las lágrimas brotaron y sintió un tremendo dolor que se expandía desde el corazón hasta la garganta. Esto fue seguido por una oleada de resistencia y después por miedo, a continuación contracción y un grito, luego frialdad y un vacío silencioso. Los sentimientos siguieron fluyendo y Aleesha pudo comprobar cómo cambiaba el río de las emociones y las sensaciones, cada una de ellas metamorfoseándose en la siguiente. Todo se volvió impersonal, como si estuviera observando las formas de las nubes en el cielo.

A lo largo de algunas semanas, a medida que siguió abriéndose a las olas de emociones, llegaron también las imágenes y las historias. Sintió el dolor por haberse alejado de su hija, el daño que se habían hecho mutuamente. Apareció su propia historia familiar de abusos, y con ella la tristeza y la vergüenza. A medida que creció en ella la comprensión, aprendió a no asustarse por esos sentimientos ni a perderse en ellos. Se dio cuenta de lo confundidas que habían estado ella y su hija. Empezó a soltar el control sobre su vida y a aceptarla con más respeto. Sintió el anhelo de que fuera diferente y aceptó este anhelo también como otro estado con el que podía estar en paz. Su sabiduría aumentó. «Ella nunca será la hija que he imaginado y yo nunca seré exactamente la madre que ella quería. Siento una compasión cada vez mayor hacia las dos. No quiero que el dolor y el alejamiento sean la herencia que deje a mi hija y mis nietos».

A medida que Aleesha aprendió a tolerar sus estados dolorosos, también se volvió más receptiva a los pequeños placeres de la vida. Su atención se veía atraída por un colibrí que libaba el néctar de una flor fucsia, por un escarabajo que cruzaba el porche de su casa, por los vivos colores de una ensalada fresca. Sus sentidos la estaban llevando de nuevo a la vida.

Se requiere coraje para experimentar totalmente nuestros sentimientos y emociones sin reaccionar y sin suprimirlos. Sin embargo, aquí es donde yace nuestra libertad. Como dijo Albert Camus: «Todos llevamos dentro nuestros lugares de exilio; nuestros delitos, nuestros estragos. Nuestra tarea no es volcarlos al mundo; sino transformarlos dentro de nosotros mismos y de los otros».

Con la atención plena podemos aprender que no debemos temer ni siquiera los sentimientos y las emociones más fuertes. son simplemente energía. Cuando los reconocemos, los identificamos y los investigamos, nos liberamos de nuestro apego a ellos, y entonces podemos elegir. Podemos actuar cuando se trate de sentimientos que requieren una respuesta y dejar que los otros se liberen como la energía de la vida.

Práctica: meditación para el dolor

Una de las meditaciones sobre los sentimientos que resulta más beneficiosa es la atención al sentimiento de dolor. Como la cultura de la vida moderna muy a menudo nos obliga a seguir adelante con nuestra vida, olvidamos la importancia de honrar nuestras lágrimas. El dolor es una de las respuestas naturales del corazón a la pérdida. Cuando hacemos un duelo nos permitimos sentir la verdad de nuestro dolor, la magnitud de la traición o de la tragedia de nuestra vida. Mediante nuestra disposición a sentir la aflicción, poco a poco reconocemos, integramos y aceptamos la verdad de nuestras pérdidas. A menudo, la mejor forma de desapegarnos y seguir adelante es experimentar primero el duelo.

En la meditación para el dolor, puedes sentarte solo o acompañado por algún amigo que te pueda confortar. Tómate tiempo para crear un ambiente de apoyo. Cuando estés preparado, empieza a sentir tu respiración. Nótala en la zona del pecho. Esto puede ayudarte a que tu presencia esté en lo que está pasando dentro de ti. Coloca la mano suavemente en tu corazón como si estuvieras sosteniendo a un ser humano vulnerable. Ese eres tú.

Mientras continúas respirando, trae a tu mente la pérdida o el dolor que te aflige. Deja que la historia, las imágenes y los sentimientos vengan de forma natural. Recíbelos cariñosamente. Tómate el tiempo que necesites. Deja que los sentimientos se revelen capa a capa, uno a uno.

Sigue respirando con suavidad y con compasión. Deja que cualquier sentimiento que se presente –dolor y llanto, ira y amor, miedo y tristeza– se exprese a su manera. Siéntelo con amabilidad. Después permite que se desenrede de tu cuerpo y de tu mente. Deja espacio para que surja cualquier imagen, para que se desarrolle toda historia. Respira y abraza cualquier cosa que aparezca con cariño y compasión, con amabilidad hacia todo ello, hacia ti y hacia los demás.

El dolor que sentimos es parte del dolor del mundo. Abrázalo con ternura; permite que sea honrado. No es necesario que sigas conteniéndolo. Puedes entregarlo al corazón de la compasión; puedes llorarlo.

La liberación del dolor que llevamos es un proceso largo y penoso; sin embargo, sigue el curso de la inteligencia natural del cuerpo y el corazón. Confía en él, confía en la manera en que se desarrolla por sí mismo. Además de la meditación, en algunos de tus duelos te ayudará escribir, gritar, cantar o bailar. Deja que la sabiduría intemporal que hay en ti te lleve por medio del dolor hasta el corazón abierto.

10. La mente que cuenta historias

¿Quién es tu enemigo? La mente es tu enemiga.
¿Quién es tu amigo? La mente es tu amiga.
Aprende los caminos de la mente. Cuida de la mente con cariño.
BUDA

¿Cómo observa el mundo moderno a un maestro de meditación?
Perdido en el pensamiento.
AJAHN BUDDHADASA

Cuando tomé los hábitos de monje y entré en la comunidad monástica de Ajahn Chah, ya había practicado la meditación por mi cuenta durante dos años. Ahora, practicando durante horas en mi pequeña cabaña del bosque la meditación de la atención plena sentado y caminando, mi mente se volvía más abierta y sensible. Un día, mientras recorría mi cuerpo con atención, advertí con curiosidad que había ciertas zonas que apenas podía sentir y que mi piel parecía entumecida. Al profundizar en la conciencia, esta percepción se hizo aún más clara. Después me vino la idea de que el entumecimiento de ciertas zonas de las extremidades es uno de los primeros síntomas de la lepra. No solía ser hipocondríaco, pero durante algún tiempo participé como voluntario en los Peace Corps, trabajé con leprosos en un programa de salud rural. Ahora mi mente empezó a preocuparse. Temía que el entumecimiento significase que me había contagiado de la lepra. ¿Qué iba a hacer? ¿Expulsarían del monasterio a los monjes leprosos? Mi miedo creció rápidamente. Los pensamientos se multiplicaron. Me imaginé mi vida futura como leproso, como alguien marginado por la sociedad, como mendigo. Ya aislado en mi cabaña del bosque, ahora me sentía realmente solo. Luego me imaginé teniendo que decirle a mi madre: «Tu hijo es un leproso y nunca podrá volver a casa». A la preocupación se añadió la pena por mí mismo. Mi mente se disparó. ¿Qué iba a hacer? Estaba demasiado avergonzado para contarlo a nadie. ¿Y si era verdad? ¿Qué pasaría? Esperé y seguí practicando mientras se desarrollaba toda esa película durante varios días.

Entonces advertí que las zonas de entumecimiento se transformaban y cambiaban de lugar. Logré reunir el suficiente valor como para preguntarle a un monje más avanzado sobre las sensaciones, aunque sin mencionar la lepra. Me explicó que las percepciones corporales cambian durante la meditación: a veces se tienen muchas nuevas sensaciones, y a veces hay partes del cuerpo que parecen disolverse y desaparecer. Podía ocurrir en la piel o dentro del cuerpo. «Simplemente siéntelo con atención plena», dijo riendo, como para tranquilizar mi nerviosismo. Durante tres días había vivido como un leproso. En ese momento, todos esos pensamientos se desvanecieron como en un sueño. ¿Qué haría mi mente a continuación?

¿Cómo podemos trabajar con la mente que nos cuenta historias? La poetisa Muriel Rukeyser ha escrito: «El universo está hecho de historias, no de átomos». La psicología budista hace hincapié en que debemos entender el poder de las historias que contamos y diferenciarlas de la experiencia directa de la vida. De este modo, podemos usar los pensamientos sin quedarnos atrapados en ellos. Como señaló uno de mis maestros: «Los pensamientos son un buen sirviente pero un mal maestro».

El primer paso para trabajar con la mente que cuenta historias es advertir el flujo inagotable de pensamientos y comentarios que siguen a nuestra experiencia. Casi todo el mundo, cuando se sienta a meditar, se sorprende al descubrir este proceso. Incluso cuando intentamos centrar nuestra atención en la respiración o en el cuerpo o en una oración, nos vemos interrumpidos por un torrente de ideas, recuerdos y planes. Esta es una toma de conciencia fundamental que se denomina «ver la cascada». Un profesor de meditación budista dice que, como media, una persona tiene unos diecisiete mil pensamientos al día.

Del mismo modo que las glándulas salivares segregan saliva, la mente segrega pensamientos. Los pensamientos piensan por sí solos. Esta producción de pensamientos no es mala; es simplemente lo que hace la mente. Una vez vi una viñeta cómica que representaba un coche atravesando una larga autopista en el desierto del oeste. Una señal de carretera anunciaba: «Tus propios pensamientos aburridos en las siguientes 200 millas». La psicología budista nos instruye para que investiguemos tanto el contenido de esos pensamientos como el propio proceso de pensar.

Aquí tenemos el décimo principio de la psicología budista:

---

10 A menudo los pensamientos son parciales y falsos. Aprende a estar plenamente atento al pensamiento en vez de perderte en él.

Cuando miramos el proceso constante y repetitivo de nuestro pensamiento, vemos con cuánta frecuencia crea una sensación de yo y los otros. Como don Juan, el chamán indio yaqui, explicaba a su discípulo Carlos Castaneda: «Hablas demasiado contigo mismo. No eres el único. Todo el mundo lo hace. Mantenemos nuestro mundo con nuestro diálogo interno. Un hombre (o una mujer) de conocimiento es consciente de que el mundo cambiará completamente en cuanto detenga la charla que mantiene consigo mismo».

Cuando la conciencia plena se centra en el proceso de pensar, se hace visible una dimensión totalmente diferente de la existencia. Vemos que nuestro ridículo y repetitivo torrente de pensamientos está continuamente construyendo nuestro sentido limitado del yo, con los juicios, defensas, ambiciones y compensaciones. Si no los examinamos, nos los creemos. Pero si alguien nos siguiera de cerca susurrándonos una y otra vez nuestros propios pensamientos, nos aburriríamos rápidamente de sus palabras. Si continuase, nos sentiríamos abrumados por sus constantes críticas y temores, luego, enfadados por el hecho de que ni siquiera parase un momento. Por último, llegaríamos a la conclusión de que está loco. ¡Sí, eso es lo que nos hacemos a nosotros mismos!

Y normalmente, si somos honestos, descubrimos que nuestros juicios son falsos. Como dice Ajahn Chah: «Es sencillo. Si alguien te llama perro asqueroso, solo tienes que mirar tu culo. Si no ves ninguna cola, no hay más que hablar». Esto también es cierto cuando nos juzgamos a nosotros mismos.

Intenta un experimento. Cuando termines de leer este párrafo, cierra los ojos y trata de contar tus pensamientos durante uno o dos minutos. Permanece sentado en silencio y espera que aparezcan, como un gato ante una ratonera. Numéralos uno a uno. Observa lo que ocurre.

Al hacerlo advertirás algunos hechos interesantes. Algunos tenemos pensamientos que se expresan principalmente con palabras, otros tienen pensamientos que se expresan en imágenes. Algunos tenemos ambos tipos. Algunos pensamientos toman incluso la sutil forma de basarse en el cuerpo o de ser un conocimiento intuitivo. Al principio, los pensamientos tienden a ir más despacio, porque no estás tan perdido ni identificado con ellos. Después, en un minuto o dos, puede haber cinco o doce o veinte pensamientos en palabras o un número similar de pensamientos en imágenes. Algunos pensamientos pueden filtrarse sigilosamente desde el fondo: «No hay demasiados pensamientos todavía…». Algunos pueden intentar atrapar tu identidad: «¿Lo estoy haciendo bien?». Si estás bien atento, puedes incluso llegar a ser consciente de los huecos entre los pensamientos, el espacio de la conciencia dentro del cual surgen los pensamientos. Es como si te convirtieras en el testigo de todas las cosas, silencioso, abierto, vivo. Y si vas aún más lejos, descubrirás que ni siquiera eres el testigo, porque, si buscas ese yo, solo encontrarás la presencia, la conciencia misma sin nadie detrás.

Al desarrollar la atención plena al pensamiento, podemos ver de qué manera nos ciegan nuestras creencias y nuestros miedos. En un retiro, Aaron, un psicólogo clínico de sesenta y cinco años, confrontó sus pensamientos acerca de Dios. Había nacido en Polonia durante la Segunda Guerra Mundial y, junto con su familia, vivió la experiencia de los bombardeos, las privaciones y los campos de refugiados. Dos de sus hermanos habían muerto. El resto de su infancia fue solo ligeramente mejor.

Tras años de formación, terapia y trabajo interior, Aarón se había reconciliado bastante con su pasado. Ahora bien, cuando empezó a practicar la meditación, descubrió que le costaba confiar tanto en sí mismo como en los profesores. Era como si fuese alérgico a cualquier cosa espiritual o religiosa; y, sin embargo, también se sentía atraído. Cuando hablamos, le propuse que estuviera bien atento al momento en que sintiera que surgían las dudas y la falta de confianza. Le animé a que se diera cuenta de los sentimientos y las historias sin reaccionar a ellos. Cuando Aaron lo hizo, la duda y el miedo se volvieron más fuertes, más aterradores. Se sintió pequeño. Le recordé que se permitiera espacio para sostenerlo todo en la conciencia plena.

Entonces Aaron se acordó de cuando era niño y su imagen de la religión y la espiritualidad era simple, la que había extraído de la Biblia. Dios era un hombre con una barba poderoso que estaba en el cielo juzgando a los que actuaban correctamente y a los que no. Pero era el mismo Dios que había permitido la guerra, las matanzas, la devastación y la pérdida. Hacía mucho tiempo que Aaron había llegado a la conclusión de que Dios no era digno de confianza. Y a pesar de su doctorado y de sus años de psicoterapia, sus creencias permanecían sumergidas en su mente, tan poderosas como antes.

Aaron pudo reírse al reconocer estos miedos inconscientes a la religión. La antigua imagen de Dios empezó a disolverse al ser reconocida. ¿Pero qué iba a pasar sin este pensamiento? Lo animé a que permaneciera abierto. Al día siguiente vino con los brazos abiertos y me dijo: «Ahora lo entiendo. ¡Esto es Dios! Toda la tierra, las plantas, los animales y los seres humanos... Todo es sagrado y yo estoy en medio de todo». Había descubierto el aspecto sagrado de la vida, aquí y ahora.

Examinar los pensamientos

La psicología budista nos ayuda con los pensamientos de dos maneras importantes: en primer lugar nos enseña a reconocer el contenido de nuestros pensamientos; en segundo lugar, aprendemos que podemos desenredarnos de ellos.

Cuando examinamos el fluir de nuestros pensamientos con plena atención, nos encontramos con nuestra banda sonora interna. A medida que se desarrolla, nos convertimos en el héroe, la víctima, la princesa o el leproso. En nuestra cabeza hay toda una compañía teatral, y el director de *casting* reparte de forma indiscriminada los papeles de dictadores y jueces internos, aventureros e hijos pródigos, los derechos internos y las privaciones internas. Sentados en una clase de meditación, nos vemos forzados a reconocerlos a todos. Como escribió Anne Lamott: «Mi mente es como un barrio peligroso. Intento no ir allí sola».

Cuando vemos lo compulsivamente que se repiten estos pensamientos, empezamos a entender la verdadera psicología del *samsara*, la palabra sánscrita que significa existencia repetitiva, circular. En la enseñanza budista, el *samsara* se refiere más comúnmente a la rueda de la vida. En esta rueda, los seres renacen y están sometidos al sufrimiento hasta que desarrollan la comprensión y encuentran la liberación. El *samsara* también describe las repeticiones dañinas de nuestra vida diaria. En cada momento podemos ver reaparecer nuestros patrones de pensamientos samsáricos de formas inconscientes y limitadas. Por ejemplo, podemos ver cuán frecuentemente nuestros pensamientos conllevan miedo, juicio o apego. Nuestros pensamientos pretenden justificar nuestro punto de vista. Como expresa un dicho de la India: «El que no sabe bailar afirma que el suelo no está firme».

Cuando prestamos atención, descubrimos que estos pensamientos dañinos son pegajosos, que cuesta desprenderse de ellos, son como la melaza. Como decía Ajahn Buddhadasa, la mayor parte del tiempo estamos «perdidos en el pensamiento». Afortunadamente, con el entrenamiento, podemos tornarnos conscientes de los patrones de pensamiento que condicionan nuestra percepción. Podemos traspasar los patrones pegajosos de miedo o competencia, celos, juicio o ambición.

Para empezar, es útil reconocer los pensamientos más repetitivos, los «diez temas favoritos», nombrándolos. Pueden ser pensamientos repetitivos acerca del dinero o el conflicto o el hacer planes de forma ansiosa. La mente juzgadora es otro tema común, como representación de todas las voces críticas y desalentadoras de nuestra infancia. Si luchamos contra ello –«No debería juzgar. Soy demasiado duro»–, solo añadimos más juicios. Cuando aparece la mente que juzga, podemos simplemente reconocerla con una reverencia interna y decir: «Ah, sí, la mente que juzga». En cuanto lo hacemos, los pensamientos de juicio pierden su poder sobre nosotros. Incluso podemos decir: «Gracias por tus opiniones».

Como un escultor con muchas herramientas, disponemos de diversas técnicas para atravesar la maleza de los pensamientos. Si vemos que los pensamientos nos arrastran, podemos empezar calmando la mente concentrándonos en la respiración o usando una visualización o repitiendo un mantra. Podemos salir de los pensamientos prestando atención al cuerpo caminando de manera contemplativa. Podemos empezar a hacernos conscientes de los momentos de quietud cada vez que aparecen

A veces, un maestro puede ayudar a toda la comunidad de practicantes a entrar en la calma. Cuando Ajahn Chah se sentaba con nosotros, el silencio que emanaba nos ayudaba a estabilizar nuestra mente. El maestro zen Thich Nhat Hanh comunica esta quietud incluso cuando se mueve. En varias ocasiones ha venido para ofrecer enseñanzas a varios miles de estudiantes reunidos al aire libre ante el centro de meditación de Spirit Rock. Siempre, cuando se acerca por el camino para empezar la enseñanza, su forma de caminar pausada y maravillosamente atenta resulta evidente para todos. El silencio se extiende entre la multitud reunida. El poder de la atención plena de Thich Nhat Hanh trae a todo el mundo al presente. Su presencia inspira una profunda atención.

Este tipo de atención es posible para todos. No es necesario que nos sentemos con Thich Nhat Hanh ni que vayamos hasta el Gran Cañón. En todo momento hay un inmenso silencio a nuestro alrededor. Dondequiera que estemos, podemos respirar profundamente, sentir nuestro cuerpo, abrir nuestros sentidos y salir de las historias interminables de la mente. Podemos parar. Podemos dejar que nuestra conciencia descanse en un corazón espacioso y compasivo. Entonces podemos ver el flujo de pensamientos, preocupaciones e imágenes como solo una parte de una historia mucho mayor.

Desenredarnos de la historia

Produce un gran alivio descubrir que nuestras historias no definen totalmente quiénes somos ni qué nos está sucediendo. Una practicante fue un verano a un retiro en un campamento del parque de Redwood. A medianoche se despertó sobresaltada con el corazón latiendo acelerado porque había oído un fuerte gruñido fuera. Estaba segura de que había un oso cerca, quizá peligroso. Encendió su pequeña linterna, miró a su alrededor y esperó aterrada a ver si el gruñón desconocido hacía algún otro ruido. Al comienzo todo estaba en silencio. Transcurrido un minuto, otro fuerte gruñido salió de su estómago. Se dio cuenta de que la sopa de legumbres que había tomado en la cena estaba abriéndose paso por su tubo digestivo. El fuerte gruñido era ella misma.

Con la atención plena podemos salir de la historia que nos contamos y simplemente darnos cuenta del que la cuenta. Nos convertimos en la presencia que es testigo, en el espacio de la conciencia. Cuando hacemos esto, descansamos en lo que Ajahn Chah llama Aquello Que Sabe. Con la mente silenciosa, Aquello Que Sabe ve cómo construimos nuestro mundo repitiéndonos nuestras historias. Y como el oso que gruñía, descubrimos que las historias son en su mayor parte falsas.

Cuando la gente me cuenta que sus meditaciones están llenas de pensamientos, les pregunto: «¿Qué sueles pensar?». Me describen historias de anhelos y resentimientos, éxitos y fracasos. Cuentan historias de sus familias, trabajos, cuerpos, sus mundos espirituales y políticos. Entonces investigamos juntos si están perdidos en sus historias. Puedo preguntarles: «¿Hay algún momento en el que, como ahora, puedas simplemente reconocer la historia y sus sentimientos acompañantes sin identificarte con ellos, con una atención cariñosa?». Normalmente respiran hondo y suelen comentar que se sienten más aliviados. Si se trata de una historia difícil o que les produce miedo, nos sentamos juntos con la presencia de la historia, absorbiendo su atmósfera durante largo rato, hasta ver toda la constelación de pensamientos y emociones que hay. Entonces investigamos si eso es verdad. ¿Cuáles son las creencias sobre nosotros mismos construidas por la historia? ¿Cuál es la visión del mundo que conlleva? ¿Es realmente cierta?

Una mujer, Paula, vino a meditar tras haber pasado por un complicado divorcio. Su marido la había abandonado a ella y a su hijo de seis años. Su dolor era grande, así como su miedo y su ira. A lo largo de muchas semanas trabajó para hacerse consciente de sus sentimientos. Bajo los miedos de Paula, una voz seguía contándole una historia sobre lo poco digna de ser amada que era y de que siempre la dejaban. Le pregunté cuánto tiempo hacía que se sentía de esa manera. Paula me respondió que esa era la historia de su vida. Cuando tenía tres años, su padre se había ido y las había abandonado a su madre y a ella y, al cabo de varios años, había muerto. Ella creció sintiendo que de alguna manera la marcha de él era culpa suya. Paula creía que ella era el problema, que era defectuosa e indigna de ser querida.

Durante semanas fui testigo de cómo Paula fue más consciente de su divorcio, con todo el dolor, la ira y el miedo que lo acompañaban. Practicó sintiendo compasivamente su cuerpo y toda la historia dolorosa. Al final, Paula se encontraba preparada para volver a la escena más dolorosa de todas. Le pedí que cerrase los ojos y recordase la noche en que su padre se había marchado. Ella tenía tres años, llevaba un vestido azul claro de algodón, estaba en el piso de arriba junto a la escalera escuchando cómo discutían sus padres. Entonces vio cómo su padre cogía su chaqueta y, sin mirarla, salía airadamente de la casa y de su vida. Sintió un dolor intenso. «Ni siquiera me miró. No me dijo nada». Cuando le pregunté qué estaba pensando esta pequeña niña, me dijo: «He hecho algo malo; hay algo malo en mí. Si no fuese así, él se quedaría».

Después de que Paula abrazase en la compasión a aquella niña de tres años desconsolada durante un tiempo, le pedí que imaginase que podía entrar en la experiencia de ser su padre de pie ante la puerta.

–Cuando te conviertes en él, ¿cómo sientes su cuerpo? –le pregunté.

–Horrible. Tenso, rígido, como si fuera a explotar. Estoy aterrado. Estoy atrapado en un matrimonio espantoso, no tiene solución. Nos peleamos constantemente y estoy perdiendo mi vida. Tengo que escapar. Tengo que salir corriendo para salvar mi vida.

–Y ahora, cuando vas a coger tu chaqueta para marcharte, ¿sabes que tu hija Paula está en el piso de arriba junto a la escalera?

–Lo sé, pero no puedo mirarla. No puedo. Si veo la expresión de su cara, no podré irme nunca. La quiero tanto... Pero si no me marcho, me moriré. Tengo que irme.

Paula empezó a llorar por su padre y por su miedo, por el dolor de todos.

Mientras seguíamos sentados en silencio, le pregunté a Paula sobre la historia, que se había contado desde ese día, de que había hecho algo malo, de que no era digna de ser querida.

–¿Quién inventó esta historia?

Después de una pausa, respondió tímidamente:

–Yo.

–¿Es verdad?

–En realidad no –dijo, esbozando una pequeña sonrisa.

–¿Estás segura? –le pregunté.

Se rio. Hablamos sobre si quería seguir repitiendo la historia y el patrón de no ser digna de ser querida.

–¿Quién eres tú, si no eres esta historia? –le pregunté. Nos miramos en el silencio del corazón, más allá de los miedos, más allá del tiempo. Permanecimos sentados juntos en la belleza sagrada del presente que contiene todas las historias y, sin embargo, muchísimo más. Paula empezó a sentirse libre.

La realidad y los pensamientos

Cuando observamos nuestros pensamientos y cuestionamos nuestras creencias, llegamos a entender que, aunque pensar, planear y recordar es esencial para nuestras vidas, son actividades más circunstanciales de lo que creemos. Nuestros pensamientos son siempre más provisionales y parciales de lo que admitimos. Normalmente nos los creemos, pero cuestionar nuestros pensamientos es el núcleo central de la práctica budista. ¿Es sólido, real y seguro lo que creemos? Como comentó el escritor Richard Haight: «El jefe cheyenne Nariz Romana y su pueblo creían que él era inmortal, lo que fue cierto todos los días de su vida excepto uno».

Ajahn Chah decía: «Tenéis un montón de puntos de vista y opiniones sobre lo que es bueno y lo que es malo, lo correcto y lo incorrecto, sobre cómo deberían ser las cosas. Os aferráis a vuestros puntos de vista y sufrís mucho. Solo son puntos de vista, ¿sabéis?». Cuando nos creemos nuestros propios pensamientos y opiniones nos volvemos fundamentalistas: puede haber budistas fundamentalistas, científicos fundamentalistas, psicólogos fundamentalistas. Pero no importa cuánto creamos nuestras opiniones personales, siempre hay otras. En nuestras relaciones personales esto es evidente. Una relación madura cuando cada parte ofrece la posibilidad de que el otro pueda tener razón (aunque no siempre lo creamos).

La mayor parte de nuestro sufrimiento mental proviene de lo fuertemente que nos aferramos a nuestras creencias. En el monasterio, Ajahn Chah solía sonreír y preguntar: «¿Es verdad?». Quería que aprendiésemos a tomarnos con ligereza nuestros pensamientos. En el aprendizaje budista, nuestros pensamientos se desarman, toda la estructura se desmantela pieza a pieza.

Hay un famoso cuento sufí del santo loco Mullah Nasrudin. Un rey, decepcionado por la falta de honestidad de sus súbditos, decidió obligarlos a decir la verdad. Al abrir las puertas de la ciudad una mañana, vieron que habían colocado una horca ante ella. Un guardia real anunció:

–Todo el que entre en la ciudad deberá antes responder a la pregunta que le hará el capitán de la guardia.

Mullah Nasrudin fue el primero en dar un paso al frente. El capitán dijo:

–¿Dónde vas? Dime la verdad... o, de lo contrario, morirás ahorcado.

–Voy a que me cuelguen en esa horca –dijo Nasrudin.

–¡No te creo! –respondió el guardia.

–Muy bien –respondió tranquilamente Nasrudin–. Entonces ahórcame si he dicho una mentira.

–¡Pero entonces se convertiría en verdad! –dijo el guardia confundido.

–Exactamente –respondió Nasrudin–, tu verdad.

En el silencio de la meditación vemos la naturaleza insustancial del pensamiento. Aprendemos a observar de qué manera las palabras y las imágenes surgen y se desvanecen, sin dejar ningún rastro. La sucesión de imágenes y asociaciones –que a menudo se denomina proliferación mental– construye castillos de pensamientos. Pero estos castillos y estos proyectos permanecen flotando un rato y después desaparecen, como burbujas en un vaso de soda. Podemos volvernos tan silenciosos que lleguemos a percibir la energía sutil del pensamiento apareciendo y desapareciendo otra vez.

Pero si los pensamientos están vacíos, ¿podemos realmente fiarnos de ellos? ¿Dónde está nuestro refugio? De este modo respondía el sabio de la India Nisargadatta a esta pregunta: «La mente crea el abismo, el corazón lo atraviesa». La mente discursiva construye opiniones sobre lo correcto y lo incorrecto, lo bueno y lo malo, yo y los otros. Ese es el abismo. Cuando dejamos que los pensamientos vayan y vengan sin aferrarnos a ellos, podemos usar el pensamiento, pero descansar en el corazón. En el corazón está la inocencia. Somos el niño del espíritu. Y también hay una sabiduría innata. Somos el anciano. Descansando en el corazón, vivimos en armonía con el corazón y con el cuerpo. Descansando en el corazón, conectamos con la confianza y con el coraje, y nuestra paciencia crece. No tenemos que pensarlo todo. La vida se despliega alrededor de nosotros. Como lo expresó el maestro de la India Charin Singh: «Con el tiempo, incluso la hierba se convierte en leche».

Desde luego, las historias tienen su valor. Como profesor y aficionado a contar historias, siento respeto por su poder evocador, y en este libro he contado muchas. Pero incluso estas historias son como dedos que apuntan a la luna. En el mejor de los casos, una historia de compasión puede sustituir un relato cultural ilusorio o una fantasía engañosa.

Cuando hago entrevistas personales como instructor de meditación, intento que las personas desciendan al nivel que se encuentra debajo de su historia y vean la belleza que resplandece alrededor de ellas. El psicólogo Len Bergantino describió una serie de sesiones de terapia frustrantes con un paciente que solía mostrarse desconectado y distanciado o bien demasiado dispuesto a complacer. «Ese día sentí que no quería decir ni una palabra más sobre nada. Así que tomé mi mandolina y, de la manera más amorosa y dulce que pude, interpreté *Vuelve a Sorrento*. Él rompió a llorar desconsoladamente durante los cuarenta minutos que faltaban de la sesión y solo dijo: "¡Bergantino, hoy sí que te has ganado bien tu dinero!". Yo respondí: "¡Y pensar que he desperdiciado todos estos años hablando con la gente!"». Cuando vamos más allá de nuestras historias, nos encontramos de nuevo con el misterio del aquí y ahora.

Separar la paja del trigo: el pensamiento útil

En la meditación de la atención plena, la finalidad no es deshacerse del pensamiento, sino desarrollar la habilidad de verlo. La tradición budista entrena a la mente pensante y al intelecto para pensar con claridad y eficacia. Necesitamos planear, pensar, organizar, imaginar y crear. Poder reflexionar es un gran don. Nuestros pensamientos establecen una dirección; nos permiten entender, analizar y discernir, y nos ponen en sintonía con la vida que sucede a nuestro alrededor. Cuando descansamos en el corazón, podemos utilizar el pensamiento con sabiduría, podemos planear e imaginar con benevolencia.

Un profesor de matemáticas y topógrafo que vino a meditar estaba preocupado porque su trabajo requería muchas horas de actividad mental. Me preguntó cómo podía practicar la meditación mientras pensaba en esos complejos problemas matemáticos. ¿Necesitaba distanciarse y estar siempre deliberadamente consciente de su pensamiento? Eso le hacía sentirse demasiado pendiente de sí mismo. Estaba confundido. Le respondí con una simple instrucción: «Primero, comprueba cuál es tu motivación. Aborda las matemáticas con un enfoque positivo y creativo. Después, cuando estés pensando en un problema matemático, piensa solo en eso. Si te vuelves competitivo y preocupado por publicar tu solución antes que otro colega, eso no son matemáticas. Si te descubres soñando acerca de ganar el premio Nobel o la medalla Fields[8], eso no son matemáticas. Encuentra una buena motivación. Después dedícate a las matemáticas y disfruta con la creatividad de la mente».

La clave del pensamiento sabio es sentir el estado de energía que hay detrás del pensamiento. Si prestamos atención, descubriremos que ciertos pensamientos son producidos por el miedo y por un sentimiento limitado del yo. Vendrán acompañados de apego, rigidez, sentimiento de falta de valor, reacciones defensivas, agresión o ansiedad. Podemos sentir su efecto en el corazón y en el cuerpo. Cuando advertimos este sufrimiento, podemos relajarnos, respirar, desprendernos de la identificación. Con esta conciencia, la mente se volverá más abierta y flexible. Con esta pausa, volvemos a nuestra naturaleza de Buda. Ahora podemos pensar, imaginar y

8. *N. de la T.*: La medalla Fields es una distinción que concede la Unión Matemática Internacional cada cuatro años y es el mayor honor al que puede aspirar un matemático.

planear, pero desde un estado de calma y benevolencia. Es así de sencillo.

Práctica: los pensamientos limitados

Elige un tema importante de tu vida en el que tengas alguna dificultad o conflicto. Trae a tu mente tus creencias principales, las ideas que tienes sobre la situación, las personas, el lugar, las circunstancias: «Ellos son…», «Yo soy…», etcétera. Una vez seas consciente de tus creencias, cuestiónalas. ¿Son totalmente ciertas? ¿Se limitan a un único aspecto de la situación? ¿Quién ha creado esta historia? ¿Y si lo contrario también fuera verdad? ¿Cuál es tu experiencia si dejas de lado estas ideas y creencias? Intenta liberarte de ellas y descansa en el no saber, o descansa en la bondad. ¿Cómo afecta eso a tu cuerpo y a tu mente? ¿Cómo afecta esto a la situación? ¿Cómo es vivir sin estar atrapado en tus pensamientos?

11. El antiguo inconsciente

La conciencia recibe y conserva todas las experiencias y percepciones de los sentidos. Esta es la conciencia almacén, que permanece no manifiesta e inconsciente, hasta que las condiciones para la manifestación se vuelven a presentar.

Los Cincuenta Versos de la Naturaleza de la Conciencia

Hace algunos años estaba disfrutando de un paseo con mi madre por el Golden Gate Park. De repente, un perro labrador de color negro empezó a correr hacia nosotros. Por un momento, la experiencia de los dos fue puramente ver y, después, reconocer: «Esto es un perro». Casi inmediatamente surgieron los patrones de respuesta. En mi caso fueron los sentimientos de calidez y amor que me despiertan esos perros grandes y desaliñados; en el de mi madre, el miedo.

Cuando ella tenía cuatro años, pasó un tiempo viviendo con un tío suyo que era muy estricto. De vez en cuando, la amenazaba diciéndole que, si se portaba mal, la encerraría en un sótano oscuro donde vivía su gran perro *rottweiler*. Al ver un perro corriendo hacia ella, todos sus recuerdos, creencias, emociones y actitudes corporales inconscientes se activaron. Vio a este simpático labrador negro con la percepción inconsciente de la niña de cuatro años traumatizada. Durante algún tiempo, mi madre no sabía por qué les tenía miedo a los perros. Ahora, como comprende el origen de su miedo, se asusta algo menos, pero en gran medida sigue siendo inconsciente de su identificación con el miedo. La historia y el condicionamiento aún funcionan como si ella fuese una niña.

Dos mil años antes de que Freud y Jung investigasen el inconsciente, la psicología budista enseñaba las bases inconscientes del comportamiento humano. Describía que estas bases tienen dos niveles diferentes: el primero, la inconsciencia humana; el segundo, la inconsciencia universal, denominada conciencia almacén. Aunque estos niveles no son normalmente accesibles para nuestra conciencia, gobiernan nuestra vida. Y con la atención plena, pueden poco a poco hacerse conscientes y transformarse.

Conciencia individual

Como el miedo a los perros de mi madre, la inconsciencia individual contiene recuerdos, imágenes y creencias sobre la naturaleza del mundo y de nosotros mismos. También contiene impulsos como el miedo, la agresividad, el deseo, la inseguridad, el instinto protector, el altruismo, el amor, la valentía y la sabiduría.

Los patrones de percepción mantenidos por la inconsciencia individual se denominan *sankharas*. Estos patrones almacenados son como semillas, el resultado de nuestras acciones y percepciones del pasado. Cada experiencia deja una huella, y esta impresión se guarda como una semilla hasta que las condiciones adecuadas hacen que emerja de nuevo. Estas semillas contienen el potencial para el futuro. Cuanto más repetimos un patrón, más fuerte es la semilla. Incluso aunque parezca que hemos olvidado un incidente, sus semillas e impresiones permanecen en el inconsciente y pueden emerger de nuevo para afectar al presente y conformar las percepciones y acontecimientos del futuro. El miedo a los perros de mi madre es una semilla de la infancia que todavía surge con fuerza.

Estos patrones de percepción almacenados se asocian a recuerdos, creencias, emociones e incluso a una dimensión física de patrones corporales. La práctica de la atención plena descubre estos patrones guardados en la conciencia individual. Estos patrones se revelan a través del cuerpo, de las emociones, las imágenes y los sueños. Los *sankharas* inconscientes pueden volverse conscientes.

Gene había intentado fervientemente durante años meditar concentrándose en la respiración. Sin embargo, me contó, cada vez que llevaba la atención a esta, saltaba como cuando el agua cae en una sartén caliente, o bien, al cabo de dos respiraciones, se sentía arrastrado a un estado de ensueño, como un desvanecimiento.

Consideré la posibilidad de que, en vez de utilizar la respiración como objeto de su meditación, observase todo su cuerpo o escuchase los sonidos con el fin de ayudar a su mente a serenarse. Pero primero le propuse que fuese más curioso: le sugerí que se centrase en la respiración y observase atentamente qué ocurría. En seguida se sintió frustrado; era casi imposible hacerlo. Le pedí que observase cómo sentía la frustración en su cuerpo y, al hacerlo, su agitación creció. Describió una sensación de opresión y calor en la garganta y el cuello, y el miedo empezó a crecer. Entonces su respiración se detuvo. Quería gritar. Le propuse que sintiera con gran atención todo el proceso físico y emocional, que dejase espacio suficiente para cualquier cosa que se presentase.

El miedo se hizo mayor, el cuerpo de Gene tembló y su cara cambió. Parecía un niño aterrado. Le dije que fuera consciente de cualquier imagen que apareciese junto con el miedo. Las lágrimas empezaron a correr por sus mejillas. Momentos después abrió los ojos con la expresión de haber comprendido algo y dijo: «En 1938 tenía seis años. Mi padre era dentista y nosotros vivíamos a las afueras del pueblo, en una comunidad de granjeros de Ohio. Nuestra gata tuvo una numerosa camada de gatitos y nadie quiso quedárselos. Los granjeros solían ahogar a los cachorros y gatitos cuando nadie los quería. Vi que mi padre cogió un trapo empapado en éter y se lo aplicó hasta que dejaron de respirar. Luego los enterramos.

Tres semanas después, me dijeron que tenían que extraerme las amígdalas. Mi padre me llevó a la consulta de un amigo suyo, un médico del vecindario. Me prepararon y entonces, justo como había hecho con los gatitos, mi padre sacó una botella de éter para la anestesia. Sentí pánico, estaba aterrorizado. Me resistí, hasta que al fin me desmayé y me quitaron las amígdalas. No había pensado en esto durante años. Ahora comprendo por qué me resulta tan difícil sentir mi respiración. Es como si desde entonces la hubiera estado conteniendo».

Pedí a Gene que cerrase los ojos otra vez y que advirtiese qué estaba ocurriendo. La opresión y el calor en la garganta se habían disipado. Respiraba con mayor facilidad. El miedo se estaba derritiendo. Muy excitado, me dijo que podía ser consciente de cinco respiraciones seguidas. Seguimos sentados y cada pocos minutos le preguntaba cómo iba; ahora meditaba de un modo nuevo. Meses más tarde, Gene me contó que su respiración seguía siendo fácil y que se sentía más libre que nunca en su vida interior y en su cuerpo.

La historia de Gene muestra cuánto alivio podemos encontrar al traer a la conciencia los patrones inconscientes. Sin embargo, este proceso no siempre aporta una curación tan rápida y sencilla. Ciertos traumas y patrones inconscientes pueden tardar años en desenmarañarse. El psiquiatra y maestro budista Robert Hall ha contado que a los cuarenta años, mientras recibía una sesión de sanación corporal, vino a su mente una poderosa serie de imágenes en el momento en que el terapeuta presionaba sus piernas. Vio imágenes de cuerdas y sintió un miedo intenso, pero no tenía ningún recuerdo de lo que podía ser eso. Se sintió profundamente perturbado. Se preguntó si esto provendría de un sueño o de alguna película que había visto.

Más tarde, un día mencionó esto a su madre. Ella le contó que a la edad de tres años lo habían secuestrado durante varios días. Los equipos de rescate finalmente lo habían encontrado atado en el suelo de una choza en el campo. Ella todavía guardaba los recortes de diario sobre el suceso. Le contó a Robert que, después del rescate, la familia pensó que la mejor forma de manejar el tema era no volviendo a hablar nunca más de ello. Traer este recuerdo traumático a la conciencia le permitió a Robert comprender gran parte de sus miedos y su confusión y le aportó un cierto alivio. Pero esta nueva comprensión fue solo el comienzo de su aceptación de este trauma. Durante muchos años, Robert se esforzó por sanar el miedo y el sufrimiento tan profundamente enterrados en su pasado. Poco a poco se liberó de estos recuerdos y la compasión y la libertad se hicieron cada vez mayores.

La conciencia almacén

La *conciencia almacén* es un término que se utiliza en la psicología budista para describir la dimensión oceánica del inconsciente que contiene todos los recuerdos, historias y potenciales. La conciencia almacén tiene tanto una dimensión individual como una dimensión universal. En la individual, guarda los patrones, los *sankharas* del pasado de cada persona. En la universal, es un reservorio compartido de todos los recuerdos, imágenes y deseos colectivos. Carl Jung exploró algunos aspectos de esta conciencia almacén utilizando el término *inconsciente colectivo*. Más recientemente, el neurocientífico Kart Pribram y el físico David Bohm han comparado la conciencia con un holograma donde las partes más pequeñas contienen la información del todo. El recuerdo holográfico es la interpretación de los aspectos individuales y universales de la conciencia almacén. Los yoguis, místicos y chamanes de todas las culturas han explorado y descrito esta dimensión de la experiencia humana.

En la antigüedad, un maestro budista de la escuela Hua Yen intentó mostrar la naturaleza interpretativa de la conciencia al emperador de China. Construyó un pabellón especial con doce caras y cubrió sus paredes, el suelo y el techo con espejos. Llevó allí al emperador y encendió una vela que colgó en el centro de la habitación. El emperador vio que la llama de la vela aparecía en miles de imágenes en los espejos que se reflejaban mutuamente. El maestro dijo: «Esta es una manifestación del uno que se convierte en muchos». Después colocó un cristal de múltiples facetas debajo de la vela. Al observar atentamente, el emperador comprobó que la faceta más pequeña del cristal reflejaba los cientos de imágenes de alrededor. «Esto es una manifestación de los muchos en el uno», dijo el maestro.

A lo largo del proceso del entrenamiento budista, un practicante encontrará tanto la dimensión individual como la colectiva del inconsciente. Una mujer llamada Evelyn tuvo una experiencia de este tipo durante un retiro en Spirit Rock. Los antepasados ingleses de Evelyn se habían establecido en Missouri en la década de 1840, y ella había escuchado historias familiares de carretas y de batallas con los indios. Más tarde descubrió que una dieciseisava parte de su sangre era india. En mitad de un retiro de meditación, empezaron a pasar por su mente las imágenes de esta historia familiar, de las luchas y las batallas. Estaban mezcladas con los relatos que había escuchado en la escuela y con los recuerdos de su autoritario padre. Algo de lo que vio reflejaba su infancia personal, pero las imágenes también apuntaban a algo más amplio. Desde la escuela primaria, había sido muy sensible a los derechos de los trabajadores y al sufrimiento de las personas que habían sido expulsadas de su tierra, desde los mayas en Guatemala hasta los palestinos en Israel. Meditando, sintió su sangre de nativa americana y la experiencia de estar oprimida; pudo sentir su sangre inglesa y la sensación de opresor dentro de ella misma. Se sintió avergonzada de su familia, pero también pudo darse cuenta de que la matanza de indígenas no era únicamente el karma de su familia. Todos los que vivían en Norteamérica formaban parte de esta historia. Entonces se dio cuenta de que esto también ocurre en todas partes del mundo. Hemos sido el opresor y el oprimido; esto nos ha ocurrido a todos.

La inundó una ola de compasión. Vio que todos contenemos la fuente del sufrimiento y el potencial para el bien. No podemos simplemente culpar a los otros, porque formamos parte del todo. Como dijo Aleksandr Solzhenitsyn: «¡Ojalá fuera tan sencillo! ¡Ojalá en algún lugar hubiera gente malvada cometiendo maldades insidiosamente y solo fuera necesario apartarlos del resto de nosotros y destruirlos! Pero la línea que separa el bien del mal atraviesa el corazón de cualquier ser humano. ¿Y quién quiere destruir un pedazo de su propio corazón?».

En la meditación, los estudiantes experimentan esta interacción entre el inconsciente individual y el universal. Los practicantes pueden al principio advertir la emergencia espontánea de antiguos recuerdos, de escenas olvidadas de la infancia, de impulsos y sentimientos no reconocidos previamente. A menudo, los meditadores entrarán primero en un estado hipnagógico o semidormido y experimentarán imágenes oníricas llenas de escenas confusas con personas desconocidas, objetos extraños y lugares nunca visitados. A veces, esto se funde en largas secuencias de una historia con apariencia de sueño que se desarrollan como dramas completos.

A medida que se profundiza en la meditación, los patrones inconscientes enterrados en el cuerpo y en la mente surgen a la superficie. Podemos ser conscientes de historias del pasado, de creencias e imágenes que previamente eran inconscientes. Luego podemos vernos confrontados con poderosos sentimientos de avidez, rabia, miedo o dolor que superen todo lo conocido hasta el momento. A veces, estos momentos están conectados con nuestra historia personal, y a veces surgen como la dimensión universal de la conciencia almacén. Cuando la conciencia almacén se abre, podemos experimentar lo que la psicología budista denomina «los muchos planos de la existencia». Esto abarca desde reinos celestiales hasta mundos animales o dolorosos mundos de aflicción. En la conciencia de los reinos celestiales podemos experimentar el surgimiento espontáneo de la imaginería sagrada y religiosa de cualquier tradición, o encontrar bajo numerosas formas los placeres celestiales. Hay templos, santos, ángeles y coros cantando. Yo he pasado horas de dicha escuchando lo que parecía música celestial interpretada por seres luminosos, y he visto cientos de arboledas y templos sagrados. Otras veces, cuando surgían los reinos animales, he podido sentirme como si fuera realmente un salmón, un cuervo o una hormiga.

Y en otras ocasiones he experimentado también la dimensión universal del sufrimiento, donde la imaginería es la de la pérdida y la destrucción. He permanecido sentado durante días en los retiros mientras surgían cien imágenes espontáneas de muerte. He visto mi cuerpo muerto y apuñalado y pisoteado en una guerra, yaciendo impotente y enfermo en cientos de lechos o agonizando por un accidente, una caída, un golpe o ahogado. He podido sentir mi carne descomponiéndose y desprendiéndose de mis huesos, dejando solo mi esqueleto. A veces, estas imágenes eran individuales y personales, como si fueran de mis propios recuerdos. Otras veces las sentía más arquetípicas, como si se me mostrase la propia naturaleza de la vida y la muerte. En ese momento de mi entrenamiento había desarrollado una fuerte base de atención plena y ecuanimidad para recibir estas imágenes con sabiduría. Mi maestro me animaba a estabilizar mi atención y a confiar en el espacio de la conciencia; él llamaba a esto el entrenamiento para la ecuanimidad en la muerte.

Este es el undécimo principio de la psicología budista:

---

11 Hay un inconsciente personal y un inconsciente universal. Llevar la conciencia al inconsciente nos aporta comprensión y libertad.

El inconsciente de las vidas pasadas

Cuando mi mente concentrada estuvo purificada, estable y hubo alcanzado la imperturbabilidad, la dirigí al conocimiento del recuerdo de vidas pasadas. Recordé mis múltiples vidas pasadas, es decir, un nacimiento, cinco nacimientos, diez nacimientos, cincuenta nacimientos, mil nacimientos, cien mil nacimientos.

Buda en el Majjhima Nikaya

Ahora entramos en una dimensión de la psicología budista que puede plantear importantes cuestiones para la mente occidental: las enseñanzas sobre las vidas pasadas y futuras. Esta perspectiva de múltiples vidas tiene sus raíces tanto en la cosmología formal como en la cultura popular, donde sirve para explicar las circunstancias individuales y sociales.

Cuando llegué al monasterio del bosque, era un joven de mentalidad científica bastante escéptico sobre el renacimiento. Ajahn Chah se rio y me dijo que no me preocupase, que podía encontrar la libertad sin creer en la reencarnación. Luego describió un famoso diálogo en el que un viajero preguntaba al Buda qué ocurría después de la muerte. Como respuesta, el Buda le planteó una serie de preguntas. «Si existiera una vida futura, ¿cómo vivirías?», dijo primero. «Si existieran vidas futuras –respondió el viajero– querría estar bien atento para sembrar las semillas de la sabiduría futura. Y querría vivir con generosidad y compasión, porque eso me aportaría felicidad en el presente y sembraría las semillas de la abundancia en el futuro». «Exactamente –dijo el Buda. Luego siguió preguntando–. Y si no existieran vidas futuras, ¿cómo vivirías?». El hombre reflexionó y respondió de la misma manera: «Si existiera solo esta vida, querría vivirla con conciencia, para no perderme nada. Y querría vivir con generosidad y compasión, porque eso aporta felicidad aquí y ahora y porque al final no podré conservar ninguna cosa». «Exactamente», dijo el Buda. Al provocar la misma respuesta a las dos preguntas, el Buda demostró que vivir con sabiduría no depende de creer en otras vidas.

Sin embargo, en muchas ocasiones el Buda dio enseñanzas sobre las vidas pasadas. Estas enseñanzas cumplen dos funciones psicológicas importantes. Cuando las circunstancias de sufrimiento y placer en nuestra vida se atribuyen a nuestras vidas y acciones del pasado, se calma la ansiedad sobre un destino caprichoso y caótico. Esta perspectiva puede traer aceptación, tranquilidad, desapego y buena disposición para afrontar las dificultades de la vida. La segunda función de las enseñanzas sobre el renacimiento es que nos vuelven más atentos. Nos volvemos más atentos a nuestras acciones por la preocupación de que los resultados puedan manifestarse en futuras reencarnaciones.

Aunque la creencia en el renacimiento puede aportar una sensación de orden y comprensión, también puede malinterpretarse. En algunas épocas, el renacimiento se ha utilizado para culpar a las víctimas de su sufrimiento y para justificar la complacencia frente a las injusticias. Cualquier cosmología puede utilizarse para bien o para mal. En Occidente, nuestras cosmologías religiosas del cielo y el infierno y nuestras cosmologías científicas mecanicistas se han utilizado de modos beneficiosos y también destructivos. En las culturas budistas, la creencia en nacimientos pasados y futuros es principalmente una influencia positiva tranquilizadora para aquellos que pasan por circunstancias depresivas y difíciles. Por ejemplo, los practicantes budistas que experimentaron grandes pérdidas o sufrimientos en Camboya creen que el dolor que experimentaron era el resultado de sus acciones o su karma del pasado, y esta creencia los condujo a aceptar su sufrimiento con ecuanimidad y dignidad. Les permitió no añadir más odio, como una forma de evitar el dolor en el futuro.

La cosmología budista es también experiencial. Describe cómo, durante la meditación y la exploración interna, pueden surgir de la conciencia almacén recuerdos de nacimientos anteriores.

Es posible acceder a los recuerdos de vidas pasadas con un entrenamiento especial, como el que se resume en algunos textos sobre meditación, como el *Camino de Purificación*, o pueden emerger de manera espontánea. Desde luego no existe prácticamente ninguna manera de demostrar la realidad de los recuerdos de vidas pasadas, aunque algunos estudios interesantes han intentado validar la veracidad de estas experiencias. Por ejemplo, el Dr. Ian Stephenson de la Universidad de Virginia ha publicado muchos relatos de niños que guiaron a los investigadores a lugares donde nunca habían estado y recordaban detalles sobre vidas, personas y circunstancias del pasado que era imposible que conocieran en esta vida. Pero psicológicamente no hay ningún método seguro que pueda distinguir entre un recuerdo de una vida pasada y una fantasía o un sueño.

Sin embargo, sí se presentan circunstancias que se sienten como si fueran los recuerdos de vidas pasadas. En mi segundo año de permanencia en el monasterio del bosque, recordé haber estado en un monasterio en la China medieval. Pude sentir detalles de la vida en esa época: las gachas insípidas que comíamos, la fría sala de meditación, las horas de disciplina. También parecía que no quería estar allí y que, debido a mi resistencia, no alcancé la comprensión. Así que había sido atraído misteriosamente de nuevo a la vida de un monje de cabeza rapada en un monasterio budista en Tailandia, una vida que me resultaba, por extraño que parezca, familiar. Solo que ahora era voluntaria, y estos recuerdos de vidas pasadas tuvieron un fuerte efecto para motivarme a hacerlo bien esta vez.

También he trabajado con un montón de estudiantes que parecen haber experimentado recuerdos de vidas pasadas. Cuando Shelley llegó a la práctica budista, buscaba centrarse. Tenía una vida activa y en general feliz. Pero bajo esa capa había un sustrato de ansiedad, sobre todo respecto a sus hijos, un niño y una niña de siete y diez años. Cuando Shelley se sentó a meditar en su primer retiro y surgió la ansiedad, su respiración se volvió superficial y el cuerpo rígido; se sentía tensa, especialmente en los hombros y en los brazos. Poco a poco aprendió a prestar atención a las tensiones físicas y a las inquietantes olas de ansiedad mientras la atravesaban. Se sintió contenta al poder reconocer sus estados de ansiedad sin verse atrapada ni identificada con ellos tan fácilmente.

Unos cuantos días después vino a verme para contarme que meditando se había encontrado con el miedo al agua que había sentido siempre. A la edad de ocho años había aprendido a nadar en una piscina, pero nunca se había sentido cómoda en el agua. Estábamos cerca del verano y sus hijos iban a ir a bañarse a la piscina del barrio y en la de sus amigos. Esto la aterrorizaba: «Desde que era niña, he tenido siempre miedo a ahogarme. Le pregunté a mi madre sobre esto, pero, que ella supiese, no ocurrió nada que pudiera ser la causa... Tengo miedo al agua desde la primera vez que me bañé».

Shelley trabajó con este miedo y con las historias y sensaciones que generaba por medio de la atención y la compasión. Luego, en una profunda meditación en silencio, su cuerpo empezó a temblar; tuvo una visión de una campesina de veintitantos años con dos niños que huían de una riada que inundaba su pueblo. Se convirtió en esa mujer que luchaba por agarrarse a algún lugar, embestida por la avenida del agua, mientras sus hijos le eran arrancados violentamente por la corriente y ella se ahogaba succionada por el agua. Su miedo y su angustia eran tremendos.

Mientras me contaba esto, pude sentir también las fuertes emociones, el pánico, el ahogo, la pérdida. Y lo más curioso, me pareció que toda la situación tenía un aire extraño, no era la sensación de escuchar un relato ni un sueño, se parecía más a un recuerdo auténtico. Esta sensación de vidas pasadas se produce en una o dos veces de cada 100 sesiones con los estudiantes de meditación, y tiene una cualidad diferente de las imágenes arquetípicas habituales de la conciencia almacén.

Hice que Shelley cerrase los ojos y volviese a la escena con la mirada de un sabio. Ahora se sentaba como si mirase desde lejos su recuerdo. ¿Era real?, se preguntó. Y si era real, ¿dónde estaba ahora? Su propia identidad empezó a disolverse: ¿era la campesina?, ¿era Shilley? Sentada en silencio reconoció el misterioso tejido que incluye la creación y el vacío.

Su ansiedad disminuyó durante un rato, pero no desapareció totalmente. Shelley tardó años en aprender a sostener sus crisis de ansiedad con afabilidad. Pero la información que obtuvo de lo que parecía ser el recuerdo de una vida pasada fue la clave. Gracias a esta experiencia ganó en sabiduría, relajación y libertad.

Los sueños y el inconsciente

Poco antes del nacimiento del Buda, según cuentan las antiguas historias, su madre, la reina, soñó con un elefante blanco. Cuando se pidió a los sabios de la corte que interpretasen este sueño, predijeron el nacimiento de un monarca universal o de un gran sabio. Desde el inicio, la psicología budista ha reconocido el valor simbólico y adivinatorio de los sueños y la manera en que reflejan nuestros deseos, conflictos e impulsos. En algunas escuelas es común la interpretación de los sueños. Las enseñanzas invitan a los practicantes que recuerdan sus sueños a que mediten al despertarse. Las imágenes y los fuertes sentimientos de los sueños se investigan con la atención plena hasta que se establece con ellos una sensación de comodidad y libertad.

Dos mil años después, Freud, Jung y sus seguidores declararon que los sueños eran «el camino real al inconsciente». Descubrieron que podían revelar conflictos, deseos, identidades y patrones inconscientes y mostrarnos las fuerzas desconocidas que actúan en nuestra vida diaria. La sabiduría de los sueños se descubre a través de la interpretación, el simbolismo, la imaginación activa y otras muchas formas utilizadas actualmente en Occidente para trabajar con ellos. Como en la práctica budista de la atención plena, la mayor parte del trabajo con los sueños empieza recordando nuestros últimos sueños y los fragmentos de sueños al despertar, y, después, investigándolos.

Pero la psicología budista va más allá, utiliza las prácticas del yoga del sueño. Con estas prácticas aprendemos no solo a recordar nuestros sueños, sino también a estar conscientes mientras soñamos. En el yoga del sueño podemos incluso dirigir hasta cierto grado nuestros sueños, explorando deliberadamente las dimensiones de la conciencia que estos representan. Esta capacidad, que se conoce como sueño lúcido, fue rechazada por la ciencia occidental. Luego, hace veinte años, en la Universidad de Stanford, las investigaciones en laboratorio sobre el sueño llevadas a cabo por Stephen LaBerge confirmaron la posibilidad de soñar de manera consciente y dirigir nuestros sueños con la intención.

En el entrenamiento budista, el sueño lúcido se desarrolla sistemáticamente a través de la concentración y la intención repetida a lo largo de muchos días. Pero incluso sin un entrenamiento deliberado, los sueños lúcidos pueden surgir de forma natural en los retiros largos. Yo tuve esta experiencia muchas veces cuando alcanzaba un estado de profunda concentración. En esas etapas, me acostaba cuidadosamente al irme a dormir y continuaba meditando mientras empezaba a relajarme. Mi cuerpo estaba muy tranquilo y mi respiración era muy suave, mientras la mente se dormía y aparecían los primeros sueños. Pero la atención plena que había estado practicando durante días y semanas continuaba, y podía darme cuenta a sabiendas de cómo me quedaba dormido y ver los sueños que surgían. Seguía siendo consciente de ello, como si estuviese sentado en meditación, hasta que terminaba el sueño y aparecía el sueño sin sueños.

Estos episodios espontáneos de sueños lúcidos empezaron a ocurrirle a Kevin, un practicante que estaba haciendo un retiro de primavera de dos meses. Un día explicó que se había visto soñando: se encontraba de pie al borde de un acantilado, aterrado por la posibilidad de caerse. Era fácil encontrar asociaciones simbólicas. Estaba preocupado porque temía que su carrera de escritor se estuviera yendo a pique; además, pocas semanas antes del retiro había conocido a una mujer de la que se había enamorado.

Le propuse que si se le aparecía otra vez ese sueño lúcido, llevase a él la atención como si estuviera sentado en meditación. Después podía dejar que las cosas se desarrollasen. Varios días más tarde, el sueño reapareció. Kevin se dejó ir y sintió que caía por el precipicio. Después de un momento de pánico empezó a flotar. Entonces se encontró andando por un camino rural en un paisaje muy verde que nunca había visto. En las semanas que siguieron a este sueño, la meditación de Kevin se volvió más profunda. Tuvo otro sueño lúcido, y esta vez describió una nueva sensación de confianza que duró todo el retiro.

En la última etapa del entrenamiento budista, recibimos la instrucción de mantener la conciencia meditativa hasta poder observar cómo se alterna el estado de vigilia con el estado del sueño y el estado de dormir sin sueños, apareciendo cada uno de ellos durante un rato en la conciencia, cada uno de ellos igualmente vacíos. Desde esta perspectiva, el contenido del sueño, que tanto se valora en Occidente, se considera secundario en la práctica budista. El propósito de la meditación es encontrar la ecuanimidad en el escenario cambiante de la conciencia, una calma imperturbable en cualquier estado del sueño o la vigilia.

Las raíces del sufrimiento inconsciente

La psicología budista insiste en llegar a comprender el poder de los impulsos y los instintos inconscientes y el enorme sufrimiento que pueden causar. Las tres raíces perjudiciales –apego, aversión e ilusión– deben eliminarse por medio de la comprensión y la transformación. Este es un proceso difícil, como veremos en los capítulos siguientes. Estas tres raíces son los principales impulsos inconscientes, los cuales generan todos los estados mentales difíciles. El apego, la aversión y la ilusión dan lugar a la ira, el orgullo, el miedo, la pereza y la transigencia excesiva. Producen las percepciones erróneas, la duda, el resentimiento, el apego a los placeres sutiles y la mente que compara. Estas fuerzas inconscientes pueden yacer dormidas y activarse cuando aparecen las condiciones adecuadas

Con la atención plena llegamos a ser conscientes de los impulsos de avaricia u orgullo o ira, y liberamos algunos de sus poderosos efectos. Pero pronto descubrimos que, incluso si por un momento nos liberamos de su influencia, volverán. Esto es porque sus raíces inconscientes permanecen inmutables. La psicología budista describe lo profundas y poderosas que pueden llegar a ser estas raíces. Al igual que han hecho Freud y sus colegas occidentales, se esfuerza por traerlas a la conciencia despierta. Pero las enseñanzas budistas enseñan que el desarrollo de los seres humanos puede ir aún más lejos de la conciencia y la aceptación de los impulsos, que es donde llegan la mayoría de las prácticas clínicas occidentales. Enseña que estas profundísimas raíces pueden transformarse de modo que aporten un grado de libertad desconocido para Occidente.

Estos profundos impulsos, miedos inconscientes, apegos y confusión se denominan raíces latentes. Con la meditación e introversión profundas, pueden liberarse estas raíces latentes, aportando sucesivos grados de libertad, que se denominan etapas de iluminación. En la primera etapa de iluminación se liberan las confusiones sobre el camino, las dudas sobre la libertad y los malentendidos sobre el yo. En las dos siguientes etapas, las raíces instintivas de la codicia y la agresividad se debilitan y luego se liberan. En la etapa final se disuelven los últimos apegos inconscientes a los estados refinados de la conciencia y a cualquier sensación del yo,

En este proceso, la práctica budista dirige la conciencia para que penetre hasta lo más hondo de la psique individual. En los monasterios de la tradición del bosque, se da instrucciones a los meditadores avanzados para que investiguen deliberadamente estas fuerzas inconscientes y, de este modo, se liberen de su poder. Los meditadores que han entrenado su mente para que esté concentrada, estable, clara y transparente examinarán el corazón, buscando allí las raíces latentes del sufrimiento y liberándolas. Luego harán que surjan imágenes de lo que más temen, odian o desean. En esta práctica, podemos abordar cualquier plano de sufrimiento de su vida. Lo traemos a la mente, después examinamos con atención las raíces inconscientes de este sufrimiento. ¿En qué lugar del cuerpo se siente con más intensidad el sufrimiento? ¿Cuáles son las emociones, imágenes y creencias subyacentes que mantiene? Estas imágenes, contracciones corporales y sentimientos difíciles se afrontan y se examinan repetidamente. Con la atención profunda descubrimos que estos impulsos e instintos están vacíos, son ilusiones, y los soltamos y nos liberamos.

Liberarnos de las tendencias inconscientes es el trabajo de toda una vida. En los capítulos siguientes veremos que transformar las tendencias latentes que nos atan es la clave de nuestra liberación. Una y otra vez podemos descubrir que eso no es lo que somos en realidad.

Parte III
Transformar las raíces del sufrimiento

12. Tipos de personalidades búdicas

Observad cómo aquellos cuya naturaleza se inclina hacia la disciplina estudian con Upali, el maestro de la disciplina, y aquellos con un temperamento intuitivo se encuentran con el maestro de los poderes psíquicos, Maha Mogallana, y aquellos con un temperamento sabio se reúnen con Sariputra, mi discípulo más sabio.

Descripción del Buda de los caracteres
de su discípulos más avanzados

Cuando ves un tronco recto, no intentas convertirlo en una rueda, ni intentas convertir en una viga un tronco retorcido. No quieres pervertir su cualidad innata, sino que tratas de que encuentre su lugar adecuado.

CHUANG TZU

Cualquier madre que ha tenido varios hijos puede dar fe de los distintos estilos particulares de cada uno de ellos, evidentes desde el día de su nacimiento. Yo tengo un hermano gemelo, pero mi hermano y yo somos muy diferentes. De pequeños, él era más extrovertido y sociable. Era más grande que yo y tenía un carácter más aventurero, jugaba al fútbol y solía destacar en las obras de teatro en la escuela, mientras que yo tocaba el oboe. Yo era un empollón flaco, más intelectual e inseguro. Cuando cumplimos los sesenta, mi madre comentó: «Ahora ya sé en qué se parecen. A los dos se les está cayendo el pelo».

Cuando las personas empiezan a ser por primera vez conscientes de su personalidad, a menudo se sienten insatisfechos con lo que encuentran: con frecuencia quisieran ser como otro. En las comunidades budistas, los estudiantes pueden intentar superar su insatisfacción imitando de forma inconsciente el comportamiento y la personalidad de su maestro. He visto a los seguidores de un famoso lama comer el mismo tipo de fideos, hacer los mismos gestos con las manos y hablar con el mismo acento tibetano. Los estudiantes de un maestro zen occidental que conozco se visten con sombreros y zapatos similares y han llegado a obsesionarse con sus concursos televisivos favoritos. Cuando buscamos maneras de relacionarnos con nuestra confusión, ira y miedo, probamos imitando a alguien. Esperamos poder librarnos de nuestra personalidad y convertimos en alguien más parecido al Dalái Lama o a alguna otra persona admirada.

Ajahn Chah advirtió esta generalizada insatisfacción cuando ayudó a dirigir un retiro en la Insight Meditation Society en Barre, Massachusetts, en el año 1979. Le sorprendió lo duros que son los estudiantes occidentales con ellos mismos y cómo tratan de cambiarse. Una tarde, durante la meditación caminando, salí a pasear con él entre un montón de estudiantes que caminaban arriba y abajo sobre la hierba. Ajahn Chah me comentó que el centro de meditación parecía un hospital. Al pasar junto a los estudiantes, les sonreía diciendo con una expresión divertida: «Espero que se recupere pronto».

¿Qué significa transformarnos? ¿Hasta qué punto podemos y debemos cambiar los seres humanos? Cuando observamos el estado de nuestra mente, estas preguntas se vuelven urgentes. Cualquier disciplina psicológica integrativa puede responderlas. La psicología budista ofrece un cambio radical, pero distingue entre el oro de nuestra personalidad natural y los estados insanos que la cubren, como la arcilla del antiguo Buda. Como veremos en los capítulos siguientes, podemos transformar las raíces perjudiciales del sufrimiento, pero esto debe hacerse dentro del marco de nuestra personalidad y carácter, no deshaciéndonos de ellos.

A Ajahn Jumnian, uno de mis maestros de la parte sur de Tailandia, le gustaba potenciar la personalidad y el temperamento para transformarlos. Por ejemplo, nos contó la historia de Somchai, un constructor y contratista que había venido al monasterio a vivir durante un año como monje. En la sociedad tailandesa, ordenarse monje se considera un acto no egoico. Pero incluso como monje, Sonchai seguía teniendo un gran ego: con frecuencia alardeaba de sus bonitas casas y sus prósperos negocios. Al oír esto, Ajahn Jumnian lo elogió también. Le dijo a Somchai que el monasterio necesitaba una sala amplia y elegante para recibir a los cientos de visitantes que llegaban cada día. No estaba seguro de si Somchai estaría capacitado para la tarea. Somchai mordió el anzuelo y se puso en marcha. Más tarde, Ajahn Jumnian explicó que si Somchai lograba cumplir el encargo, al trabajar con las personas del templo, aprendería a ser más respetuoso y menos fanfarrón. Y si no lo lograba, también sería una buena lección para él. Al final, después de unos años de trabajo duro, el monasterio tenía una nueva sala, y Somchai había aprendido a trabajar con otros.

Al año siguiente llegó al monasterio Nak, un tipo duro que era un boxeador de la zona. Su madre había muerto y él se había hecho monje como una forma de honrar su memoria. Ajahn Jumnian conocía la fama de Nak y, tras observarlo durante un tiempo, le pidió que fuese su guardaespaldas. En realidad, no necesitaba ningún guardaespaldas. Era un pacifista reconocido que había trabajado durante quince años para acabar la guerra contra los rebeldes comunistas de la provincia. Su práctica consistía en introducirse en el conflicto y hablar abiertamente y sin ninguna protección tanto con el bando comunista como con el del gobierno, confiando en el *dharma*. Pero el papel de guardaespaldasle ofreció a Nak una forma de transformar su agresividad en dignidad. También le permitió mantenerse cerca de Ajahn Jumnian, donde pudo aprender la compasión que necesitaba para abrir su corazón.

Otro nuevo monje, Prasert, era un simpático aldeano, pero también un alcohólico. Gracias a su carácter encantador y generoso, hizo rápidamente muchos amigos en el monasterio. No obstante, poco tiempo después de su llegada, Ajahn Jumnian se enteró de que habían visto a Prasert saltando la valla del monasterio por la noche para ir a beber con sus antiguos amigos. Al preguntarle sobre ello, confesó la verdad y juró que cambiaría. Pero el alcoholismo necesita algo más que juramentos. Un día, después de que lo vieran volviendo de otra de sus juergas nocturnas para beber, Ajahn Jumnian convocó una reunión. Hizo que vinieran todos los buenos amigos que Prasert tenía tanto dentro como fuera del monasterio. Habló elogiando el corazón bondadoso de Prasert e hizo constar que mucha gente lo quería. Desgraciadamente, siguió, las reglas monásticas obligaban a expulsar a Prasert si este volvía a emborracharse. «Como todos sois amigos suyos –siguió diciendo–, lo dejo en vuestra manos». Y a partir de ese día los amigos de Prasert lo mantuvieron alejado del problema.

Ajahn Jumnian reconocía la bondad básica en el carácter de cada uno de sus estudiantes. Después podía concentrarse en transformar el apego de Somchai, la aversión de Nak y la ilusión de Prasert.

Ya encontramos antes a este trío: apego, aversión e ilusión. Son las clásicas «tres raíces» de todos los estados dañinos, que también crean los tres tipos de personalidades dañinas, tres formas de relacionarse con el mundo. El primer tipo, el de Somchai, está dominado por el deseo. El segundo tipo, el de Nak, está gobernado por el rechazo. El tercer tipo, el de Prasert, está movido por la confusión. Con la atención plena, cada uno de estos caracteres insanos puede transformarse en un patrón saludable. Entonces podemos ver que la personalidad no es una esencia permanente. Como el cuerpo, es un estado temporal. No es quién somos realmente.

En ocasiones, la gente lee sobre el zen o escucha las enseñanzas budistas sobre la ausencia de ego o no apego y erróneamente interpreta que el budismo no está interesado en la personalidad. Los nuevos estudiantes pueden incluso temer que la meditación los acabe llevando a no tener ninguna personalidad. Pero nuestro carácter debe comprenderse, no eliminarse. Si conocemos nuestro carácter, podemos utilizar esta comprensión para ser compasivos con nosotros mismos y con los otros. Podemos trabajar con nuestra personalidad para transformar los aspectos que son dañinos. Y después podemos reconocer nuestra verdadera naturaleza, que está más allá de los límites de cualquier personalidad.

Este es el duodécimo principio de la psicología budista:

---

12 Los patrones dañinos de nuestra personalidad pueden ser reconocidos y transformados en una expresión sana de nuestro carácter natural.

Tanto la psicología de Oriente como la de Occidente reconocen que los niños llegan a este mundo con distintos temperamentos y estilos. El budismo describe esto como tendencias kármicas. La psicología occidental puede llamar a esto nuestra herencia genética. Ahora bien, esto es solo una parte de nuestra personalidad. Después, nuestros temperamentos innatos son moldeados por las condiciones de los padres y el entorno. Con la interacción entre la herencia y las condiciones, de la naturaleza y la educación, se forma nuestra personalidad.

En Occidente se han desarrollado cantidad de descripciones de tipos de personalidad. Freud, Reich, Jung, Fromm, Erikson y otros ofrecen un amplio abanico de teorías para explicar el desarrollo de la personalidad, el carácter y el estilo cognitivo. Cada teoría destaca diferentes aspectos de la personalidad: patrones de deseo, relaciones con el poder y la autoridad, grados de autonomía o formas de pensar. Cada teoría aporta luz sobre el desarrollo humano y ofrece otro canal para la intervención terapéutica.

Dentro del budismo, también han florecido los sistemas de clasificación de las personalidades. Los aficionados a confeccionar listas del pasado ampliaron los tres tipos básicos de la personalidad para incluir catorce subtipos, ochenta y cuatro tipos sutiles y un sistema tibetano que divide estas personalidades en cinco familias principales. Afortunadamente, todos ellos se basan en los tres tipos. El conocimiento de estos tres tipos es suficiente para iluminar todo el proceso de la transformación. Con lo que se describe a continuación, puedes empezar a entender los tres tipos básicos.

Encontrar tu tipo

Imagina que una buena amiga te invita para que conozcas la casa que acaba de comprar y amueblar. Te recibe en la puerta y tú entras.

¿Tiendes primero a ver qué te gusta de la casa –la chimenea, los azulejos, los cuadros, el color de las paredes– y a meditar sobre estos detalles? Con esta actitud, ¿te entretienes en las cosas que te gustan, imaginando qué añadirías, como arreglarías lo que falla y harías que cada habitación fuese aún mejor?

O quizá, al mirar a tu alrededor, adviertes de forma natural los problemas obvios: la cocina demasiado pequeña, la excesiva proximidad de los vecinos, las ventanas de un aluminio barato, la ausencia de buenas vistas.

O puede que llegues un poco tarde, te sientas algo agobiado, contento de ver a tu amiga, pero sin fijarte demasiado en la casa. Miras a tu alrededor y la felicitas, pero no sabes qué más decir. La verdad es que estás un poco distraído y pensando en otras cosas.

¿Cuál de estas situaciones coincide más con tu estilo, la primera, la segunda o la tercera?

A continuación, supón que durante tu visita, tu amiga te cuenta que una tercera persona ha hecho un comentario irrespetuoso, ha criticado la organización sin ánimo de lucro para la que trabajas.

¿Cuál es tu respuesta natural? ¿Tratas de quitarle importancia y verlo con un espíritu más benévolo? ¿Ves lo injusto de ese comentario, sientes que te vas cargando y entras en conflicto con la situación? ¿O intentas ignorarlo y cambias de tema?

Finalmente, imagina que tu amiga te habla entusiasmada del nuevo maestro espiritual que ha encontrado. Repite las palabras inspiradas y las opiniones del maestro como si fuesen lo más sagrado. Mientras la escuchas, ¿te sientes inspirado por su entusiasmo y disfrutas de las pinceladas de verdad que hay en sus palabras? ¿O te sientes escéptico por el entusiasmo de tu amiga y tienes una visión algo crítica de las enseñanzas, pensando que al fin y al cabo son las mismas ideas de siempre presentadas de otro modo y no demasiado bien elaboradas? ¿O su historia te lleva a sentirte confuso, porque no sabes bien cómo encajar esta nueva visión con tu vida espiritual, ni cómo puede relacionarse con las otras creencias de tu amiga? ¿Cuál es tu respuesta más probable?

Estas tres situaciones ilustran patrones comunes de los tres caracteres básicos. Las primeras respuestas corresponden al carácter movido por el apego; las segundas, al carácter movido por la aversión, y las terceras, al carácter movido por la ilusión. Naturalmente, todos tenemos algo de cada uno de los caracteres, como describen los textos tradicionales, pero a menudo predomina un patrón en nuestra manera de relacionarnos con el mundo.

Ahora vamos a observar cada uno con mayor profundidad.

El carácter movido por el apego antes de la transformación

El carácter apegado o codicioso se construye alrededor del deseo. Se experimenta como una sensación de estar buscando, de querer más y de adicción. Se aferra a la comodidad y evita la falta de armonía en todas las situaciones. Desea la satisfacción a través de los placeres, buscando lo que le gusta en el mundo de los sentidos. Desde el gustar, puede pasar rápidamente al anhelo, la pasión y la sensualidad. A partir de las raíces del apego, surgen estados asociados de vanidad, obstinación, orgullo, egocentrismo, celos, avaricia, falsedad y adicción. El temperamento apegado se asocia con un equilibrio equitativo de los elementos tierra, aire, fuego y agua.

Cada carácter tiene también un estilo físico distintivo. Las enseñanzas tradicionales afirman que los que tienen un carácter apegado caminan con gracia, con pasos elegantes y ligeros; su actitud es segura y serena. Les gusta dormir cómodamente, despertarse poco a poco, estirarse y relajarse, y comer sin prisas, con predilección por los alimentos sabrosos y dulces. En la vida moderna, estas personas conducen con una atención relajada y tranquila y se desplazan hábilmente entre el tráfico.

Cuando una persona con un temperamento apegado entra en una habitación, ve todo lo que es agradable y se entretiene en ello. Deja las circunstancias agradables poco a poco y lamentándolo. Cuando conoce a alguien nuevo, se fija en las virtudes triviales y pasa por alto los verdaderos defectos, y en la conversación evita el conflicto y busca la armonía, incluso a través de la falta de honestidad.

El carácter movido por la aversión antes de la transformación

El carácter dominado por la aversión se construye alrededor del juicio y el rechazo de la experiencia. Tiene una cualidad antagonista que le lleva a ver los errores con facilidad; según su visión, los problemas están aparentemente en cualquier parte. Es crítico, se siente contrariado, es pendenciero y desprecia muchas cosas. La aversión puede generar estados de rabia, venganza, altivez, odio, crueldad, agresión y lucha por el control. En este carácter hay rasgos de rigidez y avaricia. Se asocia con los elementos del fuego y el viento.

Tradicionalmente, el carácter movido por la aversión se relaciona con un andar rápido, con pasos firmes. Tiene una actitud envarada, y se mueve con rigidez y tosquedad, tensión y tirantez. Este carácter se ha descrito como alguien que se acuesta deprisa, duerme con el ceño fruncido, se despierta en seguida y toma a veces alimentos agrios o ácidos, comiéndolos sin darse tiempo para saborearlos; sin embargo, se disgusta y ofende cuando su comida no es la adecuada. Hoy en día, diríamos que esta persona conduce de forma apresurada, agarrado con fuerza al volante, y se mueve con brusquedad entre los coches, sintiéndose fácilmente enojado con otros conductores.

Cuando una persona con un carácter movido por la aversión entra en una habitación, advierte lo que está mal, se centra en los problemas, se fija en cualquier objeto desagradable, registra los defectos triviales y desprecia las verdaderas virtudes. O bien presta escasa atención, evita el contacto real, como si estuviera cansado o aburrido, y se marcha deprisa, como si estuviera ansioso por marcharse.

El carácter movido por la ilusión antes de la transformación

El carácter movido por la ilusión o la confusión se construye alrededor de la inseguridad y la confusión. La experiencia de las personas con este temperamento es no saber bien qué hacer ni cómo relacionarse con el mundo. Buscan la tranquilidad ignorando lo que está ocurriendo o a través del embotamiento y la inacción. Este carácter tiende a la perplejidad y la preocupación, la duda, la negligencia, el pensamiento disperso, a sentir ansiedad y agitación. El tipo movido por la ilusión puede también caer en el alcoholismo. Se asocia con la pesadez de la tierra y el movimiento del agua.

En general, los caracteres movidos por la ilusión tienen un aspecto atolondrado, caminan titubeantes, con pasos inseguros, arrastrando los pies, y actúan de un modo indeciso y caótico. Se dice que duermen despatarrados o boca abajo, y se despiertan con un «¿Eh?». Comen de forma despreocupada, sin saber qué les apetece, o comen descuidadamente, dejando caer bocados de comida, perdidos en sus pensamientos. En la vida moderna, conducen distraídos, saliéndose de su carril, serpenteando entre los otros coches.

Cuando las personas con un carácter dominado por la ilusión entran en una habitación, se sienten confundidas, sin saber qué hacer ni cómo actuar. En la conversación, copian lo que hacen otros: si todos elogian, ellos elogian; si todos critican, ellos critican. En general, son inconstantes y están algo perdidos.

Aceptar nuestra peculiar personalidad

No importa cuán anciana sea una madre, seguirá esperando encontrar señales de que sus hijos adultos continúan mejorando.

FLORIDA SCOTT-MAXWELL

En principio, ninguno de estos tipos de personalidad suena muy atractivo. Mirar de cerca una personalidad y un carácter es como mirar de cerca el cuerpo. El cuerpo humano tiene mejor aspecto cuando se observa desde una distancia intermedia, con una luz suave. Si miramos más de cerca, vemos los poros, los dientes, el vello, los bultos, las imperfecciones. Incluso los cuerpos más jóvenes y bellos pueden parecer terriblemente defectuosos a sus habitantes. Observar la personalidad es aún más inquietante.

Cuando los estudiantes se sientan por primera vez con ellos mismos en un retiro de meditación en silencio, sus patrones de personalidad se ven ampliados. En la mitad de un retiro, apareció una nota caligrafiada en el panel de anuncios con estas palabras: «Conocerse a uno mismo no hace gracia». Los tipos movidos por la aversión se tornan conscientes de los cientos de juicios que pasan por sus cabezas: sobre ellos mismos, los otros estudiantes, el maestro, la sala, etcétera. Los tipos movidos por el apego descubren su constante anhelo por lo que les falta. Quieren que el cojín sea mejor, que la sala sea más agradable, el trozo de pastel más grande. Su naturaleza adictiva se intensifica. Si son del tipo movido por la confusión, sus dudas se vuelven enormes. Se preguntan qué están haciendo ahí y por qué han venido. Dudan de los maestros, cuestionan el valor de estar sentados en silencio, dudan de ellos mismo: *¿merezco tanta atención?*

Un estudiante confesó que para intentar compensar su personalidad, se pasó cinco días de la práctica simplemente tratando de parecer diferente. Otra contó que esperaba que se produjese una transformación total de su personalidad. Pero no ocurre de ese modo; tenemos que trabajar con lo que somos.

En el monasterio de bosque, descubrí de inmediato que soy el clásico tipo movido por el apego. Dame una casucha abandonada o una cabaña en el bosque y la dejaré limpia y hasta buscaré una flor para adornar la ventana. Algunos dicen que el carácter apegado es el que puede trabajarse con más facilidad. Pero, según mi experiencia, la codicia me impide ver el mundo tan claramente como a los tipos movidos por la aversión, y me quedo mucho más apegado a las cosas que los tipos confundidos. Sin la atención plena, siempre estoy buscando lo que deseo, o buscando el modo de que las cosas sean mejor. Hay una cualidad adictiva en mi relación con la comida, el contacto, la sensualidad. Y en lo profundo, una frustrante soledad. Inconscientemente, siempre estoy intentando agradar a la gente. Desde ese estado, todo se orienta hacia el futuro. Estar ocupado, querer más, querer que las cosas se hagan, arreglarlo todo, hacerlo aún mejor, más grande. Cuando mi apego es fuerte, crecen las tentaciones, las posibilidades, la arrogancia y el orgullo. Puedo ignorar los conflictos y perderme en un objetivo. Quiero que todo funcione, que todo esté bien.

La buena noticia es que yo no soy mi personalidad. Ninguno lo somos. A veces pienso en la personalidad de una mascota obstinada y demandante. Podemos intentar que mejore su comportamiento, pero durante el resto de su vida necesitará una cierta cantidad de afecto, agua y pienso para comer. Es bueno tener sentido del humor cuando se cuida a una mascota, cualesquiera que sean sus peculiaridades. En realidad, la comunidad de maestros espirituales budistas, hindúes y de otros lugares está formada por un conjunto de personalidades tan raras y excéntricas como las que encontrarías en cualquier parte, yo incluido.

Una amiga y maestra zen se describe exactamente como el tipo movido por la aversión. Cuando viaja, siempre le desagrada la comida o el clima, el calor o el frío, la excitación o el aburrimiento, las sensaciones de su cuerpo o lo que hacen sus amigos. Pero ha llegado a desarrollar tanto sentido del humor hacia esto que es realmente divertido escucharla contar sus ataques de aversión. Puede decir: «Me está dando un ataque. Odio ese estúpido aeropuerto y esta estúpida manera de facturar el equipaje. ¡No pienso volver a viajar!». Después hará una pausa. «Bueno, por supuesto, lo que digo no es verdad y el mes que viene estaremos otra vez viajando y volveré a quejarme de la misma manera». Luego se ríe de un modo realmente simpático.

Otro maestro budista es del tipo apegado y se describe a sí mismo como un heredero del Imperio romano. Le encanta la comida, la sensualidad, la comodidad, el placer y la satisfacción. Simplemente es honesto con lo que es. Es modesto, cariñoso, generoso, compasivo; desea que los demás se acepten a sí mismos. Y cuando están cerca de él, la gente lo hace: les encanta pasar tiempo con él. Su amor a la vida se traduce en una generosidad palpable hacia los otros.

Un tercer maestro espiritual que conozco se identifica a sí mismo como el tipo movido por la ilusión, algo confundido, desordenado, algo despreocupado, no demasiado cerca del plano físico. Cuando viaja, puede ser un desastre con los detalles, y cuando trabaja con otros se hace un lío, se confunde respecto a sus tareas asignadas y puede parecer que no sabe lo que está haciendo. Pero es alguien muy querido por su corazón bondadoso, su profunda compasión y su honesta vulnerabilidad, y sus cualidades de profesor despistado son encantadoras para los que están alrededor de él.

Para que se vieran claramente los tres tipos búdicos de personalidades, en uno de nuestros retiros de estudio, agrupamos a los estudiantes en grupos diferentes según el carácter. Dejamos que las cinco o seis personas de cada tipo describieran cómo se movían por el mundo. Los del tipo apegado fueron armoniosos y corteses, y dieron todo tipo de ejemplos sobre cómo minimizaban los problemas y trataban de manipular las circunstancias para obtener los mejores resultados. Cuando los tipos con tendencia a la aversión explicaron sus historias de juicios y sus problemas, entraron en conflicto entre ellos mismos y con algunas de las personas que observaban. Los tipos centrados en la ilusión respondieron de forma dispersa y confusa. Al juntar a los diferentes tipos, entre los movidos por la aversión se comentó: «Nunca entendía cuál era el problema de mis amigos confundidos. Ahora me doy cuenta de que es toda una forma de ser».

Una vez reconocemos los patrones de personalidad, podemos ver lo que son: simplemente diferentes patrones de energía. Esta perspectiva resulta útil en la pareja, en la relación con los hijos y en los grupos de personas. Nuestras personalidades no son un error, simplemente somos diferentes. Cuando aceptamos este hecho, podemos abrazarlas en la conciencia espaciosa. El sabio Krishnamurti considera esta aceptación como la base para el despertar: «Mientras intentas ser otro distinto a quien eres, tu mente solo se agota. Pero si dices: "Esto es lo que soy, esto es un hecho y voy a investigarlo y a entenderlo", entonces sí que puedes ir más allá».

Como Ajahn Jumnian y Ajahn Chah, cuando trabajo con las personas me interesan los patrones iniciales de carácter que muestran. Críticos y discutidores, sociables o tímidos, confusos o caóticos, todos tienen un tremendo potencial. Sara, una estudiante que vino a trabajar conmigo, tenía una gran vergüenza e inseguridad por su familia. Era tímida y se sentía confundida con facilidad. Era difícil saber si su confusión y su incapacidad de hablar se debían principalmente al trauma o si formaban parte de su personalidad desde el comienzo. Resultaron ser ciertas ambas cosas. Le encantaba meditar, lo que, al principio, lo ayudó a liberarse del dolor familiar. Cuando su mente se aquietó, aumentó su claridad, pero seguía siendo muy tímida en los grupos, y esto la llevaba a ser muy crítica con ella misma. Practicó observando sus juicios hacia ella como algo impersonal, como patrones condicionados del pasado, no como una verdad. Sara se dedicaba a la jardinería y a las plantas medicinales y le encantaba estar sola. Le resultaba difícil relacionarse con demasiada gente. Los demás la juzgaban por ser una solitaria, y ella también se juzgaba a sí misma.

Le pregunté si sabía que era bastante introvertida. Asintió. Reconocí lo difícil que resulta para los introvertidos estar en nuestra cultura americana tan gregaria. Como Sara, muchas personas introvertidas vienen a nuestros retiros de meditación. Cuentan que casi nadie las entiende o las valora. Esto no ocurre del mismo modo en todas las culturas. Le conté a Sara que tengo un amigo que recorrió Finlandia y Laponia haciendo autostop. Dijo que viajó durante cientos de kilómetros con personas que se sentían cómodas sin hablar. A Sara le encantó oír esto. Me dijo que, si no podía tener suficiente soledad, se desconectaba de ella misma, pero que esto siempre le había parecido un error. Cuando acabamos nuestra conversación, me dedicó una bella y tímida sonrisa. El oro de su bondad original resplandecía.

Otro estudiante, Jeff, era un tipo melancólico que normalmente veía el vaso medio vacío. Su carácter era el típico movido por la aversión; enseguida se juzgaba a sí mismo y a los otros. Pero también tenía un ingenio creativo y una visión clara. A mí me gustaba hablar con él. A pesar de su tendencia depresiva, era elegante, bien educado y divertido. Una vez lo escuché cantando blues, que intercalaba con algunos chistes para aligerarlos. Era la expresión perfecta de Jeff, el sufrimiento y el humor. A medida que siguió trabajando con las prácticas budistas, empezó a llevar su humor también a sí mismo, pudo ver sus patrones de personalidad con más aceptación. Los juicios se suavizaron. Con la práctica de la gratitud, su melancolía se animó un poco. Luego dejó de trabajar en una pequeña empresa y empezó a dar clases de ciencia en una escuela de secundaria. Su abierta honestidad y su agudo ingenio hicieron que se ganase rápidamente el aprecio de sus estudiantes. Con los años, su temperamento, aunque en esencia seguía siendo el mismo, se transformó. Su claridad, ahora llevada con más dignidad y nobleza, se hizo evidente para todos.

Otro practicante, Joseph, trabajaba como fisioterapeuta. Era del tipo movido por la aversión, con un temperamento ansioso y temeroso. Siempre que había el menor defecto o problema, su imaginación se disparaba hacia las posibilidades más alarmantes. Si su esposa no llamaba, significaba que estaba en el hospital. Si en el parte meteorológico anunciaban tormentas, significaba que el avión en el que viajaba su hijo podía tener un accidente al aterrizar. Tenía una historia familiar dura. El Ku Klux Klan había incendiado la casa de su abuela. Su padre había estado hospitalizado por depresión. Había sido un niño hipersensible, que se sentía asustado y confundido fácilmente. Ahora, la hipersensibilidad le resultaba muy útil en su trabajo de fisioterapeuta, pero también le dificultaba su vida personal. Con la práctica de la respiración, Joseph aprendió a relajar el estrés en su cuerpo y a dejar de identificarse con los pensamientos inquietantes y catastróficos. Siguió siendo reflexivo y atento, y al conseguir manejar mejor su estrés y ansiedad, su sensibilidad le permitió convertirse en un brillante sanador. Aunque aún podía ponerse ansioso, ya no se creía sus ansiedades. Se volvió más valiente a pesar de sí mismo.

La alquimia de la transformación

El fundador de la química moderna, Antoine Lavoisier, dijo: «Nada se pierde, todo se transforma». Podría haberse referido al corazón y a la mente tanto como a las reacciones químicas. La transformación es posible. No es la excepción, es la regla.

La transformación se representa de forma ritual cada vez que se funde una estatua del Buda para un templo. Antes de realizarla, los participantes se reúnen en el templo. Se hace una colecta de oro especial para fundir la llama de la iluminación que surge de la cabeza del Buda. Se ofrecen joyas preciosas, amuletos sagrados, incluso anillos de oro que se depositan en un crisol para fundirse y, luego, formar la llama de la sabiduría. Simbólicamente, los metales no nobles de la vanidad, el materialismo, la superstición y los corazones rotos se transforman en el oro de la liberación.

Del mismo modo, podemos aprender a transformar los estados no saludables de nuestra personalidad. No son lo que somos realmente y, sin embargo, como el oro, no se pierden. Aunque nuestros problemas no desaparecen cuando los reconocemos y no nos identificamos con ellos, ya no reaccionamos a ellos ni nos quedamos atascados. Su energía liberada nos lleva a estar mucho más vivos.

El temperamento apegado, cuando se transforma, desarrolla belleza y abundancia. Del mismo modo que Somchai construyó una exquisita sala de meditación para Ajahn Jumnian, tomamos cualquier situación en la que nos encontremos y la embellecemos. Realzamos la bondad y la generosidad de las personas que nos rodean y llevamos la armonía a nuestro hogar y a los lugares donde se produce cualquier encuentro social. Como tipo movido por el apego, en Spirit Rock, pongo la atención en la estética de los muros de piedra, de los cojines, en las expresiones de arte. También intento respaldar y admirar a la gente que me rodea. Confío en los beneficios de un lugar de trabajo armonioso. Recuerdo una persona del tipo apegado, un médico, que me contó que todo su equipo de quirófano funcionaba mejor cuando hacía que sonase una música bella en el quirófano. De este modo, nuestras tendencias habituales se convierten en regalos para los que nos rodean.

El temperamento movido por el apego, cuando se transforma, desarrolla discernimiento, sabiduría, no beligerancia y bondad. La ira puede transformarse en la fuerza y la claridad que unen los opuestos. Algunas de las ideas más importantes que han llegado a Spirit Rock provienen de la insatisfacción afectuosa de nuestros participantes movidos por la aversión. No se quieren conformar con la mediocridad y la falta de integridad, por eso dicen la verdad sobre los problemas y catalizan la energía del grupo. No temen las dificultades; conocen el valor de trabajar creativamente con los conflictos. Como James Autry, poeta y hombre de negocios, explica: «Si piensas que manejar el conflicto y la diversidad es algo problemático, no has reflexionado sobre los problemas de manejar la igualdad. Yo prefiero el reto de intentar encontrar la armonía y la buena voluntad entre personas que se oponen que tratar de frenar cualquier innovación, creatividad o riesgo en un grupo en el que son todo fotocopias unos de otros».

Cuando se transforman, los caracteres con tendencia a la ilusión desarrollan espaciosidad, ecuanimidad y comprensión, lo que se ha llamado la sabiduría del gran cuestionamiento. En Spirit Rock, los tipos confundidos aportan inocencia y lo que se conoce como la mente del principiante. Preguntan: «¿Cómo es venir aquí cuando no sabes nada de meditación? ¿Entiendes lo que está pasando? ¿Te sientes seguro? ¿Por qué hacemos lo que hacemos?

¿Es solo un hábito?». Este cuento sufí lo explica así: «Un hombre que había estudiado mucho en las escuelas de sabiduría finalmente murió cuando le llegó su momento y se encontró ante las Puertas de la Eternidad. Un ángel de luz se acercó y le dijo:

–¡No puedes seguir, oh mortal, hasta que me hayas demostrado que mereces entrar en el Paraíso!

Pero el hombre le respondió:

–Espera un momento. Primero, ¿puedes tú demostrarme que este es el verdadero Cielo y no solo una fantasía ilusoria de mi mente trastornada por la muerte?

Antes de que el ángel pudiera responder, una voz gritó desde dentro:

–¡Déjalo entrar, es uno de los nuestros!

Finalmente, después de la transformación podemos aprender a soltar del todo nuestra identificación con la personalidad. Harrison Hoblitzelle, un maestro budista y amigo, demostró esta transformación cuando se enfermó. A los sesenta años le diagnosticaron la enfermedad de Alzheimer. Esta enfermedad y otras formas de demencia aterrorizan a la mayoría de la gente. Y realmente, el largo deterioro de Hob fue una experiencia ardua para su familia. Sin embargo, cuando le dieron el diagnóstico, decidió usar su enfermedad como un lugar para practicar. Había sido una persona noble y generosa, que se había entregado con amor a sus alumnos y a la práctica. Continuó ofreciendo al mundo su corazón bondadoso, incluso cuando su memoria y su identidad se perdieron.

Durante los primeros años de su deterioro, Hob aún enseñaba en ocasiones y hablaba de su experiencia. Una tarde, sin embargo, se encontró ante un grupo de meditación cuando ya había olvidado quién era y por qué estaba allí. Así que simplemente empezó a reconocer con atención plena la experiencia describiéndola en voz alta: mente en blanco, nerviosismo, miedo, tensión en el cuerpo, vergüenza, frío, curiosidad, nerviosismo, calma, relajación, mente en blanco, sentimiento amoroso, más calidez, menos temblor, aún inseguridad, y así durante varios minutos. Era todo lo que podía hacer. Finalmente se calló, se quedó un rato en silencio y luego hizo una reverencia inclinando la cabeza hacia la audiencia. La gente se levantó y le aplaudió honrando su presencia y su valor. Fue, como muchos dijeron, «una de las mejores enseñanzas que he recibido». Durante un momento, Hob transformó incluso el Alzheimer en libertad.

Práctica: Reconocer tu tipo de personalidad

Vuelve al apartado «Encontrar tu tipo». Reflexiona sobre las tres situaciones descritas e intenta situar tu experiencia más predominante en uno de los tres caracteres básicos. Una vez elijas el que se ajuste más a ti, contémplalo con la atención plena.

- Observa cómo funciona tu carácter durante todo un día con la gente, las circunstancias, los placeres, las dificultades.
- Date cuenta de cómo el carácter es un patrón impersonal que actúa de un modo bastante automático.
- Advierte cualquier juicio que hagas sobre tu personalidad y observa qué ocurre si sueltas el juicio.
- Date cuenta de cuáles son los aspectos más valiosos de tu carácter, como la capacidad de apreciar, la claridad o la facilidad en el trato.
- Observa qué ocurre si te centras en esos aspectos positivos.

Ahora piensa en un amigo o amiga o en cualquier persona cercana a ti que tenga un temperamento muy diferente. Imagina a esta persona en las tres situaciones. Sitúala en alguno de los caracteres básicos. Una vez reconozcas su carácter, contémplalo con la atención plena.

- Observa cómo funciona su carácter con la gente, las circunstancias, los placeres, las dificultades.
- Date cuenta de cómo este estilo de personalidad es un patrón impersonal que actúa de un modo bastante automático.
- Advierte cualquier juicio que hagas sobre su personalidad, y observa qué ocurre si sueltas el juicio.
- Date cuenta de cuáles son los aspectos más valiosos de su carácter, como la capacidad de apreciar, la claridad o la facilidad en el trato.
- Observa qué ocurre si te centras en estos aspectos positivos.

13. Transformar el deseo en abundancia

La mayoría de las personas no llegan a ver la realidad
a causa del deseo. Están apegadas; se aferran a los objetos
materiales, a los placeres, a las cosas de este mundo.
Este mismo apego es la fuente del sufrimiento.
MAJJHIMA NIKAYA

Tú, la persona más rica del mundo, has estado trabajando
y esforzándote sin cesar, sin entender
que ya posees todo lo que buscas.
EL SUTRA DEL LOTO

Cuando tenía ocho años, después de pasar varios días enfermo con fiebres altas, me llevaron al hospital casi totalmente paralizado por lo que parecía ser una poliomielitis. Recuerdo que estaba tumbado en la cama de una sala extraña, preguntándome si me iba a morir. Era un verano muy caluroso en Sant Louis, e incluso de noche parecía que el hospital estuviera abrasándose, crujiendo y gimiendo, lleno de extraños olores. Para las punciones lumbares utilizaban una enorme aguja sin anestesia alguna. Era un hospital católico, y también me asustaban los curas y las monjas con sus hábitos negros. Me hacían preguntas sobre si rezaba y si me había confesado de un modo que me parecía raro e inquietante.

Solo quería salir de allí y poder volver a correr con mis hermanos otra vez como un niño. Cuando me incorporaba podía ver por la ventana una pequeña zona de césped. Un día oí a unos niños que jugaban allí. ¡Cuánto deseé poder estar en aquel jardín...! Me parecía increíblemente bello. Mi mayor deseo era caminar sobre esa hierba, moverme otra vez. Y entonces, un día, eso se hizo posible. Después de un tiempo, mi parálisis revertió de forma natural y me libré de pasar el resto de mi vida en una silla de ruedas. Cuando finalmente me llevaron a casa, lo primero que hice fue coger un avión de madera de balsa y e ir directo al parque de la esquina. Tenía una zona de césped como la que había visto desde la ventana del hospital, y empecé a rodar sobre la hierba, revolcándome una y otra vez de alegría.

Nuestro mundo se mueve por el deseo. No habríamos nacido de no ser por el deseo sexual. Sin el continuo deseo, moriríamos. Existe el deseo de amar, de estar conectado, de comprender, de crecer. Cuando las personas pierden su deseo de vivir, se tiran desde un puente o se toman un montón de pastillas. Necesitamos desear. Y, sin embargo, el deseo es también un gran reto para nosotros. Equivocadamente, muchas personas creen que el budismo condena todo deseo; pero no se trata de deshacerse del deseo. En vez de eso, la psicología budista diferencia entre el deseo saludable y el no saludable. De este modo nos conduce a una libertad mayor que la que hay en el mundo del deseo, en la que podemos transformar el deseo en abundancia.

Desde luego, esta transformación no es fácil. Cuando era joven e iba a entrar en el monasterio del bosque, tuve conflictos con el deseo. Había adoptado los sentimientos antimaterialistas de los años sesenta. Los jóvenes como yo despreciábamos la cultura consumista americana, el mundo de la adquisición sin límites, las jornadas laborales interminables y la aturdidora publicidad. Creíamos ser los primeros en haber descubierto que nuestra cultura había perdido el alma, pero, ya en el año 1823, Alexis Tocqueville lo había diagnosticado: «He visto a los hombres más libres y más cultos en las circunstancias más felices que el mundo puede ofrecer; sin embargo, me pareció que había una nube en su entrecejo y se les veía serios y casi tristes incluso cuando se estaban divirtiendo… porque nunca dejan de pensar en las cosas buenas que todavía no tienen».

Sin embargo, a pesar de lo mucho que repudiaba eso, sabía que el deseo no era del todo malo. Yo deseaba los placeres del amor libre y la buena música, los viajes y la aventura. La contracultura había rechazado la visión puritana de que los deseos mundanos son pecados abominables. La psicología moderna había ayudado a que el deseo se liberase del peso aplastante de la represión «civilizada». Y allí estaba yo. Quería algunos de mis deseos, aunque no todos, y veía que muchas personas a mi alrededor tenían el mismo conflicto.

En este torbellino de confusión entré en el monasterio de Ajahn Chah, conocido por su estricto ascetismo. Ya que iba a dedicarme a la vida monástica, como carácter movido por la codicia, lo iba a hacer bien. Me apliqué en aprender las exigentes prácticas del monasterio y luego las hice incluso más intensas. Vivía en una extrema simplicidad. Usaba un hábito viejo y hacía una sola comida al día, sin tomar nada más aparte de eso. Aprendí a observar las largas procesiones de deseos que llegaban y se iban, sin dejarme llevar por ellos. Sentía que me estaba liberando y purificando al vivir de esta manera. En vez de quedarme atrapado en los deseos, los eliminé todos. Pero poco a poco me di cuenta de que, aunque había aprendido mucho en mi experimento, esto no era más que una compensación exagerada.

Esto se hizo manifiestamente evidente cuando volví a Estados Unidos. Al principio encontré un trabajo de taxista y alquilé un apartamento en Boston. Tenía una relación con una mujer que era ayudante de cátedra en Harvard. Nuestras primeras semanas fueron espléndidas, llenas de romanticismo y placer. Pero, luego, ella empezó a frustrarse cada vez más conmigo porque yo nunca decía lo que quería. Si me preguntaba si quería ir a un restaurante italiano, chino o indio, le respondía que todos me parecían bien. Cuando intentábamos decidir qué película íbamos a ir a ver, yo decía que todas me parecían interesantes. Después de un tiempo, esto acabó sacándola de quicio. En el monasterio, yo había aprendido a tomar el hábito que me ofrecían y a comer cualquier cosa que pusieran en mi cuenco. Gracias a esto aprendí la aceptación y la ecuanimidad, pero también perdí el contacto con mis propios deseos. Mis preferencias quedaron tan profundamente enterradas, que ya no era consciente de ellas. Desesperada, mi novia me dio una pequeña libreta. Me dijo que cada día escribiese cinco cosas que me gustasen y cinco que me desagradasen, hasta que descubriese de nuevo cómo vivir en el mundo.

En esos primeros meses que estuve en Boston, mientras escribía lo que me gustaba y lo que me desagradaba, me di cuenta de que había interpretado erróneamente las enseñanzas budistas. La idea no es quedarse sin deseos, sino desarrollar una relación sabia con el deseo. Ahora pienso en Ajahn Jumnian, que, siendo un maestro de meditación y chamán, tenía una colección de miles de amuletos sagrados y objetos de sanación. Y el maestro zen Kapleau, que, poco antes de morir, le dio una barra de chocolate a una amiga desanimada y le dijo: «¡Cómetela!». Como declaró el poeta William Blake: «Los que atraviesan las puertas del Cielo no son seres sin pasiones o que las han reprimido, sino los que han cultivado su compresión».

Este es el décimo tercer principio de la psicología budista:

---

13 Hay deseos saludables y no saludables. Conoce la diferencia. Después encuentra la libertad dentro de ellos.

¿Cómo practicamos este principio? Los budistas conectan la raíz del deseo con el factor mental neutro llamado la voluntad de hacer. Esto forma parte de la energía de la vida. Cuando la voluntad de hacer se dirige de manera saludable, provoca deseos saludables. Cuando la voluntad de hacer se dirige de manera no saludable, provoca deseos no saludables. En la descripción tradicional de los deseos no saludables se incluyen la codicia, la adicción, la ambición desmesurada, la ludopatía, la lujuria y la avaricia. Los deseos no saludables derivan en afán de posesión, egocentrismo, insatisfacción, compulsión, desvalorización, insaciabilidad y otras formas similares de sufrimiento.

Los deseos sanos nos permiten alimentarnos, vestirnos y cuidarnos, atender a nuestro cuerpo y a nuestros hijos, desarrollar nuestro trabajo y ser útiles a nuestra sociedad. Los deseos saludables se asocian al cariño, el aprecio y la bondad. Esto es evidente en los vínculos sanos y amorosos entre padres e hijos de los países budistas. Los niños de Tailandia, Tíbet y Sri Lanka, en el regazo de los mayores, muestran sus caritas radiantes, alegremente desinhibidos, llenos de amor por la vida. Para todos nosotros, estos mismos deseos saludables se traducen en dedicación, constancia, gestión responsable, gentileza, generosidad y flexibilidad. Son la fuente de la felicidad.

Aparte de los deseos saludables, la psicología budista describe una libertad que no se contempla en nuestra cultura; sin embargo, todos la conocemos. Es ese lugar de libertad interior donde ya no existe el apego al deseo, donde podemos actuar y, aun así, no estar atrapados en el deseo. Es como si estuviéramos desesperadamente anhelando comprar un casa y la perdiéramos porque alguien ha ofrecido una oferta superior a la nuestra. Renunciamos a ello y luego, dos semanas más tarde, el agente inmobiliario nos llama para decirnos que el otro comprador ha bajado su oferta y podemos quedarnos con la casa. Ahora, sin la compulsión, podemos reflexionar. ¿Necesitamos realmente la casa? ¿Se adaptará a las necesidades de nuestra familia? Finalmente podemos elegir comprar la casa y amueblarla. Pero entonces lo hacemos con mayor libertad, sin sentir preocupación ni apego. De este modo nos sentimos mucho mejor. Esta es la capacidad de entrar sin aferrarse en el mundo del deseo, de forma juguetona, de forma libre.

El siguiente diagrama puede ayudar a clarificar el enfoque budista del deseo:

LA VOLUNTAD DE HACER
Un estado mental neutro, una expresión de la energía de la vida que surge en toda actividad

DESEO NO SALUDABLE	DESEO SALUDABLE
Crea sufrimiento Basado en la codicia y la ignorancia Deriva en posesión, miedo, avaricia, apego	Crea felicidad Basado en la sabiduría y la compasión Deriva en interés, gestión responsable, generosidad, integridad, crecimiento espiritual

LIBERTAD Y ABUNDANCIA MÁS ALLÁ DEL DESEO
Aporta una actitud juguetona
y relajada dentro del mundo del deseo

El coste de apegarnos a nuestros deseos

Aunque el polvo del oro es precioso,
cuando te entra en los ojos, no te deja ver.
HSI TANG

La psicología budista propone liberarnos de nuestros deseos insanos y que sigamos con ligereza nuestro deseos sanos. Para transformar el deseo, primero tenemos que sentir cómo funciona en la experiencia íntima del cuerpo y la mente. El deseo puede conducirnos desde el placer sublime hasta una feroz adicción, desde la supervivencia física a los anhelos espirituales. El deseo mueve a los buscadores de setas y a los inversores, la danza sufí y el *rock and roll*.

Esto es lo que contiene el deseo. ¿Pero cómo sentimos realmente el deseo cuando está presente? ¿Cuál es su efecto? ¿Qué ocurre cuando nos aferramos a nuestros deseos con demasiada fuerza? Hay tensión en el cuerpo, contracción emocional, obsesión mental, una actitud centrada en el futuro. Tiene que ver con la compulsión. La ansiedad, los celos, la rigidez y la inseguridad se vuelven más fuertes.

El deseo nos hechiza y pagamos un precio por ello. Cuando estamos perdidos en el deseo, el corazón se cierra. En la India, lo describen de este modo: «Cuando un carterista se encuentra con un santo, lo único que ve es su cartera». Cuando conocemos a alguien y estamos llenos de nuestro propio deseo, nos volvemos calculadores, midiendo lo que vanos a decir por lo que nos va a reportar. Es lo mismo que cuando tenemos hambre. Si salimos a la calle, solo vemos restaurantes; pasamos por alto los árboles alineados en la acera, la luz del sol de media tarde y los rostros de los transeúntes. Un amigo que es un experimentado viajero me confesó: «He visto ciudades enteras de Europa a través de la lente de "¿Dónde está el lavabo?"». En el zen se dice: «El secreto aguarda a unos ojos libres de anhelo».

En su extremo, el apego y el deseo se convierten en adicción. La psicología budista describe el estado de adicción como un espíritu hambriento. No importa lo que puedan intentar comer los espíritus, la satisfacción es imposible. Este es el estado de conciencia en el que el deseo se vuelve insaciable; la sed no puede nunca satisfacerse. Para el espíritu hambriento, como para el adicto, los breves momentos de alivio que provoca la bebida o la dosis de droga o el atracón, se siguen de una pausa y enseguida vuelve el ansia de consumir más.

El sufrimiento del deseo es evidente en la adicción, pero el deseo ordinario tiene también su sufrimiento. Queremos estar más delgados, ser más encantadores, admirados, tener más éxito, más seguridad. Utilizamos los deseos para distraernos de la incomodidad. Cuando surge un sentimiento inconsciente de inseguridad, aburrimiento o vacío, le sigue el deseo. Abrimos la nevera, encendemos el televisor, nos evadimos con distracciones, con el trabajo o con las adicciones. Queremos otro pedazo de pastel de chocolate que nos inspire, otro trago o un nuevo cotilleo para sentirnos mejor. Los deseos actúan temporalmente como calmantes del dolor; aunque al principio son inofensivos, podemos llegar a habituarnos a ellos. Cuanto más solos y separados nos sentimos, más recurrimos a nuestros deseos para compensarlo. Vamos todo el día arrastrados por la cadena de deseos que surgen uno tras otro hasta que, al final, perdemos el contacto con lo que somos de verdad. Aunque el mundo puede recompensarnos por nuestro empuje, internamente nos sentimos menoscabados. Virginia Woolf lo describió así: «Si las personas tienen un gran éxito en su profesión, pierden sus sentidos... La vista desaparece. No tienen tiempo de mirar imágenes. Los sonidos desaparecen. No tienen tiempo de escuchar música. El habla desaparece. No tienen tiempo de conversar. Pierden su sentido de la proporción... La humanidad desaparece».

En la vida moderna, el deseo compulsivo puede apreciarse a una escala global: en la fiebre por el petróleo, la deforestación de las selvas tropicales, la privatización de los ríos y los lagos y el establecimiento de patentes para alimentos básicos humanos como la soja y el maíz. «El mundo está enfermo», como dijo Ajahn Chah. La activista budista Helena Norberg-Hodge ha descrito la manera en que el deseo ha afectado en la época moderna a las comunidades tibetanas de Ladakh, en la India. Durante mil años, pensaron que eran afortunados. Vivían de forma sencilla, con lluvia suficiente para regar sus cosechas y tiempo para cuidar sus templos y seguir el ritmo sagrado del año. Cuando Ladakh se abrió por primera vez a Occidente en la década de 1970, los *ladakhis* explicaron a los visitantes cuánta riqueza y abundancia sentían que había en sus vidas. Ahora, treinta años más tarde, tras el contacto con la televisión, los relojes de pulsera, la música y la moda procedentes de la India y Estados Unidos, los mismos *ladakhis* y sus hijos se quejan a los visitantes de lo pobres que son. Todo está en la comparación. Ahora, al sentirse pobres, muchos *ladakhis* han abandonado sus pueblos para vivir en la ciudad, en barrios miserables donde la gente vive hacinada, buscando la felicidad prometida por el mundo moderno. Son las bendiciones de la modernización, y podemos entender el deseo de esas gentes de tener agua corriente y luz eléctrica, pero también reconocemos el coste del materialismo cuando el deseo rompe el equilibrio.

Para recuperar nuestra libertad y equilibrio innatos, debemos investigar el deseo y estar dispuestos a trabajar con él. ¿Cómo? Depende de nuestro condicionamiento, depende de si tendemos a desear en exceso o a suprimir el deseo. Para aquellos de nosotros que nos excedemos fácilmente deseando, buscando la satisfacción de un deseo tras otro, el enfoque más sabio requerirá una poderosa disciplina para soltar. Pero para aquellos que temen desear, que han sido condicionados para ignorar, suprimir y temer los deseos, se necesitará otro remedio.

John, un prestigioso abogado inmobiliario que tendía a los excesos en su vida sexual, al consumo de cocaína y alcohol y a la búsqueda de «buenos momentos», necesitó prácticas para soltar. Al sentir el sufrimiento de sus repetidos excesos, empezó a sentir las disciplinas budistas de la virtud. Vivía cerca de un pequeño monasterio de la tradición del bosque en Estados Unidos y, animado por su maestro y por la comunidad de practicantes, hizo el voto de no hacer daño y no embriagarse. Los votos y la comunidad lo ayudaron a mantenerse sobrio. Esta renuncia le condujo a descubrir los primeros momentos de libertad interna que había sentido en años. Después, sus meditaciones lo llevaron a abrirse más profundamente a algunos de los orígenes dolorosos de sus deseos, el abandono y las traiciones en su historia. Por último, John llegó a descubrir el vacío del propio deseo, a deleitarse con el silencio y el bienestar que tanto había buscado.

Para otra estudiante, Trudi, la práctica con el deseo requirió el enfoque contrario. Tenía una tienda de tarjetas de felicitación en la que trabajaba todo el día, era extremadamente ahorrativa y casi nunca se permitía ningún tipo de placer. Su vestuario era antiguo, pensado para ir al trabajo y nada más. Su vida era rutinaria y limitada. Sentía que nunca había vivido. Soñaba con disponer de tiempo libre, viajar, tener un romance y disfrutar de la música. Necesitaba abrir su corazón y reconocer los deseos que había mantenido encerrados durante tanto tiempo, despreciándolos por considerarlos una disipación. Se la animó a que investigase su aversión al deseo. Empezó a ver con qué rapidez lo condenaba. Poco a poco aprendió a discernir qué deseos eran saludables, cuáles la aterrorizaban, cuáles la confundían. Decidió tomar clases de bailes de salón, y luego de tango. Una o dos veces por semana iba a comer con amigos. Hizo un crucero. Conoció a un hombre y se permitió tener una historia con él. No funcionó. Pero como se vestía mejor y se cuidaba más, tenía el corazón más abierto para dar a los demás y al mundo. Como John, aunque de diferente manera, Trudi empezó a encontrar una nueva libertad respecto al deseo.

No somos nuestros deseos

Los meditadores principiantes se sorprenden por la cantidad de deseos que pueden surgir en una sesión de meditación. Desean que la mente se calle, que se vaya el dolor de espalda, que suene la campana para que se acabe la sesión. En medio de estos deseos aparecen otros cien: que la comida sea buena, que te telefonee tu novio, hacer una siesta, que deje de llover para que podamos ir a caminar, que salga el sol, que te vaya bien en el trabajo cuando vuelvas.

Con la atención plena, podemos ser testigos de este surgir y desvanecerse de los deseos. Aceptamos amablemente las sensaciones corporales, los estados emocionales y las historias del deseo sin juzgarlos. Cuando se presta plena atención al deseo, a menudo su energía se intensifica por un tiempo y trata de arrastrarnos. Si no nos apresuramos a satisfacer el deseo, sino que simplemente permanecemos presentes, la incomodidad, al final, desaparecerá. Después podemos advertir lo que sigue: por lo general, una sensación de alivio, de paz en la mente y en el cuerpo, hasta que surge otro deseo poco después. Podemos ver esto cuando nos sentimos inquietos o incómodos hacia el final de la meditación sentada. Sentimos el deseo de movernos, junto con las tensiones en el cuerpo y la frustración. Deseamos fervientemente que suene la campana. Entonces, cuando suena, sin necesidad de que hagamos un solo movimiento, se produce un cambio espectacular. El cuerpo se relaja y la tensión desaparece. El estado de lucha se sustituye por alivio. ¿Por qué sucede esto si no hemos cambiado nada? Es sencillo: al sonar la campana, el deseo ha terminado y, sin el deseo, la mente y el corazón están en paz.

En mis años como monje en el monasterio del bosque de Ajahn Chah, nuestra vida era extremadamente simple. Yo pensaba que esta simplicidad había eliminado los deseos. No teníamos que decidir qué ropas llevar; no había menús para elegir ni canales de televisión ni carta de vinos. No teníamos ninguna posesión, solo un hábito y un cuenco y unos cuantos libros. Pero el deseo tiene su propia fuerza. Como monje novicio, tenía un cuenco de limosnas de hierro, tosco y algo descolorido por la herrumbre. Los monjes más antiguos tenían bonitos cuencos de acero inoxidable. Me sorprendió mi fuerte deseo de tener un cuenco nuevo. Era como un escolar de primaria anhelando llevar la ropa de moda. Cuando por fin me dieron un cuenco de acero inoxidable, lo coloqué en mi cabaña y me pasé varios días admirándolo. Ese era el humilde mendigo.

Como mis votos incluían el celibato, tuve que luchar con deseos mucho más fuertes, en especial con poderosas fantasías sexuales. Era un hombre joven e intenté observar esos deseos naturales con la atención plena, pero seguían volviendo con gran energía. Como eran tan fuertes, mi maestro me indicó que estuviese muy atento a los estados que aparecían junto con la fantasía. Quería especialmente que me diese cuenta de cómo surgían. Para mi sorpresa, descubrí que la mayor parte de esas fantasías venían precedidas por sentimientos de soledad. Siempre he tenido dificultades con la soledad. Soy gemelo y sospecho que ni siquiera en el útero de mi madre quería estar solo. Aceptar la soledad era difícil, pero mi maestro insistió en que siguiera intentándolo. Al explorar la soledad, me encontré con un sentimiento de inseguridad y un vacío de carencia. Recordaba haber tenido esos sentimientos en mi primera infancia. Gran parte de mi deseo sexual era un intento inconsciente de llenar el vacío y la soledad. Cuando abracé estos sentimientos con compasión, la sensación de soledad empezó a disminuir. Poco a poco fui capaz de ver con mayor conciencia cómo las fantasías iban y venían. En vez de solo anhelar, empecé a descansar en la atención plena, a conectarme conmigo mismo y con el mundo.

Dependiendo del grado en que nuestra infancia haya estado marcada por la deficiencia, el trauma o la falta de amor, hay una sensación deficiente del yo que se vuelve muy fuerte. Pude ver cómo actuaba esto en Arthur, un hombre divorciado de cuarenta y tres años que vino a hablar conmigo en su primer retiro de meditación. Arthur estaba lleno de deseos. Deseaba a una mujer que había conocido recientemente. También estaba a punto de vender un pequeño negocio que había creado. Estaba obsesionado con la idea de conseguir una buena suma de dinero y estar libre para viajar. Le sugerí que, en vez de luchar contra sus deseos, los investigase con la atención plena, observando el proceso a medida que se desarrollaba en su cuerpo.

Empezó con el tema del negocio. Para él era difícil mantener la atención en su cuerpo, pero empezó a notar que el deseo se presentaba con tensión y temblor y que, bajo la superficie, había una sensación de miedo e inseguridad. Su mente oscilaba entre historias felices de éxito y relatos aterradores de fracaso. Se sentía atrapado en la danza de emociones e historias, en un ciclo obsesivo de fantasías.

Seguimos meditando juntos y le sugerí que dejase crecer el deseo, dándole espacio para que se volviera tan fuerte como quisiera. Su cuerpo se llenó de más energía y tensión; las imágenes y las historias de una venta exitosa llenaron su mente; los sentimientos de deseo y esperanza crecieron. «¿En qué lugar del cuerpo lo sientes más?», pregunté. Había un dolor en su pecho y una contracción en el vientre. Al poner mayor atención, pudo ver que surgían sentimientos de vacío, carencia, deficiencia. Era algo que conocía. Se acordó de cuando su padre había perdido su trabajo. Aunque Arthur tenía solo diez años, quería ayudar a su padre a conseguir dinero y salvar a la familia. Al continuar meditando, se sintió aún más niño y conectó con la tristeza que había acompañado a la inestable relación de sus padres y a las dificultades económicas. Debajo de la tristeza apareció la sensación de un intenso deseo, el anhelo de ser querido, hasta que finalmente el sentimiento corporal del deseo creció tanto que se convirtió en un gran vacío interior.

Le sugerí que dejase que el sentimiento de vacío se hiciera aún más grande, hasta llenar la habitación, hasta llenar el mundo. Poco a poco lo hizo. A medida que el deseo se expandía y la resistencia de Arthur disminuía, el sufrimiento de su vacío interior ya no era tanto una herida o una deficiencia. Se convirtió en algo más parecido al propio espacio, abierto, tranquilo. Su cuerpo se relajó y el vacío se volvió increíblemente agradable, lleno de bienestar y contentamiento. Sintió que ese contentamiento surgía de no desear nada. Y entonces sonrió. Le vinieron imágenes de las cosas que amaba: su perro, pasear en el bosque, su casa y su barrio, los amigos. Y vio que podía amarlos sin desearlos, porque en esta apertura de forma natural estaba conectado con ellos, con todo. Se dio cuenta de que esta era la conexión que había anhelado toda su vida.

Mientras seguía en ese estado, le pedí que recordase su obsesión por la venta del negocio. ¿Cómo la veía desde esta perspectiva? Se rio: «Estúpida. Ese estado temeroso y contraído no soy yo. Ahora me siento como un hombre completo». Este fue un paso importante para Arthur. Cuando surgió el anhelo de una nueva pareja, pudo también contemplarlo de modo más impersonal. Sintió la atracción, el deseo, el vacío interior. Entonces sonrió. Entendió el deseo como la fantasía que era. Supo que podía elegir seguirlo o no. Estaba empezando un largo proceso para trabajar con el deseo. Pero ahora también sabía que «este deseo no soy yo». Se dio cuenta de que podía haber cariño sin la presión del apego. Empezó a experimentar que cualquier elección que hiciera podía ser saludable y libre.

El deseo saludable

La psicología budista nos enseña a distinguir entre el deseo doloroso de la adicción y de la ambición y las energías saludables de la dedicación y el compromiso. Un sueño o una meta poderosa, ya se trate de escribir una novela de éxito, de competir en los Juegos Olímpicos o de crear un próspero negocio, puede perseguirse de diferentes maneras. Si la meta existe para demostrar que valemos, para tapar nuestra inseguridad o para conquistar a los otros, en última instancia será insatisfactoria y el final será infeliz. Y sin embargo, la misma actividad puede hacerse desde la perspectiva saludable de la dedicación, el compromiso y el amor.

Los monjes tibetanos que trabajan incansablemente y con alegría durante días para crear un exquisito y complejo mandala de arena saben que, al final de la ceremonia, se destruirá. Los jardineros plantan cada año las flores anuales que adornan los jardines sabiendo que al año siguiente tendrán que volver a hacerlo. Todos conocemos la experiencia de entregarnos a la vida con dedicación y amor. Los deseos saludables conducen a la libertad. Un experto jugador de baloncesto aprende a dejarse ir y fluir, lo que se conoce como «estar en la zona». Un buen comerciante de materias primas aprende a combinar la ecuanimidad, el ritmo y la buena intuición. La mejor forma de hacer el amor no tiene que ver con alcanzar la meta.

El Buda fomentaba los deseos saludables. Prescribía a los padres «que cuidasen, instruyeran moralmente, educasen, respaldasen y nutrieran» a sus hijos. Enseñaba a las parejas a «honrarse, respetarse, ser fieles, cuidarse y trabajar en el beneficio mutuo». Decía a los que empleaban a los trabajadores que ofrecieran «un trabajo y un salario adecuados, apoyo en los momentos de enfermedad y el descanso necesario», y animaba a los trabajadores para que hiciera su tarea con «entrega, honestidad, diligencia y compromiso».

Como vemos, todo esto suena muy diferente del estereotipo de budista completamente impasible, indiferente y que no desea nada, como descubrí con mi exasperada novia. Para vivir en este mundo con sabiduría, tenemos que ir más allá de los extremos de entumecerse para no sentir deseo y perderse en él. Necesitamos liberarnos de los deseos no saludables y aprender a sostener con ligereza los deseos saludables.

Del apego a la abundancia

A través de la práctica de la atención plena y la compasión, el deseo puede transformarse. Primero podemos soltar el apego, la codicia, nuestro sentido del yo deficiente. Después, de forma natural, a través del principio psicológico de la reciprocidad, surgen los opuestos: estados de generosidad, abundancia, entrega y amor por la belleza. Descubrimos que nuestro estado natural es estar completos y satisfechos más allá del deseo.

SOLTAR	→	CONDUCE NATURALMENTE A
la avaricia, el apego, la adicción, el deseo no saludable	→	la abundancia, la generosidad, el cuidado, el amor por la belleza

La abundancia que existe más allá del deseo no se entiende bien en Occidente. El enfoque psicoanalítico occidental ha sido liberarnos de la represión del deseo. Los conductistas occidentales se centran en las recompensas y los refuerzos. Incluso la psicología de la motivación ha estudiado poco la ausencia del deseo, excepto para reconocer la anhedonia, la falta dolorosa de deseo en la depresión. Estudiar la liberación del deseo es un acto radical. Imagina si el *Manual diagnóstico y estadístico de los trastornos mentales* citase en su lista de trastornos humanos la codicia y la ambición desmedida. Pero ni siquiera reconocemos que aquí hay un problema. Hemos llegado a un punto en el que casi todo lo que hacemos depende del comercio. Como declaró la novelista Rita Mae Brown, «¡En Estados Unidos, la palabra *revolución* se utiliza para vender medias pantis!».

Es revolucionario abandonar la esclavitud del deseo. Hemos perdido el contacto con la alegría y la simplicidad que puede aportarnos el desprendernos de nuestros deseos. La mayoría de la gente que conozco dice que le gustaría simplificar su vida. Y, de hecho, parece que simplicidad y felicidad van de la mano. Mi buen amigo y colega Joseph Goldstein cuenta la historia del invierno en que Evie, su madre, fue a visitarlo a la India. Joseph había practicado en Asia durante varios años. Para él era tan estimulante estar allí, que convenció a su madre para que fuese a pasar un tiempo con él. Quería que aprendiese las prácticas de meditación guiada por su sabio y bondadoso maestro, Anagarika Munindra.

Tras un largo y arduo viaje –veinticuatro horas de aeropuertos y aviones, el trayecto en un parsimonioso tren indio atestado de gente, un taxi destartalado y finalmente un carro–, Evie llegó al templo birmano en Bodh Gaya, en la India. Acostumbrada al confort y a las comodidades modernas de las casas de Estados Unidos, se quedó parada cuando entró en su habitación, que era la mejor del templo. Era una choza situada en la parte trasera con el suelo de hormigón, un somier metálico con un colchón y una silla de madera. La primitiva letrina estaba fuera, no demasiado lejos. Con un espíritu resignado, Evie fue a encontrarse con Joseph para recibir las enseñanzas. Después de hacer un breve recorrido turístico inicial, llevó a cabo un disciplinado entrenamiento en meditación durante un mes. Experimentó la vida meditativa. Luego volvió a Estados Unidos, a su estudio y su bien equipada cocina, a la comodidad de su cama y de su cuarto de baño, a recibir un montón de correo y a las visitas de sus amigos, a su trabajo y a ir de compras. Más tarde explicaría con sencillez: «El mes que viví en la choza de hormigón en la India fue el más feliz de mi vida».

La simplicidad externa permitió a Evie recuperar su abundancia interna. Pero no es necesario que vayamos a un templo en la India, podemos vivir en el mundo sin perdernos en el apego y en el deseo. Un buen ejemplo de cómo hacerlo es Ajahn Jumnian, el maestro del sur de Tailandia que visita cada año el Centro de Meditación de Spirit Rock. Ajahn Jumnian es un monje de espíritu alegre que encarna el desprendimiento del deseo y la vitalidad. No desea nada. En vez de eso, aprecia todo lo que encuentra. «Si alguien pone comida en mi cuenco, estoy agradecido. Me da fuerzas para enseñar. Pero si no me ofrece comida, también está bien. Hago dieta, ¡que también me sienta bien! Si los estudiantes me piden que dé enseñanzas, estoy feliz de ir a cualquier lugar. Si me llevan a hacer turismo, estoy encantado de aprender cosas nuevas que puedan ser de ayuda para mis enseñanzas. Pero si nadie me invita a ir a ninguna parte, entonces me siento tranquilamente y medito. Esto también me hace feliz. Sea lo que sea lo que pase, lo disfruto».

«Bueno, él es un monje que vive lejos de las presiones del mundo –podemos protestar–. Para él está bien estar libre de deseos. No tiene que levantarse cada mañana y encontrar la motivación para pasar otro día en la oficina para pagar la hipoteca y el colegio de los niños». Pero la historia de Ajahn Jumnian es más interesante y más cercana a nuestra vida de lo que parece a primera vista. En los bosques del sur de Tailandia, Ajahn Jumnian ha creado un enorme templo y una próspera comunidad con escuelas y un centro de peregrinación para miles de visitantes. Como abad, es responsable del bienestar de esta gran comunidad, de supervisar las enseñanzas académicas y el entrenamiento en meditación y del progreso de un sinnúmero de novicios, monjes y monjas. Como hemos visto antes, ha sido también un activista político extraordinariamente hábil. Durante el sangriento período de insurgencia comunista, fue durante quince años uno de los más eficaces mediadores de la paz para todas las facciones enfrentadas en el sur de Tailandia. Ahora, a sus setenta años, enseña en todo el mundo.

¿Cómo puede hacerse esto sin apego ni deseo? Cuando se lo preguntan, Ajahn Jumnian explica: «Me relajo y dejo que mi motivación sea la compasión y la bondad». La ausencia de codicia y de apego no implica que nos retiremos del mundo. En vez de eso, lo que hacemos es despertar a la abundancia del mundo.

Abundancia y satisfacción

El sabio indio Nisargadatta, otro de mis maestros, retaba a sus estudiantes diciéndoles: «Tu problema no es que tengas deseos, sino que deseas poquísimo. ¿Por qué no desearlo todo? ¿Por qué no desear una total satisfacción, alegría y libertad?». Nisargadatta no se refería a una codicia sin límites. Hablaba del estado de conciencia que sabe que no está separado del mundo. Kabir, el poeta místico de la India, lo expresa así: «Me río cuando oigo que los peces del mar tienen sed».

Ya tenemos dentro de nosotros todo lo que deseamos. Al darnos cuenta de esto, podemos llevar a cabo las cosas con un sentido de abundancia. Nuestra abundancia interna transmite un sentido de merecimiento, valía y tranquilidad, de tener algo que dar al mundo y de disfrutar haciéndolo. Sin la abundancia, podemos estar rodeados de riqueza y sentirnos como fantasmas hambrientos. Los padres y los maestros sabios despiertan en los niños el sentimiento de abundancia ayudándolos a sentir que cada persona tiene mucho que dar, y proporcionándoles oportunidades para hacerlo. En el caso de todos nosotros, ya se trate de educar a un hijo, crear un negocio, plantar un jardín o colaborar en nuestra comunidad, necesitamos entregarnos desde el corazón. La entrega sabia surge de nuestro sentimiento de abundancia interna.

Para mí, soltar el deseo y abrirme a los ritmos de las lluvias y de los gritos de las aves silvestres en la época que pasé en el monasterio del bosque me ayudó a aprender la experiencia de la abundancia. Los estudiantes de meditación experimentan la misma apertura cuando salen de un retiro. Entran en los supermercados atestados de productos, cuya existencia normalmente damos por sentado, y se quedan contemplando sonrientes la increíble abundancia de comida jamás ofrecida a un antiguo emperador. Cuando nos abrimos a la abundancia, podemos disfrutar de la niebla que se levanta al derretirse la nieve por la mañana y del vapor que humea el cuenco caliente de sopa de tomate a la hora de comer. Podemos apreciar el esbozo de sonrisa de la camarera y celebrar que estamos aquí, respirando, vivos, en este planeta maravilloso.

Esta satisfacción va mucho más allá de la «conciencia de prosperidad» que promulgan los libros y talleres que nos animan a visualizar lujosos coches, grandiosas mansiones y florecientes cuentas bancarias. Esta búsqueda de la prosperidad, a pesar de sus adornos «espirituales», es un reflejo de la limitación, de un sentimiento de escasez. El verdadero corazón abundante ya está lleno. En su abrazo abarca nuestro mundo entero, con su alegría y su miedo, la ganancia y la pérdida, la nobleza y el egoísmo. Incluso abraza la muerte. Cuando el maestro zen Shunryu Suzuki estaba muriendo de cáncer dijo a sus estudiantes: «Si al morir sufro, está bien. No hay confusión en ello... Es solo el Buda sufriendo». Les enseñó cómo incluir cualquier cosa hasta al momento final. Cuando ya estaba en las últimas etapas de intenso dolor, se levantó de la cama con gran esfuerzo, se vistió con su mejor hábito y llevó a cabo la larga ceremonia de transmisión para el siguiente abad del templo. Después, con la misma dignidad, se acostó y a los pocos días murió.

El estado de abundancia está conectado con un profundo sentimiento de gratitud. En Japón, hay un tipo de terapia budista llamado *naikan* que hace hincapié en la gratitud como una forma de sanar la depresión, la ansiedad y la neurosis. En este enfoque se nos pide que revisemos lenta y sistemáticamente toda nuestra vida y agradezcamos cada cosa que nos fue dada. Un enfoque similar fue útil para Bob, un practicante que había sido vagabundo durante un año y ahora vivía en un centro zen en la montaña. Debido a su experiencia de haber dormido en el parque por las noches, medio despierto por el temor de que alguien le robase o le diera una puñalada, le daba miedo dormirse. Tenía una historia familiar traumática: a la edad de quince años había abandonado a su padre adicto y a su madrastra para irse a la calle y convertirse también en drogadicto. Había trabajado como carpintero y como mecánico.

Cuando Bob fue al centro budista, deseaba reconstruir su vida. El maestro zen sintió su ansiedad y su falta de confianza. Para ayudarlo a suavizar este estado, le instruyó en una sencilla práctica de gratitud. Bob empezó a dar las gracias por cualquier alimento, ropa y cobijo que tuviera en el momento, viviendo, como dicen en Alcohólicos Anónimos, día a día. Aprendió a detenerse y discretamente inclinar la cabeza como una reverencia de gratitud diez veces al día, dondequiera que estuviese. Bob le tomó el gusto a las reverencias. Expresaba su agradecimiento a sus compañeros de cocina y por el desayuno compartido. Se inclinaba ante su depresión matutina y sus sentimientos de falta de valía, ante las herramientas de carpintero que usaba en la tienda, ante su ansiedad, ante el sol de la tarde y ante el ruidoso tractor del campo vecino.

Bob recibió también una segunda instrucción: ver más allá del sufrimiento. Poco a poco empezó a apreciar momentos de bienestar, sorprendentes descansos en sus luchas internas, pequeños períodos de dicha. Le encantaba estar en el jardín del templo. Caminaba entre los robles vigorosos y las hojas muertas apiladas junto al camino, las macetas con delicadas plantas de nomeolvides y margaritas de color naranja. Bob describió cómo su mente se calmó por primera vez en años. El sufrimiento que llevaba aún le pesaba, pero el vasto silencio era aún mayor. Un día, el sonido de la campana del templo que anunciaba la cena le llegó hasta el corazón. Su dolor y anhelo se vieron barridos por una ola de gratitud ante el simple hecho de estar vivo. Estaba volviendo a la vida.

Generosidad natural

Cuando el deseo se debilita, nace la generosidad. Cuando estamos presentes y conectados, ¿qué otra cosa podemos hacer que dar? Un proverbio africano lo expresa así: «Es el corazón el que da, los dedos solo dejan ir». Cuando alguien de nuestra familia tiene hambre o pasa dificultades, deseamos de forma natural ayudarlo. Cuando el corazón se libera del apego, nuestra familia crece. Las personas que encontramos son nuestros tíos y tías, nuestros abuelos y nuestros primos. Los animales son nuestros hermanos. Sentimos nuestra interdependencia con todos los seres.

En el corazón abundante, nuestro sentimiento de bienestar se expande. En Iowa, el granjero que ganaba el primer premio en la Feria Estatal con su maíz tenía la costumbre de compartir las mejores semillas con todos los granjeros vecinos. Si le preguntabas la razón, te respondía: «En realidad, es por propio interés. El viento recoge el polen y lo lleva de un campo a otro. De modo que si mis vecinos cultivan un maíz de inferior calidad, la polinización cruzada hará que la cualidad de mi propio maíz se reduzca. Por eso me preocupo de que planten solo lo mejor».

Para despertar nuestro sentido de la abundancia, la psicología budista ofrece prácticas y entrenamientos que sirven para cultivar deliberadamente la generosidad como una manera alegre de estar. Hay prácticas para dar, votos para entregarse en el servicio, visualizaciones de nuestro deseo de bienestar para todos. Esto se repite hasta que al final desaparece la idea de separación, ya no hay uno que da y otro que recibe. Todos somos el Buda nutriéndonos.

Paul era una banquero jubilado que se sentía desorientado y a quien los maestros budistas sugirieron desarrollar el camino del servicio. Empezó a ayudar en el templo, en comités y en una residencia para enfermos terminales de su comunidad. Su vida había estado dedicada a cultivar el éxito y la importancia personal, pero cuando empezó a servir a los otros, el interés en sí mismo se desvaneció, sus temores inconscientes desaparecieron. Su trabajo en la residencia de enfermos terminales le enseñó que lo más importante era el amor. Las personas que, al principio, se habían sentido desconcertadas por su brusquedad y arrogancia empezaron a disfrutar de su presencia. Al entregarse al servicio, su corazón fue madurando como un buen vino.

Estas prácticas de la generosidad no son una forma de volverse «bueno», sino una forma de volverse feliz. No es necesario que trabajemos en una residencia de enfermos terminales ni en una sala de urgencias para poder servir. A veces, nuestra generosidad está en ofrecer una sonrisa, un silencio, en escuchar, en tocar. A veces implica acción, tiempo, dinero, nuestro compromiso con la justicia, nuestra visión de un mundo mejor. Cualquier forma de dar es una bendición. Al ayudar en la gestión de varios importantes centros budistas, he tenido que aprender a manejar el dinero con comodidad. Es común que alrededor del dinero exista vergüenza y miedo, juicios y expectativas, tanto si hay demasiado como si hay muy poco. Hemos adquirido la creencia equivocada de que el dinero no es compatible con una vida espiritual genuina. Pero el dinero es una energía neutra que puede usarse con destreza o con torpeza. El Buda honró la abundancia material siempre que fuese obtenida correctamente y usada con generosidad. Si el dinero se usa con sabiduría, dice el Buda, contribuye a nuestro bienestar y al de nuestra familia, y su generosidad se extiende a nuestra comunidad, nuestra vida espiritual y los bienes comunes.

Como han observado innumerables viajeros occidentales, en las culturas budistas la generosidad es especialmente visible. Esto es claro en Tailandia. En el monasterio de Ajahn Chah, cada mañana caminaba entre los arrozales hasta los pueblos vecinos para recoger limosnas en forma de alimentos. En las zonas de los monasterios apartados, los pueblos son pobres y la comida escasea. Sin embargo, cada mañana, las gentes de las aldeas se arrodillaban en el polvo y ofrecían con cariño la comida a los monjes. Yo, un occidental relativamente rico, me preguntaba si debía sentirme culpable por aceptar su comida. Pero los aldeanos la ofrecían con tanta generosidad... Era como si dijeran: «Valoramos tanto las enseñanzas del Buda y las bendiciones del monasterio, que damos alegremente lo poquito que tenemos para mantenerlos». Como las limosnas se recolectan en silencio, no podía dar las gracias por el pescado al curry ni por el mango. Solo podía aceptar la comida como una bendición y un compromiso, y practicar con tanta integridad y compasión como podía.

El deseo se convierte en el cultivo de la belleza

Hace varios años leí un estudio llevado a cabo en un barrio pobre de Londres. Seleccionaron dos calles paralelas, situadas a un kilómetro y medio de distancia, ambas en una situación de pobreza similar y con problemas comunes, que presentaban un alto grado de delincuencia. Sin el conocimiento de los vecinos, se decidió en secreto que una de las calles se limpiara cada día. Se recogía la basura, se limpiaban las pintadas de las paredes, se replantaban y regaban las flores en los arriates, se reparaban y pintaban las farolas y señales deterioradas. Públicamente no se comentó nada sobre esas actividades de limpieza y embellecimiento extras. Al cabo de un año, sin embargo, se compararon las calles. Las estadísticas demostraron una reducción de casi un cincuenta por ciento de la delincuencia en la calle que se había limpiado y cuidado.

Cuando soltamos el apego y el deseo, el juego de la vida se convierte en belleza para nuestro corazón sabio. Percibimos y manifestamos un amor natural por la belleza. El Buda dijo: «Cuando encontramos el camino, cuando descubrimos la belleza aquí y ahora, sabemos lo que es verdaderamente bello».

En uno de los monasterios budistas nos entrenaban para que advirtiéramos lo que era bello y abandonáramos lo que carece de belleza. Pasábamos el día observando deliberadamente si nuestros pensamientos, palabras y acciones eran bellos o no. Podíamos sentir el placer de los pensamientos, palabras y actos bellos. Podíamos sentir el sufrimiento de los feos. Nos deleitábamos conscientemente por nuestro buen humor. Podíamos saborear una taza de té como si estuviéramos en una ceremonia del té. Nuestro caminar se volvió más fluido y armonioso. Incluso cuando surgía algún conflicto entre los miembros de la comunidad, abordábamos las dificultades con mayor afabilidad y dignidad. Todo lo que surgía se utilizaba como un medio para embellecer el camino.

El hermano benedictino David Steindl-Rast lo explica de esta manera: «Lo que constituye verdaderamente nuestro camino espiritual es aquello que nos hace estar vivos. Si la jardinería nos hace estar vivos, eso es parte de nuestro camino; si se trata de la música, si se trata de la conversación... debemos seguir eso que nos hace estar vivos». Cuando nuestro corazón se libera del apego, la generosidad y la belleza florecen.

Práctica: la generosidad

La vida se está dando a la vida en cada momento del día. Tómate varios días para prestar atención a este movimiento de inagotable generosidad.

En tu rutina cotidiana, date cuenta primero de los obsequios del mundo natural. Nota el modo en que el regalo de la luz del sol llega a todas partes. Alimenta las plantas que comemos y produce el petróleo procedente de los antiguos bosques que permite que funcionen nuestros coches y enciende nuestras lámparas por la noche. Sé consciente también de la lluvia y de los ríos, del agua que se ofrece a sí misma para formar la sangre de tus venas, a los insectos y los árboles de tu vecindario, a la colaboración interdependiente que nos permite nadar. Ahora date cuenta de cómo eres alimentado y sostenido generosamente por la tierra que se encuentra bajo tu casa y bajo tus pies, por el aire que respiras, por el calor del día y el fresco de la noche.

Luego observa el cariño y la generosidad sin límites de los seres humanos que te rodean: los padres con sus hijos, los maestros con los estudiantes, los profesionales de la salud y las personas que atienden los negocios, todos sirviéndose unos a otros. La gente se para en los semáforos en rojo para que puedas pasar seguro. Hacen cola en el mercado, comparten los parques, cooperan de mil maneras en el trabajo. El tendero y el mecánico, el cajero del banco y el cocinero, el médico y el ingeniero se entregan a su trabajo, contribuyendo al bienestar de los demás con incontables horas de generosidad y amor. Desde luego, también hay momentos de resentimiento y de agobio, cuando la gente está descontenta y disgustada. Pero la mayor parte del tiempo, las personas que te rodean están dando: en la conversación, en la acción, añadiendo la generosidad de su energía vital al flujo general. Dedica un día o una semana a sentir esto, reconócelo, agradece este caudal de generosidad en todas partes.

Ahora puedes elegir contribuir de forma deliberada a este flujo de generosidad no como una obligación, sino como una manera de ser feliz. Como todos los seres humanos, tú ya estás dando de mil maneras. Disfruta cualquier cosa que hagas, y descubre que puedes hacer que esto crezca. Prueba esta práctica: cada vez que un pensamiento de dar entre en tu mente, llévalo a cabo. Ya sea dar dinero, tiempo, ayuda o algo que poseas; si piensas en cualquier acto generoso, síguelo. A veces, preocupados por la posibilidad de lamentar nuestros actos de generosidad, los reconsideramos y aparece una pequeña duda. No creas en las dudas. En vez de eso, advierte todos los pensamientos espontáneos de generosidad y síguelos. Descubrirás que inevitablemente te hacen felices. Pruébalo.

14. Más allá del odio: hacia un corazón no beligerante

Hay placer y dolor, ganancia y pérdida, calumnia y honor, elogio y acusación. Los Despiertos no están bajo el control de las cosas externas. Estas desaparecen tan pronto como surgen. Si otros dicen algo contra ti, no te enfades, porque eso será un obstáculo para tu libertad interior. Aprende a soportar sus palabras crueles pacientemente hasta que se callen. Haz lo mismo cuando te elogien. Descubre lo que es falso o verdadero y reconoce los hechos.

DIGHA NIKAYA Y EL DHAMMAPADA

Los que han odiado experimentarán el doloroso y triste nacimiento del odio. La ira y la venganza, la opresión y el reproche, la obstinación y el desprecio no son el camino. Aprende a abandonar todo eso.

MAJJHIMA NIKAYA

Cuando empecé la práctica budista, fue enormemente importante para mí comprender las raíces de la ira y del miedo. Debido a las condiciones de violencia imprevisible en las que me había criado, yo era cauteloso y desconfiado y nunca estaba seguro de lo que podía esperar. Hacia el exterior, mi padre era un respetado científico que trabajaba en medicina espacial para los militares, enseñaba en la facultad de medicina y diseñaba corazones artificiales. En casa, la historia era diferente. Aunque a veces era cariñoso, también era controlador y paranoico, preocupado siempre por si alguien pudiera estar vigilándolo. Le causaba ansiedad la gente de la calle y las investigaciones que pudiera hacer el FBI de los documentos secretos que guardaba por sus contratos militares. Detestaba incluso que un coche condujese detrás del suyo. Cuando venía a casa, nunca sabíamos si sería uno de sus días malos. Arremetía enfurecido contra mis hermanos o contra mí, pero el peor maltrato se lo reservaba a mi madre. Podía tirarla por la escalera o amenazarla con incrustarle la cabeza contra la ventana.

Para que aprendiésemos sobre la ira y cómo esta se transforma en odio y agresividad, Ajahn Chah nos animaba a observar con intrepidez nuestra experiencia en cualquier momento. La instrucción era empezar por lo pequeño. Quería que, a lo largo del día, fuésemos conscientes del movimiento inicial de la aversión, del sentimiento de insatisfacción, del resentimiento y del juicio. «¿Cómo surge? –preguntaba–. ¿Está provocado por las cosas externas o por un hábito, los instintos del cuerpo o las historias de la mente?».

Un día me di cuenta de que estaba enfadadísimo por haber sido tratado injustamente por un monje mayor. Ajahn Chah se rio: «Bueno, puedes ver cómo actúa la ira». Me dio la instrucción de que volviera a mi pequeña cabaña, me vistiera con todas mis ropas y me sentase con mi enfado. Estábamos en medio de la estación calurosa y era como sentarse en el fuego, calor fuera y calor dentro. Pude sentir mi ira por la situación, los estados de furia en el cuerpo, la agresividad que venía en oleadas. También pude advertir el miedo: el miedo de la otra persona, el miedo de lo que yo podía hacer, el miedo de repetir el pasado, el miedo de mi vergüenza.

Mi investigación sobre la ira y el miedo continuó durante meses. Pude ver que el miedo nunca surge por lo que está ocurriendo realmente en el momento. Cuando hay dolor y sufrimiento, solo hay dolor y sufrimiento. El miedo es el que añade la inseguridad sobre lo que ocurrirá más tarde. Se presenta como una historia aterradora que se apodera del cuerpo y de la mente. El miedo podía contarme su historia hasta cien veces y, mientras no fui capaz de simplemente sentirlo y preguntar «¿Eres tú, miedo?», conseguía atraparme cada vez.

Junto con la ira y el miedo, descubrí las formas en las que actúa el crítico interior, la mente que juzga. Pude escucharme repitiendo las palabras críticas de mis padres, de los maestros y de las figuras de autoridad espirituales. Tenía tantos jueces que uno de mis maestros me recomendó que los contase. ¡Juzgaba mi dolor, mi mente distraída, los ruidos que oía, los chinches, el mundo! En una hora pasaban cien juicios por mi mente. Pude ver con cuánta rapidez mi ira se convertía en acusación hacia los demás, cuándo se volvía hacia mí, cuándo se transforma en vergüenza. Era como una tira cómica de Jules Feiffer en la que un hombre dice: «De mi padre heredé sus rasgos, su forma de hablar, su postura, sus opiniones, y de mi madre, su desprecio hacia mi padre». Esto lo dice todo.

Llegué a darme cuenta de cualquier grado de aversión, desde la pequeña contracción que me producía la picadura de un mosquito hasta la ira que podía crecer y transformarse en odio y, finalmente en auténtica furia. Descubrí que todos tenemos dentro un juez y un tribunal, el Telón de Acero y la policía. Tenemos nuestro talibán interno y nuestros lugares de exilio. A veces me sentía como el Buda bajo el árbol Bodhi cuando se enfrentó a sus propios demonios interiores en la forma de Mara. Según cuenta la historia, la noche en que el Buda se iluminó, se sentó bajo el árbol Bodhi, en el norte de la India. Decidió permanecer allí imperturbable y no levantarse hasta haber alcanzado la completa libertad. Al poco rato se presentó Mara, el dios de la ilusión y del mal, con la intención de apartar al Buda de su objetivo. Para ello, envío a sus hijas, las bellezas más tentadoras que puedan imaginarse. Pero el Buda siguió inmóvil y simplemente dijo: «Te veo, Mara». Tras fracasar con el deseo, Mara se enfadó y envío a sus ejércitos. Aparecieron feroces demonios con rostros aterradores emitiendo gritos de guerra, una lluvia de garrotes arrojadizos, flechas encendidas, lanzas mortíferas. De nuevo el Buda permaneció sentado inmóvil, diciendo solo: «Te veo, Mara». Después alzó la mano para tocar con la compasión a los ejércitos, y todas las lanzas y las flechas cayeron a sus pies convertidas en pétalos de flores. Por último, Mara atacó al Buda con la siguiente duda: «¿Quién te crees que eres? ¿Qué derecho tienes para sentarte aquí e iluminarte?». El Buda colocó entonces la mano en el suelo y dijo: «La tierra es mi testigo». Y tras este gesto, surgió la diosa Tierra para dar testimonio de todas las vidas de paciencia, dedicación, honestidad, compasión, generosidad y sabiduría que habían preparado al Buda para esa noche. Del cabello de la diosa emergió una avalancha de agua que barrió a los ejércitos de Mara.

Con ese mismo espíritu, cuando me sentaba a meditar en el monasterio del bosque y surgían los estados de ira, aversión y juicio, aprendí a decir con compasión: «¿Eres tú, Mara?». Dondequiera que estemos, Mara aparecerá con sus ejércitos y tendremos que encontrar la manera de mantenernos firmes e imperturbables.

La naturaleza del odio

La aversión, la ira y el odio son estados de la mente que lucha contra la experiencia, queriéndola apartar, rechazando lo que se presenta en el momento. No vienen de fuera. Esta comprensión representa una inversión respecto a la manera habitual en que percibimos la vida. «Generalmente creemos que los problemas externos nos atacan», decía Ajahn Chah. Las cosas están equivocadas y la gente se porta mal, provocando que surja nuestro odio y sufrimiento. Pero aunque nuestras experiencias puedan ser dolorosas, son únicamente dolorosas hasta que añadimos la aversión y el odio. Solo entonces surge el sufrimiento. Si reaccionamos con odio y aversión, estas cualidades se vuelven habituales. Como una reacción autoinmunintaria exagerada, nuestra reacción errónea de odio no nos protege; por el contrario, se convierte en la causa de nuestra infelicidad permanente.

Este es el décimo cuarto principio de la psicología budista:

14 Si nos aferramos a la ira o al odio, sufriremos. Es posible responder con fuerza, sabiduría y compasión, sin odio.

El Buda declaró: «Enfurecidos y llenos de odio, atrapados en su mente, los seres humanos se buscan su propia ruina y la ruina de los demás». ¿Cómo podemos romper este trágico legado, tanto en nuestras vidas como en cualquier rincón en conflicto del planeta? Solo a través de una profunda compresión de la ira, el odio y la agresividad. Son energías universales, fuerzas arquetípicas que causan un inmenso sufrimiento al mundo. Su origen puede buscarse en lo más profundo de los corazones humanos. Y entonces descubriremos una asombrosa verdad: que con compasión, con valor, esfuerzo y entrega, nosotros, como el Buda, podemos hacer frente a las fuerzas de Mara y estas energías pueden transformarse.

Como hemos visto, Freud y sus seguidores creían que los instintos agresivos eran primarios: en nuestra cultura, «el precepto de amar al prójimo como a uno mismo [...] efectivamente se justifica, porque no hay nada más contrario y antagónico a la primitiva naturaleza humana». Más tarde, en el período que siguió a la Segunda Guerra Mundial, sociobiólogos como Conrad Lorenz y Robert Ardrey elaboraron la hipótesis de que tanto nuestra especie como nuestros predecesores los simios y otros animales tenían necesaria e inevitablemente instintos de territorialidad y agresión. En la actualidad, la biología evolutiva y la neurociencia han descifrado la función genética y los mecanismos neurológicos de la agresividad.

Pero el hecho de que la agresividad, la ira y la aversión formen parte de nuestro patrimonio universal es solo el punto de partida en la psicología budista. Cuando aprendemos cómo enfrentarlas directamente, podemos dar un paso revolucionario.

A través de la práctica profunda de la visión interna, de la no identificación y de la compasión, podemos ir más allá de las sinapsis y de las células y nos liberamos del dominio de estas fuerzas instintivas. Practicando con dedicación, descubrimos que es posible hacerlo.

La aversión y la ira casi siempre surgen como una reacción directa a una amenaza o a una situación dolorosa. Si no se comprenden, aumentan hasta convertirse en odio. Como hemos visto, el dolor y la pérdida son aspectos inevitables de la vida humana. Los textos budistas hablan de una montaña de dolor. Nos hablan de que nuestras lágrimas de aflicción podrían llenar los cuatro grandes océanos. Cuando nuestra experiencia es de dolor, sufrimiento, pérdida o frustración, nuestro hábito normal es retirarnos con aversión o atacar con ira, culpar o escapar.

Como el dolor, el miedo es otro precursor común de la ira y el odio: el miedo a la pérdida, al dolor, a la humillación, la vergüenza, la debilidad, el no saber. Cuando surge el miedo, la ira y la aversión funcionan como estrategias para ayudarnos a sentirnos seguros, a afirmar nuestra fuerza y seguridad. En realidad nos sentimos inseguros y vulnerables, pero tapamos ese miedo y vulnerabilidad con la ira y la agresividad. Hacemos esto en el trabajo, en la pareja, conduciendo en la carretera, en la política. Una situación que cause temor se convierte en ira cuando no podemos admitir que tenemos miedo. Como ha escrito el poeta Hafiz: «El miedo es la habitación más pobre de la casa. Yo preferiría verte viviendo en mejores condiciones». Sin la conciencia, estamos condenados a vivir nuestras vidas en esta pobre habitación.

Por fortuna, podemos entrenarnos para vivir con la atención plena a fin de afrontar nuestros miedos y nuestro dolor con sabiduría, en vez de hacerlo con nuestros hábitos de aversión e ira. Cuando surge un acontecimiento doloroso o amenazante, podemos abrir los ojos a ello. Cuando aprendemos a soportar nuestro dolor y a enfrentar nuestros miedos, ya no echamos la culpa a los otros ni los atacamos, tanto si son miembros de nuestra familia como si pertenecen a otros grupos. Con la atención plena, en vez de reaccionar podemos responder con claridad espaciosa, propósito, firmeza y compasión. Una respuesta sabia incluye cualquier acción, a veces incluso brutal, que se requiera para el mejor cuidado de la vida, tanto la nuestra como la de los otros.

Imagina una mente sana que no se involucra en ningún grado con el odio. Al principio, esto puede parecer imposible, un intento idealista de imponer el decoro en nuestra naturaleza humana innatamente agresiva. Pero liberarse del odio no es una represión espiritual, es la sabiduría de enfrentar el dolor y el miedo. Este diagrama muestra cómo surge esta libertad:

EXPERIENCIA DOLOROSA O AMENAZANTE

REACCIÓN NO SALUDABLE	RESPUESTA SALUDABLE
AVERSIÓN: Todas las formas de resistirse a la experiencia Ira Odio Agresividad Miedo Juicio Culpa	NO AGRESIÓN: Libertad y claridad con la experiencia Atención plena Conexión Compasión Interés Fuerza Audacia

Aprender a responder de forma saludable

Al responder de forma saludable al dolor y al miedo, estabilizamos la conciencia antes de que aparezca la ira. Podemos entrenarnos para advertir el espacio que queda entre los momentos de la experiencia sentida y la respuesta posterior. Debido a la naturaleza de la conciencia semejante a una partícula, podemos penetrar en el espacio que hay entre el instinto y la acción, entre el impulso y la reacción. Para hacer esto, debemos aprender a tolerar el miedo y el dolor. Esto no es fácil. Como señaló James Baldwin: «La mayoría de las personas descubren que cuando el odio desaparece, se ven obligadas a afrontar su propio dolor». Por eso empezamos prestando atención a las pequeñas cosas, a los pequeños dolores y decepciones. Cuando empiezo a enfrascarme en una discusión con mi esposa, si presto atención descubro que normalmente me siento herido o tengo miedo. Si le habló con ira, ella se pondrá a la defensiva y la discusión se intensificará. Pero si utilizo la atención plena, puedo hablar sobre el dolor o sobre el miedo en vez de perderme en la ira y en la acusación. Entonces, mi esposa se preocupa y se interesa por lo que digo. A partir de aquí, se desarrolla una conversación diferente y más honesta.

Este es el primer paso. Pero para trabajar honradamente con la ira, debemos reconocer la profundidad de la Primera Noble Verdad del Buda, la verdad del sufrimiento. En la vidas, en el mundo, hay dolor: decepciones, injusticias, traición, racismo, soledad, pérdida. Como dicen los maestros de *blues* Buddy Guy y Junior Wells: «El *blues*[9] es la verdad». Ninguna estrategia puede mantenernos exentos de pérdidas y de dolor, de la enfermedad y de la muerte. Así es la vida humana. Incluso aunque intentemos eludir esta verdad, seguirá siéndolo. Un proverbio zen nos recuerda que «Si

9. *N. de la T.*: Se dice que este género musical es la expresión del dolor del alma.

entiendes, las cosas son tal como son. Si no entiendes, las cosas son tal como son».

Cuando llegué al monasterio de Ajahn Chah, pensaba que yo no era una persona que tuviera ira. Mi respuesta a la violencia en mi familia había sido tratar de convertirme en el pacifista familiar. Como hijo mayor, había intentado ser alguien tranquilo, y ahora, en el monasterio, a la edad de veintitrés años, creía ser la antítesis de mi padre. Me sorprendí cuando descubrí que por recibir un ligero maltrato en el monasterio mi ira fuese tan grande, mucho mayor de lo que podía justificarse por la situación. La meditación me abrió la puerta a la rabia acumulada en mí que durante la infancia había sido tan peligroso sentir. Cuando me permití abrirme a estas energías, descubrí un volcán de ira y dolor, imágenes de explosiones nucleares, un vasto universo de sufrimiento y rabia. Internamente no era diferente de mi padre.

Por fortuna, como dijo William Blake, «los tigres de la ira son más sabios que los caballos de la educación». Aprendí mucho observando mi frustración y mi juicio, sentándome con la ira, sintiendo la fuerza de mi rabia. Empecé a darme cuenta de que cualquier experiencia en el monasterio que pudiera causarme dolor o miedo podía abrir el paso a la ira guardada de mi pasado, y mi reacción podía ser totalmente desproporcionada. Empecé a ser consciente de cuánto me juzgaba, de lo difícil que me resultaba simplemente sentir el sufrimiento y la vulnerabilidad. Poco a poco hice las paces con el dolor y la frustración; pude soportarlos mejor. Y poco a poco sentí que, en realidad, había dado un gran paso.

Sin embargo, aún me quedaba un largo camino que recorrer. Cuando dejé el monasterio y volví a Estados Unidos, me matriculé en un curso de postgrado en psicología. Estando en Boston, tuve una relación sentimental tempestuosa. En poco tiempo, se despertó el dolor de mi familia de origen. Surgieron la inseguridad, la ira y mi larga historia de dependencia. Al observarlo todo con la atención plena, pude reconocer claramente lo que estaba pensando y sintiendo. Pero aún tenía miedo de expresar las emociones fuertes. De niño había pasado tanto miedo siendo testigo de la ira explosiva y el dolor que había en mi casa que aprendí a suprimir mis propios sentimientos intensos, a esconderlos en mi interior, a mantener el control. Ahora, al estudiar la relación entre la psicología de Oriente y Occidente, decidí empezar una terapia con Myron Sharaf, un psicólogo de la Escuela de Medicina de Harvard. Myron había trabajado directamente con el polémico psiquiatra Wilhelm Reich, que desarrolló su brillante trabajo centrándose en el cuerpo.

Trató de ayudarme a mover y expresar mi energía. Como yo era tan bueno siendo consciente de lo que pasaba en mi interior mientras me mantenía tranquilo exteriormente, Myron llamó a esto «la defensa del monje». Después de un período frustrante en el que no sucedió gran cosa, me preguntó cuál era el momento del día más difícil para mí. Le dije que por la mañana temprano. No puedo funcionar bien a esas horas y me gusta levantarme tarde. Myron se rio y fijó nuestras sesiones a las 6.30 de la mañana, cuando las defensas de mi ego estuvieran débiles. A esas horas me hacía tumbarme y realizar potentes ejercicios de respiración para energizar todo mi sistema. Después me pedía que le contara las historias de mi pasado. A veces ponía arias de las grandes óperas y, mientras yo las escuchaba, ya cargado por los ejercicios de respiración y lleno de mis historias, presionaba y manipulaba mi cuerpo para ayudarme a liberar la energía. Trabajó conmigo con tanto tanta fuerza que una mañana, de forma involuntaria, me rompió dos costillas.

Funcionó. Poco a poco, fui capaz de expresar la rabia, de llorar, de estremecerme de miedo y excitación. Me volví más consciente de mis sentimientos y menos temeroso de expresarlos, más libre de elegir mi respuesta. La ira y la aversión ya no eran fuerzas aterradoras que debía reprimir; en vez de eso, se transformaron en energía vital que podía sentir, a la que podía rendirme o que podía usar conscientemente, de forma deliberada, sin causar daño.

En los trece años que han pasado desde que dejé el monasterio y trabajé con Myron, he aprendido a sentirme mucho más cómodo con los estados emocionales fuertes, a aceptarlos o, cuando es oportuno, expresarlos. Ahora la aflicción y las lágrimas, la rabia y la fuerza, la alegría y la pena fluyen a través de mí de un modo más abierto y juguetón.

Hace algunos años, cuando mi esposa y yo reformamos la casa, tuvimos un problema con un contratista. A mí él me caía bien. Había hecho un trabajo excelente y colaborado con esmero en el proyecto. Pero se estaba retrasando respecto a la fecha acordada en el proyecto para terminar la obra. Su gente trabajaba en otras tres obras al mismo tiempo, y, aunque le había presionado varias veces para que se diera prisa, continuaba a la misma marcha. Quizá mi talante tranquilo le hizo pensar que en realidad no importaba. Pero mi familia y yo teníamos que viajar pronto a Europa y necesitábamos que la obra estuviese acabada. Así que me enfadé. Durante un rato le grité y solté algunas palabrotas (bastante a gusto), diciéndole que ya se podía espabilar, que si no movía el culo para acabar la dichosa obra a tiempo, lo iba a denunciar.

Se quedó mirándome perplejo. «Entonces, quieres de verdad que lo terminemos, ¿eh?». A la mañana siguiente, efectivamente, había un grupo numeroso de obreros trabajando sin descanso. Más tarde me di cuenta de que había hablado al «estilo de la construcción» y que esa manera de gritar enfadado era solo una forma habitual de comunicarse en su medio. Había usado el lenguaje correcto, un código que funcionó.

¿Cuál es la medicina que prescribe la psicología budista para el sufrimiento de la aversión? En primer lugar, nos hacemos conscientes de esta fuerza que hay dentro de nosotros. Reconocemos en nuestros cuerpos la rigidez de la agresividad, el dolor de la rabia, la contracción del miedo. Intimamos con nuestra frustración, ira y culpa.

En segundo lugar, aprendemos la diferencia entre reacción y

respuesta. Cuando tenemos prisa y se nos queman las tostadas, podemos reaccionar enfureciéndonos y dando un puñetazo sobre la mesa, o podemos sentir nuestra frustración y colocar otra rebanada de pan. Cuando alguien nos corta el paso en el tráfico, podemos desquitarnos enojados adelantándolo para insultarle y tratar de devolvérsela, o podemos respirar y dejar que se vaya. Cuando nos critican, cuando perdemos una venta, cuando nos traicionan, no es necesario que aumentemos el dolor de la situación añadiendo el dolor de nuestra reacción.

Es como dos flechas, dice el Buda. La primera flecha es el acontecimiento inicial, la experiencia dolorosa. Ha ocurrido; no podemos evitarlo. La segunda flecha es la que nos disparamos a nosotros mismos. Esta flecha es opcional. Al estado inicial podemos añadir un estado mental contraído, enojado, rígido, aterrado. O podemos aprender a experimentar el mismo acontecimiento doloroso con menos identificación y aversión, con un corazón más relajado y compasivo.

¿Significa esto que no podemos responder con fuerza? No. A veces necesitamos levantarnos, gritar la verdad, manifestarnos, protestar, hacer cualquier cosa que sea necesaria para proteger nuestra vida y la de los demás. Los grandes modelos de la no violencia como Gandhi y Martin Luther King actuaron hábilmente y de forma estratégica en este sentido. Convocaron reuniones, fueron a los tribunales, quebrantaron la ley, cortaron el paso, negociaron, avanzaron y retrocedieron, buscaron aliados y usaron el dinero, el poder, la vergüenza, la palabra y la política para defender lo que era justo, pero no actuaron movidos por el odio o la violencia. Este es un ejemplo poderoso. Cuando surge la ira que se cree justificada, podemos soltarla. Manteniendo nuestra brutal claridad, también podemos buscar la justicia, pero con un corazón bondadoso.

El Buda nos insta a que soltemos la ira incluso en las dificultades extremas. Estas enseñanzas se expresan en los famosos versos del Dhammapada: «"Me maltrató, me golpeó, me tiró al suelo, me robó". Repite estos pensamientos y vivirás en el odio. "Me maltrató, me golpeó, me tiró al suelo, me robó". Abandona estos pensamientos y vivirás en el amor. En este mundo, el odio nunca se acaba con el odio; solamente se sana a través del amor. Esta es una antigua ley eterna».

Aprendí esta lección de primera mano cuando trabajé con Maha Ghosananda en los campos de refugiados de Camboya. Este hombre menudo que era un gran erudito, vestido con su hábito naranja, con su inquebrantable inocente sonrisa, sin algunos dientes, condujo marchas pacíficas desarmadas en las zonas de conflicto de su país para ayudar a los refugiados a regresar a sus pueblos. Año tras año, como Gandhi, ofreció su vida para sanar a Camboya. Aunque la mayor parte de su familia había sido asesinada, él no sucumbió a la amargura. Cuando Maha Ghosananda se reunía en los campos con los miles de refugiados, aquellos cuyos pueblos habían sido quemados y cuyos seres queridos habían sido asesinados, se sentaba con ellos y cantaba una y otra vez: «El odio nunca se acaba con el odio; solamente se sana con amor». Quería inspirarles con una verdad incluso mayor que su dolor, darles el valor de empezar de nuevo sus vidas sin odio. Los ciudadanos del mundo deben encontrar una forma de aprender esta verdad. Su futura felicidad y liberación dependen de ello.

También en nuestra vida personal hay guerras. Gretchen vino a un retiro de meditación al final de una terrible batalla por la custodia de sus hijos y un amargo divorcio. Ella era una próspera empresaria y su marido, un abogado, y había una importante suma de dinero por la que negociar. Ambos habían tenido amantes, aunque Gretchen explicaba que su corta relación había sido una reacción, una forma de vengarse contra la aventura primera de su marido, su frialdad y sus malos tratos. También contaba que, como él era un astuto abogado, había conseguido manipular al tribunal para declararla incapaz como madre. Perdió la primera custodia de sus hijos, que en esa época tenían seis años y ocho años. Gretchen se había defendido con tanta fuerza como había podido, pero había perdido. La amargura y el dolor eran enormes.

Durante el retiro, trabajó con la atención plena para sentir nuevamente su cuerpo. Permaneció sentada percibiendo el agotamiento, la contracción, la indignación, el miedo. Observó todas las historias que contaba su acelerada mente de acusaciones y autorrecriminaciones, de furiosa venganza y de angustia por las vidas de sus hijos.

Poco a poco se permitió tocar la vulnerabilidad subyacente a todo ello. Se sentía frágil y dolorida. Lloró con pena por todos sus fracasos, por sus hijos, su matrimonio, las injusticias de esta tierra. Se la animó para que lo permitiera todo, para que reconociera cada pérdida y cada dolor, para que viese las contracciones y las historias. Después de seis o siete días, pudo empezar a verlo todo como fuerzas impersonales que llegaban y se iban como las olas.

Se le indicó que observase los momentos de descanso entre las acometidas de llanto y rabia y que descansase en la conciencia. Gracias a las enseñanzas, empezó a cuestionarse a sí misma. ¿Quería dejar como herencia a sus hijos la amargura y el conflicto? Llevó a cabo una meditación de la compasión para ella misma, para sus hijos e incluso algo para su marido. Un día se presentó a la entrevista con una actitud de gran dignidad y dijo: «Puedo aceptar el dolor y la pérdida, pero no viviré una vida de amargura y miedo». Han pasado más de veinte años desde ese retiro y ella ha permanecido fiel a su palabra. Se dedicó a sus hijos con tanta compasión y amor como le permitieron. Ahora que sus hijos han alcanzado la mayoría de edad, ha vuelto a establecer con los dos unos lazos fuertes y amorosos.

Cuando examinamos la ira y la aversión con conciencia, se produce un cambio radical de identidad. Esos estados no son lo que somos realmente. Son condicionados e impersonales, y no nos pertenecen. Al principio, Gretchen sentía miedo de abandonar sus reacciones negativas. Parecían protecciones tan necesarias...

Soltar nuestras acusaciones nos da miedo a nosotros y a aquellos con quienes estamos conflicto. A veces, nuestras parejas se sienten confundidas cuando abandonamos la danza de la ira. Ellos también se ven obligados a cambiar. Al renunciar al enfrentamiento, recuperamos nuestra verdadera fuerza y nobleza.

Cuando la premio Nobel de la Paz Aung San Suu Kyi habló de sus muchos años de arresto domiciliario bajo una nube de violencia y represión brutal por parte de la dictadura birmana, dijo: «Son las situaciones difíciles y no las fáciles las que nos hacen crecer en sabiduría. Necesitamos desarrollar la capacidad de extraer la fuerza de las adversidades [...] enciende la llama de tu propio corazón y déjala que ilumine la noche tormentosa». En nuestros momentos difíciles, descubrimos nuestro valor para no sucumbir, para no retirarnos, para no embestir movidos por el miedo y la ira. Y descansando en un corazón pacífico nos convertimos en una luz, una medicina, una fuerte presencia: nos convertimos en la sanación que tan desesperadamente necesita el mundo.

La honestidad y el corazón no combativo

«Hay ganancia y pérdida, calumnia y honor, elogio y acusación, placer y dolor. Los Despiertos no están bajo el control de las cosas externas. Estas desaparecen tan pronto como surgen. Si otros hablan contra ti, no te enfades, porque eso será un obstáculo para tu libertad interior. Aprende a soportar sus palabras crueles pacientemente hasta que se callen». Cuando el Buda dijo estas palabras, sus monjes estaban siendo injustamente acusados por sacerdotes celosos. Sus luchas no eran menos reales que las nuestras, y el consejo del Buda es igualmente aplicable hoy en día. Sin embargo, como todas las enseñanzas, debemos usarlas con sabiduría. No debemos someternos de manera deliberada a las palabras crueles, ni pensar que no podemos responder con fuerza o irnos cuando eso sea lo mejor.

Shannon, que trabaja en temas de justicia relacionados con el medioambiente, se acercó a la práctica budista buscando ayuda para su estrés. Había luchado para frenar la contaminación en algunos de los barrios más míseros de Estados Unidos y de los rincones más empobrecidos del planeta. Odiaba a las personas con poder que abusaban de los pobres de esta manera. Pero a los treinta y seis años, estaba agotada. Siempre había intentado ser fuerte. Cuando me contó su historia, descubrí que también estaba en disputa con su familia, enfrentada al padre y a los hermanos por el dinero familiar. Incluso para su práctica de yoga había elegido a un exigente profesor de la modalidad Iyengar, cuyas posturas la obligaban a sobrepasar sus límites.

En sus primeras meditaciones, Shannon recibió la instrucción de sentir solo el estrés, el ímpetu y la culpa. Gradualmente pudo reconocer el peso de su historia familiar, el legado de sus abuelos, que habían muerto en el Holocausto, y las luchas de su padre como inmigrante, que había llegado a ganar mucho dinero. Poco a poco permitió la presencia de sus propios sentimientos. Aprendió a aceptarlos con respeto y a respirar con consciencia dentro de ellos y alrededor de ellos para crear espacio. Mientras Shannon prestaba atención, la tensión de su cuerpo dio paso a la ira, al dolor, al llanto. Vio una sucesión de imágenes de conflictos y traumas que empezaban con su primera infancia y terminaban con la traición al medioambiente por parte de nuestra civilización. Al añadir la práctica de la compasión, pudo soltar paulatinamente sus reacciones a los conflictos y traumas. Empezó a experimentar la tensión de su cuerpo más como una expresión de vida que como un problema. La atención plena le aportó un sentimiento nuevo de espacio y alivio. Pero sus miedos también se hicieron mayores. Shannon había sido una activista fuerte y ahora se sentía vulnerable, débil. La vulnerabilidad le resultó aterradora.

Le pedí que cerrase los ojos y que se permitiese sostener con bondad su miedo y vulnerabilidad. Los sentimientos se transformaron en un vacío desagradable que Shannon llamó una ausencia, una falta de apoyo o de suelo que la sostuviera. La solidez de su mundo se estaba disolviendo. «No te resistas –le sugerí–. Deja que se abra más». Mientras se permitía esta falta de apoyo, advirtió que su cuerpo empezaba a cambiar. Su expresión era de sorpresa. «Siento que todo mi cuerpo se está expandiendo. Me siento como si fuera enorme». Le recomendé que simplemente estuviera atenta a lo que le ocurría en su interior. Describió que su cuerpo ya no estaba sentado en la tierra. Ella se había convertido en la misma tierra. Como tierra, era sólida, poderosa, fuerte, inquebrantable. Se sentía llena de una profunda satisfacción. Ahora la mente y su cuerpo estaban tranquilos, espaciosos, pero no sentía debilidad. Era estable y fuerte. La animé para que permaneciese con esta comprensión.

Desde esta perspectiva, Shannon contempló sus años de luchas tanto en el terreno personal como en la política, y se rio. «Estaba intentando ser fuerte de una manera equivocada. Intentaba luchar para conseguir ser fuerte. No me daba cuenta de que la fuerza forma parte de mí, de la vida». Pudo sentir de qué manera tan distinta podía afrontar ahora los conflictos y dificultades. Podía ser fuerte sin luchar, pero con una estabilidad inquebrantable firmemente enraizada en la tierra.

La verdadera fuerza y la espada de la sabiduría

Ajahn Chah llamaba a la práctica de no disputar «Detener la guerra». Comentaba que estamos constantemente batallando con el mundo, luchando contra lo que es injusto, lo que es demasiado largo o demasiado corto, perpetuando con coraje esta batalla. «¿Por qué no abandonar la batalla?», decía, invitándonos a descansar en el corazón no combativo.

Lo opuesto a la agresividad no es la pasividad, sino la verdadera fuerza. Cuando hemos perdido la conexión con nuestra nobleza innata, creemos equivocadamente en nuestro miedo y nuestra debilidad. Cuando soltamos la agresividad, descubrimos la verdadera fuerza, un estado sin miedo natural, el valor de afrontar nuestro dolor y nuestros miedos, así como de responder sin odio. Martin Luther King llamaba a esto la «fuerza del alma». En la antigua Grecia, la ira se describía como una emoción noble. Servía para defender lo que era razonable; para denunciar la injusticia. La no violencia incluye esta valentía junto con un corazón compasivo. Mahatma Gandhi lo expresó así: «La no violencia requiere más valor que la violencia».

La verdadera fuerza acepta la vulnerabilidad de la vida con amor y valentía. La verdadera fuerza sabe que hay dos grandes poderes en este mundo. El primero es el de quienes no tienen miedo de matar. El otro es el de los que no tienen miedo de amar. Incluso en situaciones de gran peligro, la verdadera fuerza elige el amor. Martin Luther King demostró la fuerza de este amor, incluso en las horas más oscuras, diciendo: «Haremos frente al sufrimiento con la fuerza del alma». La fuerza verdadera es lo que van a necesitar los católicos y protestantes de Irlanda y los palestinos e israelíes para acabar con sus ciclos de violencia. Necesitarán valor para sentir de verdad el peso de los sufrimientos mutuos, valor para honrar los miedos de cada bando a la aniquilación, la pérdida de la tierra, la cultura y la dignidad. Sin embargo, mientras el miedo y el dolor no se abracen con sabiduría, los ciclos de odio continuarán.

La fuerza verdadera solo trae claridad, como una espada que se abre paso a través de la ilusión. Es la sabiduría que discrimina. Cuando no estamos trabados en la acusación o la lucha, podemos ver las cosas tal como son. William Butler Yeats dijo: «Podemos hacer que nuestras mentes sean tan semejantes a las aguas tranquilas, que permitan a los seres que se reúnen en torno a nosotros ver, quizás, sus propias imágenes, y así vivir por un momento una vida más clara, tal vez incluso más intensa, gracias a nuestra serenidad» Cuando es necesario, podemos ser brutales y fuertes al empuñar la espada de la claridad. Liberados de la ira, podemos decir la verdad sin miedo. Al mismo tiempo, nos liberamos de las malas intenciones, de modo que nuestras acciones contemplan el bienestar de todos.

Cuando éramos estudiantes nos encantaba ver a Ajahn Chah esgrimir la espada de la sabiduría. Se sentaba con los visitantes y les enseñaba con un corazón compasivo. Pero como no necesitaba nada de ellos, también tenía la libertad de decirles la verdad. Una vez un comerciante rico y presuntuoso le preguntó si debía dar algún dinero al monasterio del bosque o si simplemente debía continuar haciendo sus importantes donaciones a los hospitales y a las obras de beneficencia públicas. Ajahn Chah se rio y le dijo que lo mejor que podía hacer una persona como él era tirar todo su dinero por el puente del río Mun. Otra vez, vinieron los soldados pidiendo protección y bendiciones. Ajahn Chah fue amable con ellos, pero les dijo que la única protección real era no matar. Durante las visitas de los funcionarios del gobierno, «casualmente» había programado hablar sobre la virtud y el pesado karma de la corrupción. Y cuando la familia de una mujer anciana trajo a esta para que la curase, le dijo a la mujer: «Ellos no quieren decírselo, pero le queda poco para morirse. Relájese, solo es el cuerpo el que se muere». Y le dio las enseñanzas sobre la inmortalidad.

Desde luego, Ajahn Chah no reservaba su espada solo para los visitantes. Nos señalaba nuestras tonterías, las de los monjes y monjas, tanto individual como colectivamente: nuestros apegos y miedos, nuestras mezquindades y acusaciones. Esto hacía que el monasterio fuese una comunidad donde imperaba la honestidad y compasión, el mejor ambiente para crecer.

Hemos llegado equivocadamente a creer que la ira y el odio son inevitables. La psicología budista nos enseña otro camino. Podemos vivir en este mundo con un corazón no combativo. Podemos descubrir el coraje para no sucumbir, no retirarnos, no atacar movidos por el miedo y la ira. Con la transformación de la ira y el odio, podemos decir la verdad y apoyar la justicia. Y descansando en la sabiduría del corazón, podemos ser una luz, una medicina, una presencia liberadora para todos.

Práctica: descubrir el dolor y el miedo bajo la ira

Empieza a observar con la atención plena cuán a menudo surgen los estados de ira en tu vida. Date cuenta de que la ira puede presentarse de muchas maneras: el crítico, la víctima que reprocha, el controlador reactivo, el juez, el que lo sabe todo. Siente cómo tu ira afecta a distintas partes del cuerpo. Tómate un tiempo para sentirlo realmente. Después, siente las oleadas de las otras emociones, como la agresividad, el deseo de venganza, la ansiedad y la excitación, que vienen junto con la ira. Sigue observando con la atención plena. Luego date cuenta de todas las historias que te cuentas, las creencias con las que te autojustificas y los puntos de vista en los que te apoyas. Date cuenta de lo fácil que es quedarte atrapado en eso, identificarte con todas esas experiencias.

Ahora disponte a observar qué hay bajo la ira. Siente los impulsos de atacar, de acusar. Y entonces pregúntate cuál es el dolor o el miedo que puede estar alimentando esta ira. Mira honestamente de qué manera te sientes dolido o afligido, qué temes que pase. Reconoce este nivel profundo de vulnerabilidad como una parte de toda la situación. Ahora imagina cómo podrías comunicar tu miedo y tu dolor sin culpar. Deja que tu corazón te enseñe. Puedes hablar y responder al problema de un modo en que muestres respeto por ti mismo y por los demás. Permite que esto se convierta en una práctica habitual mientras trabajas con la ira.

15. De la ilusión a la sabiduría: despertar del sueño

La ilusión se caracteriza por la ceguera, por no adentrarse en la realidad, por ocultar la verdadera naturaleza de la experiencia, por favorecer una atención descuidada, por provocar una acción ilusa.

VISUDDHIMAGGA

Escucha. Has estado dormido durante mucho tiempo.
¿No es ya hora de despertar?

Letrero a la entrada del monasterio de Ajahn Chah

El objetivo de la psicología budista es ayudarnos a ver con claridad. Cuando estamos perdidos en la ilusión, es difícil ver incluso las verdades más obvias. Ajahn Chah decía: «Es como si estuviéramos montando un caballo y dijéramos: "¿Dónde está el caballo?"».

Una de las revelaciones más asombrosas de la psicología moderna es que nuestras percepciones pueden estar equivocadísimas. En un estudio realizado en la Universidad de Harvard, Daniel Simons enseñaba un vídeo de un partido de baloncesto que duraba tres minutos y pedía a los observadores que contasen cuántas veces la pelota de básquet se pasaba entre el equipo blanco y el equipo negro. Después de un minuto, una persona vestida con un disfraz de gorila entraba en mitad de la cancha caminando despacio, miraba hacia la cámara, se golpeaba el pecho y después salía. Al final de los tres minutos, el cincuenta por ciento de los que miraban el vídeo no había visto al gorila. Estaban tan ocupados contando, que solo vieron la pelota de básquet.

Incluso cuando se les preguntó si no habían visto nada anormal, contestaron convencidos que «no». Cuando se les volvió a pasar el vídeo, se quedaron boquiabiertos. El gorila era tan evidente y, sin embargo, no habían reparado en él.

Desde luego, a veces es útil ignorar las distracciones, incluso un gorila en un vídeo, para que podamos centrarnos en ciertas tareas con la exclusión de otras; de hecho, la meditación puede ayudarnos con esto. Pero también necesitamos darnos cuenta de lo parciales que pueden ser nuestros puntos de vista de las cosas, de hasta qué punto podemos estar ignorando la realidad. A menudo solo vemos lo que queremos creer. Podemos estar bien engañados respecto al amor, y también sobre nuestros cuerpos, planes, finanzas, pasado y futuro. Naciones enteras pueden estar engañadas en asuntos de política interior y exterior.

«Vives en la ilusión y en la apariencia de las cosas –dice el lama tibetano Kalu Rinpoche–. Hay una realidad, pero tú no la conoces». Sin ver claramente, tomamos la ilusión superficial de las cosas por la realidad. La ilusión subyace a todos los estados no saludables. La avaricia y el apego surgen de la ilusión de escasez, de la incapacidad de sentir la totalidad de la abundancia de la vida. La aversión y el odio surgen de la búsqueda equivocada de seguridad, de la creencia errónea de que el odio puede darnos más seguridad. Y la raíz de la propia ilusión es la fantasía de separación, del sentido limitado del yo.

Librarse de la ilusión es tan importante que las primeras palabras del Buda después de su iluminación fueron un poema que describía esta liberación: «¡Oh, constructor de la casa! Por fin veo tu arte. Todas las vigas han sido quebradas. Se ha aniquilado el soporte central. No volverás a construir esta casa de aflicción». La ilusión es el soporte central que mantiene las vigas del apego, la ira, el miedo y la aflicción. Al ver más allá de la ilusión, el Buda se liberó a sí mismo de la casa del sufrimiento humano y quedó libre.

Cuando despertamos de la ilusión, nuestra vida se transforma. No es fácil, porque el soporte central de la ilusión es difícil de ver. Cuando entre los monjes de Ajahn Chah surgía el conflicto o el desacuerdo, él intervenía diciendo: «Ved con claridad. Esto es ignorancia. Esto es ilusión».

La ilusión tiene un poder seductor y puede aparecer en cualquier parte. Los textos budistas relatan la famosa pelea que tuvo lugar en Kosambi, en la que los monjes implicados en el conflicto ni quiera escuchaban al Buda. Dogen, el maestro zen nos previene de lo rápidamente que puede aparecer la ilusión: «Un pensamiento iluminado y eres un Buda. Un pensamiento ordinario y eres de nuevo una persona que vive en la ilusión». Como maestro de meditación, he visto la ilusión incluso en las altas esferas del mundo budista. Hay ciertos maestros y sus discípulos que desprecian de forma arrogante las prácticas de otros maestros o que maltratan a sus estudiantes, creyendo que es por el bien de estos. Si soy honesto, me doy cuenta de que yo también puedo ser arrogante e insensible; también puedo quedarme atrapado en mis ilusiones.

La ilusión es diferente de la falta de información. Es algo distinto a no saber cómo funciona un motor de gasolina o a no conocer los hechos históricos de la Edad Media. La ilusión puede llevarnos a ignorar lo que sucede y a quedarnos pegados a nuestros puntos de vista y opiniones; crea una pérdida de conexión con la realidad. En su grado sumo, la ilusión se convierte en pura psicosis. Nuestra ilusión habitual puede llevarnos de la realidad del presente a la irrealidad de nuestros pensamientos y percepciones erróneas. Con la ilusión podemos perdernos en una vida de inconsciencia y sueño. Incluso leer este capítulo sobre la ilusión puede dejarte dormido. Date cuenta de cómo funciona. A través de la conciencia podemos liberarnos del hechizo de la ilusión y del sufrimiento que crea.

Este es el décimo quinto principio de la psicología budista:

15 La ilusión interpreta erróneamente el mundo y se olvida de quiénes somos. La ilusión genera todos los estados no saludables. Libérate de la ilusión y observa con sabiduría.

La falta de atención: el primer nivel de la ilusión

La psicología budista describe tres niveles de ilusión en nuestra vida. El primero es la falta de atención. Sin la atención, es como si la Bruja Malvada del Oeste del Mago de Oz hubiera llenado de adormideras nuestra ciudad y no pudiéramos saber dónde estamos. Podemos llamar a este nivel ilusión del olvido. La ilusión del olvido surge cuando no nos damos cuenta de lo que está ocurriendo, cuando estamos perdidos en el pensamiento, medio dormidos. Es como la experiencia de conducir hasta un lugar, aparcar y darse cuenta de que no recuerdas el viaje. O como un amigo me dijo una vez en un restaurante tras devorar un plato de comida: «¡No tengo ni idea de qué acabo de comerme!».

Con la ilusión vivimos nuestras vidas con el piloto automático. Caminamos por la calle y volvemos a casa sin darnos cuenta de dónde estamos ni de lo que ocurre. En un día de tormenta, no vemos las nubes que cruzan el cielo, el charco de lluvia en el suelo y el resplandor en las ventanas al anochecer. No nos damos cuenta de los destellos en el aire en una soleada mañana de primavera. Incluso dejamos de ver las caras de nuestros seres queridos cuando llegamos a casa.

Períodos enteros de nuestra vida desaparecen en el trance de la ilusión. Vivimos en la cultura de la falta de atención crónica alimentada por el ritmo frenético de la vida moderna. Las escuelas y lugares de trabajo nos empujan para que atendamos a multitud de tareas, y nuestra atención fragmentada se vuelve distraída, superficial. Rodeados de estímulos, nos sentimos aburridos e inquietos, con la tendencia a caer en adicciones de todo tipo. Como señala la autora Anne Wilson Schaef: «El interés de la sociedad de consumo es favorecer estas cosas que nos embotan, que nos mantienen ocupados con nuestras adicciones y nos dejan ligeramente aturdidos y como zombis». Por desgracia, lo que la psicología occidental acepta comúnmente como «normal» puede en realidad querer decir que estamos funcionando en un nivel considerable de ilusión. Esta ilusión puede existir incluso aunque nuestra apariencia exterior sea la de estar triunfando, de poseer todo lo que puede comprarse con dinero, al mismo tiempo que experimentamos una profunda falta de paz interior.

La atención plena nos enseña a despertarnos del trance de la ilusión; nos saca de la fantasía y nos lleva a la claridad. Sin la atención plena, la mente que vive en la ilusión suele apegarse a las experiencias agradables y rechazar las desagradables. Y lo que es más difícil de ver, la ilusión ignora las experiencias neutras. Cuando las cosas son neutras, nos aburrimos y nos evadimos porque culturalmente estamos condicionados para buscar altos niveles de estimulación. De ese modo, pasamos por alto la vida que encierran las experiencias neutras, que constituyen la mayor parte de nuestro día. Y, sin embargo, cuando nuestra atención crece, lo que parecía neutro y soso adquiere una riqueza desconocida.

En vez de intentar disipar la ilusión, primero podemos simplemente darnos cuenta de las veces que surge, de cuándo vamos con el piloto automático. Podemos interesarnos por la falta de conciencia. Para ello, podemos observar qué aspectos de nuestra vida son más inconscientes. Advertiremos que la ilusión viene de la mano de la distracción, la prisa y la adicción. Es un desafío para nuestros hábitos poner atención en la ilusión. Al hacerlo, empezamos a despertar.

La somnolencia y el embotamiento son también síntomas del primer nivel de ilusión. En el nivel biológico, la somnolencia se produce cuando estamos cansados y necesitamos recargarnos. Cuando alguien viene por primera vez a un retiro, es frecuente que, en cuanto empieza a meditar, caiga en un agradecido sueño de agotamiento. A la primera oportunidad de relajarse, el cuerpo expresa sus necesidades. Esta somnolencia sana es una respuesta natural y debe respetarse. En ciertos monasterios, este sueño se conoce como «el nirvana del hombre pobre». Pero, en otros momentos, la somnolencia y el embotamiento son solo ilusión. Como una especie de fumadero de opio para la mente, provocan un olvido seductor que no quiere ver.

En un retiro trabajé con Kyle, un empresario que explicaba que se dormía en cada sesión de meditación. Llevaba varios días de retiro y había descansado bien, así que no era agotamiento. Y su nivel de energía parecía suficientemente fuerte como para equilibrar su creciente relajación. Empecé a preguntarme si su somnolencia no estaría tratando de ocultar algo de su experiencia. Cuando nos sentamos juntos a meditar, le pedí que cerrase los ojos y lo investigase. Permaneció sentado en calma durante un rato, prestando atención. Cuando surgió la somnolencia, le pregunté. «¿Qué sentirías si no estuvieras tan dormido?». Al poco, los ojos se le llenaron de lágrimas. El adormecimiento había tapado un pozo de dolor: el suicidio de su amante hacía años, sus luchas y su soledad. Los recuerdos tristes de Kyle fueron emergiendo en capas. Su atención a la ilusión abrió un nivel de aflicción y dolor que había evitado durante años. Como no se había permitido sentir su aflicción y su dolor, experimentaba la vida como si estuviera medio muerto, como si su vida estuviera suspendida. El embotamiento que bloqueaba el acceso a su sufrimiento lo incapacitaba para sentir totalmente, para actuar de un modo creativo y para volver a amar.

Con la atención plena podemos despertar de la ilusión. Incluso el ejército de los Estados Unidos está usando la práctica de la atención plena basándose en los programas de reducción del estrés de Jon Kabat-Zinn, que tuvo un gran éxito en hospitales y empresas. Por indicación de su coronel, un joven oficial del ejército con un carácter iracundo y una larga historia de problemas relacionados con el estrés y la ira tuvo que participar en un curso de entrenamiento en atención plena de ocho semanas con el objetivo de reducir su nivel de estrés. Un día, cuando ya llevaba algunas semanas de entrenamiento, se detuvo a comprar algunas cosas en el supermercado de camino a su casa. Tenía prisa y estaba un poco irritado, como de costumbre. Cuando llegó a la caja con su carro, encontró un montón de gente en la cola. Se dio cuenta de que la mujer que tenía delante llevaba solo un producto, pero no estaba en la cola rápida. Llevaba un bebé en brazos y estaba hablando con la cajera. El joven empezó a irritarse. Ella estaba en la cola incorrecta, hablando, retrasando a todo el mundo. Luego, la mujer pasó el bebé a la cajera, que estuvo un rato haciéndole carantoñas. Sintió que su ira empezaba a crecer como era habitual en él. Pero como había estado practicando la atención plena, empezó a poner la atención en el calor y en la tensión de su cuerpo. Pudo sentir el dolor. Respiró y se relajó. Al levantar la vista de nuevo, vio que el niño le estaba sonriendo. Cuando llegó a la cajera, le comentó: «Qué guapo el niño...». A lo que esta respondió: «¿Sí? Es mi hijo. Su padre estaba en las fuerzas aéreas. Lo mataron el invierno pasado. Ahora yo tengo que trabajar la jornada completa. Mi mamá me trae al niño una o dos veces al día para que pueda verlo».

Cuando vivimos en la ilusión, somos muy rápidos para juzgar a los otros. No vemos su belleza interior. Tampoco vemos su dolor y no podemos responderles con compasión. Si no estamos atentos, pasamos por alto la comida que tenemos delante, la gente que se cruza con nosotros por la calle, la vida siempre cambiante, nuestra conexión con el mundo desde el corazón.

La ilusión de la negación

En un nivel más profundo de la falta de atención encontramos una segunda forma de ilusión: la negación. La negación surge cuando no creemos lo que está realmente delante de nuestros ojos. En un nivel personal, podemos negar los problemas en el trabajo, las dificultades en nuestro matrimonio, la depresión o la adicción, como si la negación hiciera que desapareciesen. Con la negación, podemos empezar una relación sentimental y creer que el éxtasis de romanticismo durará toda la vida. Podemos creer que la bolsa siempre subirá y nunca bajará.

Muchos de nosotros aprendimos pronto la negación. Se nos enseñó a ignorar los secretos familiares. Mi madre inventaba excusas para justificar sus moretones e intentaba mantener alejadas a las visitas para que nadie pudiera ver lo loco que podía estar mi padre. En la negación, tememos decir la verdad a otro. Conocí a una niña de doce años, que estaba muriéndose de cáncer, a quien sus padres le regalaron unos esquís por Navidad. No es que estuvieran tratando de darle esperanzas, era simplemente que, después de haber pasado las vacaciones familiares esquiando durante años, no podían aceptar el hecho de que ella nunca más volvería a esquiar. Muy a menudo, los que trabajan con niños enfermos dicen que estos saben que van a morir, pero que intentan proteger a sus padres de que lo sepan. Esto puede ser una experiencia de gran soledad. Cuando he estado junto a niños que iban a morir, con frecuencia me he quedado sorprendido ante su sabiduría y su ausencia de miedo. Son los maestros de los adultos que están destrozados y viven a su alrededor en la negación.

La negación también puede darse colectivamente. La psicología budista describe cómo pueden manipularse sociedades enteras para provocar violentas revueltas basadas en la ignorancia, el racismo y los miedos inducidos. La publicidad que nos rodea puede fomentar a propósito la ansiedad y reforzar nuestras ilusiones políticas y económicas. Las ilusiones colectivas pueden funcionar durante años, hasta que nos demos cuenta del enorme coste que estamos pagando por ello y nos preguntemos por qué miles de personas pierden sus vidas o por qué se gastan millones de dólares en nombre de las inexistentes «armas de destrucción masiva».

En la década de 1980, de un modo extraordinario se disipó una importante negación cuando el imperio soviético empezó a desmontarse bajo la influencia de Mijail Gorbachov. Antes, la dictadura comunista rusa había negado todos sus delitos. Sus libros de historia pretendían que las decenas de millones de asesinatos en las purgas de Stalin, las espantosas prisiones políticas de Siberia y los fracasos masivos de la agricultura colectiva nunca habían ocurrido. Incluso se manipulaban las fotografías para borrar cualquier rastro de los oficiales que habían sido «eliminados». Después, en 1988, al comienzo de la nueva apertura fomentada por Gorbachov, *Izvestia*, el diario oficial del Gobierno de la Unión Soviética, informó en su portada de que el Gobierno soviético había decidido suprimir los exámenes finales de Historia para cincuenta y tres millones de estudiantes porque los libros de texto de Historia enseñaban mentiras que habían «engañado a una generación tras otra, envenenando sus mentes y sus almas». Y seguía: «Hoy estamos cosechando los amargos frutos de nuestra propia laxitud moral. Estamos pagando por haber caído en la conformidad y haber dado nuestra aprobación silenciosa a todo eso que ahora nos lleva a sonrojarnos de vergüenza y sobre lo que no sabemos cómo responder con honestidad a nuestros hijos».

El coste de la negación de la Unión Soviética era obvio para nosotros. Por desgracia, nosotros también continuamos negando nuestras crisis medioambientales, el crecimiento continuo del racismo y del falso nacionalismo y nuestra participación en la enorme industria armamentista mundial. En la búsqueda de seguridad, de algún modo ignoramos el hecho de que el diez por ciento del presupuesto militar del mundo sería suficiente para alimentar a todas las personas que pasan hambre en el planeta.

A veces nos aferramos a las ilusiones incluso ante un peligro obvio. Me gusta el chiste de un hombre que está conduciendo por la autopista y escucha un aviso de alerta en la radio: «¡Atención, todos los que se dirigen al norte por la autopista interestatal 187 deberán conducir con extrema precaución! Hay un coche circulando en dirección contraria». El hombre mira por el parabrisas y murmura: «No hay un coche circulando en dirección contraria. ¡Hay cientos de coches!».

Al igual que la práctica de la atención plena, la psicología occidental se propone ayudarnos a ver más allá de ese estado de ilusión. En el psicoanálisis y en muchas otras terapias, confrontamos en repetidas ocasiones nuestra negación. Por medio del examen, el cuestionamiento, la interpretación, nos vemos obligados a afrontar y sentir lo que hemos ignorado. Recuerdo que una vez estaba con mi primer terapeuta hablando y hablando de un importante reto en mi relación y de mi inminente traslado a otra ciudad. De repente me interrumpió. «Estás triste, ¿verdad? Triste y enfadado». De inmediato mi mente se quedó en silencio. Me quedé atónito por la simplicidad de lo que había expresado. Empecé a llorar y a temblar y a enfrentarme a la dura verdad. Tuve que interrumpir mi historia y salir de mi negación.

Del mismo modo, Ajahn Chah ayudaba a sus estudiantes señalándoles lo que negaban. A mí me decía: «Eh, hoy estás distraído, ¿verdad?». A John: «Te crees que estás meditando, pero te estamos oyendo roncar». Y a Prasert: «¿Tienes miedo de que vengan fantasmas a tu cabaña? Pues lo más parecido a un fantasma que he visto por aquí son esos dos monjes blancos». Ajahn Chah simplificaba mucho las prácticas para los monjes con mayor tendencia a la ilusión. Era como si quisiera atravesar su confusión con palabras sencillas escritas en letra bien grande y visible. Les proponía rituales sencillos: «Medita cuatro veces al día y céntrate en tu cuerpo». O: «Mantén limpio tu hábito». También daba instrucciones simples para la mente: «No creas a la duda. Di: "Esto es la duda"». Solía decir. «La ira es fácil de ver, el apego es más sutil, pero la ilusión es la más difícil. Todos los estados que la acompañan se vuelven nublados, confusos. Busca los momentos de claridad. Mantente en tu experiencia, no en los estados confusos. Aprende a percibir la diferencia». Con el entrenamiento, nos enseñaba a salir de la confusión.

Percepciones erróneas de la realidad

El nivel más profundo de la ilusión se denomina «percepción errónea de la realidad». Este nivel es el más difícil de afrontar porque supone una amenaza a algunas de nuestras convicciones más queridas. De algún modo tiene que ver con algo esencial, nos engañamos respecto a la felicidad, la permanencia y la naturaleza de lo que somos. En primer lugar, consideremos nuestras ideas sobre la felicidad. A todos nos parece obvio que las comodidades externas nos aporten placer, tranquilidad, seguridad. El Buda dice: «Si estas experiencias no fuesen agradables, no nos quedaríamos atrapados en ellas». Y aunque podamos disfrutar de estas formas de felicidad, son incompletas. Un parte sabia de nosotros sabe que ellas solas no producen una satisfacción plena. La psicología budista nos anima a investigar la ilusión de la felicidad.

Algunas de las personas más ricas y privilegiadas experimentan arduos sufrimientos y pesares, mientras que ciertos campesinos que viven en condiciones muy pobres pueden estar asombrosamente felices. La felicidad está dentro de nosotros. Se han hecho estudios sobre los ganadores de la lotería que han revelado que la felicidad de los ganadores se incrementa en los dos primeros años, pero que después, por lo general, vuelve a su estado habitual. Si ya éramos bastante felices, volvemos a ese grado de felicidad. Si estábamos deprimidos, asustados o nos sentíamos desgraciados, probablemente también volvamos a ese estado. Lo que es aún más sorprendente son las investigaciones sobre personas que se han quedado paralíticas, uno de los peores destinos que puedan imaginarse. Después de algunos años, los parapléjicos y tetrapléjicos también vuelven a su estado habitual de felicidad.

Cambiar nuestras circunstancias externas no es el verdadero camino para la felicidad. La felicidad genuina surge de los estados saludables de la mente; nace de un corazón sabio y amoroso. Una mujer vino a la práctica budista después de que se le diagnosticara que el bulto que tenía en el pecho era un cáncer, que además se le había extendido a los nódulos linfáticos. Iban a tener que operarla y después tendría que recibir quimioterapia. Trabajaba como administradora, sus dos hijos ya eran mayores y su marido estaba dispuesto a ayudarla en lo que necesitase. Durante el tratamiento y en el tiempo que siguió a este, se preguntaba si su enfermedad y el miedo a la muerte iban a destrozar su vida. Luego se dio cuenta de que podía estar feliz de todos modos. Era una persona cariñosa y bondadosa a la que le encantaba la gente. Tenía muchos amigos. De hecho, ya tenía lo que la hacía feliz. No eran las comodidades de su vida lo que le procuraba esa felicidad, y esta tampoco iba a ser destruida por el cáncer o por el tratamiento. La clave estaba en su buen corazón.

Dentro de la percepción errónea de la realidad, la segunda ilusión básica es la permanencia. Desde la ilusión creemos que podemos retener las experiencias. Sin embargo, nada en la vida es permanente. ¿Dónde está nuestra infancia? ¿Dónde se fue la década de 1990? ¿Y el año pasado, el mes pasado, ayer? Ya no están. «Las experiencias surgen a borbotones desde el vacío día y noche», escribió el poeta Rumi. Con la ilusión de la permanencia, nos apegamos a los sentimientos, experiencias y personas como si fueran de nuestra propiedad. Nos esforzamos para retener el mundo, pero nuestros días se desvanecen como un espejismo o un sueño.

Podemos vivir con sabiduría solo cuando aceptamos que la realidad cambia. En el monasterio de Ajahn Chah, la impermanencia y la muerte eran esenciales en el programa de estudios. Debíamos contemplar el cambio, nuestros estados de ánimo, las estaciones, los visitantes que llegaban y se iban, el paso del tiempo en nosotros y el movimiento de nuestra respiración hasta que pudiéramos ver la vida como un río imparable. El maestro zen Shunryu Suzuki resumió las enseñanzas budistas en esta simple frase: «No siempre será así».

Mi viñeta cómica favorita muestra a una familia beduina que viaja en camello por un desierto. El padre va el primero, en el camello más grande, seguido de la mujer y los tres hijos, cada uno con un camello algo menor. El padre vuelve la cabeza para responder al hijo menor: «Deja ya de preguntar cuánto falta para llegar. ¡Somos nómadas, cómo quieres que te lo explique!».

En nuestra ilusión, olvidamos que todos somos nómadas. Queremos creer que nuestro cuerpo estará joven, que nuestros hijos no crecerán, que nuestras fortunas estarán seguras, que nuestras relaciones de pareja no cambiarán. Sin embargo, el elogio y la crítica, la ganancia y la pérdida, el placer y el dolor, la fama y el fracaso se combinan para formar el tejido siempre cambiante de nuestra vida. «No hay que llamar buena una cosa ni un día más de lo que nos parece buena, y sobre todo ni un día menos; esa es la única forma de mantener pura la alegría», dijo Nietzsche.

Para deshacer la ilusión, en el monasterio de Ajahn Chah hacíamos una meditación contemplativa sobre un texto budista que dejaría helada a la mayoría de la gente normal: «¿Has visto alguna vez a un hombre de ochenta o noventa años, débil, caminando con pasos tambaleantes, sin dientes, arrugado, con los miembros llenos de manchas? ¿Y se te ha ocurrido pensar alguna vez que esto te pasará a ti? ¿Has visto alguna vez a una mujer o un hombre que se encuentre gravemente enfermo, sin fuerzas, afligido, al que hay que ayudar para levantarlo y acostarlo en la cama, y se te ha ocurrido pensar que tú también estás expuesto a la enfermedad? ¿Alguna vez has visto el cadáver de un hombre o una mujer que lleva muerto uno o dos días, hinchado, amoratado, descomponiéndose, y se te ha ocurrido pensar que tú también estás expuesto a la muerte, que no puedes escapar de ella?».

Estas preguntas directas nos desconciertan. Suponen un desafío para nuestra complacencia; nos llevan a vivir con sabiduría a la luz de la muerte.

Tom llevaba en la práctica budista varios años cuando vino a un nuevo retiro. Era del tipo de carácter movido por la ilusión, con tendencia a sentirse apagado y desanimado, a veces en la luna. Cuando le propuse que centrase su atención más claramente en el cuerpo –los pies, brazos, pecho–, empezó a notar lo ansioso que se sentía. Poco después comenzó a obsesionarse con su esposa. Hacía poco le habían diagnosticado la enfermedad de Parkinson, y Tom no sabía cómo actuar. Me había contado: «Desde el diagnóstico, ni siquiera sé lo que siento».

Le propuse que se escribiera una carta a él mismo, intentando expresar cualquier cosa que sintiera que estaba ocultando de su conciencia ordinaria. Después de un día de meditación, empezó a escribir sobre sus miedos por su esposa y el futuro de ambos, sobre su creciente inseguridad. Después recordó esta misma inseguridad en su infancia y en su primer matrimonio. Escribió sobre sus sentimientos de miedo, rabia y confusión. Cuando me leyó la carta que había escrito, parecía más vivo. Era capaz de sentir su tumulto interior, de ser consciente de su experiencia con mayor claridad y honestidad.

Tom estaba empezando a permitirse confiar en la conciencia. Pero al abrirse, su sensación de sufrimiento se incrementó. Las dificultades de su esposa y el sufrimiento de tantas otras personas enfermas e inseguras se hicieron patentes también. El dolor se intensificó. Cuando nos sentamos juntos a meditar, le propuse que aceptase la totalidad del sufrimiento de su familia y del mundo y que dejase que se hiciera más intenso, que se abriera, que cambiase. Al principio se sintió abrumado. Lloró por el sufrimiento y la enfermedad de todos los seres. La sensación de sufrimiento aumentó y se volvió caliente y dolorosa en su cuerpo y su mente, como si se tratase de fuego o de una estrella. Sabía que todo el mundo formaba parte de ese fuego. Y después experimentó que la estrella se expandía hasta convertirse en espacio, en lo que llamó un vacío radiante. La expresión de su rostro se suavizó. Le llegó una sensación de alivio en medio del sufrimiento. Una voz en su mente le dijo: *Ahora estás preparado para encontrar el consuelo en este mundo dentro del sufrimiento. Ahora eres libre para amar.*

A medida que Tom se hacía consciente de su vida, la nueva sensación de espaciosidad y confianza le permitieron acoger sus luchas con un corazón más bondadoso. Ya no estaba en la luna, su conciencia se había vuelto espaciosa, ahora se había convertido en una presencia amorosa. Al volver a casa, pudo relacionarse con su esposa de un modo más franco, con menos temor. Esto también la ayudó a ella a tener menos miedo. Tom siguió haciendo retiros regularmente para renovar su práctica, para mantener la espaciosidad y apertura ante cada nueva etapa de la enfermedad de su esposa y de su vida en común.

Nuestras ilusiones sobre la felicidad y la permanencia están enraizadas en la ilusión más profunda de todas, en olvidar quiénes somos. Cuando olvidamos nuestra verdadera naturaleza, nos sentimos separados, perdidos en un punto de vista limitado, moviéndonos como un caballo con orejeras. De la misma manera que nos apegamos a nuestro cuerpo, también nos apegamos a nuestros sentimientos y pensamientos pasajeros y los tomamos como nuestra identidad fundamental. Del mismo modo que la meditación sobre nuestro deterioro y envejecimiento nos cuestiona las percepciones que tenemos de nuestro cuerpo, las enseñanzas budistas se proponen socavar cualquier apego mental: «Decir que la mente o los estados mentales o la conciencia de la mente constituyen el yo carece de fundamento. Sería mejor que los que lo ignoran considerasen como yo a este cuerpo compuesto de elementos, en vez de a la mente. Aunque el cuerpo cambie, puede durar un año o décadas, pero lo que se denomina mente, sus pensamientos o estados de conciencia, surge continuamente día y noche y con la misma rapidez se desvanece. Por tanto, cualquier experiencia física, sentimiento, percepción, pensamiento o conciencia, del pasado, presente o futuro, evidente o sutil, debe verse con claridad bajo la luz de la sabiduría: esto no me pertenece, no soy esto, esto no soy yo».

Recuerda quién eres

Qué curioso, todos los seres vivos tienen la naturaleza de Buda capaz de despertarse y liberarse; sin embargo, no se dan cuenta. Ignorantes, vagan por los océanos del sufrimiento a lo largo de las vidas. Ya es hora de que te des cuenta de tu propia naturaleza búdica.

PRAJNAPARAMITA

Nuestra ilusión puede disiparse en un momento. Nunca es demasiado tarde para la iluminación de la sabiduría. No importa cuánto haya durado la oscuridad. En una famosa historia, un buscador espiritual que había estado viajando por la India pidió al Buda que resumiera sus enseñanzas de la manera más breve posible. El viajero, llamado Bahiya, temía que no iba a vivir mucho más, y de hecho murió poco después de ese encuentro. Al ver el apremio de Bahiya, el Buda le habló de la libertad que hay más allá del yo: «En lo visto, que solo esté lo visto; en lo oído, que solo esté lo oído; en lo sentido, solo lo sentido; en lo pensado, solo lo pensado». La comprensión de estas palabras fue suficiente para disipar la ilusión de Bahiya del sentido separado del yo. Al desmoronarse la ilusión del yo, Bahiya se despertó a la realidad de la vida, inmediata y abierta. Encontró que la libertad que había estado buscando estaba en su propio corazón.

Abandonar la ilusión de la separación es un alivio. Phillippa, una monja budista que cuida enfermos terminales, me contó una historia del hospital comarcal donde trabajaba. Había un paciente al que atendía que había sido trasladado al hospital bajo vigilancia desde la prisión local. Bill, de cuarenta y cuatro años, que cumplía una larga sentencia por robo a mano armada, estaba muriéndose por complicaciones del sida y de la hepatitis C. No había querido que lo visitase su madre porque se sentía avergonzado de su vida. Pero Philippa pudo ver debajo de esta vergüenza. Tras una conversación sincera con él, le convenció de que se pusiera en contacto con su madre. Varios días más tarde, la madre llegó, débil, con más de ochenta años y una expresión de profundo dolor.

Cuando la madre de Bill entró en la habitación, se encontró a su hijo, con el que no había hablado durante años, vestido con el atuendo de preso y esposado en la cama. Philippa temió que aquella mujer de aspecto elegante y severo pudiera mirar al hijo y expresar su juicio y decepción. En vez de eso, se quedó de pie absolutamente serena mientras los dos se observaban de arriba a abajo. En un determinado momento, las miradas se encontraron, y entonces las circunstancias y los sufrimientos, los roles y las atuendos desaparecieron. Philippa explicaba que la madre de Bill miró a su hijo como a un recién nacido, como un santo presenciando un milagro, con el corazón de todas las madres. Bill y su madre se contemplaron mutuamente apreciando la bondad original, el perdón, la eternidad. Estuvieron sentados juntos durante una hora con las manos cogidas. No era necesario decir mucho. Cuando la madre salió, Bill dijo que ahora podía morir en paz.

Cuando la ilusión de la separación se disipa, podemos ver debajo de los roles y los dramas hasta donde mora el espíritu. Reconocemos la danza universal de la vida, donde los roles y los dramas, incluso los propios intérpretes, son efímeros como los sueños, siendo todo y nada.

El corazón espacioso y claro

El maestro de la tradición del bosque Ajahn Maha Bua explica que el estado de ilusión es como un pueblo aterrorizado por bandidos. Cuando la ignorancia se disuelve, los bandidos ya no pueden ejercer su dominio y todo el pueblo es libre para dedicarse a sus asuntos sin ninguna perturbación.

Un practicante budista, Charles, llegó a un retiro de meditación frustrado por su matrimonio. Se había estado contando a sí mismo que todo iba bien, pero por debajo sabía que no era cierto. Durante varios días estuvo meditando, sintiendo su respiración, el cuerpo y la mente. Cuando su mente se aquietó y su corazón se volvió más abierto, me contó que podía distanciarse y observar toda la situación con los ojos de la sabiduría. «No he sido afectuoso con mi esposa. Ella está realmente herida y enfadada de verdad y es probable que quiera dejarme. Tengo que ocuparme de esto». La misma claridad surgió en otra practicante, una empresaria, cuando comprendió: «A mis socios no les importan mis intereses; lo que quieren es quedarse con el negocio». Una madre comprendió que su hijo, que se había casado recientemente y se había ido a vivir a Londres, tenía ahora su propia vida, que su antigua relación de dependencia debía cambiar ahora. Y un hombre con una grave recurrencia de cáncer y que pretendía que no le había afectado, se dio cuenta: «Oh, realmente puedo morir pronto. Será mejor que me prepare».

En la espaciosidad y la claridad podemos entender que cada uno de nosotros tiene su parte en la pérdida y en el sufrimiento de la vida, así como en sus maravillas y su belleza. Esto despierta nuestra compasión en vez del juicio o la negación. La compasión y la espaciosidad van de la mano. Cuando la ilusión desaparece, ya no estamos tan asustados ni preocupados por nosotros mismos. Cuando la ilusión de separación se disuelve, el juego de la vida se vuelve menos personal y pasa a formar parte de la danza eterna denominada «el nacimiento y la muerte de las cuatros estaciones». Las sociedades tradicionales de todo el mundo entienden lo importante que es disolver la ilusión de separación. Utilizan la meditación y el trance, la búsqueda de visiones, la drogas psicoactivas, la privación del sueño, la música y la danza. La práctica budista nos enseña cómo hacer esto de manera regular, mediante un sistema eficaz y sistemático. Siempre que nuestra ilusión se disipa, nos llega una tremenda sensación de libertad.

En esta apertura intemporal, nuestros corazones también se abren. Thomas Merton cuenta que esto le sorprendió en una tarde cualquiera: «En Louisville, en la esquina de las calles Cuarta y Walnut, en medio de la zona comercial, de repente me vi sobrecogido al comprender que amaba a todas esas personas, que eran mías y yo era suyo, que no éramos extraños a pesar de que fuésemos absolutos desconocidos. Fue como salir del sueño de la separación, de la falsedad de estar aislado en un mundo especial, el mundo de la renuncia y de la supuesta santidad... Esta sensación de liberación de una diferencia ilusoria fue un alivio y una alegría tan grandes que casi me río a carcajadas».

Cuando descubrimos la claridad espaciosa, nos convertimos en ciudadanos del amor.

Parte IV
Encontrar la libertad

16. El sufrimiento y su liberación

Existe el sufrimiento. Existe la causa del sufrimiento.
Existe el cese del sufrimiento. Existe el camino que conduce
al cese del sufrimiento. Estas cuatro nobles verdades nos enseñan
sobre el sufrimiento y el cese del sufrimiento.

BUDA

Para los que buscan integrar su vida interior en un mundo de tensión
y crisis es necesario no evitar la angustia y escapar de los problemas,
sino afrontarlos con toda su crudeza y su normalidad.

THOMAS MERTON

Cualquiera que haya tenido siquiera una brevísima introducción a las enseñanzas budistas conoce su punto de partida: la ineludible verdad de que la existencia entraña sufrimiento. Esto recibe el nombre de la Primera Noble Verdad. Pero qué difícil es aceptar realmente esta verdad. Cuando tomé los hábitos de monje en el monasterio del bosque, Ajahn Chah me felicitó y me dijo: «Espero que no te dé miedo sufrir». Desconcertado por este comentario, le pregunté qué quería decir. Él continuó: «Hay dos tipos de sufrimiento. Hay el sufrimiento del que huyes, que te sigue adondequiera que vayas. Y el sufrimiento que afrontas, del que te liberas al hacerlo». De todos los mapas de la psicología budista, las Nobles Verdades, que enseñan la comprensión del sufrimiento y de su fin, son las más importantes. El propósito general de la psicología budista, su ética, filosofía, prácticas y vida en comunidad, es descubrir que la libertad y la dicha son posibles frente al sufrimiento de la vida humana. Las Cuatro Nobles Verdades se presentan como un diagnóstico psicológico: los síntomas, las causas, la posibilidad de sanar y el camino de la curación.

Tanto si somos médicos, terapeutas o amigos, cuando alguien viene a pedir nuestra ayuda, lo primero que hacemos es ser testigos de su sufrimiento. Cualquiera que sea la forma que asume el sufrimiento –conflicto, miedo, depresión, estrés, obsesión, confusión, enfermedad mental, divorcio, problemas laborales, familiares o legales, bloqueo creativo o amor no correspondido– tenemos que estar dispuestos a reconocer su verdad.

También somos testigos de su dolor. La psicología budista establece una diferencia clara entre dolor y sufrimiento. El dolor es un aspecto inevitable de la naturaleza del mundo. Es físico, biológico y social, y forma parte de la trama de nuestra existencia como la noche y el día. Es tan inevitable como lo blando y lo duro, el calor y el frío. Al habitar un cuerpo humano, experimentamos un continuo flujo y reflujo de placer y dolor, ganancia y pérdida. Habitar en nuestra sociedad humana es lo mismo: encontramos elogio y crítica, fama y desprestigio, éxito y fracaso, que surgen y desaparecen sin cesar.

El sufrimiento es distinto del dolor. El sufrimiento es nuestra reacción al dolor inevitable de la vida. Nuestro sufrimiento personal puede incluir ansiedad, depresión, miedo, confusión, tristeza, ira, aflicción, adicción, celos y frustración. Pero el sufrimiento no es solo personal. Nuestros sufrimientos colectivos incluyen el pesar por las guerras y el racismo; el aislamiento y la tortura de los prisioneros de todo el mundo; el hambre innecesaria, la enfermedad y abandono de los seres humanos en todos los continentes. Este sufrimiento individual y colectivo, la Primera Noble Verdad, es lo que estamos llamados a entender y transformar.

La Segunda Noble Verdad describe la causa del sufrimiento: el apego. El apego, se nos explica, da lugar a la aversión y a la ilusión, y de estas tres raíces surgen todos los estados insanos, como los celos, la ansiedad, el odio, la adicción, la posesividad y la corrupción. Estas son las causas de los sufrimientos individuales y globales.

La Tercera Noble Verdad nos ofrece una salida, el cese del sufrimiento. A diferencia del dolor, el sufrimiento no es inevitable. Es posible liberarse del sufrimiento cuando abandonamos nuestras reacciones, nuestros miedos y nuestro apego. Esta libertad se llama nirvana. Es la Tercera Noble Verdad.

La Cuarta Noble Verdad es el camino que conduce al cese del sufrimiento. Este camino se denomina camino del medio y nos invita a encontrar la paz dondequiera que estemos, aquí y ahora. Al no apegarnos ni resistirnos a la vida, podemos estar despiertos y libres en medio de nuestras alegrías y nuestras tristezas. Siguiendo el camino del medio, estabilizamos nuestra integridad, aprendemos a calmar la mente, aprendemos a ver con nuestra sabiduría.

He aquí el décimo sexto principio de la psicología budista:

---

16 El dolor es inevitable pero no el sufrimiento. El sufrimiento surge del apego. Abandona el apego y libérate del sufrimiento.

Las Cuatro Nobles Verdades insisten en que afrontemos nuestro dolor, el dolor de nuestro cuerpo y nuestra mente y el dolor del mundo. Nos enseñan a dejar de huir. Solo al abrirnos con valentía a las tristezas del mundo tal como son podemos encontrar la libertad. Esta exigencia es ineludible para todo aquel que quiera despertar. Como Joseph Campbell nos recuerda, «El primer paso para conocer la maravilla y el misterio de la vida es reconocer la naturaleza monstruosa de la existencia humana terrenal tanto como su gloria».

Por supuesto, la psicología occidental también se ocupa a fondo del sufrimiento. Pero, en cierto modo, nos lleva simplemente a aceptarlo, a lo que Freud denominó nuestro grado normal de neurosis. Como él expresó con resignación: «El objetivo del psicoanálisis es recuperar un poco más de yo del vasto océano del ello». Igual que Freud, los grandes filósofos existencialistas Sartre y Camus también se han centrado en lo inevitable de nuestro sufrimiento. Pero la aceptación filosófica o psicológica de la infelicidad normal es un triste lugar para acabar la historia.

Las Cuatro Nobles Verdades nos prometen mucho más. Incluyen una serie completa y sistemática de principios psicológicos y enseñanzas que podemos usar para terminar con las causas del sufrimiento. A través de ellos, podemos alcanzar la libertad.

La Primera Noble Verdad

Así se desarrollan las prácticas de las Cuatro Nobles Verdades. Reconocer el sufrimiento es el punto de partida. En el monasterio, Ajahn Chah observaba a sus estudiantes como si estuviera haciendo balance de sus sufrimientos. A veces preguntaba: «¿Cómo es tu sufrimiento?». Cuando los estudiantes respondían, tanto si la respuesta era dolor físico o miedo a los fantasmas, él los miraba con compasión y preguntaba: «¿Puedes soportarlo?». Luego podía sugerir alguna práctica, desde la atención plena al arrepentimiento, la compasión a la soledad, para ayudar a transformar sus sufrimientos. Pero primero quería que aprendiesen a sostener su sufrimiento con dignidad.

Todos estamos expuestos al envejecimiento y la enfermedad, a pérdidas que son inevitables. La soledad, la traición, la inseguridad no tienen una cura externa. Sobre este sufrimiento básico, el Buda recordaba indefectiblemente a sus seguidores: «Parece que, aunque nos creemos eternos, no lo somos. Aunque creemos que estaremos siempre aquí, no lo haremos». Podemos intentar distraernos, pero nuestros sufrimientos nos seguirán. Afrontar el sufrimiento y el dolor con nobleza es lo único que nos puede hacer crecer.

En mi vida, he tenido que hacer frente a las heridas derivadas de la relación con mi padre. He tenido que dejarme sentir el peso del sufrimiento de nuestra familia, expresar el dolor, la traición, la rabia, la tristeza. Este ha sido un arduo proceso que atravesé estando en el monasterio, luego en terapia y, más tarde, a lo largo de los años de práctica. Cuando mis padres se separaron, yo estaba haciendo un curso de postgrado y empezaba a dar clases. El divorcio fue difícil para mi padre. No sabía qué hacer; no podía trabajar. Un año después de separarse, en una época en la que estaba hundido, vino a vivir con mi hermano y conmigo. Dormía en el estudio de nuestro gran apartamento de Boston y se paseaba sigilosamente por la casa, intentando no ser demasiado visible, elucubrando sobre cómo iba a construir su nueva vida. Sintiendo su depresión, mis sentimientos iban de la ira a la lástima y, finalmente, a la compasión. Por fin se marchó para seguir su propia vida en unas condiciones más limitadas. Mi madre, a la que solía visitar en su nuevo apartamento de Washington, se había creado una situación mucho más feliz y toda una nueva red de amigos. Me asombraba ver esto y, a la vez, me frustraba que hubiera aguantado tanto tiempo antes. ¿Por qué había tardado tantos años en dejar su matrimonio? Ella reconocía honestamente lo horribles que habían sido aquellos años para todos nosotros, lo que era un alivio, pero luego enseguida quería cambiar de tema y centrarse en cómo vivía ahora. Para mí no era tan fácil. Yo necesité tiempo para elaborar paso a paso el sufrimiento de mi familia. Tuve que aceptar que necesitaba sentir el dolor.

Mi amigo Malidoma Somé, un chamán de África Occidental, comentaba que aquí en Occidente hemos olvidado cómo se hace un duelo. Nuestras calles, dice, están llenas de muertos que no han sido llorados. La cultura de Malidoma reconoce el valor del duelo y de ofrecer rituales para honrar nuestras pérdidas y nuestro dolor. Los ancianos de su país dicen que solamente permitiéndonos sentir la pérdida, la rabia, el anhelo, el dolor y la tristeza podemos conocer el corazón sabio que puede contenerlos a todos. Así aprendemos a honrar la Primera Noble Verdad.

Me contaron que una psicóloga jungiana asistió a un seminario profesional que incluía el pase de una película de una de las últimas discípulas de Carl Jung, la gran analista Louise von Franz. Cuando la película acabó, un distinguido panel de psicoanalistas jungianos y el propio nieto de Carl Jung respondieron a las preguntas del público escritas en tarjetas que les eran entregadas en el escenario.

Una de esas tarjetas relataba un espantoso sueño recurrente, en el cual el soñador era sometido a la tortura y las atrocidades de los nazis, privado de toda dignidad humana. Un miembro del panel leyó el sueño en voz alta. La psicóloga que había asistido al seminario, mientras escuchaba, empezó a formular en su cabeza una interpretación del sueño, adelantándose a la interpretación que esperaba del panel. Era pan comido, pensó, mientras su mente le presentaba activamente sus interpretaciones simbólicas para la tortura descrita en el sueño. Pero eso no fue lo que respondió el panel. Cuando se terminó de leer el sueño, el nieto de Jung contempló al numeroso público allí reunido. «¿Pueden levantarse, por favor? –pidió–. Permaneceremos juntos de pie en silencio durante unos instantes como respuesta a este sueño».

Mientras el público guardaba silencio de pie, la psicoanalista imaginaba el debate que sin duda vendría a continuación. Pero cuando todos se sentaron de nuevo, el panel continuó con la siguiente pregunta. La psicoanalista no lo entendió. Unos días más tarde preguntó sobre ello a uno de sus profesores, también un psicoanalista jungiano. «Ah –dijo–, en la vida hay una vulnerabilidad tan extrema, un sufrimiento tan inenarrable, que queda más allá del alcance de las palabras. Frente a este sufrimiento, lo único que podemos hacer es ser testigos, para que nadie tenga que soportarlo solo».

Existe algo sagrado en este ser testigos de nuestros sufrimientos que es distinto de la supresión o la represión. Este ser testigo es una parte esencial de la meditación, una conciencia atenta y compasiva. A veces, ser testigos es lo único que podemos hacer. Otras veces, después de ser testigo se necesita una respuesta contundente. En cualquier caso, es necesario que soportemos nuestros sufrimientos conscientemente. Dicho con las palabras de Elie Wiesel, el ganador del premio Nobel que ha pasado su vida explorando el sufrimiento causado por los nazis: «El sufrimiento no confiere privilegios ni derechos; todo depende de cómo uno lo usa. Si lo utilizas para aumentar la angustia de los demás, estás degradándolo, incluso traicionándolo. Y, sin embargo, llegará el día en que entenderemos que el sufrimiento puede elevar a los seres humanos... Dios nos ayuda a llevar bien los sufrimientos».

Las causas del sufrimiento

El dolor es físico, el sufrimiento es mental. El sufrimiento se debe totalmente al apego o la resistencia. Es un signo de nuestra renuencia a avanzar, a fluir con la vida. Aunque toda vida tiene dolor, una vida de sabiduría está libre de sufrimiento. Una persona sabia es afable con lo que no puede evitarse y no sufre. Conoce el dolor pero este no la perturba. Si puede, hará lo necesario para restablecer el equilibrio. Si no, dejará que las cosas sigan su curso.

NISARGADATTA

Cuando aprendemos a diferenciar entre el dolor y el sufrimiento, descubrimos que a veces el dolor es una llamada a la acción. Otras veces, simplemente debemos aceptar nuestras pérdidas y tragedias. En cualquier caso, el dolor viene y se va. El sufrimiento se desarrolla a partir de nuestra reacción al dolor original. La Segunda Noble Verdad nos dice que, cuando nos apegamos, creamos sufrimiento. Cuando Ajahn Chah advertía que alguno de sus estudiantes parecía estar pasándolo mal, con una voz de sorpresa preguntaba: «¿Eh, estás sufriendo?». Si la persona decía que «no», sonreía y decía: «Muy bien». Si la respuesta era «sí», también sonreía y decía: «Mmmmm, debes estar aferrándote con demasiada fuerza». El sufrimiento es como la quemadura que nos produce la fricción de una cuerda. Necesitamos soltar.

La psicología budista nos lleva a examinar cómo funciona el apego. Cuanto más nos apegamos, más sufrimiento experimentamos. Si intentamos poseer y controlar a las personas que nos rodean, sufriremos. Si luchamos para controlar nuestro cuerpo y nuestro sufrimiento, lo mismo. Si una nación actúa desde el apego y la codicia, el mundo en torno a ella sufrirá. La meditación nos enseña que podemos soltar nuestros apegos.

Loni, una mujer de treinta y ocho años, vino a un retiro de una semana un año después de que le diagnosticasen sida. En los meses que siguieron a su diagnóstico, había estado perdida en el miedo y la confusión. En el retiro empezó a ver que gran parte del sufrimiento se lo había creado ella misma. Al relajarse y hacerse más consciente, descubrió que el miedo era peor que los dolores corporales. Loni empezó a trabajar liberando el miedo cada vez que surgían los pensamientos o sentimientos. Al principio, estos eran obstinados, pegajosos, y cada vez tenía que poner atención para serenarse y soltarlos. Después de varios días, su cuerpo se había relajado, su mente estaba en calma y se sentía llena de un amor curativo y bondadoso que no hubiera creído posible. La clave estuvo en soltar. Otro practicante, Steve, vino a un retiro cuando estaba atravesando un conflicto con sus hijos mayores. Cuando se sentó a meditar vio que estaba lleno de reproches, miedo y confusión, que se aferraba a todo lo que aquellos hacían. Entonces se dio cuenta de que había momentos en que su miedo disminuía y su corazón se abría. En vez de agarrarse fuertemente a «como debería ser», pudo mirar desde la perspectiva de «¿qué es lo mejor para todos en este momento?». Al soltar apenas un poco su apego, empezó a conectar de nuevo con el cariño.

Como Steve, Pilar estaba llena de reproches y rabia. Recientemente había perdido su trabajo por la reestructuración de su empresa. Ella creía que esto le había ocurrido porque a su patriarcal jefe no le gustaba que las mujeres ascendieran. Estaba tan enfadada que incluso pensaba en vengarse. Quería presentar una demanda contra la improcedencia de su despido. Meditando, pudo sentir cuánto dolor había en su interior. Se la animó a que investigase las causas de su sufrimiento. Se dio cuenta de que, si actuaba principalmente desde el apego y la ira, sufriría. Aún pensaba que el juicio era necesario, pero comprendió que podía hacerlo de un modo distinto. Si actuaba desde la compasión y el amor hacia ella misma y hacia los que podían seguir su mismo destino, podía llevar a cabo la misma acción con mucho menos sufrimiento.

Soltar las causas del sufrimiento requiere un proceso. A veces simplemente significa soltar, pero sin intentar librarse de la experiencia, sino relajándose en un estado de permitir que las cosas sean tal como son. Este relajamiento trae una sensación en el cuerpo y en la mente. Ajahn Chah nos animaba a sentir el dolor del apego y después a relajarnos, a soltar la carga. Nos decía: «Hoy en día estamos atrapados en querer apresurar las cosas y forzarlas. Los mangos nunca están lo suficientemente dulces. Antes de que maduren los recolectamos y los hacemos madurar artificialmente. Esto se hace porque la gente quiere tenerlos enseguida. Pero cuando los comemos, los encontramos ácidos. Se intenta satisfacer los deseos de la gente apresurando las cosas. Pero para conseguir algo bueno, algo maduro, tienes que permitir que primero esté ácido, de acuerdo con su desarrollo natural. Pero los cogemos demasiado pronto y luego nos quejamos de que están ácidos».

Cuando Cynthia llegó a la práctica budista se describió a sí misma como un espíritu hambriento. Le obsesionaba la sensación de vacío insoportable y de ser interiormente horrible y sin ningún valor. Había pasado varios años en terapia para trabajar el dolor y la falta de amor en su familia adoptiva, pero aún sufría un trastorno de la alimentación que la llevaba a atracarse de forma compulsiva. Una y otra vez recurría a la comida «buscando la solución mágica» en vano, para encontrar cada vez «un sufrimiento y una vergüenza inconfesables». Ella decía que sus atracones eran un trastorno de la memoria, una confusión, la pérdida de su cualidad humana. «Desde luego –decía más tarde–, yo sabía que la comida no era la respuesta ni el problema». Lo que poco a poco ayudó a cambiar a Cynthia fue la práctica de la atención plena y la compasión. «Al principio –me contó–, ya fue un triunfo aceptar el dolor, la náusea y la imposibilidad de dormir que seguía a un atracón, en vez de comer aún más para aturdirme de la vergüenza y el remordimiento de "haberlo hecho de nuevo"».

Para Cynthia fue esencial aprender a trabajar con la vergüenza y el remordimiento. Le propuse que llevara la compasión a su cuerpo cuando la vergüenza fuese muy fuerte. Vino a verme llorando porque, cuando se permitió sentir la vergüenza, esta se convirtió en una presencia devoradora. Necesitó mucha más compasión y atención para soltar su apego. Paulatinamente empezó a sanarse.

Así lo describió Cynthia más tarde: «Poco a poco fui capaz de ver que mi tendencia de "espíritu hambriento" no me convertía en un fracaso como ser humano. Como el odio a mí misma era tan intenso, solo podía decir: "Que este cuerpo sufriente se cure, que este corazón triste se libere". Y recientemente, hay algo que me sorprende: cuando consigo ver mi tendencia a seguir ese triste camino, apegada a la ilusión de la magia de la comida, surge una conciencia compasiva que me dice: "No, esto no es lo que quiero en realidad. Esto solo me traerá tristeza y dolor". Estos momentos son un verdadero milagro, una liberación de la agonía del espíritu hambriento. Es como si, de la misma manera que le sucedió al Buda en la noche de su iluminación con las tentaciones, pudiera sentir el dolor, ver el apego, y, finalmente, decir: "Te veo, Mara", y soltarlo. Esta lucha me ha abierto el corazón al sufrimiento de los demás. Los espíritus hambrientos nos rodean todo el tiempo. Debido a mi experiencia, los veo en muchas personas. No solo tiene que ver con la comida, sino con cualquier tipo de apego. Siento mucha compasión porque sé cómo duele. Solo cuando sean capaces de soltar, podrán curarse, podrán encontrar la libertad en sus corazones».

Soltar

Cynthia nos recuerda que seamos pacientes con el proceso de soltar. A veces parece que no está ocurriendo nada. Esto es difícil para los occidentales que queremos resultados rápidos. Tenemos que aprender a observar los pequeños momentos de apertura que ocurren en el camino. Con la práctica podemos soltar y relajarnos en cualquier momento de tranquilidad y compasión. Podemos empezar a confiar en los momentos de bienestar. «Si sueltas un poco, tendrás un poco de paz –decía Ajahn Chah–. Si sueltas más, tendrás más paz. Y si sueltas del todo, ocurra lo que ocurra, tu corazón estará libre». Al final, incluso en los grandes dolores y dificultades, habremos aprendido a soltar.

En una ocasión un periodista presionó al Dalái Lama preguntándole sobre sus frecuentes declaraciones de que no siente odio por la China comunista, a pesar de su destrucción del Tíbet. Como respuesta, el Dalái Lama explicó: «Han invadido el Tíbet, han destruido nuestros templos, han quemado nuestros textos sagrados, han destrozado nuestras comunidades y nos han privado de nuestra libertad. Nos han robado tanto… ¿Por qué iba a permitirles que me robasen también la paz de mi mente?». Gracias a que ha aprendido a soltar, el Dalái Lama puede trabajar con mayor libertad a fin de crear un futuro mejor para el Tíbet. Sabe que aferrarse al sufrimiento no es el camino.

Soltar no significa que no nos importe y no respondamos. Como padres, podemos amar, proteger, educar y nutrir a nuestros hijos. Ellos quieren nuestro apoyo, pero no quieren que los controlemos. Ser padre es un aprendizaje de toda la vida en soltar. En casi todas las situaciones, tenemos que renegociar con delicadeza dentro del equilibrio entre intervenir y no intervenir. Cuando son pequeños, soltar es como enseñarles a montar en bici, guiándoles y ayudándoles a que se mantengan estables, pero sin agarrarlos con demasiada fuerza. Con cada paso, en cada nuevo desafío –nuestros hijos pasan su primera noche fuera de casa, van de campamento, aprenden a conducir, van a la universidad–, tenemos que afrontar nuevos niveles de soltar, sin dejar de amarlos y apoyarlos.

Soltar fue esencial para Helen, la gerente de una compañía de seguros. A la edad de cuarenta y tres años, Helen entró en contacto con la práctica de la atención plena gracias a un programa para reducir el estrés en el trabajo. Su mayor ansiedad y su sentimiento de soledad tenían que ver con el hecho de que no tenía pareja ni hijos. Sentía que se estaba perdiendo algo en la vida y cada vez le daba más miedo envejecer sola. Durante muchos años no había querido tener hijos porque le daba demasiado miedo reproducir la situación de su familia. Se había criado con un padre tirano, una madrastra depresiva y dos hermanastros agresivos. Uno de sus hermanastros, que había abusado sexualmente de ella, había muerto; el otro estaba en la cárcel. Ella había vivido con ansiedad durante años, había trabajado con su trauma en terapia y tomaba medicación para controlar los síntomas. Descubrió que las clases para reducir el estrés la habían ayudado.

Sus profesores del curso le sugirieron que visitase Spirit Rock. Empezó a venir regularmente. Cada paso en su práctica budista implicaba soltar. Cuando ponía atención a su cuerpo encontraba pensamientos de temor relacionados con enfermedades, con engordar o simplemente con estar en su cuerpo. Su profesor de atención plena le indicó que permitiese que la experiencia fuese y viniese momento a momento. La práctica de Helen se convirtió en «soltar, soltar» para cada pensamiento, miedo y juicio. Después vino a un retiro de fin de semana. Su ansiedad y soledad empeoraron. Tuvo que aceptar que probablemente ya no tendría hijos. Después, continuó «soltando, soltando» con suavidad durante varias semanas. En algunos momentos se sentía abrumada; los sentimientos eran «demasiado».

Helen sentía por naturaleza afinidad por las prácticas devocionales y se vio inspirada por los relatos sobre la compasión que escuchó sobre monjes budistas como el Dalái Lama. Para calmar su mente cuando las cosas se ponían difíciles, pensaba en el Dalái Lama y usaba el voto de ser bondadosa con todas las fuerzas de las dificultades que la asediaban. Después de un tiempo, pudo ver sus sentimientos y temores con menos apego. Sin embargo, aún, cuando veía a una mujer con hijos, se despertaba su antiguo anhelo y los recuerdos de sus traumas familiares. Temía que nunca lograse liberarse de ello.

En la siguiente vez que Helen vino a un retiro largo, me senté a meditar con ella. Me dijo que estaba atrapada en la misma ansiedad de siempre. Le pregunté si podía prestar atención a eso y decir en voz alta lo que veía. Describió dolor en su cuerpo, emociones de miedo, anhelo y desesperación, la historia repitiéndose. Dijo que era como estar en una prisión. Curioso, le pregunté: «¿Quién tiene la llave?». Ella empezó a preguntárselo.

Dos días más tarde, Helen me explicó una visión que había tenido en una meditación por la noche. El hermano que había muerto se acercaba a ella, ahora cariñosamente, le cogía las manos y le decía: «Tú no eres nosotros». Después le enseñaba en uno de sus bolsillos dónde estaba la llave. Ella, sonriendo, empezó a decir: «¡Libre!, ¡libre!». Descubrió que soltar le abría a una especie de estado de gracia. Cinco años después de ese retiro me la encontré un día. Me saludó afectuosamente y la encontré más animada de lo que la recordaba. Me dijo que había encontrado a un maestro tibetano y que estaba haciendo una terapia de apoyo que le estaba resultando muy útil. Tenía una pareja, un hombre mayor, y era la madrastra de dos hijos adolescentes.

Cuando reflexiono sobre la historia de Helen, quiero reconocer que los medicamentos antidepresivos fueron también importantes para su curación. En la pasada década ha tenido lugar un animado debate dentro de la comunidad budista respecto a si los medicamentos antidepresivos y otros fármacos psiquiátricos son compatibles con la práctica espiritual. Algunos profesores temían que la medicación interfiriese con el proceso necesario de afrontar los temores y soltarlos. A mí me gustaba recordarles que todos tomamos diariamente un montón de sustancias que alteran nuestro estado mental.

Tienen razón las críticas que argumentan que a veces estos medicamentos se recetan en exceso o se utilizan indebidamente y que pueden impedir apreciar la sutileza de los sentimientos. Es muy alarmante la enorme cantidad de niños a los que se les recetan poderosos medicamentos psiquiátricos para controlar su comportamiento, a menudo sin atender a las causas subyacentes o sin ofrecer otras formas de tratamiento. Pero también hay una base bioquímica para la ansiedad y la depresión que puede soterrar nuestra capacidad a la hora de afrontar con claridad nuestra experiencia. En nuestro sistema nervioso se producen desequilibrios bioquímicos habituales debidos al dolor, el trauma y otras causas que es necesario identificar.

Ahora los maestros de meditación más sensatos que conozco se dan cuenta de que los medicamentos tienen su lugar, sobre todo en un período inicial de estabilización. Si se utilizan correctamente, pueden ayudar a las personas que se sienten abrumadas por la ansiedad o la depresión para que encuentren la capacidad de prestar atención. Durante un tiempo, la medicación sirve como apoyo para soltar, no como un obstáculo. De hecho, en los últimos años, algunos maestros espirituales que conozco han usado ellos mismos antidepresivos y medicamentos similares en momentos difíciles. La cuestión es no aferrarse a ningún ideal, sino respetar lo que nos ayude de un modo genuino y tener la mente suficientemente equilibrada como para mantener su sabiduría y bondad innatas.

La gracia de la liberación

Un hombre del Insight Prison Project,[10] con el que colabora Spirit Rock, descubrió la liberación de soltar de una forma espectacular, como explica en esta carta:

> Hoy hace veintiocho años que estoy aquí. Me reí mucho cuando leí lo que escribiste de que yo también podía ser un monje. Uno de mis apodos es el de «monje de Trenton» o «el Buda sonriente».
>
> No siempre me han visto así. Los primeros años que pasé aquí era malo y peligroso. En 1985 me recluyeron en una celda de castigo por haber apuñalado a un hombre; entonces apareció mi mentor en la forma de un asesino a sueldo de la mafia irlandesa que se había convertido en yogui. Me pasó una copia del *Sutra de la Respiración Anapana* y me convenció de que yo podía vivir mi vida sin ira y sin rabia. Me enseñó una serie de ejercicios de yoga y pranayama y la meditación sentada. Me dio una copia de *Los Fundamentos de la Atención Plena*. En mi diario escribí:
>
> «Cuando era joven quería que me aceptasen. Cuando me aceptaron quería poder. Cuando conseguí el poder, me di cuenta de que el poder sin sabiduría conduce al sufrimiento. Cuando alcancé un poco de sabiduría, ya no deseaba ser aceptado, deseaba la soledad».
>
> Acabé la página de ese diario con las siguientes palabras: «Así termina esta parte de mi vida».
>
> Durante los dos años siguientes no salí de mi celda excepto para fregar todo el edificio con todos sus pisos una vez por sema-

10. *N. de la T.*: Proyecto para la reeducación de presidiarios orientado a transformar los patrones destructivos en actitudes conscientes para la vida.

> na. Regalé todas mis propiedades, excepto mis documentos legales y mis libros. Me entregué totalmente a la práctica de yoga, pranayama y meditación. Seguía la respiración durante largo rato y practicaba la atención plena. No parecía que estuviera ocurriendo nada especial. Después me di cuenta de que los objetos de mi conciencia empezaron a adquirir textura. Cuando digo textura quiero decir profundidad. Esta textura es engañosa porque al principio surge del recuerdo o de la imaginación. Pronto revela la claridad. Esto significa desplazarse a la conciencia del presente sin los efectos distorsionadores de la memoria o la imaginación. Mi mente se calmó y abandoné toda lucha. Ahora vivo así lo más que puedo. No sé si esto es lo que se supone que tiene que ocurrir. Pero es lo que me ocurre. Me he tranquilizado. Aprendí a escuchar, a prestar atención. En esa época, la gente empezó a llamarme «el monje de Trenton».

Existe el cese del sufrimiento, dice el Buda. No el cese del dolor, pero sí la liberación de su poder. Esto es el nirvana. La mayoría de los textos budistas describen el nirvana de una manera muy simple, porque no quieren que la gente lo malinterprete y se aferre a algún estado imaginado. El Buda dice: «Cuando abandonamos la codicia, el odio y la ilusión, ya no causamos sufrimiento a otros ni a nosotros mismos. Esto es nirvana». También se hace referencia al nirvana como lo que nunca muere o lo que nunca ha sido creado, porque no es una condición o un estado, sino la gozosa paz natural y la felicidad de no aferrarnos a nada. A veces el soltar puede ser tan profundo que toda nuestra identidad se desvanece. En estos momentos de transformación, el nirvana se experimenta como el vacío, oscuro y eterno, o como la vacuidad luminosa de todas las cosas. A veces, la paz y felicidad del nirvana es algo corriente, un descansar en el corazón de la conciencia, imperturbables y firmes mientras todo cambia. Shunryu Suzuki lo explica de este modo: «Cuando te das cuenta del hecho de que todas las cosas cambian y encuentras tu serenidad en ello, allí estás en el nirvana».

En la Asia budista, la cultura popular imagina equivocadamente el nirvana como un mundo celestial donde van los viejos monjes después de muchas vidas de haber trabajado la pureza y la abnegación. Incluso los occidentales pueden pensar de modo ingenuo en el nirvana como algo lejano, un estado de trascendencia reservado a los yoguis de los Himalayas. Esto es un error. «El nirvana –dice el Buda– es inmediato, visible aquí y ahora, sugerente, atractivo, accesible para el corazón sabio».

Ajahn Buddhadasa, un colega de Ajahn Chah, proponía a sus estudiantes que buscasen el nirvana en las cosas más simples, en los momentos de la vida cotidiana. «El nirvana –decía– es la calma de soltar, el gozo inherente de la experiencia cuando no hay apego o resistencia a la vida. Siempre está disponible». Y seguía: «Cualquiera puede ver que, si el apego y la aversión estuvieran con nosotros día y noche sin cesar, ¿quién iba a poder soportarlo? Bajo esas condiciones, los organismos vivos morirían o enfermarían. Pero sobrevivimos gracias a que existen periodos de calma, plenitud y relajación. De hecho, estos períodos duran más que los fuegos del apego y del miedo. Es lo que nos sostiene. Pasamos por períodos de descanso que nos refrescan y nos hacen bien. ¿Por qué no sentirnos agradecidos por este nirvana cotidiano?».

Sabemos cómo hacerlo. Nos encanta soltar los asuntos del mundo cuando nos vamos a dormir por la noche. Soltar y descansar bien por la noche es delicioso. Soltar estando despiertos es también delicioso. Al soltar el apego a las condiciones cambiantes de la vida, nos liberamos. Ajahn Chah decía: «Suelta y descansa en lo no condicionado, en la conciencia pura, en Aquel Que Sabe». Cuando descansamos en Aquel Que Sabe, el tiempo desaparece, el yo desaparece, el que sufre se relaja. Somos tan solo la conciencia de todo.

Paradójicamente soltar es tanto el objetivo como el camino. Yo veo que los frutos de soltar brillan en todos los que llevan a cabo esta práctica. La gracia y la generosidad aumentan cuando soltamos nuestras luchas en la vida. El Buda describió la relajación que sobreviene al soltar: «Al igual que una abeja toma la esencia y el polen de una flor sin destruir su belleza y su perfume, también el sabio se mueve libremente por la vida llevando solo bendiciones».

Los frutos de soltar

Cuando soltamos y vemos que los otros aún sufren, el corazón se llena de compasión. Hay un grandísimo sufrimiento causado por los seres humanos. Despertamos a la capacidad de conmovernos y enternecernos más allá de nuestras heridas personales. Un maestro zen llama a esta bondad «las lágrimas del camino». Nuestros temores personales disminuyen, pero nuestra conciencia del sufrimiento y el dolor del mundo se hace más fuerte. Nuestro corazón se abre y nos sentimos conectados con todas las cosas.

Descansando en el corazón pacífico, lloramos ante la locura de tantos que viven en el sufrimiento del apego, el odio y la ilusión, tantos que están perdidos; y, de forma espontánea, actuamos. Cuando un niño se cae en la calle, todo el mundo corre para apartarlo de cualquier peligro. Cuando vemos a alguien que sufre, respondemos. Barbara Wiedner, la fundadora de la organización Abuelas por la Paz, lo describe de este modo: «Empecé a preguntarme, ¿qué clase de mundo voy a dejar a mis nietos? Y entonces cogí una pancarta, «Una Abuela por la Paz», y me planté en la esquina de una calle. Luego se me unieron más que se arrodillaron formando una barrera humana en una fábrica de municiones. Me arrestaron, me hicieron desnudarme para registrarme y me tiraron en una celda. ¡Algo me sucedió! Me di cuenta de que no me podían hacer nada más. Era libre». Ahora, Barbara y su organización, las Abuelas por la Paz, trabajan en países de todo el mundo.

El *Tao Te Ching* explica: «Porque ella ha soltado, puede ocuparse del bienestar de todos como una madre cuida de su hijo».

Cuando soltamos el yo que sufre, somos libres para llevar las bendiciones adonde quiera que vayamos.

Práctica: soltar

Soltar no significa que perdamos el conocimiento adquirido del pasado. El conocimiento del pasado sigue con nosotros. Soltar es simplemente liberarse de las imágenes y emociones, de los rencores y los miedos, de los apegos y las decepciones que ciegan nuestro espíritu. Como cuando se vacía una copa, soltar nos deja libres para recibir, renovados, sensibles y despiertos.

Para practicar el soltar, siéntate cómoda y sosegadamente. Con amabilidad, lleva tu atención al cuerpo y a la respiración. Relájate en el presente durante varios minutos.

Ahora trae a la conciencia cualquier historia, situación, sentimientos y reacciones que ya sea hora de soltar. Nómbralos con cariño (traición, tristeza, ansiedad, etc.) y déjales espacio para que estén, para que fluyan sin resistencia, acogiéndolos en el corazón de la compasión. Continúa respirando. Siente la infelicidad que provoca apegarse. Pregúntate: «¿Tengo que seguir repitiéndome esta historia? ¿Tengo que aferrarme a estas pérdidas, a estos sentimientos? ¿Es el momento de soltar?». El corazón lo sabrá. Pregúntate si es conveniente que te liberes de este apego. Siente de qué manera te beneficiaría, la relajación que te aportaría este soltar.

Ahora empieza a decirte a ti mismo «suelta, suelta», con suavidad, una y otra vez. Afloja tu cuerpo y tu corazón y permite que los sentimientos que aparezcan salgan de ti como el agua que fluye a través de un desagüe. Deja que se vayan las imágenes, las creencias, las justificaciones, la desvalorización de ti mismo. Suéltalo todo. Siente el espacio que se crea cuando sueltas, cómo el corazón se libera y el cuerpo se abre.

Ahora visualiza un futuro en el que esta circunstancia se ha liberado. Siente la libertad, la inocencia, el alivio que trae este soltar. Repítete varias veces más: «suelta». Permanece sentado en silencio y observa si los sentimientos vuelven. Cada vez que lo hagan, respira con suavidad, como haciéndoles una reverencia y di amablemente: «Te suelto».

Las imágenes y los sentimientos pueden volver muchas veces, sin embargo, si continúas con la práctica, al final se desvanecerán. Poco a poco, la mente empezará a confiar en el espacio que se abre al soltar. Poco a poco, el corazón se relajará y te sentirás libre.

17. La brújula del corazón: intención y karma

Sea lo que sea lo que haga una persona, los resultados la seguirán hasta los últimos confines. No hay ningún lugar, ni en la tierra ni en el cielo, donde los resultados de nuestras acciones no produzcan frutos.

El Dhammapada

Karma significa que no quedas impune de nada.

Ruth Denison

Continuamente escucho la palabra *karma*. Un anuncio de American Express dice: «La tarjeta oficial del buen karma». Un artículo del *New York Times* sobre Britney Spears lleva el título de «Miss Mal Karma de los medios de comunicación». Cuando los acontecimientos nos superan, la gente dice: «Es tu karma». ¿Pero qué significa realmente karma?

Karma describe la ley de causa y efecto: recogemos lo que sembramos. Y lo que es más importante, el karma es el resultado de nuestra intención. Supongamos que un hombre toma un cuchillo, le hace una raja a otro hombre y lo mata. ¿Qué tipo de karma se ha creado? Si el portador del cuchillo es un experto cirujano que está llevando a cabo una arriesgada operación con el objetivo de evitar el sufrimiento, el karma es positivo, incluso aunque el paciente muera; pero el mismo acto realizado desde la ira generará el doloroso karma de un asesino.

La intención y la motivación, las raíces del karma, son absolutamente básicas en la psicología budista. Al liderar al pueblo tibetano en los años de exilio y de dificultades políticas, el Dalái

Lama dice que, ya que es posible que cometa errores, la única cosa en la que puede confiar es en su sincera motivación. El modo más eficaz de manejar nuestro karma es clarificar nuestra motivación y establecer una intención.

Cuando nuestra intención es vivir con nobleza, respeto y compasión, y cuando actuamos desde esas intenciones, estamos determinando un futuro positivo. Cuando nuestra motivación está enraizada en la ira, la desvalorización, el apego, el juicio dirigido hacia uno mismo, el miedo y la depresión, y cuando actuamos desde esas intenciones, perpetuamos estos dolorosos patrones.

Este es el décimo séptimo principio de la psicología budista:

---

17 Sé consciente de tu intención. La intención es la semilla que crea el futuro.

Karma y hábito

En los textos antiguos, *karma* se escribe como una palabra compuesta, *karma-vipaka*. *Karma-vipaka* significa «acción y resultado», o lo que llamamos causa y efecto. Esto no es un concepto filosófico; es una descripción psicológica de cómo se desarrolla nuestra experiencia cada día.

Una buena manera de empezar a entender el karma es observando nuestros patrones de hábitos. Al examinar un hábito y los condicionamientos, podemos advertir que nuestro cerebro y nuestra conciencia crean patrones repetidos. Si practicamos el deporte del tenis con frecuencia, llegaremos a prever nuestro siguiente golpe en cuanto la pelota de nuestro contrincante salga despedida de su raqueta. Si practicamos el estar enfadados, el menor insulto disparará nuestra ira. Estos patrones son como un CD regrabable. Cuando grabamos repetidas veces, el patrón se convierte en la respuesta habitual. La neurociencia moderna ha demostrado esto de un modo bastante convincente. Nuestros patrones repetidos de pensamiento y acción cambian realmente nuestro sistema nervioso. Cada vez que centramos nuestra atención y seguimos nuestras intenciones, nuestros nervios se activan, las sinapsis se conectan, y esos patrones neurológicos se refuerzan. Las neuronas crecen literalmente en esa dirección.

El maestro zen Thich Nhat Hanh describe el proceso kármico del condicionamiento con otra metáfora: la imagen de sembrar semillas en el inconsciente. Las semillas que plantamos contienen el potencial de crecer cuando las condiciones son favorables. La semilla de una magnolia o de una secuoya contiene el patrón de toda la vida de la planta, que se activará cuando se presenten las condiciones adecuadas de agua, tierra y luz solar. Un texto budista chino describe estas semillas: «De la intención brota la acción, de la acción surge el hábito. A partir del hábito se desarrolla el carácter; a partir del carácter se traza un destino».

Aquello que practicamos se convierte en hábito. Lo que en un momento puede ser beneficioso más tarde puede convertirse en algún tipo de prisión. Una vez un periodista preguntó a Andrew Carnagie sobre su gran de riqueza: «Usted podría haberse detenido en algún momento, porque siempre tuvo mucho más de lo que necesitaba». Carnagie respondió: «Sí, es verdad, pero no podía parar. Me había olvidado de cómo hacerlo». Los hábitos tienen un carácter colectivo además de individual. Cuando el rey Jorge II escuchó el coro «Aleluya» en la primera representación del *Mesías* de Handel, se conmovió tanto que, en contra de toda norma, se puso de pie. Desde luego, cuando un rey se levanta, todo el mundo debe levantarse también. A partir de ese día, no importa cómo sea la interpretación, todo el público se pone de pie en ese fragmento. Aunque esto es una convención inofensiva, las sociedades pueden repetir del mismo modo hábitos de racismo, odio y venganza.

Podemos trabajar con los hábitos. A través del proceso de la atención plena de los principios RAIN, descritos en el capítulo 7, podemos reprogramar nuestro sistema nervioso. El origen de esta transformación es nuestra intención. La psicología budista explica que, antes de que se lleve a cabo cualquier acción, hay una intención, aunque esta a menudo sea inconsciente. Podemos utilizar los pasos del reconocimiento, aceptación, investigación del sufrimiento y no identificación para crear un nuevo karma. A través de la atención plena y la no identificación, podemos elegir una nueva intención. Podemos hacer esto en cada momento, y también podemos establecer intenciones a largo plazo para transformar nuestra vida.

Establecer una intención consciente fue importante para Tamara, una mujer que dirigía un banco de alimentos. Había acudido a meditar con el objetivo de aportar más equilibrio a su vida. Pero cuando se sentó por primera vez en silencio e intentó seguir su respiración, se le despertó un sentimiento de angustia. Le costaba respirar, como si le faltara el aire. La ayudé a relajarse y le indiqué que durante un rato pusiera la atención en todo el cuerpo en vez de en la respiración. Más tarde, cuando volvió a centrarse en la respiración, la angustia surgió de nuevo. Al permanecer con curiosidad en la experiencia, llegó a recordar la sensación aturdidora del éter. Vinieron a su mente recuerdos de los relatos de su nacimiento. Había nacido azul por la falta de oxígeno, y su madre le había explicado que había pasado un rato largo hasta que el médico había conseguido que respirase. En la meditación, Tamara aprendió que no podía controlar la respiración ni los sentimientos de angustia, pero que podía poner la intención en estar presente con amabilidad y en soltar. Establecer una intención positiva le sirvió para mejorar su meditación.

Más tarde, en el año 2005, Tamara fue a Lousiana para pasar dos meses ayudando en la distribución de comida para los supervivientes del huracán Katrina. Descubrió que necesitaba la misma intención focalizada que había desarrollado meditando. Se encontró con personas que estaban siendo presas del mismo tipo de angustia que ella había experimentado. Estaban asustados, enfadados, estresados, tratando de sobrevivir. Las personas responsables de la organización también estaban a menudo abrumadas y conmocionadas por los acontecimientos. Tamara se dio cuenta de que no podía controlar a las personas ni la situación más que a su respiración. A ratos se veía cayendo en sus reacciones habituales, y entonces respiraba, establecía una intención de estar presente con buena voluntad y soltaba. Al establecer repetidas veces una intención bondadosa logró pasar los dos meses sin caer en el pánico ni en el agotamiento.

Dedicación e intención a largo plazo

La intención a largo plazo se llama dedicación. En el monasterio del bosque nos reuníamos antes del amanecer, en la oscuridad a la luz de las velas, y los monjes empezábamos a entonar los cantos de la mañana para la dedicación del día. Los cantos nos recordaban que el camino del despertar es posible cuando nos consagramos a un noble camino en la vida. Nuestra dedicación consistía en usar el apoyo que recibíamos con el fin de despertar la compasión para todos los seres.

Establecer una intención a largo plazo es como orientar la brújula de nuestro corazón. No importa lo fuertes que sean las tormentas, lo difícil que se presente el terreno, aunque tengamos que retroceder para sortear los obstáculos, nuestra dirección está clara. Los frutos de la dedicación son visibles en las mejores empresas humanas. Podemos verlos en líderes políticos como Nelson Mandela y Aung San Suu Kyi, en atletas como Lance Armstrong y Michael Jordan y en artistas como Yo-Yo Ma y Mary Oliver.

A veces nuestras dedicaciones son prácticas: aprender a tocar bien el piano, crear un negocio próspero, plantar y cultivar un jardín. Pero también hay dedicaciones con un alcance más general. Podemos dedicar nuestra vida a rezar, comprometernos a ser inquebrantablemente honestos o trabajar por la paz mundial. Estas dedicaciones de amplio alcance dirigen la brújula de nuestra vida, sean cuales sean las condiciones externas; nos aportan una dirección y un sentido.

Rodney era un joven activista que quería promover la paz en el planeta. Cuando aprendió meditación, se dio cuenta de que también tenía que encontrar la paz dentro de sí mismo. Se propuso dedicar su energía, primero, a traer la paz a su propio corazón y su familia. A partir de aquí, su compromiso se expandió y se formó en derechos humanos y en la resolución de conflictos en Colombia. Ahora trabaja para Naciones Unidas en una misión en África Occidental. En cada paso, su dedicación le ha guiado y él se ha convertido en la personificación de las palabras de Wendell Berry: «Si somos serios respecto a la paz, tenemos que trabajar por ella con pasión, seriedad, constancia, cuidado y valor, del mismo modo que ahora nos preparamos para la guerra».

Cuando leemos algo así, nos sentimos inspirados. Despierta nuestra nobleza y nuestra valentía innatas, pero también puede despertarnos la culpa o la duda respecto a nuestras intenciones: ¿Y yo qué hago? ¿Estoy haciendo lo suficiente? ¿Y si mi vida no es tan «noble» *como la de Rodney?*

Es bueno que cuestionemos nuestra dedicación, aunque eso nos incomode. ¿A qué hemos dedicado nuestra vida? ¿Hasta dónde hemos llevado esta dedicación? ¿Es el momento de reorientar nuestra dedicación? Pero compararnos con otro es inútil. La dedicación de Rodney no es la nuestra. Tenemos que ser fieles a nuestra manera de ser. Me contaron la historia de la directora de una escuela que pasaba parte de sus horas libres al salir del trabajo preparando bocadillos para las personas sin hogar. Cuando los terminaba, recorría las zonas más pobres de la ciudad y los distribuía. Aunque sus días ya estaban muy ocupados, esta actividad nocturna no la agobiaba. En realidad se sentía muy feliz por ello. No lo hacía por la culpa o el sentimiento de deber ni como un placer externo. Simplemente daba de un modo que a ella le hacía sentirse bien. Aunque recibiera desaires de aquellos a quienes ofrecía la comida en la calle, no se sentía rechazada ni enojada, porque ella no hacía eso para ser aceptada ni para que se lo agradeciesen.

Entonces, los periódicos locales se enteraron de lo que estaba haciendo y publicaron su historia. Enseguida se convirtió en una pequeña celebridad. Los lectores, incluso profesores compañeros suyos, empezaron a enviarle dinero para apoyar su obra. Para la sorpresa de estos, ella les devolvía el dinero a todos con una nota de una sola frase que decía: «¡Ponte a hacer tú los bocadillos!».

Otra cuestión importante sobre la dedicación: no podemos hacerlo solamente una vez y olvidarnos. Liana, mi esposa, y yo tuvimos un noviazgo accidentado. Nos queríamos mucho, pero tenemos temperamentos opuestos y los dos arrastramos una dolorosa historia familiar y de relaciones. Al final logramos trabajar nuestros problemas lo suficiente como para tomar la decisión de casarnos, pero yo aún me preguntaba si lograría mantener el compromiso. ¿Cómo puedes a los treinta y algo comprometerte «hasta que la muerte nos separe»? Así que fui consultar a mi pareja veterana favorita, David y Mary McClelland. David era director del Departamento de Psicología y Relaciones Sociales en Harvard, Mary era pintora, y eran padres de seis hijos. Su gran casa de Cambridge era un refugio habitual de figuras destacadas de la psicología occidental y oriental. Las décadas de 1960 y 1970 fueron una época apasionante, y, como yo estaba con frecuencia en la casa de David y Mary, pude también tratar a Chögyam Trungpa, Dan Goleman, Ram Dass, Mark Epstein y otros que, como ellos, eran los portavoces de un nuevo movimiento de la conciencia.

David y Mary eran cuáqueros y su relación estaba fundamentada en el respeto mutuo. Incluso cuando discutían, se dirigían uno al otro con el tratamiento cuáquero «thee» y «thou»,[11] por lo que el tono subyacente era de educación, cariño e intimidad. Cuando les pregunté cómo pudieron asumir el compromiso del matrimonio para toda la vida, me sorprendió la respuesta de David: «No hay que hacerlo para toda la vida». Entonces Mary lo explicó: «Lo renuevas diariamente».

En una ocasión Thomas Merton aconsejó a un joven activista: «No dependas de la esperanza en los resultados... Puedes tener que enfrentar el hecho de que tu trabajo sea aparentemente inútil e incluso no lograr nada en absoluto, si es que consigues el resultado opuesto al esperado. Cuando te acostumbras a esta idea, empiezas a concentrarte cada vez más no en el resultado sino en el valor, en la virtud, en la verdad del trabajo en sí mismo». Al alinear nuestra dedicación con la intención más elevada, trazamos el rumbo de todo nuestro ser. Entonces no importa lo difícil que sea el viaje y lo grandes que sean los contratiempos, sabemos adónde nos dirigimos.

El camino al infierno de la intención ilusoria

Todos conocemos el refrán: «El camino del infierno está sembrado de buenas intenciones». ¿Qué ocurre cuando nuestras buenas intenciones destruyen estúpidamente una relación o hacen daño a alguien? La explicación es muy simple. Las buenas intenciones pueden estar mezcladas con la ilusión. Entonces, el resultado incluirá el bien en cierta medida, pero la ilusión y la ignorancia también traerán sufrimiento.

En una familia que conozco, los padres con «buenas intenciones cristianas» retiraron todo el apoyo a su hija porque esta quiso

11. *N. de la T.*: Formas arcaicas del inglés que significan «te» y «tu», y que actualmente solo se utilizan en la poesía y en textos religiosos, además de entre los cuáqueros.

tener un hijo –el nieto de ellos– sin tener un marido. Por desgracia, las intenciones de los padres estaban más en la línea de los estrictos castigos del Antiguo Testamento que en la del insistente mensaje de Jesús de amar a los marginados, los pecadores y los pobres. Sus buenas intenciones incluían la ilusión del amor, la ira y el apego egocéntrico para controlar a su hija. El sufrimiento resultante de ello ha durado años.

Varios de mis amigos participaron en las potentes campañas de los años setenta contra la reclusión de los enfermos mentales en centros psiquiátricos. Como resultado de sus pleitos, los tribunales decretaron el cierre de muchos de los terribles hospitales estatales de la época. El gobierno prometió que el mismo dinero se destinaría a seguir atendiendo a estos pacientes en centros ambulatorios, pero esto no ocurrió. La intención compasiva de cerrar los hospitales psiquiátricos no se acompañó en todos los casos por un reconocimiento igualmente potente del arduo trabajo para crear estructuras de apoyo alternativas. Muchos de los que salieron de esos centros acabaron en las cárceles o vagabundeando por las calles, sin nadie que los atendiese.

En el peor de los casos, las buenas intenciones pueden mezclarse con intenciones profundamente ilusorias. Stalin y Mao Tse-Tung afirmaban tener buenas intenciones cuando intentaron acabar con las explotaciones de sus poderosos antecesores y mejorar el bienestar de las masas. Sin embargo, bajos sus intenciones ilusorias, millones de personas murieron de inanición o fueron asesinadas. Si queremos actuar con sabiduría, tenemos que examinar nuestra intención para asegurarnos de que esté libre de ilusión. Los fines no justifican los medios. Si nuestras acciones van a provocar algún daño a los demás, aunque sea en nombre de algún «bien», con toda probabilidad son ilusorias. Si nuestras acciones no provienen de un corazón bondadoso, de una amorosa valentía y de la compasión, son ilusorias. Si se basan en la distinción entre «nosotros» y «ellos», provienen de la ilusión. Solo cuando actuemos desde la sabiduría de la no separación, comprendiendo la manera en que todos estamos unidos, nuestra intención traerá un beneficio.

Apoyar nuestras intenciones

Incluso nuestras intenciones más sabias necesitan apoyo. Como seres sociales, estamos siendo continuamente afectados por los que nos rodean. En el monasterio, los cantos diarios de nuestros votos repetidos reforzaban nuestras intenciones. La psicología budista nos ayuda a hacer uso del poder de este refuerzo. Uno de los modos de hacerlo es distinguiendo dos tipos de respuestas: las que son incitadas y las que no.

Supongamos que decidimos probar un fruto que no conocemos en el mercado, como una chirimoya o un rambután. Estamos con una amiga que nos dice: «Oh, los rambutanes son los frutos tropicales más deliciosos del mundo. Te van a encantar». Ella nos mira expectante mientras damos el primer bocado. Debido a su incitación, estaremos fuertemente condicionados para que nos guste. Incluso aunque nuestro hábito sea ser cautelosos ante las comidas nuevas, su entusiasmo podría vencer nuestro condicionamiento. También puede producirse una incitación interna, lo que funciona de la misma manera. Tal vez acabemos de empezar un régimen bajo en hidratos de carbono, que implica evitar las féculas y los azúcares, y estemos intentando mantenerlo. Entonces vemos el rambután y sentimos ganas de probarlo. Pero al hacerlo, recordamos que comer fruta va en contra de nuestro compromiso de mantener una dieta sin azúcar. Así que nuestra respuesta está incitada por la duda y la aversión y muy probablemente encontraremos el fruto desagradable. Ahora imaginemos una circunstancia más compleja, en la que alguien nos ha insultado. Si nada nos incitase, puede que solo nos sintiésemos heridos. Pero si otros cuyos hábitos son las reacciones agresivas nos incitan –«No puedes dejar que esto se quede así»–, podemos sentirnos influenciados para enfadarnos.

Si no desarrollamos una buena atención, estaremos a merced de esas incitaciones. Podemos fácilmente olvidar nuestra dedicación. Aunque los estados bondadosos son innatos para el corazón, los olvidamos; por eso la psicología budista insiste en la práctica. Debemos practicar siempre que podamos para hablar con sabiduría, no ser combativos y actuar con generosidad y compasión, tanto en las situaciones triviales como en las importantes.

En relación con esto, recuerdo la historia del experto en horticultura Alan Chadwick, un pionero de los métodos biodinámicos que enseñaba en la Universidad de California, Santa Cruz. Una vez llevó a sus alumnos a un terreno que se utilizaba como depósito de chatarra y que estaba lleno de coches oxidados, vidrios rotos, pedazos de cemento, arena y basura. Preguntó al propietario si sus alumnos podían usarlo para un experimento en el que iban a cultivar plantas ornamentales y vegetales. El propietario respondió: «Sí, pero están locos. Este suelo está muerto». Los estudiantes tardaron meses en revitalizar el suelo. Más tarde, el jardín se hizo famoso por las extraordinarias verduras y las preciosas flores que crecían allí. Del mismo modo, gracias a nuestra práctica y a nuestra incitación interna, plantamos las semillas de la conciencia que pueden transformar cualquier dificultad.

Si comprendemos que nuestros estados mentales pueden ser fácilmente incitados por otros, podemos ver la importancia de tener amigos espirituales. Ya sea en los grupos de meditación, en las iglesias, en grupos de psicoterapia o en Alcohólicos Anónimos (AA), la ayuda que nos damos unos a otros es esencial. En una ocasión Ananda, el ayudante del Buda, preguntó a este si la amistad espiritual no constituía la mitad de la vida santa. Como respuesta, el Buda declaró: «La amistad espiritual, la asociación con amigos sabios y nobles, junto con las acciones sabias y nobles, constituyen toda la vida santa». No importa cómo sean nuestras intenciones, todos necesitamos ayuda de los que nos rodean para que actúen como espejos. A veces necesitamos que nos inciten con un vehemente respaldo crítico por parte de nuestro tutor de AA, o con las reacciones honestas de nuestros amigos cuando nos apartamos de camino. También necesitamos que nos inciten los que pueden ver nuestra bondad y dirigirse con sabiduría y coraje a nuestro corazón.

Cuando otros nos incitan negativamente reforzando nuestro sentimiento de fracaso, nos sentimos disminuidos. Podemos ver esto en la manera en que el racismo y la falta de oportunidades han afectado a los jóvenes de color en nuestras ciudades. Durante veinte años he codirigido retiros para jóvenes con problemas. Mi colega y fuente de inspiración en este trabajo ha sido Michael Meade, mitólogo y contador de cuentos. Él visita las cárceles, los centros de menores y las escuelas especiales y pide que le dejen trabajar con los chicos más problemáticos. Utiliza los mitos y rituales de iniciación con miembros de pandillas y con adolescentes. Los inspira con poemas poderosos e historias antiguas de héroes que salen adelante en las peores tragedias. Los invita a que conviertan sus sufrimientos en arte. Michael propone a estos jóvenes que escriban poesía con honestidad y respeto hacia ellos mismos. Más tarde, cuando esos escritos se leen, muchos resultan desgarradores: «Esperas que caigamos y nos enseñas a caer». «Si sigues alejándote y no estás a nuestro lado cuando nos equivocamos, ¿quién es el niño?».

Estos menores leen sus historias en voz alta. Ante la perplejidad de los profesores y los funcionarios que los custodian, presentan historias tremendas de supervivencia frente a abusos y abandonos, pobreza y violencia, como obras de arte. Cuando se escuchan las voces y se reconocen los sufrimientos de estos chicos, empiezan a valorarse, a ellos mismos y a su experiencia de un modo mucho más respetuoso. Se vuelven más honestos y se acercan unos a otros. Empiezan a ver que tienen algo que decir, algo que pueden aportar a la comunidad que los rodea. Sus semillas inherentes de bondad reciben el agua que necesitan y empiezan a crecer.

Clarificar la intención de cada momento

Plantar semillas con una intención a largo plazo es una de las maneras de dirigir nuestras vidas, pero también tenemos que entender cómo funciona el karma y la intención que hay detrás de nuestras pequeñas acciones. Este es el nivel del karma de cada momento. En los monasterios de Tailandia y Birmania aprendíamos a analizar cada paso microscópico de la experiencia y a descubrir de qué manera respondíamos a ellos. Al desarrollar una fuerte concentración, éramos capaces de cultivar unos poderes de observación extremadamente agudos. Como nuestras mentes estaban atentas de un modo tan preciso, podíamos sentir la impresión más sutil de un sonido o un pensamiento en cuanto surgía, y observar claramente la rápida secuencia momentánea de sentimientos, identificaciones y respuestas. Los neurocientíficos de la Universidad de Harvard han comprobado que los meditadores avanzados pueden percibir los acontecimientos con mucha más rapidez y sutileza que lo que se había estimado antes en los seres humanos. Utilizando esta observación minuciosa, los antiguos psicólogos budistas descubrieron que cada experiencia de percepción contiene diecisiete momentos mentales microscópicos. Estos momentos aún se dividieron en dos fases, cada una de las cuales ocurre en una fracción de segundo.

La primera fase, en la que recibimos la experiencia, es el resultado del karma del pasado. En esta fase, la percepción empieza despertando el flujo subterráneo de la conciencia como cuando se llama a una puerta. A consecuencia de esto, la conciencia se vuelve hacia la puerta de los sentidos y empieza a sentir, investigar y reconocer la experiencia. Todos estos momentos que se reciben están condicionados por el pasado.

La segunda fase de percepción incluye los micromomentos de respuesta, que están teñidos por nuestros estados mentales en el momento presente, ya sean de miedo o de conciencia plena, de aversión o de amor. Cualquiera que sea la respuesta que se produzca, se registra en la conciencia almacén como un patrón o una semilla. En la segunda fase, creamos nuevo karma.

Este proceso, que ocurre en cada momento, puede traducirse en una aplicación práctica para vivir con sabiduría. Esta es la ley psicológica básica: el pasado ya pasó. No puede cambiarse. Es inevitable que recibamos el resultado de nuestras intenciones y acciones del pasado. Nuestra libertad reside en cómo respondemos a estos resultados. Nuestra respuesta crea nuevo karma, nuevos patrones que, finalmente, darán sus frutos. Al crear un futuro más saludable nos estamos redimiendo del pasado.

Marsha, una joven meditadora, vino a hablar conmigo después de una clase. Estaba alterada y nerviosa y me contó que creía que había creado un mal karma. Por lo visto había ofendido a su compañera de trabajo, Judith, coqueteando con su novio en una fiesta y luego chismorreando con este sobre ella. Cuando Marsha se sentó a meditar a la mañana siguiente, surgieron la culpa y el arrepentimiento. Sabía que había hecho daño a su relación con Judith y que esta estaba herida. Le expliqué que se estaba centrando solo en la primera parte de su karma. Eso era el pasado. No había nada que pudiera hacer al respecto. Luego le expliqué de qué manera los resultados (*vipaka*) de sus acciones (karma) le darían la oportunidad de crear nuevo karma la siguiente vez que hablase con Judith.

Al encontrarse con el inevitable dolor y la ira de las palabras de Judith, Marsha tuvo que elegir. Podía defenderse y justificarse diciendo «todos estábamos bebiendo y yo solo estaba bromeando». Si lo hacía, su falta de honestidad crearía más distancia y un resultado más doloroso. O Marsha podía sentir el dolor de Judith y el suyo propio de manera compasiva y expresar su arrepentimiento por sus acciones. Podía, tras la reacción explosiva de Judith, detenerse y reflexionar sobre las intenciones subyacentes a sus acciones: «Siento lo que hice. Había bebido y pensé estúpidamente que podría conectar mejor si hablaba de ti. Me equivoqué. Espero que puedas perdonarme». De este modo, podía responder con cariño en vez de reaccionar. Y tanto si Judith la escuchaba como si no, Marsha estaría plantando buenas semillas para el futuro de esa relación.

Los amigos traicionados, los familiares enemistados, los accidentes autoprovocados, un jefe desagradable y exigente son resultados dolorosos. La paga de Navidad, las cartas cariñosas de nuestros hijos, una fiesta alegre, un éxito creativo son resultados agradables. Algunas veces podemos ver cómo nuestras acciones y elecciones del pasado han contribuido a estas condiciones. Pero tanto si las causas son claras como si no, recibimos los resultados del pasado. Lo que importa ahora es cómo respondemos. El *karma-vipaka* nos enseña que siempre podemos empezar de nuevo. Nunca es demasiado tarde. Los indios navajos creen que cada día nace un nuevo sol, y para honrar al sol debemos empezar de nuevo y hacer que nuestro día sea sagrado. Al responder con una actitud sagrada y compasiva, creamos un nuevo patrón para el futuro.

La pausa sagrada

La verdad es que aún no somos libres;
únicamente hemos alcanzado la libertad para ser libres.
NELSON MANDELA

Como la experiencia ocurre tan rápidamente, las respuestas habituales pueden surgir de nuestra boca o de nuestras manos antes de que lo sepamos. Nos puede ayudar practicar las respuestas eficaces cuando las circunstancias son fáciles. De ese modo, cuando las cosas se pongan difíciles, nuestros patrones ya estarán creados. También resulta útil que nos entrenemos en hacer una pausa antes de responder. Esto recibe el nombre de pausa sagrada, un momento en el que nos detenemos y nos damos cuenta de nuestra identificación con los problemas y las reacciones. Sin hacer una pausa, nuestras reacciones son automáticas. Cuando hacemos una pausa, podemos darnos cuenta de la experiencia real, el dolor o el placer, el miedo o la excitación. En la calma, antes de que surjan nuestros hábitos, nos hacemos libres.

En esta pausa podemos examinar nuestra intención. Si hemos establecido una intención a largo plazo o un propósito para nuestra vida, podemos recordar nuestros votos; o simplemente revisar nuestra motivación. ¿Estamos intentando desquitarnos o ganar a toda costa? ¿O queremos actuar desde el respeto hacia nosotros mismos y los otros para sembrar las semillas de la comprensión y el valor? Está en nuestras manos.

El poder de la intención puede verse más fácilmente cuando hablamos. En la conversación, obtenemos una respuesta inmediata y esta a menudo será un reflejo de nuestra intención. Antes de hablar, podemos examinar nuestra motivación. ¿Surge de la compasión y de un interés que beneficie a todos? ¿O queremos tener razón? Clarificar nuestra intención es esencial en los momentos de dificultad. Cuando existen diferencias o conflicto, ¿queremos sinceramente escuchar lo que les pasa a los otros? ¿Estamos abiertos a aprender, a ver?

Nelson, un serio profesor de enseñanza secundaria, vino a hablar conmigo durante un retiro. Su madre había muerto recientemente y estaba en conflicto con Albert, su padrastro, por un tema económico. Toda su vida había lidiado con la depresión y la ansiedad, pero ahora, desde que faltaba su madre, estaba más deprimido que nunca. Cuando Nelson se marchó a la universidad, Albert se trasladó a vivir con su madre. Durante once años, los dos habían tenido una relación cordial, pero ahora Nelson estaba indignado porque su madre le había dejado la casa y gran parte del dinero a su padrastro. Cada vez que hablaba con él, el conflicto empeoraba. Por ambas partes había numerosas acusaciones, recriminaciones y sentimientos negativos.

Nelson quería trabajar con este conflicto. Cuando nos sentamos juntos le pedí que sintiera qué es lo que había en su cuerpo y en su mente en ese momento. De inmediato surgieron oleadas de dolor y sentimientos de pérdida en relación con su madre. Mientras lloraba, conectó con un sentimiento de abandono. Podía ver de qué manera los sentimientos de abandono intensificaban su depresión y ansiedad y exacerbaban el conflicto con su padrastro. Sugerí a Nelson que practicase la compasión hacia otras personas y que acogiese con bondad todas las experiencias de pérdida y dolor. En primer lugar vino a su mente un amigo cuyo perro se había muerto hacía pocos días, y después un vecino cuya hija había perdido a su pequeño. Poco a poco fueron surgiendo esos otros en un flujo constante. Recordó las imágenes de las numerosas víctimas del tsunami de Asia que habían aparecido en las noticias esa semana. Se acordó de su primo de Baltimore que tenía leucemia. Su dolor empezó a formar parte del dolor de los seres humanos, de las pérdidas que soportaba el mundo entero. Al final, incluso su padrastro apareció. Nelson pudo sentir la manera en que Albert estaba sintiendo la pérdida de su mujer, del mismo modo que él echaba de menos a su madre.

Entonces le pedí que fuese consciente de la historia que había construido respecto a su abandono, sus fracasos en la vida y los conflictos con su padrastro. Volvió a meditar. Se vio como el protagonista de la película, un profesor que había sufrido mucho, y se dio cuenta de que sus historias eran un modo de hacerse importante, que no eran exactamente ciertas ni exactamente falsas, eran solo historias. Ahora podía acoger su sufrimiento y sus luchas en la conciencia espaciosa, en la compasión. Interiormente empezó a sentirse mucho más relajado y libre. Empezó a experimentar la vida en cada momento y no sus historias. Varios días más tarde, Nelson me dijo: «Siento que ahora puedo confiar en la vida en vez de en el dinero».

Por último, le pedí a Nelson que imaginase un nuevo encuentro con su padrastro para hablar sobre el conflicto no resuelto. Le pedí que conectase con su mejor intención posible para ese encuentro. Le resultó fácil identificarla. Era una intención de bienestar y compasión tanto para él como para Albert. Nelson sintió que si podía mantener esa intención, podría escuchar y hablar con su padrastro. Más tarde, cuando finalmente hablaron, descubrió que la ansiedad, el sentimiento de pérdida y la depresión de aquel no eran distintos de sus sentimientos. Vio que Albert también se sentía atrapado y asustado. La compasión de Nelson se hizo mayor, y los dos pudieron resolver sus conflictos económicos con un nuevo espíritu.

Prueba esto en tu próxima discusión o conflicto: haz una pausa. Acoge en la compasión a todos los implicados en la disputa. Conecta con tu mejor intención. Cuando las cosas se pongan difíciles, haz una pausa antes de hablar y siente tu motivación más sabia. A partir de ahí, todo fluirá mejor. Este es el secreto de hablar con sabiduría. El Buda lo describe así: «Habla con una motivación bondadosa. Habla con sinceridad y amabilidad. Habla en el momento oportuno y para el beneficio de todos». Cuando nos conectamos con nuestra mejor intención, aprendemos a ver con los ojos de la compasión y todo se vuelve más fácilmente abordable.

Orientarse con la brújula del corazón

La poeta y maestra espiritual Oriah Mountain Dreamer escribe sobre su experiencia para ayudar a una mujer que asistió a un seminario de meditación. Estas son sus palabras:

Al final de un día muy largo, una mujer delgada y menuda, ataviada con una enorme parka, se presentó como Isabel.

–¿Puedo hacer esta meditación sola? –preguntó.

–Sí, claro – le dije–, aunque a mucha gente le parece más fácil establecer una práctica de meditación con la ayuda de un grupo. Mantener una disciplina solos es más difícil.

–¿Pero qué me aportará? ¿Qué conseguiré si hago esto cada día? –su tono adquirió un tono de queja, y sentí que mi irritación crecía mientras ella proseguía–. ¿Cuánto tarda esto en hacer efecto? ¿Notaré algo en una semana? ¿Cómo sabré que está funcionando?

Esto es justamente algo que desteto: la búsqueda de una solución rápida, el deseo de un resultado garantizado, la respuesta simple. Haz esto y obtendrás aquello. Mis hijos me estaban esperando y me quería ir a casa.

Respiré profundamente, miré a Isabel y dejé mi mochila en el suelo. Traté de hablar más despacio, pensando que así parecería más paciente.

–Bueno –le dije–. La meditación es más un proceso que una actividad orientada a un objetivo. Puede ayudarte a que te des más cuenta de lo que está pasando dentro de ti y a tu alrededor, y esto puede ayudarte a reducir el estrés... Mi mejor consejo es que lo intentes y seas paciente contigo misma.

Recogí mi bolsa y empecé a abrocharme el abrigo. Tenía que irme ya y quería salir de allí sintiéndome virtuosa por no haberle roto la cara. Pero cuando empezaba a alejarme, de repente Isabel me agarró del brazo con una fuerza sorprendente.

–Pero lo que yo quiero saber –dijo, con su voz elevándose en un crescendo al borde de una crisis de angustia– es si me ayudará a encontrar a Dios. Si medito, ¿tendré una experiencia de algo o alguien que me escucha, alguien que esté realmente conmigo?

Sentí que una oleada de desesperación me llegaba desde ella y me sorprendí al darme cuenta de que sus ojos estaban llenos de lágrimas. Esta mujer no estaba buscando una respuesta fácil ni una fórmula garantizada porque fuese perezosa. No quería un plan sencillo porque no podía o no quería juzgar qué es lo que funcionaría. Quería algo que supiese que funcionaría y que lo hiciese rápido porque estaba pendiente de un hilo. Quería algo que funcionase en una semana porque temía no poder esperar meses o años.

Apoyé mi mano suavemente sobre la suya.

–Está bien, Isabel. Todos nos sentimos desesperados a veces –le dije–. Nadie lo puede hacer solo. Todos necesitamos ayuda.

Su mano se relajó un poco bajo la mía, y empezó a llorar. Hablamos un rato más. No había «ella». Solo había «nosotras». Cuando me fui, no dejé a una de ellas. Dije adiós a una de nosotras, a un ser humano haciéndolo lo mejor que podía, buscando el hogar que anhelan todos nuestros corazones.

Tal como lo describe Orial Mountain Dreamer, todos estamos unidos. Cuando emprendemos este viaje, primero tenemos que orientar nuestra brújula en la dirección de la compasión. Cuando dedicamos nuestras acciones con intenciones positivas a todos, empezamos a transformar la situación. Nuestra dedicación nos da la autoridad y la libertad desde el amor en cualquier circunstancia. Empezamos con los resultados de nuestro karma del pasado, pero el cuadro no está acabado. Ahora podemos completarlo. Podemos abandonar nuestros hábitos inconscientes, conectar con la sabiduría de nuestro corazón y elegir libremente una nueva respuesta.

Una practicante describió este descubrimiento con lágrimas en los ojos: «Estoy tan agradecida. Quiero que sepáis lo liberadoras que han sido estas enseñanzas. Llevo en terapia toda mi vida, y hace veintidós años que ya no bebo. Durante estos años he estado todavía atrapada en el dolor del pasado. En algún aspecto me había sanado, pero nunca creí que pudiera cambiar. La meditación me ha enseñado a empezar de nuevo. Me ha dado una ventana desde donde puedo salir. Ya no soy esa persona que está sufriendo». No importa cuál sea la situación, tenemos la libertad de elegir la mejor intención, de elegir ser libres. Cuando entendemos el karma y la intención, tenemos la oportunidad de orientar la brújula de nuestro corazón y dedicarnos a nuestra mejor intención. Esto es lo que transformará el mundo.

Práctica: afrontar las dificultades con una intención sabia

Elige una situación difícil o un conflicto que tengas con otros. Reflexiona sobre tus últimos encuentros y sobre la motivación desde la que actuaste. ¿Cómo fue? Ahora imagina que puedes llevar tu mejor intención a vuestro próximo encuentro. Tómate un momento para reflexionar. ¿Cuál será? Date cuenta de si contiene los elementos de la compasión hacia los otros y hacia ti. Date cuenta de si es una intención sabia y valiente.

Imagínate entrando en esta situación difícil siendo fiel a tu mejor intención. Por último, ve al encuentro y practica. Recuerda que puedes apartarte de tus intenciones. Con la práctica, estas se volverán estables y fuertes.

18. La visión sagrada: imaginación, ritual y refugio

Todos los que puedan visitar los santuarios y los templos dedicados a la vida del despertar del Buda se beneficiarán de ello.
MAHAPARINIRVANA SUTRA

Sin rituales somos como barcos que pasan en la noche.
MALIDOMA SOMÉ

El principal monasterio del bosque de Ajahn Chah estaba en la lejana provincia de Ubol, cerca de la frontera de Tailandia con Laos y Camboya. Durante la Guerra del Vietnam, a menudo veíamos a los bomberos y los aviones de guerra planeando sobre nuestras cabezas. Desde algunos monasterios de Ajahn Chah, incluso podíamos ver los destellos de luz en el horizonte. En una ocasión vinieron unos amigos cuáqueros a trabajar como activistas en Laos y Vietnam. Les horrorizaba que los monjes de la tradición del bosque no fuesen activistas políticos. ¿Cómo podíamos sentarnos allí sin hacer nada?

Llegaron al monasterio cansados y quemados por su trabajo. Trabajar en una zona de guerra es una práctica terrible. Eres testigo de tremendos actos de valor y también del comportamiento más depravado y espeluznante. Mis amigos necesitaban un descanso. Cuando hablaban apasionadamente contra la guerra, Ajahn Chah les decía que detener la guerra era esencial. Entonces señalaba a su pecho. «Tenemos que detener la guerra aquí. Sí, el activismo es bueno. Sin embargo, a pesar de nuestros esfuerzos, las guerras continúan produciéndose. No triunfaremos externamente hasta que aprendamos a detener la guerra en nuestro interior. Ese es nuestro trabajo aquí».

A medida que los días fueron pasando, las opiniones de mis amigos activistas empezaron a cambiar. Paseaban por los tranquilos caminos, entre monjes silenciosos, viendo que el monasterio funcionaba como una reserva viva de respeto e integridad. Este templo era una isla de cordura, un símbolo físico de paz. Por la mañana temprano, los monjes se reunían para recitar las plegarias sobre el corazón sabio. A lo largo del día meditaban y trabajaban juntos con cariño. Si te sentías perdido o lo estabas pasando mal, te cuidaban. Podías dejar tirada tu cartera, que el dinero volvería a ti. Incluso los seres más diminutos se respetaban en el templo. Después de una semana, mis amigos empezaron a entender. En los momentos difíciles, los humanos necesitamos santuarios e imágenes de lo sagrado para que nos recuerden quiénes somos realmente.

La mayoría de los templos budistas de Asia están llenos de imágenes que representan el despertar. Los Budas y los *bodhisattvas* aparecen en innumerables formas, tanto masculinas como femeninas, pintados, esculpidos, creados en bronce, en mantequilla y en arcilla. Está Kwan Yin, la *bodhisattva* de la compasión, con mil brazos que se extienden hacia todos los que sufren; la diosa Tara, que nos ofrece protección y paz; y el *bodhisattva* Manjusri, que con su espada corta toda ilusión. Los ancestros que se iluminaron se representan como ermitaños o sirvientes, como dirigentes valientes y como reyes. Alrededor de ellos se crean estupas y mandalas, símbolos de la armonía perfecta entre el nacimiento y la muerte, la forma y el vacío. Para entrar en muchos templos budistas, también tenemos que pasar entre las estatuas de los feroces demonios guardianes que presiden las puertas. La manera en que andamos entre los demonios de nuestra codicia, agresividad e ignorancia es la clave simbólica para entrar en las percepciones sagradas. Si no negamos su energía ni dejamos que nos cautive, podemos aprender a verlos con claridad y a caminar libremente entre ellos.

¿Pero qué tiene que ver esto con la psicología budista? ¿Son estas imágenes simplemente adornos del culto religioso? Si las vemos solo como adornos, estaremos pasando por alto una gran verdad psicológica. Nuestra imaginación trabaja con símbolos, como las imágenes de nuestros sueños. Usamos símbolos todo el tiempo: la ropa, los gestos, la publicidad, las mismas letras de estas palabras. La psicología budista utiliza estas imágenes humanas de budas y santos y ancestros que se iluminaron como puertas simbólicas para señalar y evocar las cualidades de amor, dedicación, belleza interior y valor. En un nivel diferente, esta función la desempeña la bandera de una nación, el logo de un equipo de fútbol, incluso una bolsa de Hermès o, de un modo más destructivo, una esvástica. Conociendo el poder de los símbolos, podemos reconocerlos como formas externas que señalan nuestro mundo interior.

En la psicología budista, las imágenes sagradas se utilizan de modos específicos. Las imágenes esculpidas o pintadas de los budas masculinos y femeninos que decoran los templos y las cubiertas de los libros en todo el mundo representan en realidad una tecnología altamente desarrollada para cambiar la conciencia.

Este es un ejemplo de cómo funcionan esos símbolos. Imagínate que meditas sobre la imagen más pacífica que hayas visto de Buda. Imagina que recibes esta imagen de un maestro que encarna las cualidades benevolentes del Buda y te recuerda que estas cualidades supremas las puedes encontrar en ti. Imagina que aprendes a visualizar esta imagen con tanta estabilidad y claridad que, cuando cierras los ojos, puedes ver cada detalle de ella. Imagina que pasas algunas horas dejándote sentir realmente la energía de la calma, la estabilidad y la claridad que representa este Buda. Deja que estos sentimientos toquen tu corazón. Ahora imagina un paso más. Siente que puedes llevar a este Buda dentro de ti, que se instala totalmente en tu cuerpo y en tu mente. Ahora te has convertido en un Buda. Siente cómo puedes encarnar la calma, la claridad y la compasión. Permanece en este estado durante un tiempo y permítete imaginar de qué modo actuarías como un Buda en tu propia vida y cómo verías la misma naturaleza de Buda en los demás. Finalmente, disuelve la imagen del Buda para que vuelva al vacío, reconociendo cómo la mente crea y destruye todas las posibilidades.

Supón que repites esta práctica mil veces, diez mil veces. Puedes sentir cómo esta visualización podría afectar a tu conciencia.

Este es el décimo octavo principio de la psicología budista:

---

18 Lo que visualizamos repetidamente cambia nuestro cuerpo y nuestra conciencia. Visualiza la libertad y la compasión.

El poder de la visualización

La visualización es una de las herramientas de transformación más potentes de la psicología budista. La psicología occidental también utiliza esta herramienta, como en la «imaginación activa» propuesta por Carl Jung, las técnicas de visualización de la psicosíntesis y las muchas aplicaciones de la imaginación guiada. Pero, en conjunto, las visualizaciones budistas son más completas y sofisticadas. De hecho, cualquier estado bondadoso de la conciencia se evoca a través de estas prácticas transformativas.

Las imágenes sagradas representan la energía arquetípica que se encuentra entre los mundos sin forma y el nivel de la forma física. Esta dimensión intermedia, denominada *sambogakaya*, actúa de forma muy parecida a muchos arquetipos jungianos e ideas platónicas. Los ideales sagrados del budismo son patrones intemporales a partir de los cuales surgen experiencias específicas en el mundo material. Estas formas sagradas tienen el poder de afectar a la imaginación e inspirar a todo el que entra en contacto con ellas, ya sea viéndolas, oyéndolas o visualizándolas.

La tecnología de la visualización se ha descrito en detalle. En las primeras etapas aprendemos a calmar la mente y a crear y mantener una visualización. Este proceso de estabilización a menudo se apoya con la repetición de cantos o mantras. Cuando la visualización inicial se hace estable, se añaden más símbolos, en ocasiones de gran riqueza y complejidad, que evocan cualidades específicas del corazón y la mente despierta. Con el entrenamiento, los meditadores pueden mantener en su mente complejos mandalas con cientos de figuras. Y como han revelado actualmente las imágenes obtenidas por escáner, esto puede hacerse durante horas seguidas, lo que demuestra que la capacidad de centrar la atención supera con creces lo que hasta ahora creía posible la neurociencia occidental. El entrenamiento budista utiliza miles de visualizaciones, que representan diferentes aspectos, como la compasión, el valor, el amor, la nobleza, la generosidad, la honestidad implacable, el vacío y un sinfín de posibilidades. Cuando las creamos y las disolvemos dentro de nosotros, una y otra vez, aprendemos a encarnar los estados que representan.

En los monasterios del bosque de Tailandia, nuestras visualizaciones eran básicas. Utilizábamos imágenes del Buda y otras más simples para llenar nuestra mente de devoción, entrega, sabiduría y compasión. En otros monasterios tailandeses visualizamos seres despiertos dentro de los chacras de nuestro cuerpo. Las prácticas de visualización budistas están mucho más desarrolladas en las tradiciones tibetana y japonesa. Estos entrenamientos son ahora accesibles a los occidentales gracias al trabajo de un gran número de expertos maestros.

Aunque estas visualizaciones, símbolos y rituales pueden ser profundamente curativos, también podemos entender sus limitaciones. Nunca deben imponerse a nadie. Muchas personas que se acercan a la práctica budista han sido dañadas de alguna manera por la religión. De niños se les forzó a aceptar dogmas religiosos o sufrieron algún tipo de abuso basado en la religión. Para estas personas, incluso las formas rituales más simples parecen peligrosas. Además, muchos practicantes de meditación están comprometidos con otros caminos espirituales. Hay rabinos, monjas católicas y sacerdotes que vienen a nuestros retiros. Tenemos ateos y agnósticos, así como devotos de Alá, Shiva o Wicca.

Debido a esta diversidad, a los que llegan a practicar al centro de meditación de Spirit Rock no se les impone ninguna forma religiosa externa. No veneramos ni seguimos ninguna práctica cultural oriental. Tan solo ofrecemos las prácticas de la compasión, la atención plena y el desarrollo interior, libres de cualquier dogma o ritual establecido. Como decía Ajahn Chah, «llámalo cristianismo o llámalo como tú quieras. El nombre no importa, lo que cuenta es la práctica». Empezamos con meditaciones de la conciencia y la compasión; luego añadimos visualizaciones, rituales o la práctica de tomar refugio, si nos parece que pueden ser de ayuda.

Para Olivia lo fueron. Durante seis años había dirigido un centro de acogida para mujeres sin hogar tras curarse de su propia historia de abuso y adicción. Estaba comprometida con el programa de doce pasos de AA y vino por primera vez a la práctica budista para aprender alguna forma de meditación, para trabajar en el paso número once. Empezó practicando con la atención a la respiración y la atención plena para calmar su mente. Pero Olivia se sintió especialmente tocada por las imágenes de Tara, la *bodhisattva* femenina de la protección y la paz que hizo el voto de iluminarse solo en un cuerpo femenino. Empezó a hacer la visualización de Tara, recitando cantos y oraciones cada mañana antes de ir a trabajar.

Al principio le resultó difícil estabilizar la visualización y aún más traer a Tara al interior de su cuerpo. Tuvo que liberarse de sus fuertes sentimientos de falta de valía, miedo y resentimiento antes de poder visualizar a Tara en ella misma. Pero después de muchos meses, me contó que la práctica la había cambiado. «Después de convertirme en Tara, me sentía tan firme y sabia... Cuando tenía que enfrentarme a la frustrante burocracia en el trabajo, imaginaba que yo era Tara, con su infinita paz y compasión, y todo fluía mucho mejor. Otras veces imagino que todos los que me rodean son Tara también, y que sus palabras y sus acciones me proporcionan la oportunidad perfecta para que desarrolle paciencia y amor. Es un milagro. Ya no me arrastran las emociones. Me siento más generosa y más libre. Me siento como si pudiera atravesar las paredes».

La tecnología de la visualización no requiere figuras del budismo. Las culturas de todo el mundo han utilizado imágenes sagradas, como san Francisco, la Virgen de Guadalupe o Krishna, para inspirar la oración. En el enfoque budista hacemos algo más que rezar para que nos otorguen bendiciones. Cuando los visualizamos, permitimos que su energía entre en nuestro ser. Recordamos que no estamos separados de ellos, que la nobleza de quienes son y de quienes somos proviene de la misma fuente universal. El místico cristiano san Simeón expresa así esta experiencia:

Despertamos en el cuerpo de Cristo
como Cristo se despierta en nuestro cuerpo,
y mi pobre mano es Cristo,
él entra en mi pie y es infinitamente yo.

Yo muevo mi mano y es maravilloso,
mi mano se convierte en Cristo, se convierte en todo él.

Alex vino a un retiro de meditación en un momento difícil de su vida, y ahora dice que su destino cambió gracias a la imagen y a la historia del rey Ashoka. Nunca había oído hablar de la visualización ni de este antiguo rey de la India, aunque la historia del rey Ashoka aparece en la mayoría de los libros de historia de enseñanza secundaria. Gobernó en el siglo III a.C. y creó el imperio Mauria, el reino más grande y sabio de la historia de la India. Sus edictos instruían a los habitantes del reino para que se respetasen unos a otros, llevasen una vida virtuosa, cavasen pozos, construyeran carreteras, cuidasen de los pobres y honrasen todas las religiones. Pero el rey Ashoka no siempre actuó con sabiduría.

El relato más conocido sobre su transformación explica que esta ocurrió después de una gran batalla. El rey estaba sentado en una colina, divisando la carnicería que había provocado la guerra que acababa de ganar en el sur de la India. Mientras contemplaba los carros destrozados, los cadáveres de caballos y los miles y miles de guerreros muertos en ambos bandos, Ashoka vio a un monje budista que caminaba tranquilamente por un camino junto al campo de batalla. De repente se sintió miserable. Él, que lo controlaba todo –ejércitos, palacios, esposas, riquezas, criados–, no podía dormir por las noches, porque su corazón no estaba en paz. La serenidad del monje fue como néctar para su corazón agostado. Se convirtió en el alumno del monje y siguió sus enseñanzas sobre la virtud, la compasión y el respeto de toda forma de vida. A partir de entonces ordenó a su ejército que construyera carreteras y protegiera a su pueblo, y estableció los decretos de la compasión que siguen honrándose hoy en día.

Alex escuchó esta historia en un retiro de diez días. Había venido porque, como el rey Ashoka, no podía dormir. Era un empresario de gran éxito que poseía una cadena de ferreterías. Desde unos comienzos modestos había llegado a crear una empresa millonaria con ambiciosas batallas y años de trabajo. Pero ahora Alex había desarrollado hipertensión y se encontraba atravesando un divorcio. Su hija mayor estaba en tratamiento por bulimia y el más pequeño no le hablaba. También estaba afrontando un pleito, demandado por un inversor. Intentó concentrarse en su respiración para calmar la mente, pero a duras penas podía mantenerse quieto en el cojín. A pesar de que tenía una gran fuerza de voluntad, incluso permanecer en la sala era ya una lucha. Durante seis días estuvo batallando con su mente y su cuerpo dolorido, asediado por el remordimiento y el repaso de sus errores. Entonces oyó la historia del rey Ashoka y supo que tenía que encontrar un camino hacia la paz.

Durante la sesión matinal aprendió las meditaciones de la bondad y la compasión. Primero se centró en él mismo y en su sufrimiento. Estuvo llorando la mayor parte del día. Se sentía apenado por sus hijos, por él mismo, por la mujer que había perdido, por el dolor de todos. Al permitirse experimentar la profundidad de sus sentimientos, su mente se calmó. Pudo reconocer el sufrimiento y acogerlo con compasión. Cuando acabó el retiro, su porte había cambiado. Estaba más en paz. Podía dormir. Volvió a casa a afrontar los problemas, pero ahora podía sentir lo diferente que era abordarlos con una atención compasiva, tal como había acogido su dolor.

Durante el primer mes, las cosas le fueron bastante bien. Pero después llamó a su instructor del retiro con otra mala noticia. Acababa de enterarse de que a su mejor amigo le habían diagnosticado un cáncer de páncreas inoperable. Esta noticia le había superado. Pidió incorporarse en un grupo de meditación para contar con el apoyo de este y de un instructor. Esto le dio fuerzas. También intentó meditar en casa, pero cada vez que lo hacía se sentía abrumado por el sufrimiento que le rodeaba y las cargas que soportaba. El instructor le aconsejó que se sentase de todas formas.

Pocos días después, mientras meditaba, tuvo una visión. Se vio como el rey Ashoka, contemplando el campo de batalla de su vida. Había luchado en tantas guerras, y ahora estaba allí sentado, exhausto, reflexionando sobre todo ello. Vio a un monje que caminaba hacia él con gran serenidad. Para su sorpresa, descubrió que la cara del monje era la suya propia. Se sintió profundamente conmovido. Fue como si esa visión le estuviera enseñando que podía caminar por el campo de batalla con un corazón pacífico. Era él el que estaba llamado a transformar su mundo.

Esta visión inspiró a Alex a cambiar su vida. Se comprometió con la práctica de la meditación. Empezó a practicar activamente la generosidad, la compasión, la atención plena, el respeto. Con los años, su familia se recuperó poco a poco, y su empresa creció aún más. Él se convirtió en un ejemplo conocido en el mundo de los negocios de cómo dirigir una empresa con sabiduría y bondad. El espíritu del monje del rey Ashoka ya formaba parte de él.

El ritual: el lenguaje del corazón

Del mismo modo que podemos transformarnos a través de la visualización, también podemos hacerlo gracias al poder del ritual. Este es uno de los lenguajes más antiguos de los seres humanos, quizá el más universal. El ritual nos habla a través de símbolos elementales, y estos símbolos, como los sueños, son nuestro lenguaje original. La palabra *ritual* viene de la voz latina *ritus*, que quiere decir «unir». El ritual nos conecta con el entramado de mayor sentido del universo.

Hace algunos años invitaron a nuestro grupo de retiro para hombres a llevar su trabajo con jóvenes a uno de los barrios más desfavorecidos del Área de la Bahía de San Francisco. Se había producido una intensificación de la delincuencia de las bandas y nuestro grupo incorporó a un montón de jóvenes de los barrios pobres que estaban intentando dejar las bandas. Vinieron con sus tutores al bosque de secuoyas de Mendocino para pasar una semana, que incluyó relatos míticos, creaciones artísticas, meditación y artes marciales, además de charlas desgarradoramente sinceras. En la última noche, Michael Meade, Malidoma Somé, el poeta y activista político Luis Rodrigues y yo llevamos a cabo rituales de iniciación que duraron hasta el amanecer. Sin una iniciación con sentido, estos jóvenes intentan iniciarse por su cuenta en las calles a través de las drogas, las pistolas y los coches que conducen a toda velocidad. Llevamos ofrendas para los amigos muertos a los altares creados en el bosque, recitamos oraciones mientras atravesábamos hogueras, nos sumergimos en las oscuras charcas del río alumbrados solo por la luz de las velas como signo de renovación. Incluso las corazas de los más duros pudieron ser traspasadas.

Al finalizar la semana, salimos todos en grupo del campamento para llevar lo que habíamos aprendido a la comunidad. Avanzamos en una procesión por la calle principal hasta el parque, con docenas de jóvenes interpretando ritmos de baile con sus tambores, algunos ataviados con vistosas máscaras creadas por ellos, otros con largos bastones de madera como símbolo de su intención de convertirse en los protectores de la comunidad. Mientras avanzábamos bailando y tocando los tambores, empezaron a levantarse las persianas y a entreabrirse las ventanas y las puertas de las ruinosas casas. Vimos asomarse las caras curiosas de inmigrantes de Haití y México, Laos y Pakistán, Nicaragua y Palestina. Los animamos a que salieran y se unieran al grupo. Sorprendentemente, cientos de ellos lo hicieron. No nos conocían, pero se unieron a nuestra energía riendo y bailando. Muchos no hablaban inglés, pero todos sabían lo que era una procesión. Tanto si eran haitianos, etíopes, salvadoreños o vietnamitas, el lenguaje universal del ritual, los tambores y la procesión les hablaron.

Después de recorrer un kilómetro y medio, entramos en el parque atravesando un arco de bambú que había sido decorado con cintas y flores. A la entrada, dos jóvenes saludaban con una reverencia a todas las personas al tiempo que les entregaban una pequeña vela. Sin necesidad de que se les dijera nada, todo el mundo supo qué hacer. Habíamos construido un altar con flores y símbolos de paz en el centro del parque. Todos colocaron su vela encendida y rezaron por ellos mismos, por la comunidad, por el mundo.

Luego cantamos y compartimos la comida en una fiesta para toda la comunidad. Los jóvenes hablaron y leyeron poemas, los mayores contaron cuentos, y la gente se conectó de maneras que solo el lenguaje del ritual puede proporcionar. Nuestra procesión no acabó con toda la violencia de las bandas, pero permitió que aquella gente se relacionase de un modo que nunca antes había sido posible. Vecinos que habían vivido atemorizados o aislados hablaban ahora entre sí de los problemas de la comunidad. Era apreciable la admiración y el respeto que despertaron los jóvenes que contaron su experiencia o recitaron sus poemas. El ritual creó un puente entre miembros dispares de la comunidad sobre el que se podría seguir construyendo.

En general, los rituales están ausentes en la psicología occidental. Nuestros psicólogos y terapeutas reciben a los pacientes en consultas y despachos estériles iluminados por fluorescentes, en incómodas sillas, sin el apoyo del lenguaje del ritual. O bien seguimos extraños rituales como no tocarse, no abrazarse, no preguntar al terapeuta cómo está y la rígida regla de «se acabó el tiempo». Todo esto está diseñado para que el trabajo del corazón sea respetable, para hacer que encaje en un sistema científico de analizar la vida.

Esto no es extraño. Toda nuestra sociedad ha olvidado en gran medida la necesidad de los rituales, especialmente para las épocas de cambio o dificultad. Nos quedan unos pocos rituales para señalar los cambios más importantes de nuestra vida, como las bodas, las graduaciones y los funerales, pero incluso estos a menudo se convierten en elaborados tributos a la riqueza y el estatus, en vez de promover una verdadera conexión espiritual. Sin el ritual, como dice Malidoma Somé, pasamos ante los demás como barcos en la noche.

Desde luego, los rituales se pueden usar de manera equivocada. Podemos hacer girar un molinillo de oración o pasar las cuentas de un rosario con la mente en otra parte, repitiendo un fosilizado comportamiento aprendido de memoria por costumbre o por hábito. Un ritual puede ser supersticioso o incluso perverso. En Occidente, a muchos de nosotros los rituales nos pueden parecer supersticiosos, estúpidos o incluso embarazosos, como una primera cita (que, sin duda, es un ritual especialmente difícil). Sentimos una incomodidad cultural con la espiritualidad y lo sagrado, aunque ansiamos poder reunirnos de alguna manera que tenga sentido para nosotros.

Sin embargo, si los rituales se usan con sabiduría, pueden ayudarnos de un modo que quizá ni siquiera entendamos en el momento. David, un médico internista, le contó a mi buena amiga y profesora de medicina, la Dra. Rachel Remen, su experiencia como médico en un gran pabellón para enfermos de sida de un hospital de un barrio pobre. Fue hace algunos años, cuando aún no se utilizaban los inhibidores de las proteasas y otros tratamientos, y la mayoría de los enfermos que ingresaban en su departamento morían. Muchos de ellos eran hombres jóvenes de una edad parecida a la suya, cuyas vidas tenían un profundo sentido para él. Se sentía atormentado por la sensación de inutilidad.

David había seguido el entrenamiento budista y, hasta hoy, siguiendo la tradición tibetana, cuando un paciente muere, enciende una vela en un altar en su casa y la mantiene encendida durante cuarenta y nueve días. Durante el tiempo que estuvo en el Hospital General de San Francisco, rezó por cada joven que moría y encendió una vela en su altar. Muchos años después habla de esto con una sonrisa. Había reflexionado sobre ello. Quizá la razón por la que estaba allí no era la que él creía. Él hubiera querido ser útil curando a los pacientes. Cuando sus problemas sobrepasaron su experiencia como médico, se sintió impotente. Pero tal vez su función allí no era cuidar a la gente. Quizá estaba allí para que ninguna persona muriese sin que alguien rezase por ella. Quizá había ayudado a cada uno de sus pacientes de un modo impecable.

La psicología budista utiliza el poder de los rituales para transformar la conciencia. Los rituales se crean con elementos materiales para que volvamos nuestra sensibilidad a la tierra en la que vivimos. Los elementos físicos de los rituales son los lenguajes más antiguos: fuego (velas, hogueras, ofrendas de fuego), agua (que se vierte o se utiliza para bendecir, rociar, bautizar, beber o en baños), tierra (utilizada para enterrar, sembrar, o como piedras sagradas, tierras sagradas, santuarios) y aire (cánticos, canciones, oraciones, campanas, tambores). Estos elementos, combinados con un altar, un gesto, una reverencia, el sonido de un gong, el vino que se vierte, una oración que se recita, una semilla plantada, la pausa sagrada en un momento del día, nos ayudan a salir del tiempo, del ajetreo, del éxito o el fracaso. Incluso en algunos templos, los dinteles de las puertas son deliberadamente bajos para que los que entren hagan una reverencia ritual.

El gesto más simple puede convertirse en un ritual. Sentarse en círculo para hablar es un ritual. Fue un gesto ritual poderoso cuando Nelson Mandela invitó a sus antiguos carceleros a ocupar un asiento de respeto en su ceremonia de toma de posesión presidencial. En las comunidades budistas hay un ritual de perdón en el que el abad y los ancianos se inclinan ante la comunidad regularmente para pedir perdón por cualquier error que hayan cometido en sus enseñanzas o en sus funciones como líderes. Cada año, al final de nuestro retiro de dos meses en primavera, nosotros también lo hacemos. Invitamos a nuestros estudiantes a que nos hagan sugerencias o comentarios por escrito. Después, los seis profesores abandonamos los cojines y sillas y nos sentamos en el suelo frente a los participantes del retiro. Hacemos una reverencia por su práctica sincera y, luego, les pedimos perdón por cualquier cosa que hayamos hecho que les haya herido o confundido de alguna manera. Les decimos que lo hemos hecho lo mejor que hemos podido. A menudo se vierten muchas lágrimas mientras dura esta ceremonia.

Crear un ritual

Como psicólogo budista, he descubierto que llevar a cabo ciertos rituales es importante para muchas personas. A veces, antes de cada sesión, nos saludamos con una inclinación de cabeza como reconocimiento de nuestra naturaleza búdica. A menudo incluyo un período inicial de reflexión meditativa y silencio. Otras veces, cuando siento que es conveniente, enciendo una vela o creo un simple altar para que nos ayude a contemplar la vida desde una perspectiva sagrada.

No hace mucho, una psicóloga llamada Alicia vino a un retiro. Ella trabaja en las Naciones Unidas ayudando a los refugiados recién llegados. Su especialidad incluye dar apoyo a los que han sido torturados y piden asilo político en Estados Unidos. Alicia me contó que le costaba dormir, que le resultaba difícil soltar las historias y las imágenes de sufrimiento que había estado escuchando de los refugiados de Afganistán, Uganda, Haití, Birmania, Guatemala, Ruanda, Irak, Bosnia y tantos otros países. Ella también es una asidua meditadora, y, en sus meditaciones, las historias de torturas reaparecían de manera vívida. «A veces es demasiado», decía.

Durante el retiro, Alicia utilizó las prácticas de la compasión y la ecuanimidad para trabajar con estas imágenes. La meditación fue más fácil. Luego hablamos de que no podemos soportar solos estos sufrimientos. Le dije que necesitaba apoyo. Le propuse que crease un gran altar en la pared del fondo de su despacho y colocase allí cualquier cosa que la inspirase espiritualmente. Al principio colocó imágenes de Kwan Yin, Tara, Buda, Jesús, la Virgen de Guadalupe y María. Con el tiempo añadió imágenes de dioses de Latinoamérica, África y Haití, y un pasaje sobre la compasión del Corán en árabe. Ahora, cuando los refugiados llegaban a su despacho, veían detrás de ella las imágenes sagradas de sus dioses junto con algunas flores o algunos frutos como ofrendas. Para empezar cada día, Alicia pedía a los dioses y a los ancestros que la apoyasen y que acogiesen a los que venían a contarle sus sufrimientos. Al final del día, colocaba de manera simbólica las penas que había escuchado en el altar, en las manos compasivas de los dioses.

Así puede sentir que no tiene que llevar toda la carga ella sola. El altar le recuerda diariamente que las fuerzas de la compasión de todo el mundo apoyan su dedicación. Los cambios no los producimos nosotros solos; la fuerza de la vida trabaja con nosotros. Crear un ritual simple, como invitar a una persona a hacer una oración o a encender una vela, puede aportar un sentido de reverencia y de nuevas posibilidades para el trabajo interior de esa persona. A veces improvisar un ritual personalizado puede ser la mejor medicina. Puede consistir en una ceremonia en la que quememos antiguas cartas de amor o enterremos las reliquias de nuestro duelo; puede ser escribir una lista de los miedos y hábitos que queremos dejar que se lleven las olas; hacer sonar un gong para señalar el fin de una etapa no saludable de la vida, o la ofrenda de una vela para simbolizar una libertad recién descubierta. Todos estos rituales pueden liberar nuestro pasado y despertar de nuevo nuestra naturaleza verdadera.

Bruce vino a su primer retiro budista con el cuerpo rígido y lleno de dolor, como si llevase en su interior una pesada carga. Era fisioterapeuta y tenía que hacer frente a los problemas del sistema médico, además de a sus conflictos personales y las dificultades de su infancia. Había curado a muchos y ahora necesitaba curarse él. Al principio, sin embargo, el retiro hizo que surgiera aún más dolor. Había escuchado las enseñanzas budistas de la compasión y el sufrimiento, pero, al empezar a meditar, lo que sintió fue todo lo contrario: solidez, dureza y una tremenda frustración. Cuanto más rato meditaba, mayor era su miedo. Cuando vino a hablar conmigo y con mi colega Trudy Goodman, dijo que se sentía como si hubiera un hombre lobo enjaulado dentro de él. Al decir esto, sus ojos se estrecharon y su cara adquirió una expresión que realmente recordaba a un lobo. Le pedí que respirase y notase con atención plena cualquier cosa que estuviese presente. Me dijo que el hombre lobo llevaba enjaulado mucho tiempo allí. Estaba hambriento.

Con curiosidad le pregunté: «¿Qué quiere comer?». Se quería comer a Bruce. Temblando, siguió diciendo: «Lo que en realidad quiere es mi corazón». Le conté que, en la tradición budista, cuando aparecen los demonios y los espíritus hambrientos, hay un ritual para darles de comer. En esta práctica transformamos las peores energías, las más rabiosas y terroríficas, visualizando lo que podemos hacer por ellas. Nos imaginamos dándoles cualquier cosa que necesiten y quieran, incluso nuestro cuerpo, hasta que están totalmente satisfechas. Le pregunté si quería dar de comer al hombre lobo. Alimentar a esta bestia con su corazón le parecía demasiado aterrador. Cuando volvimos a sentarnos juntos, su sufrimiento se había vuelto tan intenso que sentía que necesitaba hacer algo. Decidió que daría de comer al hombre lobo. Cerró los ojos y abrió la jaula, pero el hombre lobo no saltó sobre él. Lo miró directamente y le hizo saber que, al decir que quería su corazón, quería decir que quería su amor. Y entonces vino hacia él, pasó rozándole la pierna y se alejó para quedar libre. Bruce estaba atónito.

Después me contó de dónde venía el hombre lobo. Él se había criado en un rancho con ganado a las afueras de un pequeño pueblo de Texas. Cuando la gente del pueblo tenía perros que no podían cuidar, los dejaba en el rancho. Su padre había insistido en que él fuese el encargado de «acabar» con esos perros «inútiles», lo que significaba matarlos de un tiro. Entre los ocho y los catorce años lo obligaron a matar dieciséis perros. Lloraba mientras contaba su historia.

Invité a Bruce a meditar conmigo. Después de pasar un rato concentrándose simplemente en una suave respiración curativa, empecé a cantar en voz alta y le enseñé la práctica de la compasión para que la dirigiera a los perros y a sí mismo, al niño solo y sensible que había sido: «Que puedas abrazar tu dolor con compasión. Que te liberes del pesar. Que estés en paz». Mientras Bruce escuchaba estas palabras y respiraba su tristeza, comenzó a sentir el sufrimiento de todos los jóvenes soldados del mundo, de todos los chicos que eran obligados a llevar armas y a usarlas para matar. Su corazón se abrió a la compasión por toda la humanidad.

Pero a veces la curación requiere una acción física también. Cuando sugerí a Bruce que crease un ritual de curación, sus ojos se iluminaron. En los días siguientes eligió una zona de una colina cerca del centro de retiro donde dispuso cuidadosamente un círculo con dieciséis piedras, una para cada perro que pesaba sobre su conciencia. Después, un día, al anochecer, Bruce, Trudy y yo fuimos juntos hasta la colina. Empezaban a brillar algunas estrellas. Bruce nos explicó que la piedra más grande estaba orientada hacia Sirio, la estrella perro, en honor a los espíritus inmortales de los perros. Debajo de cada piedra había colocado una oración escrita como expiación, y en el centro colocó una pequeña piedra junto a una más grande. Este, nos contó llorando, era el cachorro de una madre agonizante que había intentado protegerlo incluso en el último momento, cuando ella recibió el tiro. Estos eran los últimos perros que había matado. Meditamos en el silencio de la noche. Él hizo reverencias, encendió velas, ofreció oraciones y explicó a esos perros lo que su corazón había aprendido y cómo sus espíritus iban a enseñarle durante el resto de su vida.

Pero Bruce aún no se sentía libre. Sentía que los perros querían algo de él y él quería hacer algo como compensación. Decidió donar 5.000 dólares a la protectora de animales, cuidar siempre a un perro y trabajar medio día cada mes como voluntario en el refugio de perros más cercano durante diez años. Sentía que esto sería un trabajo de amor. Lo volví a ver seis meses más tarde. Me contó que su trabajo de sanación le estaba poniendo a prueba como nunca, pero que se sentía mejor. Pude comprobarlo: daba la impresión de que su espíritu se había aligerado y su cuerpo parecía más relajado. Su hombre lobo interior se había transformado y ahora me recordó más a una mezcla de collie y labrador correteando libremente.

Encontrar refugio

Viktor Frankl, el superviviente del campo de concentración que mencioné en el capítulo 1, fue el fundador de la logoterapia, que se centra en la búsqueda de sentido. Él descubrió que la mayoría de los que sobrevivieron a los campos de concentración lo lograron porque tenían fe en un propósito superior para ellos mismos y para el mundo. Como estos supervivientes, todos necesitamos encontrar un propósito que tenga sentido para nosotros, orientarnos y apoyarnos en medio de los impulsos fragmentados de nuestra ajetreada vida moderna. La respuesta de la psicología budista a esta necesidad es la práctica de tomar refugio.

Desde los primeros días de las enseñanzas del Buda, si alguien quería convertirse en un seguidor del camino, todo lo que tenía que hacer era recitar: «Tomo refugio en el Buda, tomo refugio en el *dharma* (las enseñanzas), tomo refugio en la *sangha* (la comunidad de practicantes)». No se trata de afiliarse a nada ni convertirse en nada, sino simplemente de dar este paso desde el corazón.

El refugio nos ofrece apoyo para nuestro viaje a medida que avanzamos a través de la alegría y la pena, de la ganancia y la pérdida. En el refugio, reafirmamos nuestra conexión sagrada con el mundo. El refugio no es necesariamente religioso. El refugio puede ser tan simple como tomar conciencia de nuestra confianza en el linaje de las enseñanzas. Los médicos toman el juramento hipocrático, lo que se remonta hasta la antigua Grecia. Depositan su fe en un largo linaje de científicos, como Arquímedes, Galileo, Newton y Einstein. Los músicos profesionales nombran orgullosamente a sus maestros y a los maestros de sus maestros. En todas las universidades y escuelas de formación de psicólogos encontramos lugares especiales dedicados al linaje de los queridos y reverenciados antecesores, que nos contemplan desde los retratos y fotos que cuelgan de las paredes.

Podemos tomar refugio en un poder superior, como hacen en Alcohólicos Anónimos. Se ha demostrado que esta fe tiene el poder de transformar, y resulta asombroso que el concepto de refugio y fe se excluyan tan a menudo del pensamiento psicológico en Occidente. Gran parte del éxito del programa de los doce pasos y de otros grupos de apoyo semejantes se basa en la fe y en el poder de su *sangha*, la comunidad consciente que han creado. La fe nos hace crecer. Nuestra fe puede ser espiritual o abiertamente no religiosa, una fe en el mundo natural, en las generaciones que vendrán, en la propia vida. Para vivir con sabiduría, necesitamos encontrar una conexión de confianza con el mundo. Los estudios sobre la salud han demostrado que cuidar a una mascota o incluso a una planta prolonga la vida y aumenta el bienestar.

Tal como ocurre cuando fijamos una intención o nos proponemos una meta, tomar refugio reorienta nuestra vida. Nuestro refugio se convierte en una inspiración, una piedra de toque, una fuente a la que podemos recurrir para cada reto que debamos afrontar. El refugio budista se toma una vez en la vida, aunque en algunas tradiciones se recita el refugio diariamente. En la práctica *vajrayana*, el refugio se repite cien mil veces, y cada vez se potencia con una reverencia completa hacia las generaciones precedentes de seres despiertos. Cualquiera que sea la tradición que sigamos, tomamos refugio uniéndonos a la corriente del despertar.

Tradicionalmente se conocen tres niveles de refugio budista: exterior, interior y supremo. En el nivel exterior, tomamos refugio en el Buda histórico, un ser humano extraordinariamente sabio que señaló el camino hacia la libertad interior. Tomamos refugio en el *dharma*, en las enseñanzas de la generosidad, la compasión y la sabiduría que traen la libertad. Y tomamos refugio en la *sangha*, en la comunidad budista de seres despiertos. Este refugio externo nos conecta con una tradición y con los millones de seguidores del camino del Buda. Al tomar refugio interior en el Buda, cambiamos el enfoque desde el personaje histórico del Buda a la naturaleza búdica de todos los seres. Tomamos refugio en el potencial para despertar de cualquiera que encontremos. Al tomar refugio interior en el *dharma*, en vez de centrarnos en las enseñanzas externas nos centramos en la verdad interna, para ver las cosas tal como son. Nos comprometemos a seguir la verdad y a vivir de acuerdo con ella. En el refugio interior en la *sangha*, en lugar de apoyarnos en la comunidad budista, lo hacemos en todos los seres que se orientan a despertar. Tomamos refugio en esta corriente.

Por último, llegamos al refugio supremo. Aquí tomamos refugio en la libertad y la conciencia eternas. Como lo explica Ajahn Chah, «tomamos refugio en el Buda, ¿pero qué es este Buda? Cuando vemos con los ojos de la sabiduría, sabemos que el Buda es eterno, no nacido, que no tiene que ver con ningún cuerpo, ninguna historia, ningún lugar».

Cuando tomamos refugio en el *dharma* supremo, descansamos en la libertad eterna. Las palabras del ancestro Huang Po lo expresan así: «Tu naturaleza verdadera es algo que nunca puedes perder, ni siquiera en los momentos de falsa ilusión, ni tampoco se adquiere en el momento de la iluminación. Es la naturaleza de tu propia mente, la fuente de todas las cosas, tu luminoso resplandor original. Tú, la persona más rica del mundo, has ido de un lado a otro esforzándote y mendigando, cuando todo el tiempo el tesoro que buscabas estaba dentro de ti. Es quien eres».

Cuando tomamos refugio en la *sangha* suprema, reconocemos las conexiones inseparables de todas nuestras vidas. La *sangha* suprema es la fuente absoluta de la verdad. Es lo que el poeta John Donne ha definido diciendo: «Ningún hombre es una isla». Y lo que repitió Martin Luther King expresándolo así: «Estamos atrapados en una red ineludible de solidaridad, unidos por un único tejido del destino». No podemos desprendernos ni separarnos de esta interconexión. Cuando tomamos refugio en el Buda, el *dharma* y la *sangha*, todas las cosas del mundo se convierten en nuestro maestro, proclamando la naturaleza única de la verdad de la vida.

El ritual de tomar refugio puede transformar nuestra conciencia. Ted, un preso que cumplía una larga condena, empezó a practicar a partir de libros y cintas proporcionados por uno de nuestros proyectos budistas para las cárceles. Como Viktor Frankl descubrió en el campo de concentración, Ted necesitaba un propósito con sentido para poder soportar los horrores de la cárcel. Tomar refugio fue un paso decisivo para él: «Cuando mi maestro me visitó y tomé refugio, empecé a tomarme más seriamente la manera en que vivía. Había tomado los votos de no causar daño, no cometer abusos y ver al Buda incluso en mis carceleros. Estaba más tranquilo y meditaba y recitaba mis votos de refugio al despertar en la madrugada. Los repetía una y otra vez y me sentía sólido como una roca. Entonces me trasladaron a otra galería. Allí había mucho conflicto y tuve que seguir tomando mis votos de refugio para no implicarme. Estuve tentado de pegar a dos hombres que se portaron mal conmigo, pero entonces los miré a los ojos y tomé el refugio en mi corazón. Me ayudó mucho. Todo el mundo tendría que tomar refugio en algo para poder pasar por esto».

Práctica: visualización

Para trabajar con una imagen sagrada, elige una figura de cualquier período histórico o tradición espiritual con la que conectes especialmente desde el corazón. Puedes usar una imagen bonita y clara que puedas colocar ante ti mientras meditas. Descansa tu mirada con suavidad en ella, absorbiendo la imagen y sintiendo lo que representa. Abre y cierra los ojos delicadamente e intenta repetidas veces ver la imagen en tu interior. Empieza con cualquier cosa que puedas ver fácilmente y, cuando te distraigas, vuelve a centrarte en la imagen inicial. Puedes pasar semanas aprendiendo a ver esa imagen. A medida que continúes, puedes aprender a visualizarla con más estabilidad y precisión, con mayor detalle. Una vez consigas ver la imagen sagrada de forma estable, visualiza esa figura llena de una luz radiante, y deja que esa luz, amor e iluminación se transmitan desde la imagen hacia ti. En este momento te sentirás ya mejor.

Ahora puedes dar un paso más. Imagina que, sea quien sea quien visualices, puede entrar en tu cuerpo y en tu mente. Libera tu personalidad y deja que ese ser entre en tu corazón y te llene totalmente de compasión, valor, pureza y radiante luminosidad. Siente cómo es convertirse interiormente en ese ser.

Permanece en ese estado durante un tiempo. Reconoce que puedes encarnar esa energía, que puedes permitirte que llene cada célula de tu ser, cada rincón de tu conciencia. Observa el mundo con los ojos de ese ser de sabiduría y gracia; siente que eres sagrado. Practica repetidamente hasta que esto se convierta en algo más natural para tu corazón que tu identidad «ordinaria».

Después, al final de cada período de visualización, libera la imagen para que salga de tu cuerpo, contémplala de nuevo ante ti y luego disuélvela en el vacío. Date cuenta del modo en que la conciencia crea y borra todas las apariencias. Vuelve a descansar en la conciencia pura, permitiendo que el mundo natural de tu cuerpo y tu mente reaparezca, todavía secretamente infundido por la conciencia sagrada de la visión.

19. El conductismo con corazón

Entrenamiento cognitivo budista

Aquello sobre lo que una persona piensa y reflexiona
a menudo se convertirá en la inclinación de su mente
BUDA

Habla y actúa a partir de los pensamientos necios, y la desgracia
irá tras de ti como la rueda que sigue al buey que tira de un carro.
Habla y actúa a partir de los pensamientos sabios, y la felicidad
te seguirá tan de cerca como tu sombra, inamovible.
EL DHAMMAPADA

Ajahn Chah provenía de una aldea de campesinos, y su lenguaje más llano lo reservaba para los occidentales más cultivados que vivían la mayor parte del tiempo en sus mentes. Uno de los monjes occidentales de Ajahn Chah era un australiano llamado Jim, que solía aparecer y desaparecer del monasterio a menudo tras tomar los hábitos y renunciar a ellos varias veces. Era un tipo agradable, pero estaba obsesionado con los problemas triviales y con las dudas. Decidió que su cabaña estaba demasiado cerca de la entrada al recinto y que los visitantes le molestaban. Se trasladó a un monasterio del bosque más apartado, pero allí la comida era mala. Probó en un monasterio de Bangkok donde daban buena comida, pero descubrió que también había muchas distracciones. Cuando volvía al monasterio de Ajahn Chah, presentaba sus respetos y recitaba el relato de sus últimas quejas y dudas. Siempre había algo que no funcionaba.

Ajahn Chah observaba con una cierta ironía como Jim iba y venía. Una tarde este le dijo a Ajahn Chah que estaba pensando en marcharse a otro templo. Rodeado de otros monjes, Ajahn Chah señaló a Jim y explicó: «Este monje ha metido su bolsa de monje en la mierda, pero no lo sabe. Ahora, allá donde va, ¡dice que el lugar apesta!».

Aquello en lo que pensamos de manera habitual colorea nuestra experiencia cada día. Cuando empezamos a observar estos pensamientos, descubrimos que muchos son repetitivos. Otros tienen que ver con los problemas: «Tengo que llamar a John para que repare otra vez el tejado. Espero que por fin lo arregle». Algunos se relacionan con nuestras preferencias: «Me gusta como habla esta persona», «Odio el tráfico». Muchos consisten en reflexiones sobre nosotros mismos: «Oh, he vuelto a meter la pata. ¿Cómo voy a solucionar esto?», «Ah, qué bien me ha salido. ¡Espero que lo noten!».

«¿Qué es el pensamiento? –preguntan los textos budistas–. El pensamiento es tu amigo. El pensamiento es tu enemigo. Nada puede hacerte tanto daño como un pensamiento necio. Nada puede hacerte tanto bien como un pensamiento sabio. Ni siquiera el más amoroso progenitor». Nuestra vida está conformada y determinada por nuestros pensamientos.

Normalmente solo somos semiconscientes de la manera en que nuestros pensamientos dirigen nuestra vida; nos perdemos en ellos como si fuesen la realidad. Tomamos demasiado en serio nuestras creaciones mentales, creyéndolas sin ninguna reserva.

Durante los tres días en que pensé que era un leproso, mis pensamientos hicieron que pareciese posible pasar el resto de mis días con la lepra. Ahí estaba yo, lleno de miedo. Podía sentir el miedo que invadía mi cuerpo, la contracción en el plexo solar, mi respiración entrecortada, los músculos tensos y las manos sudorosas. Junto con esto estaban los sentimientos de ansiedad, de inseguridad, un estado tembloroso de alarma. Y tres días más tarde descubrí que todos esos síntomas habían sido generados por mis propios pensamientos.

A menudo, nuestros miedos no resultan ser las predicciones exactas de ninguna cosa. Como dijo Mark Twain: «Mi vida ha estado llena de terribles desgracias, ¡la mayoría de las cuales nunca ocurrieron!». Cuando nos hacemos plenamente conscientes de nuestros pensamientos, vemos que el miedo es solo una historia acompañada de dramáticos sentimientos. No tenemos que tomar la historia como una verdad.

Cuando vemos las creaciones de nuestra mente, descubrimos la libertad radical. El lama tibetano Khyentse Rinpoche lo explica así: «La mente crea tanto el *samsara* como el nirvana. Pero, sin embargo, nada de eso es demasiado cierto, son solo pensamientos. En cuanto reconocemos que los pensamientos están vacíos, la mente ya no tiene el poder de engañarnos».

No obstante, por mucho que lo intentamos, nos quedamos atrapados en nuestros pensamientos repetitivos, y saber que están vacíos no nos ayuda. Podemos obsesionarnos durante meses sobre una relación del pasado o sobre nuestro miedo a fracasar en el trabajo. Estos difíciles patrones de pensamiento pueden repetirse y persistir, coloreando nuestra conciencia tan intensamente que llegamos a atormentarnos con ellos, incapaces de ver sin su distorsión. Es entonces cuando necesitamos crear, de un modo deliberado, pensamientos positivos para remplazar esos patrones inútiles de la mente. Si entendemos que estos son estados inútiles, podemos hacer algo con ellos, en vez de decir que estamos neuróticos y que no hay solución.

Los budistas fueron realmente los primeros terapeutas cognitivos-conductuales. En Occidente, la terapia cognitivo-conductual tiene su origen con Albert Ellis, el fundador de la terapia racional emotiva, y el psiquiatra Aaron Beck. La terapia cognitiva moderna se desarrolló a partir de la terapia conductista, que rechazó el enfoque psicoanalítico de la historia familiar y el inconsciente. En vez de eso, contemplaba lo que estaba ocurriendo aquí y ahora. Los conductistas creían que, cuando cambiamos nuestro comportamiento, todo lo demás se modifica. Añadir el elemento cognitivo –el contenido de nuestro diálogo interior– nos proporciona otra poderosa herramienta para el cambio.

Podemos ver esto en la manera en que la terapia cognitivo-conductual suele enfocar las crisis de angustia o fobias. Podemos aprender a contar cuántas veces al día surge el pensamiento «tengo miedo» y tocar un brazalete donde están escritas las palabras «soy fuerte» para remplazar los pensamientos de ansiedad. Entonces podemos elegir actuar desde la fuerza. A veces, este enfoque conductista se acompaña de una desensibilización sistemática. Si tienes miedo de las alturas, practica paso a paso, subiendo a lugares cada vez más altos hasta que puedas tolerarlos. La misma estrategia se utiliza para cambiar los pensamientos depresivos y temerosos. En la terapia cognitiva, ves cómo los comportamientos inadecuados y los estados mentales dolorosos se originan a partir de patrones de pensamiento irracional. Desafías estos pensamientos de terror o depresivos diciéndote que no vas a creerlos. Entonces actúas de manera positiva y haces de todos modos aquello que te asusta.

Aunque hay notables coincidencias entre la psicología oriental y la terapia cognitiva, el entrenamiento budista ofrece algo más que la pura sustitución racional de los patrones de pensamiento incorrectos. Podemos llamar al enfoque budista el «conductismo con corazón». Este invoca el poder de una intención benevolente más amplia. Empezamos utilizando la atención plena para identificar los patrones de pensamiento que provocan nuestro sufrimiento. Entre ellos están los pensamientos de desvalorización, celos, odio, venganza, ansiedad, apego y codicia. Después, desde la compasión, modificamos lo que hay en nuestra mente. Transformamos nuestros pensamientos con un sentimiento de protección amorosa hacia nosotros mismos y hacia los demás.

Este es el décimo noveno principio de la psicología budista:

19 Lo que pensamos repetidamente conforma nuestro mundo. Desde la compasión, sustituimos los pensamientos dañinos por pensamientos sanos.

Las prácticas favoritas del Dalái Lama

El Dalái Lama ha dicho que transformar los pensamientos es una de sus prácticas favoritas. Sus instrucciones son: «Visualiza los efectos de los patrones de pensamiento erróneos, como el enojo, la ira, la autocrítica... Observa cómo te afectan esos pensamientos internamente: la tensión, la aceleración del pulso, la incomodidad. Externamente observa cómo esos pensamientos afectan a otros que también los crean haciendo que se sientan disgustados, volviéndolos rígidos, incluso feos. Entonces toma la decisión compasiva: «Nunca permitiré que estos estados me hagan perder la paz de la mente».

Barry se hizo practicante budista tras una larga historia de ansiedad y depresión. Después de dos años de terapia, reconoció algunas causas relacionadas con su biografía: su madre enferma y ausente, la muerte prematura del padre, pero esto no le proporcionó el alivio que anhelaba. Necesitaba maneras de trabajar con su mente en el presente. Después de varias clases y retiros, aprendió a calmar su mente prestando atención a su respiración. Sin embargo, cada vez que afrontaba alguna frustración, incluso las más pequeñas –si se despertaba tarde accidentalmente o se encontraba atascado en el tráfico por culpa de las obras–, su ansiedad y pensamientos depresivos aparecían de nuevo y se quedaba enredado en ellos.

Para Barry, la atención plena a la respiración fue solo el comienzo. El siguiente paso fue reconocer, en cuanto aparecían, los patrones de ansiedad y depresión que su pensamiento creaba. Se le instó a que repasase qué era lo que los había disparado cada vez que se viese atrapado en ellos. Poco a poco, empezó a descubrir el primer estremecimiento que daba paso a los pensamientos depresivos y ansiosos. Cuando había un problema en el trabajo o un conductor agresivo le cortaba el paso, observaba conscientemente cómo se iniciaban sus pensamientos depresivos, sentía cómo se contraía y entumecía su cuerpo. Podía ver cómo su mente empezaba a contarle sus cuentos de infravaloración y terror. Después recibió la instrucción de que llevase la compasión a esos pensamientos y sentimientos dolorosos. Como dijo Barry: «Solía pensar que la vida era el problema. Cuando presté atención, vi que el problema estaba en el pensamiento».

Los pensamientos dolorosos se pueden apoderar de nosotros de un modo casi automático. Durante un retiro de silencio, la mente obsesiva se vuelve exquisitamente obvia. En un retiro de tres meses, una mujer se obsesionó casi todo el tiempo pensando en que no había traído la ropa adecuada. Otro hombre se repetía interminablemente la historia del favoritismo de su padre hacia su hermano menor de hacía treinta y cinco años. Podemos obsesionarnos con un novio, un nuevo coche, una canción, con cómo vamos a arreglar nuestra casa o con alguien que nos ha desairado. Aunque estos son «solo pensamientos», pueden ser tenaces. Brotan como las malas hierbas del jardín. El poeta Rumi dijo: «Este es un tiempo de cosechas rápidas, en el que lo que sembramos vuelve rápidamente». Los patrones de pensamiento pueden aparecer tan deprisa que ni los veamos; son la atmósfera en la que nos movemos.

A veces, un susto repentino puede hacernos ver lo perdidos que estábamos en nuestros pensamientos y llevarnos en un instante a otro lugar. La maestra budista Pema Chödrön relata la historia de una estudiante, una joven que le escribió contándole su visita a Oriente Medio. Un día, la joven se había encontrado rodeada de gente que la insultaba, gritándole y amenazándola con apedrearla a ella y a sus amigos por el hecho de ser americanos. Evidentemente se sintió aterrada, pero lo que pasó después la sorprendió. De repente se sintió identificada con todas las personas que a lo largo de la historia habían sido víctimas de la humillación y el odio. Entendió lo que era sentirse despreciada, ya fuese por la raza, la procedencia cultural, las preferencias sexuales o el género. Algo se abrió en ella y se sintió en la piel de los millones de personas que estaban oprimidas, incluidos aquellas a las que odiaba. De algún modo, al permanecer en calma y actuar de forma honesta y con sencillez, la joven y sus amigos lograron salir de la situación sin sufrir ningún daño. Ahora bien, lo que comprendió ese día cambió toda su manera de pensar; su sentimiento de separación profundamente asentado se había resquebrajado. Experimentó un sentimiento tan grande de conexión, de pertenecer todos a la misma familia, que, en vez de miedo, lo que sintió al enfrentarse a la situación fue preocupación. Había despertado a la verdadera compasión para el resto de su vida.

Podemos tener la esperanza de que se produzca una repentina transformación, pero, en la mayoría de los casos, el reentrenamiento radical de nuestra mente requiere un esfuerzo paciente y constante. La capacidad de transformar nuestro condicionamiento mental se ha podido documentar científicamente gracias a los descubrimientos de la neurociencia moderna sobre neuroplasticidad, que demuestran cómo nuestros cerebros pueden entrenarse de nuevo y reconfigurarse a cualquier edad. Esto apoya la profunda esperanza y comprensión que implica la práctica budista. Como el aprendizaje cognitivo en Occidente, los entrenamientos budistas nos enseñan a mirar a través de las distorsiones que crean sufrimiento. Por ejemplo, podemos darnos cuenta de las veces que generalizamos a partir de un problema para referirnos a toda nuestra vida. Si experimentamos una pérdida en nuestra empresa o un revés en nuestra profesión, podemos pensar: «Soy un perdedor. Nunca tendré éxito». En la terapia cognitiva reconocemos la naturaleza ilusoria de esos patrones de pensamiento como «falsas generalizaciones» e intentamos darnos cuenta cada vez que surgen. Inmediatamente podemos sustituirlos por un pensamiento sabio: «Tengo una buena vida y una familia a la que quiero. En mi vida ha habido muchos éxitos».

La perspectiva budista lleva el proceso más allá. Podemos aprender a ver que los pensamientos distorsionados basados en el odio hacia nosotros mismos, la agresividad, la venganza y el apego no son lo que realmente deseamos. Podemos ver que estos pensamientos no contribuyen al bienestar de nuestra mente. Son como un mal amigo o como un atracador que nos amenaza, y podemos reconocer el daño que pueden causarnos y en seguida cambiar de dirección. Ajahn Chah describe esto como reconocer los mangos podridos; nosotros podríamos llamarlos manzanas podridas. «Cuando elegimos un fruto para comer, ¿elegimos los mangos buenos o los podridos? Lo mismo ocurre en la mente. Aprendemos a reconocer los pensamientos podridos e inmediatamente los dejamos para llenar nuestro cesto con los estados mentales maduros de belleza».

Cuando estamos deprimidos, asustados o enfadados, toda una cascada de pensamientos nos tienta con sus historias: «No puedo soportar esto», «Siempre será así», «Nunca tengo una buena relación». Estos pensamientos crean una dolorosa sensación del yo que es limitada y falsa. Sin embargo, con la práctica, podemos sentir el dolor que producen estos pensamientos, liberarlos y sustituirlos por un punto de vista más sabio. Ajahn Chah decía: «Sea lo que sea lo que diga la mente, no la creas; es solo un engaño. Siempre que te ofrezca algún comentario o un punto de vista negativo, simplemente di cada vez: "no me interesa", y suéltalo». Más concretamente, el Dalái Lama propone: «Cuando venga la preocupación y la ansiedad, cultiva una y otra vez el siguiente pensamiento: “Si el problema puede solucionarse, no hay por qué preocuparse. Y si no tiene solución, no tienen ningún sentido preocuparse, porque de todas formas no se puede hacer nada”. Recuerda esto cada vez». Con la responsabilidad hacia el pueblo tibetano sobre sus hombros, sería comprensible que el Dalái Lama sucumbiera al temor y a la preocupación. Sin embargo, a pesar de su genuino interés, también se mantiene optimista y alegre respecto a la vida y rigurosamente bondadoso sobre lo que espera del futuro.

Aprender a transformar los pensamientos fue útil para Margaret, que llegó a la práctica budista deprimida y asustada. Su único hermano, al que había estado muy unida, había muerto recientemente. Ella tenía cuarenta y siete años, trabajaba como auxiliar jurídico y vivía sola desde que había acabado su primer matrimonio, del que no había tenido hijos. Su madre estaba enferma de Alzheimer y vivía en una residencia. Margaret había probado diferentes tipos de antidepresivos. Pero debido a los efectos secundarios, como el entumecimiento muscular, la disminución de la libido y el adormecimiento emocional, había decidido dejar de tomarlos. Meditando, pudo darse cuenta de con cuánta frecuencia surgían en ella pensamientos de preocupación y desesperanza. Con cualquier contratiempo –una palabra crítica de su jefe, una multa de aparcamiento–, se disparaba en ella toda una cadena de pensamientos que le decían que su vida era un desastre y que las cosas nunca mejorarían.

Con la atención plena, Margaret pudo ver la naturaleza efímera de sus pensamientos, lo rápido que aparecían y desaparecían, pero aun así, cada vez que las circunstancias se ponían difíciles, los pensamientos dañinos la sobrecogían. Poco a poco aprendió a reconocer el dolor de esos pensamientos y a rechazarlos en cuanto se presentaban, como a los falsos mangos o a los falsos amigos que la aconsejaban mal. Se le dio la instrucción de que los sustituyera por pensamientos extraídos de las enseñanzas budistas. Utilizaba cuatro frases: «Soy una persona buena y compasiva. He amado a mi familia. La vida es preciosa. Utilizaré mis dificultades para volverme más fuerte espiritualmente».

Al principio Margaret recitaba estos mensajes de vez en cuando y con poca convicción. Dudaba de que esta «técnica mecánica funcionase»; pero la alternativa era el dolor, de modo que siguió con ello. Se la animó a que practicase la meditación del amor bondadoso para reforzar su punto de vista positivo. Al principio se centró en el amor hacia ella misma, tradicionalmente el punto de partida para desarrollar la bondad.

Después, para ampliar su práctica de amor bondadoso, decidió ayudar a otras personas. Empezó como voluntaria en un programa contra el analfabetismo para inmigrantes y llegó a sentir un profundo afecto por sus estudiantes. Además, las prácticas de la bondad interna y externa despejaron las nubes de su preocupación y depresión. De un modo paulatino, los nuevos mensajes de bondad cambiaron su opinión sobre ella misma. A medida que su pensamiento positivo se hizo más fuerte, también aumentó su sensación de bienestar.

Reentrenar la mente

En la psicología budista, las instrucciones para la transformación del pensamiento son muy explícitas. El Buda enseñaba a sus discípulos: «De la misma manera que un experto carpintero extrae de un agujero una estaca en mal estado golpeándola con otra estaca buena, también una persona puede eliminar un pensamiento que causa dolor sustituyéndolo por un pensamiento bello». La estaca del carpintero es una descripción práctica de cómo podemos eliminar los pensamientos dañinos sustituyéndolos; lo que se requiere es elegir un sustituto adecuado y la práctica repetida. La repetición es la clave. Para desarrollar nuevos patrones de pensamiento es necesaria la repetición, la compasión y la creencia de que los ciclos de pensamiento pueden transformarse.

Incluso así, algunos patrones de pensamientos dañinos –los celos, la ira, el miedo, la infravaloración y la ansiedad– son tan pertinaces que cuesta domesticarlos por la simple sustitución. Para esos pensamientos, el Buda ofrece métodos más intensos. Sus enseñanzas continúan: «Y si los patrones de pensamientos perjudiciales siguen surgiendo, uno debe visualizar claramente el peligro de que esos pensamientos causen dolor y sufrimiento. Entonces, de forma natural, como cuando se abandona la basura podrida, la mente se apartará de esos pensamientos y se volverá firme, tranquila y clara». Podemos llegar a sentir realmente el peligro de estar poseídos por pensamientos de celos o ira, o de cuando somos presas de la ansiedad. Esos estados tensan y contraen todo nuestro cuerpo. No nos dejan descansar. Y si pensamos en actuar movidos por ellos, sabemos que el resultado será lamentable y vergonzoso. Es importante que no nos juzguemos ni recriminemos cuando veamos esos pensamientos; la práctica consiste en establecer simplemente una nueva intención poderosa. Podemos ver que esos pensamientos surgen solos, son impersonales, dañinos. Con compasión hacia nosotros mismos, podemos sentir el peligro que suponen. «Como la basura podrida, los soltamos», dice el Buda.

Pero algunos patrones de pensamiento destructivo son tan fuertes que se necesitan medidas aún más contundentes. El Buda nos dice que debemos «ignorar deliberada y directamente esos pensamientos, rechazarlos, no prestarles ninguna atención, como si cerrásemos los ojos o apartásemos bruscamente la mirada de una visión perturbadora y dañina». Y si tales patrones continúan, «la alocada corriente de pensamientos perjudiciales debe aminorarse y aquietarse poco a poco respirando cada vez más despacio, como si uno fuera corriendo y poco a poco siguiera caminando hasta llegar a detenerse».

Los patrones de pensamiento a los que nos referimos son tan pegajosos como el alquitrán. Todos los hemos experimentado, cuando no podemos deshacernos del temor, la obsesión o la duda. Los pensamientos pueden ser desagradables, pero nuestras mentes se introducen en un surco y no sabemos hacer otra cosa que quedarnos ahí. La idea de olvidar a nuestro examante se convierte en una forma de pensar sobre él o ella. Ignorar los pensamientos o caminar de manera consciente respirando pausadamente puede reducirlos. Si esto no funciona, el Buda recomienda un recurso definitivo y excepcional: «Se debe hacer frente a esos pensamientos apretando los dientes con fuerza, presionando la lengua contra el paladar, con la determinación de someter, aplastar y vencer a esta mente, del mismo modo que se doblega a un criminal violento. De esta manera, uno se hace dueño del pensamiento y de su proceder. De este manera uno se hace libre».

Como vemos, no se trata de prácticas suaves para la «autoestima», como mirarse cada mañana al espejo y decirse «soy una persona amorosa y el mundo me dará lo que yo quiero». Los hábitos destructivos de la mente pueden ser tenaces. Para hacer frente a la realidad del mundo del sufrimiento se necesita una feroz determinación y autodisciplina.

Esta determinación feroz fue esencial para un joven que procedía de las conflictivas calles de East Saint Louis y que se inició en la práctica budista en uno de nuestros retiros multiculturales para hombres. Había participado recientemente en uno de los grupos de apoyo para jóvenes que estaban dejando las bandas. Trabajaba en la limpieza del vecindario y ayudando a chicos más jóvenes en proyectos subvencionados por la ciudad. En los últimos años, en los que había estado involucrado en una banda, muchos de sus amigos habían muerto. Ahora esperaba acabar con el capítulo de violencia de su vida. Pero en los cuatro meses que siguieron, primero mataron de un tiro a un íntimo colega de su grupo de apoyo y después a su exnovia. Todos los instintos de su vida anterior se dispararon en su mente. Sus antiguos amigos le presionaron para que se vengase. Era una cuestión de honor. Tenía que conseguir una pistola. Esos peligrosos pensamientos le hubieran llevado a matar y, después, a que lo matasen en las calles o en la cárcel. Sabía que tenía que dejar de pensar de esa manera. Le di un collar con cuentas labradas con la forma de calaveras que los monjes tibetanos utilizan para acordarse de vivir con sabiduría teniendo presente la muerte. Hablamos de la brutal iniciación de alguien que hace frente a la muerte y elige vivir. Al principio no estaba seguro de poder seguir. En las bandas, la mayoría de los jóvenes no pueden imaginar pasar de los veinte años. Trabajando juntos, nos esforzamos para crear una nueva visión. Uno de sus nuevos pensamientos era «Viviré», y otro, «Salvaré las vidas de los más jóvenes». Sabía que tenía que hacer frente al fuego de su sufrimiento de un modo diferente. Cambiando sus pensamientos, aprendió a caminar paso a paso hacia una nueva vida, una vida de compasión. Ahora, cinco años más tarde, se ha convertido en padre y también en un líder para los jóvenes de su comunidad.

La transformación del pensamiento puede reorientar una vida entera, como le ocurrió a este exmiembro de una banda; o puede ser el primer paso de un proceso de sanación. Un psiquiatra utilizó la meditación del amor bondadoso para cambiar los pensamientos de un paciente agresivo y compulsivo. Lo habían diagnosticado como psicótico con trastorno límite de la personalidad y tendencias obsesivas, y solía enredarse periódicamente en disputas con su jefe y con su esposa. Su exigente jefe le despertaba pensamientos asesinos y fantasías de venganza. Él y su esposa chocaban sobre la manera de educar a su hijo. Afortunadamente, Larry se sentía atraído por las enseñanzas budistas y pronto pudo reconocer que sus pensamientos airados eran armas con las que se hería a sí mismo. Tomó la determinación de cambiarlos. Para empezar, los nombraba cada vez que aparecían: «Pensamiento doloroso, pensamiento doloroso». Después los detenía y los sustituía por una plegaría de compasión. En seguida se obsesionó con la idea de que debía sentir amor por las personas que le molestaban además de por sí mismo. En cuanto surgían los pensamientos, los sustituía enérgicamente. A los pocos días dijo que había notado un gran alivio y una reducción de los pensamientos de ira. Un año más tarde seguía obsesionado, pero ahora se repetía continuamente frases de compasión, que aportaron una fragancia nueva a su mente traumatizada. Su médico creía que esto había sido un paso importante hacia una vida más sana.

Aunque la obsesión sana es mejor que la obsesión malsana, no es ese el objetivo de la sustitución de los pensamientos. Sin embargo, los pensamientos gravemente perturbados pueden reducirse con estas prácticas. El mismo psiquiatra cuenta que un paciente paranoico creía que sus vecinos estaban conspirando contra él. Estaba ansioso y agitado y continuamente pensaba en cómo iba a ajustarles las cuentas. Su médico le hizo ver el daño que estos pensamientos provocaban en su cuerpo y en su mente y le propuso que los sustituyera por pensamientos de amor bondoso. A pesar de su paranoia, el hombre empezó a trabajar con esta práctica. En el pasado, cada vez que el perro de su vecino ladraba con fuerza, pensaba que iba a atacarle. Pero un día le dijo a su médico: «El perro ladra porque le envío pensamientos negativos de ira. Necesito cambiarlos». Con una mezcla de pensamiento mágico y de verdad, el paciente se propuso enviarle pensamientos amorosos; y las cosas mejoraron. Dijo que el perro ladraba menos, aunque quizá lo que pasó es que los ladridos dejaron de molestarle. Fuera lo que fuese, a los pocos meses se volvió menos temeroso y más sereno.

Liberarnos

Los pensamientos malsanos pueden encadenarnos al pasado. Surgen como *vipaka*, el resultado del karma del pasado que no podemos cambiar. Sin embargo, sí podemos cambiar nuestros pensamientos destructivos en el presente. Con el entrenamiento de la atención plena, podemos reconocerlos como malos hábitos aprendidos hace tiempo. Entonces podemos dar un paso decisivo. podemos darnos cuenta de que esos pensamientos obsesivos nos sirven para tapar nuestra pena, inseguridad y soledad. Este sufrimiento subyacente necesita que lo abracemos con compasión. A medida que aprendemos a tolerar poco a poco esas energías, podemos reducir su fuerza.

Pero, a pesar de que sepamos de dónde proceden y los sintamos con compasión, esto no basta para transformar los patrones más difíciles. Tenemos que cambiarlos. Este es el modo de crear un karma saludable. La transformación de los pensamientos constituye un reto, porque estamos anclados en nuestras antiguas historias, que se han convertido en nuestra identidad. Hay un momento inquietante en el que las historias destructivas se derrumban. Nos sentimos preocupados, inseguros, desorientados y asustados ante lo desconocido.

A veces tenemos que liberarnos de su poder y de sus malos consejos. Pero por debajo de los pensamientos destructivos hay una parte de nosotros que sabe que esos pensamientos no son ciertos, no son válidos, no están vivos. Y al soltar estas antiguas historias, aparece una perspectiva totalmente nueva. El miedo puede transformarse en presencia y entusiasmo. La confusión puede convertirse en interés. La incertidumbre puede llegar a ser una puerta para la sorpresa. Y la infravaloración puede conducirnos a la dignidad.

Confiar en nuestra verdadera naturaleza

Los patrones de pensamiento perjudiciales no son nuestra naturaleza. El Dalái Lama pone el acento en esto: «La avaricia, la ira, el odio y la preocupación no constituyen una parte de nuestra mente que no pueda transformarse. Cuando nacemos somos ignorantes; esto es natural. Pero esta ignorancia puede disiparse por la educación y el aprendizaje. Del mismo modo, podemos aislar mentalmente los estados perjudiciales y reducirlos. Entonces, cuando surge la felicidad, los estados perjudiciales no encuentran ningún fundamento válido».

En *Marea alta en Tucson*, la novelista Bárbara Kingsolver describe que esta transformación es posible, incluso cuando se desmorona nuestra antigua vida:

> Todos nos vemos obligados, probablemente muchas veces, a empezar una nueva vida. Un diagnóstico que nos aterra, un matrimonio, un traslado, la pérdida de un trabajo, de un miembro o de un ser querido, una graduación, el nacimiento de un hijo: de entrada es imposible imaginar cómo será posible todo esto. Finalmente, lo que hace avanzar todas las cosas es el flujo y el reflujo subterráneos de estar vivos entre seres vivos.
>
> En mis peores momentos, he salido del oscuro mundo de la desesperación obligándome a mirar firmemente, durante un largo rato, una sola cosa que me pareciese magnífica: el rojo encendido del geranio tras la ventana de mi dormitorio. Y después otra: mi hija con su vestido amarillo. Y otra: la silueta perfecta de la esfera completa y oscura que se dibuja tras la luna creciente. Hasta aprender a enamorarme de nuevo de mi vida. Como la víctima de una embolia que entrena nuevas partes de su cerebro para recuperar las habilidades perdidas, yo me he enseñado a mí misma la alegría una y otra vez.

Este es un descubrimiento liberador de que podemos cambiar nuestras historias malsanas por bienestar. Hoy mismo, en el trabajo y mientras estamos conduciendo, cuando hablamos y vamos a comprar, moviendo nuestro cuerpo y cuando ofrecemos nuestros cuidados, podemos elegir qué banda sonora queremos poner. ¿Será una cinta distorsionada del pasado, que sonará como amargura y tristeza? ¿O elegimos soltar esos pensamientos y permitir las maravillas y posibilidades de la vida? Al transformar el paisaje de nuestros pensamientos, podemos cambiar radicalmente todo nuestro mundo.

Práctica: la sustitución compasiva de los pensamientos dañinos

Si eres una persona que tiene habitualmente pensamientos destructivos, pensamientos de juicio, crítica, vergüenza o infravaloración de ti mismo, trabaja durante una semana o, incluso mejor, durante un mes con este entrenamiento.

Para empezar, toma conciencia del contenido y el ritmo de las voces internas. ¿Cuáles son sus habituales comentarios malsanos y demoledores? ¿Cómo te suenan? ¿Qué te hacen sentir? Empieza a investigar cuánto dolor te causan. Siente de qué modo se apoderan de ti y cómo te hieren. ¿Cuándo aparecen más frecuentemente, de día o de noche? ¿Qué situaciones los provocan? ¿Los encuentros sociales, la familia, las parejas, las situaciones de competencia, el trabajo o el ocio? ¿Son críticas hacia tu cuerpo, tu mente, tus acciones, todo tu ser?

Date cuenta de las palabras concretas y de los puntos de vista malsanos y destructivos, el juicio, la vergüenza, la autodenigración que generan.

Ahora crea un verdadero antídoto, una frase o dos o tres que transformen completamente la falsedad de los pensamientos perjudiciales. Deja que las frases sean las palabras más sanadoras que encuentres, incluso aunque de entrada no puedas creerlas. Pueden ser tan simples como «La vida es preciosa» o «Usaré bien este día». O pueden expresar un pensamiento saludable que sea lo contrario de la vergüenza: «Viviré con nobleza y dignidad». O lo contrario de la ansiedad: «Viviré mi vida con confianza». Si te sirve, pueden ser frases basadas en la práctica del amor bondadoso, como:

Que me ame tal como soy.
Que esté bien, que me sienta valioso.
Que confíe en este mundo.
Que me abrace con compasión.
Que acoja compasivamente el sufrimiento y la ignorancia de los demás.

Ahora empieza a trabajar durante una semana con las frases que hayas escogido. Pon especial atención a las situaciones que activen los patrones dañinos. Cada vez que te des cuenta de pensamientos malsanos y destructivos, aunque lleven un rato sonando en tu mente, detente y siente el dolor que te causan. Respira; abraza tu dolor con una actitud bondadosa. Después recita internamente tus frases, con firmeza, con conciencia. Haz esto una y otra vez. No importa si te suenan falsas, si no las crees del todo. Dilas de todas formas, con compasión, como un antídoto para tu sufrimiento. Puede que haga falta que las repitas mil veces hasta que te des cuenta de que funcionan. Y lo harán.

20. La concentración y las dimensiones místicas de la mente

A través del cultivo de la concentración interior surge la luminosa pureza de la mente. A través de la luminosa pureza se hace posible acceder a los estados expandidos. A través de la profunda concentración del samadhi *se revela la comprensión liberadora.*

Majjhima Nikaya

La concentración es como un cuenco vacío de pureza. La sabiduría y la comprensión son el alimento que llena el cuenco y nutre el corazón.

Ajahn Chah

En el transcurso de mi exploración interior, he buscado experiencias místicas con gurús de la India y místicos cristianos. Los chamanes me han enseñado a visitar los mundos superiores e inferiores. Asistí a ceremonias del peyote que se prolongaban hasta la madrugada con Don José Ríos, un chamán huichol de 103 años. Durante ochenta años, este chamán ha guiado a la gente de su tribu en peregrinaciones de doscientas millas desde la Sierra Huichola hasta el desierto sagrado de Wirikuta para recolectar los botones del cactus peyote. Los huicholes veneran el peyote, cuyo espíritu sagrado se encuentra entretejido con todos los hilos de su vida. La energía del peyote se expresa a través de las danzas del venado, los tapices que representan imágenes de las visiones, los adornos extravagantes y las fiestas.

Una noche, reunidos alrededor de una gran hoguera en la costa del Pacífico, tras pasar horas escuchando los tambores y las plegarias de Don José, el mundo entero cobró vida. Yo había tomado el peyote y vomitado, una reacción muy habitual. Y entonces los límites que separaban mí «yo» de los «otros» empezaron a disolverse. Aparecieron los espíritus de los árboles bailando, el fuego se llenó de visiones, el mundo animal y el mundo humano se unieron, y pude escuchar y hablarle al venado, al salmón, a la lechuza y al gusano. Eran los hermanos y las hermanas. Por la mañana, en el brillante resplandor de la luz de día, sentí que se revelaba el aspecto sagrado de la tierra, como si pudiera apreciar lo divino.

Estos estados de apertura y revelación los conocía por mi entrenamiento previo en los monasterios de Birmania. En un templo, practicábamos diariamente concentrándonos en una rápida respiración yóguica y luego explorábamos los estados resultantes. Como en la ceremonia del peyote, estas poderosas prácticas de concentración en Birmania abrieron mi conciencia a las visiones luminosas, a vacíos místicos y a un sentimiento de gracia: el mundo estaba iluminado y todas las cosas estaban bañadas por la luz. En vez de usar las medicinas sagradas del peyote, los hongos o la ayahuasca, la psicología budista utiliza los poderes de la mente concentrada como una puerta a los estados expandidos de la conciencia y a la apertura mística.

El mayor regalo de los estados de conciencia expandida es el asombroso cambio de identidad. Las experiencias místicas pueden fundir los límites y abrir nuestros corazones a una realidad que está más allá del sentido limitado del yo. A través de ellas reconectamos con nuestro lugar en lo sagrado de toda la creación.

El budismo describe un amplio cosmos que puede ser experimentado por la mente. Hay estados yóguicos de luminosidad y dicha, estados en los que se tienen visiones de deidades y demonios, descensos a la oscuridad como los que atravesó san Juan de la Cruz y estados místicos de vacío y gracia. Ajahn Mun, el maestro de Ajahn Chah, describió que podía ver en el interior de las mentes y los nacimientos pasados de otros seres, la manera en que había vencido a terribles demonios y cómo enseñaba el *dharma* en los muchos mundos espirituales al igual que en el mundo humano.

Los textos budistas ofrecen una cartografía sistemática de estas posibilidades. Uno de mis maestros de la India, Anagarika Munindra, nos enseñó que había muchísimos tipos distintos de silencio: el silencio de la mente y el silencio del corazón, el silencio de la concentración profunda, el silencio de la vasta ecuanimidad, el silencio de la no percepción y el silencio del vacío. Al entrar en el silencio profundo, una mente bien entrenada puede volverse tan inquebrantable que ni siquiera el más fuerte impacto le cause la más mínima reacción. No hace mucho, los investigadores neurocientíficos Richard Davidson y Paul Ekman hicieron sonar un fuerte disparo de pistola al lado de un meditador experto mientras practicaba la concentración. Este meditador no mostró ninguna respuesta de sobresalto ni alteración, lo que significa una estabilidad mental inimaginable previamente para la ciencia occidental.

Los buscadores de mi generación, que crecimos en la década de 1960, sentíamos una intensa curiosidad por los estados místicos y extraordinarios. Probamos las sustancias psicodélicas, la música, la danza y la percusión, y mantuvimos reuniones hasta la madrugada para tratar de alterar y expandir nuestra conciencia. Las sustancias alucinógenas como el LSD tenían propiedades genuinamente reveladoras, y nosotros pudimos beneficiarnos de esas incursiones a los mundos expandidos. Pero después de algunos años, a causa del abuso y de la mala comprensión de sus cualidades, las sustancias psicodélicas se incluyeron en la guerra contra las drogas y las reacciones contra ellas reforzaron el extendido temor cultural a los estados de conciencia no ordinarios. Un estudio demostró que la mayoría de los norteamericanos ha tenido experiencias místicas y trascendentales, pero que la mayor parte no querría volver a experimentarlos. Como sociedad, no tenemos el entrenamiento ni la comprensión para manejar el poder de esos estados.

Muchas de nuestras tradiciones religiosas se han confabulado para contribuir a esta omisión. El padre Thomas Keating, uno de los más notables místicos cristianos de Estados Unidos, explicaba que, tras la reforma protestante, la Iglesia católica ocultó sus prácticas extáticas y místicas para evitar que la gente pudiera acceder directamente a Dios y quizá prescindir de los sacerdotes de la Iglesia. Recientemente, la Iglesia ha recuperado algunas de esas prácticas místicas.

Incluso ahora, los dominios trascendentes de la experiencia humana están prácticamente ausentes de la psicología occidental, excepto para un reducido grupo de filósofos y especialistas religiosos. En parte, este es el legado de la Ilustración europea, con su exaltación de la razón y su denodado esfuerzo para separar la ciencia de la religión. Aunque esta separación trajo un enorme beneficio, también dejó a la ciencia y a la mayor parte del saber occidental desorientados en cuanto a la vida interior. La ciencia desarrolló los ordenadores y nos llevó a la luna, nos dio los antibióticos y los antidepresivos, pero, en lo que respecta a la virtud, el amor, el sentido interior y la comprensión espiritual, es incapaz de guiarnos.

En el último siglo, toda una serie de psicólogos visionarios, desde Carl Jung hasta Abraham Maslow y Stanislav Grof, han vuelto a introducir estos mundos en la ciencia occidental. Pero ahora es el momento de ir más allá. Cuando mi esposa, Liana, que es psicóloga jungiana, estudiaba para sus exámenes de psicología, se sentía incómoda con las limitaciones del DSM-IV, el texto psiquiátrico de referencia de los trastornos mentales. Entonces tuvo la inspiración de que creásemos un manual alternativo de los estados mentales positivos. Pudimos hacerlo utilizando como guía la psicología budista. Tomamos los cientos de páginas de problemas psicológicos que se enumeran en el DSM-IV y creamos un texto positivo equivalente que llamamos DMHO, *Diagnostic Manual of Human Potencial* (Manual diagnóstico del potencial humano). Como contrapunto de las treinta y cinco formas de trastornos depresivos y bipolares, había treinta y cinco formas positivas de felicidad emocional y mental: estados de satisfacción, alegría, éxtasis, gratitud y extremo bienestar. En lugar de la agresividad y la paranoia, estaban las capacidades altamente desarrolladas de confianza, amor, generosidad y altruismo. En lugar de las alucinaciones y la psicosis, figuraban las muchas formas de visiones y sonidos de la bondad. Estos despertares interiores incluían desde las silenciosas voces de la divinidad hasta los coros angelicales, desde las visiones inspiradoras de Dios y los *bodhisattvas* hasta el acceso a la imaginación creativa y a los mundos iluminados interiores de comprensión y luz. En lugar de los trastornos del sueño y la amnesia, había extensas descripciones de estados despiertos y de sueños lúcidos. En vez de los trastornos de ansiedad, había múltiples categorías de valentía, ecuanimidad, dignidad y fortaleza interior. Nuestras psicologías no hablan de estas posibilidades, y nosotros no disponemos de la comprensión de cómo pueden desarrollarse.

Actualmente, en Occidente, accedemos a los estados trascendentales de una forma accidental. Nuestras mentes pueden expandirse cuando escalamos una montaña, en una experiencia cercana a la muerte, a través del arte trascendente, durante el orgasmo sexual, con las drogas psicodélicas o al asistir al nacimiento de una criatura. Como hemos comentado antes, la mayoría de las culturas tradicionales invocan deliberadamente esas experiencias con tambores chamánicos, búsquedas de visiones, prácticas de respiración, cantos y medicinas sagradas. En el budismo, el vehículo principal para abrirse a la conciencia trascendente es el desarrollo de la concentración interior.

Como un poderoso telescopio, la mente concentrada puede abrirnos a los extensos estados místicos, que incluyen mundos de luz, visiones, éxtasis e iluminación. Como cuando se limpia la lente de un microscopio, la concentración también puede llevarnos a ver más profundamente nuestro cuerpo y nuestra mente. La concentración microscópica trae al principio una conciencia sutil del cuerpo, una sensibilidad hacia los fugaces sentimientos, una percepción refinada de los pensamientos y del recuerdo. Yendo aún más profundamente, podemos abrirnos a un nivel de percepción atómico. Nuestra experiencia se descompone en innumerables partículas brillantes, fugaces, inasibles, sin identidad. Nos convertimos en un testigo silencioso del fluir de la creación. La mente concentrada puede ver de maneras totalmente nuevas.

Este es el vigésimo principio de la psicología budista:

---

20 El poder de la concentración puede desarrollarse a través del entrenamiento interior. La concentración abre la conciencia a las dimensiones profundas de la sanación y la comprensión.

La salud mental óptima requiere concentración. El papel de la concentración se explica en los Siete Factores de la Iluminación, una descripción budista del desarrollo humano sabio. La claridad de la atención plena se apoya en las tres cualidades del despertar y las tres cualidades de la estabilidad. La concentración, la calma y la ecuanimidad tienen un valor equivalente a las cualidades del despertar que tanto apreciamos en Occidente.

SALUD MENTAL ÓPTIMA
Los Factores de la Iluminación
La atención plena
(la cualidad básica)

CUALIDADES DEL DESPERTAR	CUALIDADES DE LA ESTABILIDAD
Energía *Investigación* *Interés*	*Calma* *Concentración* *Ecuanimidad*
Utilizadas en la psicología de Oriente y Occidente	Utilizadas en la psicología de Oriente

En la terapia occidental, cuando una persona expone sus problemas solemos utilizar formas de prestar atención conscientemente y las cualidades del despertar: la energía, la investigación y el interés. Llevamos a cabo una cuidadosa indagación en la que se explica la historia, se desvelan los sentimientos, se abandonan las creencias y se reorganizan las estructuras somáticas y cognitivas.

La psicología budista va más allá. Al añadir las cualidades que estabilizan –la calma, la concentración y la ecuanimidad–, podemos sondear las profundidades de nuestra mente y nuestro corazón. Podemos estabilizar la conciencia de modo que podamos tolerar las energías más poderosas, liberar los antiguos traumas, experimentar revelaciones visionarias y disolver deliberadamente el sentido limitado del yo.

Imagina esta situación: en vez de llegar del trabajo o de la calle y empezar directamente una hora de terapia, se pide a los clientes que dediquen un tiempo a meditar, concentrándose en su cuerpo y en su mente. La sensibilidad de su conciencia será totalmente diferente. He trabajado de esta manera a menudo. Solemos empezar las sesiones después de que los clientes hayan meditado unos quince minutos. Si es necesario, les doy instrucciones sobre la atención plena, la concentración y las prácticas de la compasión. Las sesiones empiezan con una percepción más profunda y sabia cuando se medita antes de este modo. Y si a alguien le resulta imposible llegar antes para meditar, lo hacemos juntos durante cinco minutos o diez al comienzo de la sesión. Esto nunca se percibe como una pérdida de tiempo.

Recuerdo cuando vino a verme Dolores, una estudiante de meditación. Al principio se sentía abrumada, llena de miedo, casi histérica. Acababa de llegar de San Diego, donde había dejado a su madre en una residencia porque en el último mes había empezado a perderse al salir a la calle y en dos ocasiones la había tenido que ir a buscar la policía. Esa misma semana, ella y su marido se habían separado de su hijo, que iba a empezar a estudiar en la universidad. Nos sentamos juntos a meditar. Calmó su mente acelerada utilizando la respiración. Después practicó para acoger con compasión a su madre, a ella misma y a su familia. Cuando empezamos a hablar, Dolores se encontraba más equilibrada gracias a las cualidades estabilizadoras de la concentración y la ecuanimidad. Pudo sentir su agitación y su tristeza con más intensidad. Pudo sentir el barullo emocional con una atención más espaciosa. Sus problemas se hicieron más abordables y menos urgentes. Se abrió a ellos sintiéndolos como los cambios inevitables que exigían los nuevos ciclos de la vida. Sus prácticas de meditación y compasión apoyaron esta visión más sabia y más libre.

Como hemos visto, la psicología budista no se centra en la interacción tanto como la terapia occidental, sino que se desarrolla principalmente a través de un entrenamiento interior más amplio. El tiempo que se pasa con un maestro ayuda al desarrollo de la meditación y la práctica cotidiana. Pero lo más importante es nuestro entrenamiento, que trae la transformación.

El poder de este entrenamiento interno se hace visible en los retiros. En ellos trabajamos con personas que se encuentran en estados de sensibilidad particularmente elevados. Después de diez horas de meditación diaria durante una semana, la capacidad de los estudiantes de concentrarse y percibir la experiencia que tiene lugar en el cuerpo se incrementa. Su capacidad de sentir las emociones y los estados internos se hace más sutil y su capacidad de ser testigos de los pensamientos sin identificarse con ellos crece.

Un joven llamado Gabe es un ejemplo de este proceso. Gabe aprendió a meditar en un programa semestral de estudios universitarios en el extranjero que siguió en la India. Más tarde, tras acabar su curso de postgrado de un año, vino a un retiro de dos meses. Al principio, se sentía triste y herido. Su novia acababa de dejarlo.

Al empezar a meditar, la primera capa que encontró fue la pérdida de su novia. Sentía miedo, infravaloración e ira. Todos los rechazos de los que había sido objeto en el pasado volvieron de golpe. Con la atención plena y la compasión se mantuvo presente para acoger su dolor y decepción. Como su experiencia de desvalorización de la infancia estaba profundamente grabada, tuvo que luchar con la tendencia a identificarse con esos estados malsanos. Manteniendo la atención plena y la concentración, las identidades de adulto sin valía y de niño abandonado, el ganador y el perdedor, empezaron a deshacerse. Sus sentimientos se transformaron en estados impersonales de la mente: «el dolor», «la ira», «el amor».

La concentración de Gabe se hizo más fuerte. A medida que pasaron los días, su cuerpo fue cambiando. Se sentaba más derecho y caminaba con más gracia. Experimentó períodos en los que había muy pocos pensamientos en su mente. Brotaron en él una alegría y una ligereza espontáneas. Le indiqué que se centrase en esta ligereza y alegría para permitir que la felicidad corporal se hiciera más profunda e inundase su ser. A lo largo de las semanas que siguieron, pudo acceder a diferentes niveles de concentración, lo que se denomina *jhana* o absorción. En una ocasión permaneció sentado durante horas en un estado de intenso éxtasis y ecuanimidad.

Después le propuse que desplazase su atención al cuerpo y a los estados mentales. Descubrió que todo se estaba disolviendo. Experimentó el cuerpo y la mente como el juego de los elementos. Un día, toda la sensación de sí mismo como ser separado, como algo que existía, se desvaneció. Había descubierto un lugar de absoluta quietud, la eternidad en medio de todas las cosas. Conectó con una profunda gratitud. Deseaba que todo el mundo pudiera sentir eso, que pudieran atravesar sus miedos, descubrir el corazón liberado. Quería dedicar su vida a aliviar el sufrimiento.

Cada vez que Gabe venía a hablar conmigo, se le veía rebosante de dicha. Dijo que todo el retiro se había convertido en una plegaria. Al acabar los dos meses, se empezó a preparar para volver a su vida cotidiana. Interrumpió sus intensivas meditaciones sentado y empezó a practicar con atención plena la conversación con otros. Sus patrones de personalidad volvieron, pero ahora estaba relajado. Ahora percibía todo con una nueva ternura. Entró otra vez en el papel de Gabe, pero desde una nueva perspectiva. Ahora se sentía conectado al misterio de la vida, lleno y vacío a la vez, personal y universal.

Vi a Gabe un año más tarde. Después del retiro le había costado un tiempo volver a integrarse y sentirse adaptado. Había empezado un programa de estudios doctorales en psicología clínica. También había iniciado una nueva relación, que parecía más sabia y realista que la anterior. Se sentía respetado por los que le rodeaban. Me dijo que su sensación del sí mismo se había vuelto más ligera, se había transformado. Ahora, al mirarlo a los ojos, vi en ellos serenidad y calidez, el brillo de una confianza dulce y relajada. Gabe había devuelto al mundo los beneficios de su meditación profunda.

La concentración puede liberarnos de nuestro sentido limitado del yo y traernos iluminación y libertad. Pero estas experiencias no se acaban aquí. Ajahn Chah enseñaba que cualquier estado de la conciencia, no importaba lo maravilloso que fuese, no era la meta. Lo que importa es cómo se manifiesta esa revelación: aquí y ahora en nuestra actividad diaria, mientras hablamos con otros, mientras preparamos la cena. El fruto de trascender nuestro pequeño yo es el despertar de la reverencia, un espíritu nuevo de compasión y de interdependencia sagrada. Cuando mi amigo John Hobbe estaba muriéndose de sida, dijo que lo que le estaba permitiendo afrontar la muerte sin miedo eran la luminosidad y la ausencia de límites que había experimentado en la meditación. Esto es lo que Ajahn Chah llamaba «hacer el fruto visible». Yo he experimentado este fruto de muchas maneras cuando he vuelto a casa después de un largo retiro de concentración en silencio. Estoy más generoso con mi esposa. No me importa tener que lavar los platos o sacar la basura. Una vez, después de un retiro, tuve que elegir entre compartir con el Dalái Lama un encuentro para impartir enseñanzas o cumplir una importante promesa para ayudar en la escuela de mi hija. Con alegría, renuncié al honor de estar junto al Dalái Lama y me concentré en la tarea sagrada de atender a mi familia.

Cómo funciona la concentración

Hasta cierto punto, todos practicamos la concentración. Cuando leemos un libro o preparamos una comida, estabilizamos nuestra mente en estados corrientes de concentración. Como la concentración es una cualidad neutra, puede utilizarse para propósitos productivos o improductivos, incluso malvados. Un ladrón necesita concentración, igual que un estafador, un francotirador y un terrorista. El poder de la mente concentrada puede dirigirse hacia la creación de sufrimiento o bienestar.

La concentración se desarrolla a partir de nuestra dedicación entregada a un tema o una actividad. Cuando desarrollamos nuestra capacidad de concentración, aumenta nuestra firmeza y atención. Descubrimos que podemos estar más presentes con todo nuestro ser. Con la concentración, se abren la intuición y la visión, y experimentamos lo que los psicólogos occidentales describen como «fluir». Nos sentimos plenos, transportados y renovados en la acción. Los deportistas de élite lo denominan «estar en la zona», y la clave para que un deportista entre en la zona es la concentración. George Mumford es un maestro budista que fue contratado por Phil Jackson como entrenador de meditación para los equipos de baloncesto Chicago Bulls y Los Ángeles Lakers. Entrenó a los jugadores en la atención plena y la meditación. Pero el jugador estrella no necesitaba este entrenamiento. Mumford explicó que el poder de concentración de Michael Jordan era increíble. La habilidad de concentrarse trae vitalidad y claridad en cualquier actividad, ya sea el baloncesto, la programación informática o el ajedrez. Con concentración se hace mejor el amor y se maneja mejor el torno para hacer cerámica; es esencial para componer música, para escribir contratos legales o para negociar complejos acuerdos comerciales. En todos estos aspectos, la capacidad de concentración es esencial.

En la meditación, el desarrollo sistemático de la concentración permite el acceso a profundos estados internos y comprensiones. La concentración en la meditación se desarrolla cuando centramos la atención totalmente en una experiencia con la exclusión de las otras. Nuestra conciencia se «absorbe», se unifica, se hace una con el objeto de nuestra atención. El objeto de la concentración meditativa puede ser simple. Nos podemos concentrar en la llama de una vela o en una luz, en una visualización o en el cuerpo, en la respiración o en una plegaria, en un mantra o en un sentimiento.

Cuando nos concentramos, nuestra conciencia adquiere el sabor del objeto de nuestra atención. Si nos centramos en el amor, la conciencia se llenará con las cualidades del amor. Si nos centramos en una llama, en la tierra o en la ecuanimidad, cada una de estas cosas llenará el estado de concentración. Si visualizamos a Buda, Kwan Yin, san Francisco o la Virgen María, las visualizaciones producirán estados internos con las cualidades particulares de paz o compasión de ellos.

Una vez se selecciona un objeto de atención, la concentración aumenta con la dedicación y la repetición cuando conectamos una y otra vez con nuestro objeto. Recitamos una oración o un mantra diez mil o cien mil veces. Visualizamos una imagen o nos concentramos en la respiración de manera constante, abandonando las distracciones cuando surgen. Para las mentes modernas, condicionadas para la distracción, esto no es fácil. Anne Lamott escribe: «Tengo una cinta de una monja tibetana que canta un mantra de la compasión ininterrumpidamente durante una hora, ocho palabras que repite una y otra vez, y en cada ocasión suenan diferentes, se nota el cariño y su atención completa a la experiencia cuando canta. En ningún momento tienes la impresión de que esté mirando el reloj y pensando: "Dios mío, solo han pasado 15 minutos". Cuarenta y cinco minutos más tarde sigue cantando cada línea claramente, cada palabra, hasta la última. La mayoría de las veces las cosas no son tan sencillas y puras, de modo que se preste atención a cada sílaba, como si la vida se cantase a sí misma. Pero este tipo de atención es el premio».

En general, en la psicología occidental, nuestra visión de la felicidad humana es realmente bastante limitada. Podríamos disfrutar de una felicidad mucho mayor. Existe la posibilidad de acceder a mundos completos de alegría y claridad, y la psicología budista nos ofrece mapas sofisticados y detallados de ese territorio como parte de nuestro potencial humano.

La purificación: la entrada a los estados superiores

Aprender a concentrarse, aunque inicialmente resulte difícil, funciona. Poco a poco, centrando repetidamente la atención en nuestro objeto a lo largo de horas y días, los vagabundeos de la mente disminuyen. Se aquieta y se estabiliza en el objeto de meditación. Este proceso de desarrollo de la concentración se ha descrito en los textos budistas como «purificación». El término no es religioso ni moral, sino que describe una experiencia de liberación física y mental. Un practicante que conocí decía que era como si le «hubieran hecho un lavado interno». Como el proceso de purificación no se comprende bien en la psicología occidental, vale la pena explicarlo con mayor detalle.

Purificación significa liberarse de la tensión, el conflicto, la distracción, el dolor y la ansiedad. La forma más fácil de entender esto es intentar mantener la atención fija durante solo diez minutos. Supongamos que diriges tu atención a concentrarte de una forma absolutamente estable en la respiración o en una imagen inspiradora. En el primer minuto, la mayoría descubre que su atención divaga a menudo. En el segundo y tercer minuto, se verán interrumpidos por más distracciones y sentimientos, después el cuerpo se sentirá inquieto o aparecerá alguna molestia, y al final de los diez minutos, con suerte, se habrán mantenido concentrados en su objeto durante el diez por ciento del tiempo.

Cuando intentemos concentrarnos en la meditación, los pensamientos, conflictos, planes y asuntos emocionales pendientes se interpondrán. Experimentaremos interrupciones repetidas debidas a la tensión física y la inquietud, los recuerdos y los miedos, los instintos y los impulsos. La purificación viene de la liberación deliberada de estas distracciones hasta que la mente se calma y se vuelve silenciosa, constante, contenta. Al soltar repetidamente las tensiones y pensamientos, poco a poco se gana claridad en el cuerpo y en la mente. El proceso de purificación puede durar días o meses. La concentración no se logra con la supresión, sino reconociendo cada distracción y cada conflicto conscientemente –con atención pero sin apego– y soltándolos hasta que cedan o pierdan su poder sobre nosotros.

Al final, después de mil repeticiones, la mente y el corazón empiezan a sentirse purificados, liberados de la presión de las distracciones, y la atención se mantiene casi de manera constante en el objeto de la meditación. Cuando la concentración se hace aún mayor, la mente está tan llena del objeto de meditación, tan absorbida, que nada puede distraerla. Una vez ocurre esto, la experiencia interior se hace uno con la totalidad y la estabilidad, y surge una luminosidad interior. Todas las tradiciones contemplativas, desde la cristiana a la taoísta, describen la experiencia de esta luz interior. Esta es una descripción bastante literal. Cuando hemos atravesado un proceso de purificación y podemos concentrarnos de manera estable, el cuerpo, la mente y todo el espacio pueden parecer como si estuvieran llenos de luz. La psicología budista describe veinticinco categorías de luz interior, desde la luz de las luciérnagas y las nubes luminosas hasta la deslumbrante luz del sol del mediodía. Cuando esta luz interior surge, también se experimenta éxtasis, felicidad, expansión y la capacidad de entrar en los profundos estados de silencio llamados *jhana*. Estas prácticas metódicas, sencillas y áridas son, paradójicamente, un camino hacia el éxtasis y la espaciosidad oceánica. Meditando de esta manera, nos abrimos sistemáticamente a las dimensiones místicas de la mente.

El vasto silencio y la iluminación

Los estados de *jhana* que abren la puerta a la iluminación se dividen en dos grandes grupos: la *concentración de absorción* y la *concentración de percepción*. Estos estados son tan fundamentales en el mundo budista que la palabra *jhana* se convirtió en *Chan* en China y en *Zen* en Japón.

Al entrar en los estados de absorción, nos sentimos como un submarinista que se sumerge desde la superficie ondulada por el viento del océano hasta el silencioso fondo marino. Los estados de absorción son mundos concretos de la experiencia interna, que se vuelven cada vez más silenciosos y refinados cuando uno penetra en ellos. Se caracterizan por una firme estabilidad, pureza, luminosidad y felicidad.

Los *jhanas* de absorción están coloreados por el objeto utilizado para desarrollarlos. Si utilizamos el amor, llegamos a absorbernos en el amor; si utilizamos una visualización, nos convertimos en la visualización. Se pueden usar muchos otros objetos de meditación para entrar en la absorción de *jhana*, desde la respiración y el cuerpo, elementos como la tierra y el fuego, hasta una gran variedad de visualizaciones de devoción e imágenes sagradas. Con cada objeto, aprendemos a centrarnos tan completamente que todas las distracciones se desmoronan. Cuando la concentración es lo bastante fuerte, nos deslizamos bajo las olas de los sentidos habituales hasta el mundo silencioso y profundo del primer *jhana*. Aquí la conciencia se llena de quietud, éxtasis y felicidad, de la conciencia estable del objeto elegido. Al principio podemos descansar en este estado estable de *jhana* durante algunos minutos. Con la práctica, podemos permanecer sentados sintiéndonos inundados por la alegría durante horas.

Si continuamos con la práctica de nuestra concentración, el primero de los ocho niveles de *jhana* se hace más profundo hasta que se entra en el segundo, y aquí el esfuerzo de concentración se vuelve espontáneo y fácil. Al seguir profundizando, en el tercer *jhana*, desaparece la excitación normal del éxtasis para dejar paso a una corriente constante de felicidad. En el cuarto *jhana*, incluso la emoción de la felicidad se desvanece, y surge un exquisito silencio y una ecuanimidad inamovible. Más allá, siguen otros cuatro estados *jhana* más sutiles: la absorción en el espacio sin límites, la absorción en la conciencia sin límites y la absorción en los mundos del silencio más allá de la percepción y la no percepción. De nuevo, los ancestros fanáticos de las listas enumeraron estos ocho estados por razones pedagógicas y como orientación. Los números indican que hay una progresión de estados cada vez más silenciosos y refinados que se hacen disponibles con la concentración profunda.

Además de estos *jhanas* de absorción, hay otra categoría de estados de percepción, denominados *jhanas de percepción*, que no se centran en un solo objeto, sino que surgen cuando la concentración se centra y es absorbida por las experiencias sensoriales siempre cambiantes del cuerpo y la mente. Concentrarse en el cuerpo y en la mente de un modo totalmente absorbido es como poner lentes cada vez más potentes en un microscopio. Los dieciséis niveles de *jhanas* de percepción deconstruyen sistemáticamente la solidez de nuestra experiencia.

En el primer *jhana* de percepción, la mente se convierte en un testigo silencioso de la experiencia corporal y mental, que aparece casi como algo mecánico, que surge y se desvanece a cada instante. En el segundo nivel, estas experiencias momentáneas revelan sus patrones de condicionamiento, cada uno de los cuales aparece como causa del siguiente. En el tercer nivel, el cuerpo se vuelve más transparente y surgen estados fugaces de ausencia de ego. En los siguientes niveles de percepción empezamos a experimentar la luminosidad y la dicha, y después el temor, seguidos de una gran alegría cuando nos disolvemos en la evanescencia mística de la vida entera. Interiormente se siente como si pasáramos de los órganos sensoriales a las células, a las moléculas, a los átomos, a las partículas subatómicas y a las ondas. En cada nivel sucesivo de percepción aumenta la ecuanimidad junto con una comprensión profunda de la libertad interior.

La psicología budista reconoce que la concentración *jhana* es solo una de las muchas formas de cultivar la comprensión interna. No todo el mundo puede concentrarse de este modo. Para algunos estudiantes, estos estados de concentración no son accesibles. Otros necesitan trabajar y atravesar sus traumas y dificultades antes de poder concentrarse. Pero para los que pueden, explorar los mundos de *jhana* abre nuevas dimensiones y capacidades, desde estados de luminoso éxtasis hasta la capacidad de permanecer sentado inmóvil durante días.

Aunque en los textos de las enseñanzas budistas se habla en repetidas ocasiones sobre el desarrollo de *jhana*, hay escasos relatos personales detallados. Estos estados internos son difíciles de describir con palabras y pueden fácilmente malinterpretarse. De hecho, en algunas tradiciones budistas es un tabú revelar abiertamente tus experiencias internas. En el Zen, hablas sobre esto con tu maestro y con nadie más. Si no se hiciese así, podría despertarse la competencia, la envidia o la decepción.

A pesar de la posibilidad de que puedan malinterpretarse, me gustaría describir algunas de mis propias experiencias para dejar claro que este aspecto de la psicología no es solo algo teórico, sino bastante real. Al principio, mi entrenamiento en la concentración fue difícil. Tengo una mente activa y a menudo me distraía y estaba lleno de pensamientos. En el monasterio, mi maestro me mantuvo durante meses con la instrucción de que me centrara en la respiración, ininterrumpidamente, hasta que la concentración se estabilizase. Luego, después de un año de meditación constante, seguí un entrenamiento para entrar tanto en los *jhanas* de percepción como en los de absorción. Para los *jhanas* de absorción usé distintos objetos de atención, como la respiración, la conciencia corporal o la bondad. Aprendí a aquietar mi mente, a liberar casi todos los pensamientos y a entrar de manera intencionada en estados silenciosos de absorción durante períodos prolongados.

En los primeros niveles de *jhana*, mi cuerpo se llenó de gozo y mi mente, de una deliciosa felicidad. Cada célula de mi ser estaba invadida por el éxtasis y la felicidad. Mi cuerpo se volvió transparente, luego desapareció en un estado de dicha. Mi mente se volvió silenciosa, como si estuviera en el espacio interestelar. Estos estados me trajeron una sensación de renovación y de fuerza interior. Cuando esta concentración de absorción se estabilizó, pude descansar en estos primer o segundo estados de *jhana* durante una hora o dos o más. Luego pude soltar la excitación del éxtasis y penetrar en los estados más refinados de felicidad trascendente y ecuanimidad de los tercer y cuarto *jhanas*. A continuación me adentré en el quinto *jhana* de espacio sin límites, donde el espacio de la meditación se abre hasta las más lejanas galaxias. Luego entré en el sexto *jhana* de conciencia ilimitada, más allá del espacio y el tiempo.

Mi objeto favorito para el *jhana* de absorción es el amor bondadoso. Al utilizar el amor bondadoso para desarrollar la concentración, mi cuerpo y mi mente desaparecen en una luz radiante llena de amor que puedo mantener durante horas. Siguiendo el entrenamiento tradicional de la práctica de la bondad, voy ampliando de forma sistemática la energía del amor bondadoso a todas las categorías de seres, humanos y animales, visibles e invisibles, en todas las direcciones del universo. Ya sin ninguna sensación física, me convierto en una especie de láser, de fuente o de estrella. Sentado en meditación, puedo dirigir la radiación de mi corazón como un rayo. La envío a todos los seres vivientes en cualquier parte del vasto universo, hasta experimentarlo todo como lleno de luz y amor. He permanecido horas sentado inundado de este amor. Y esto es solo un modesto comienzo del entrenamiento en la concentración comparado con el de mis maestros.

Maleabilidad y percepción: los frutos de la concentración

Una vez concentrada, la mente puede dirigirse de maneras concretas. Esta función se denomina en la psicología budista «maleabilidad de la mente». Significa que podemos dirigir el foco de la mente de un modo que asombra firme y fácil. Espacialmente, podemos cambiar la esfera en la que nos concentramos de pequeña a grande. Si enfocamos la mente concentrada como un microscopio en la sensación más minúscula del cuerpo, descubriremos diez mil microsensaciones. O podemos pasar a una perspectiva más amplia y expandir nuestro foco de atención de manera que toda la experiencia flote en el espacio, amplio como una galaxia. Una mente maleable puede también cambiar de objeto con facilidad, de modo que podamos pasar con flexibilidad de un estado a otro, moviéndonos deliberadamente desde la alegría indescriptible a la fortaleza o a la quietud. La concentración se mantendrá enfocada sea cual sea el objeto de atención.

Cuando empecé a desarrollar esta fuerte concentración, exploré la deliciosa flexibilidad y versatilidad de la mente. Ponía la atención en una zona de mi cuerpo y ahí se mantenía. Elegía un pensamiento o una imagen para la contemplación y la mente entraba en ello totalmente. Era delicioso. Era como si la mente se hubiera convertido en un perro bien entrenado. Siéntate. Quédate quieta. Presta atención. No la movía ni el placer ni el dolor (en la mayoría de los estados de concentración el dolor desaparece). Durante el tiempo que yo eligiera, hacía cualquier cosa que le pidiera, con firmeza, relajación e interés.

La maleabilidad de la mente puede combinarse con el poder de la intención. Las intenciones concentradas son tremendamente fuertes. Los practicantes de meditación a menudo se asombran de esta cualidad casi mágica de la mente bien entrenada. Cuando la mente está profundamente concentrada, si nos decimos a nosotros mismos «Que surja el tercer *jhana*», lo hará. Si nos decimos «Que surja la felicidad», nos veremos inundados de felicidad.

Esta conciencia concentrada y maleable es particularmente útil como herramienta para la percepción y la sabiduría intuitiva. Con la intención concentrada, podemos pedir que surja la sabiduría, y lo hace. Cuando pedí comprender la vacuidad, me encontré cayendo hacia atrás en lo que parecía ser el oscuro espacio interestelar, atraído por la gravedad hacia el vacío y después al silencio durante largo rato. Cuando puse la intención en que surgiese la sabiduría de la impermanencia, me sorprendí comprobando que mi atención se dirigía a la calva de mi cabeza. Y luego empezaba a recorrer espontáneamente mi cuerpo de sesenta años: los empastes de los dientes, las orejas con su pérdida de audición, la sinusitis y la rigidez del cuello. Se centraba en los pulmones debilitados por una neumonía, una antigua fractura de la muñeca, la cicatriz de la apendectomía, un disco lesionado en la parte baja de la espalda, la ciática, las rodillas desgatadas y el dolor en los pies. Vale, ya lo he entendido –me dije–, este cuerpo es de verdad impermanente, está sometido al cambio y al deterioro.

La concentración tiene un efecto estabilizador que favorece el bienestar y la comprensión. Una experta practicante usaba el poder de la concentración para equilibrarse cuando tenía que afrontar diversas dificultades. Joan sentía una empatía natural hacia el mundo que la rodeaba y tenía un don para cuidar a los demás. Su práctica habitual de meditación la había ayudado a poder combinar su trabajo de enfermera a tiempo parcial, el servicio a la comunidad y el cuidado de sus dos hijos pequeños. Pero cuando su suegra, que vivía en el vecindario, tuvo una embolia, la balanza empezó a desequilibrarse. Ahora Joan tenía que cuidar también a su suegra y empezó a sentirse abrumada. Le costaba dormir y tenía ataques de ansiedad, exacerbados por la menopausia. Cuando se sentaba a meditar, su cuerpo experimentaba sacudidas espontáneas, temblaba y se agitaba. Sentía como si toda la frenética energía que la rodeaba –las noticias que daban en la televisión, los pacientes del hospital donde trabajaba, las dificultades de su suegra– pudiera penetrar en su cuerpo, sin límites, imposible de detener.

Le sugerí que interrumpiese la meditación formal e hiciera prácticas para transmitir a la tierra toda esa frenética energía que acumulaba en su cuerpo durante el día. Para muchas personas esto habría servido, pero Joan supo intuitivamente que abandonar la meditación aún empeoraría más su ansiedad. Como tenía el don de concentrarse con facilidad, decidió meditar más. Decidió centrarse en la práctica del amor bondadoso y asistir a un retiro con uno de mis colegas para trabajar fervorosamente con frases y visualizaciones de la práctica de la bondad. Después de varios días de ansiedad y de liberar gran cantidad de energía, su mente se volvió atenta y centrada. Cuando la felicidad, la estabilidad y la pureza se hicieron más intensas, la ansiedad quedó relegada. Para su sorpresa, descubrió que, junto con la agitación previa, había un tremendo arrobamiento no integrado. Al aprender a experimentar este arrobamiento como un viento interior, descubrió que podía liberar la energía y descansar en una profunda quietud. Cuando se equilibraron los factores estabilizadores de la iluminación –la calma, la concentración y la ecuanimidad–, ya no se sintió más abrumada. Ahora podía contener los altísimos niveles de estremecedora excitación.

Cuando su concentración se hizo aún mayor, su profesor le indicó que esperase hasta alcanzar el estado más profundo en su meditación y, entonces, invitase a los estados de *jhana* de absorción para que se presentasen en su conciencia. Paulatinamente aprendió a transitar los primeros cuatro *jhanas*. Los dos primeros niveles de *jhana* aún contenían una fuerte energía de arrobamiento y al principio su cuerpo se veía agobiado por sacudidas y temblores. Pero en el tercer y cuarto *jhana*, Joan descubrió que los temblores y el arrobamiento cesaron. Entonces pudo permanecer sentada durante largos períodos de profunda quietud, en una absoluta relajación, llena de un sentimiento de gracia y amor inquebrantable. Sentía que esta práctica de la concentración la sanaba, como si le permitiera reparar su sistema nervioso. Al salir de los estados de *jhana*, su mente estaba liviana y tranquila, su cuerpo había recuperado su vitalidad relajada y su flexibilidad.

Animada por mi colega, Joan empezó a usar la concentración *jhana* para la percepción. Investigó momento a momento la manera en que se creaba su experiencia. Estudió cómo los estados de *jhana* aparecían y desaparecían. Después, como su mente estaba tan maleable y silenciosa, podía ser testigo del ir y venir de un millar de estados de la conciencia que se presentaban de forma sucesiva. Al centrarse en la propia conciencia, aprendió a descansar en el vacío que da origen a todos los estados.

Cuando volvió a casa, sentía que su cuerpo había sido restaurado desde el interior. Dormía mejor, sentía menos ansiedad (aunque aún experimentaba alguna crisis) y su sensación de fortaleza interior y estabilidad había aumentado. El centro de su identidad había pasado de los problemas a la sabiduría. Seguía conservando su sensibilidad, pero ya no era un problema, sino más bien un don. Ahora sigue participando activamente prestando servicio de distintas maneras a la comunidad. Su sensibilidad hacia el sufrimiento mantiene su corazón conectado con todos los que la rodean, pero su sabiduría y concentración siguen siendo la base que la sustenta.

Entrenamiento de las capacidades psíquicas

Los niveles profundos de concentración y de *jhana* pueden también ser la puerta de entrada a una amplia gama de capacidades psíquicas. La psicología budista describe un entrenamiento sistemático en la concentración que puede llevar a la capacidad de leer las mentes, de ver o escuchar a una distancia remota, de conocer el pasado de cualquier persona, de manipular los elementos de la tierra, aire, fuego y agua. Estas prácticas y poderes, basados en una concentración notablemente desarrollada, se detallan en el *Camino de la Purificación* de Buddhaghosa y en los *Seis Yogas* de Naropa. Varios de mis maestros se entrenaron en estas habilidades psíquicas y las practicaban, pero en Occidente se han malinterpretado. Los estudios científicos occidentales sobre las capacidades psíquicas han fracasado porque estas capacidades generalmente no son estables en los niveles normales de conciencia. No se puede invitar a estudiantes universitarios normales y corrientes a un laboratorio y pretender estudiar las capacidades psíquicas. Con la excepción de algunas personas especialmente dotadas, la mayoría de la gente necesita alguna forma de entrenamiento en la concentración para que las capacidades psíquicas se muestren claramente.

Algunos de los expertos meditadores budistas aún practican los poderes descritos en los textos budistas. Durante su período de prácticas intensivas en Birmania, en la década de 1960, mi maestra india Dipama Barua se entrenó en todas estas capacidades. Según ella y sus maestros, podía visitar a personas que se encontraban a distancia (en una ocasión fue físicamente a las Naciones Unidas para escuchar un discurso del secretario general birmano U Thant), podía ver las vidas pasadas y trasladarse a través del tiempo y el espacio y aparecer espontáneamente para sus entrevistas. Cuando estudié con ella, ya habían pasado años desde que había realizado estos entrenamientos y ya no estaba interesada en los poderes psíquicos. Pero he visto y escuchado a mi colegas hablar de tantos fenómenos psíquicos –desde la aparición espontánea de un arco iris en un cielo despejado hasta el conocimiento a distancia de la muerte de alguien o de algún problema– que estoy abierto a todas las posibilidades. Incluso con niveles moderados de entrenamiento, algunos de mis colegas occidentales han descubierto la capacidad de leer las mentes o de proyectar enseñanzas concretas a los sueños de sus estudiantes.

Como los poderes psíquicos se consideran una distracción de la libertad y la compasión, se dejan como entrenamiento opcional para los estudiantes avanzados. Para usar el estado *jhana* o los poderes psíquicos con sabiduría, debemos tener en cuenta los peligros que acompañan al dominio de estos estados refinados. Existe el peligro del envanecimiento y la grandiosidad, de enorgullecerse de «nuestros» logros. También está el peligro de la ambición. Más allá de los poderes psíquicos, los practicantes espirituales que oyen hablar de los estados de concentración y de *jhana*, y luego se esfuerzan durante años por alcanzarlos sin conseguirlo, no se dan cuenta de que el propio afán impide su apertura. Y aun cuando se logra acceder a los estados de dicha y *jhana*, estos se pueden perder. Podemos subir a lo más alto para después caer, experimentando la pérdida y la frustración que describe san Juan de la Cruz como «la noche oscura del alma».

La clave para estos entrenamientos en la concentración es no incrementar la ambición, sino usar los estados de concentración al servicio de la liberación interior. A través del poder de la concentración, la solidez del mundo se ve como si fuera un sueño, insustancial. Al principio, en la meditación podemos experimentar miedo cuando nos abrimos a la sensación de no tener una experiencia sin nada en la que apoyarse. Pero la estabilidad y el bienestar creados por la concentración nos ofrecen el equilibrio necesario para que pueda disolverse totalmente la sensación del yo y los otros. Con el poder de la concentración, podemos soltarnos y recuperar el equilibrio, incluso cuando todas las cosas se disuelven. Una estudiante, Rosina, se preocupó al principio cuando su meditación le mostró el mundo como vacío e insustancial. «¿Qué pasa con mi familia, mis hijos, mi profesión?», decía. Temía estar abandonándolos por un mundo de vacuidad. Pero la vacuidad siempre da lugar a nuevas formas. «¿Está bien disolverse, soltar hasta ese extremo?». Su maestro de Zen sonrió y le dijo que no se preocupase: «La muerte está bien. La resurrección también está bien». Después del retiro, Rosina volvió con su familia, más vacía y con el corazón más abierto que nunca. La concentración y la comprensión introspectiva nos enseñan cómo estar con todas las cosas como el juego de la conciencia. Nos hacemos libres en medio de ellas. Nos volvemos sabios.

Una psicología sabia debe incluir las dimensiones trascendentes de la mente concentrada. Pero, al final, incluso los estados más luminosos de la concentración desaparecen, igual que las percepciones y comprensiones que se derivan de ella. Ajahn Chah nos recuerda: «Cuando en la meditación surjan la dicha y los estados extraordinarios, úsalos, pero no te apegues a ellos». La concentración es una etapa poderosa en el viaje, una forma importante de aquietar la mente, abrir el corazón y descubrir la libertad. La verdadera bendición aparece cuando podemos traer las experiencias de lo trascendental para iluminar el milagro de lo cotidiano.

Parte V
Encarnar la sabiduría del corazón

21. La psicología de la virtud, la redención y el perdón

El perfume del sándalo, la adelfa o el jazmín
no pueden viajar contra el viento.
Pero la fragancia de la virtud viaja
hasta los confines del mundo.
EL DHAMMAPADA

En el monasterio del bosque de Ajahn Chah, así como en todos los templos budistas, la reverencia por la vida constituye la base de todas las actividades. En el bosque abundan miles de especies de animales de todo tipo, desde las cigarras que unen sus cantos a los de los monjes al anochecer hasta los pájaros tropicales y serpientes que rondaban a nuestro alrededor todo el día. Nuestra práctica consistía en aprender a vivir con todos ellos.

Cuando entré en el monasterio, me asignaron una cabaña en el bosque. Allí encontré una araña enorme, del tamaño de la palma de mi mano, que vivía cerca del techo. Al principio quise sacarla, pero luego comprendí que solo estaba utilizando la parte superior de la cabaña. No pensé que fuese venenosa, aunque me sentía un poco nervioso. También tenía que reconocer que ella había llegado allí antes que yo, así que respiré profundamente y la dejé tranquila. Empezamos a convivir juntos y poco a poco aprendí a cohabitar con un montón de bichos más. Al contemplarla día a día tejiendo su tela, llegué a apreciar la paciencia de la vida de la araña, a darme cuenta de que cualquier ser merece respeto. Ahora, mientras escribo esta página, me acuerdo de un poema de Lloyd Reynolds, el maestro calígrafo norteamericano, que escribió: «Un insecto recorre el papel. Dejemos que se quede. Necesitamos todos los lectores que podamos conseguir».

En el budismo, esta reverencia por la vida se denomina virtud, y se considera fundamental. A Ajahn Chah le encantaba decir: «Es sencillo. Vivir una vida virtuosa hace al corazón pacífico». Los que entienden la virtud, viven con dignidad, calma, nobleza y felicidad. Y sobra decir que es difícil meditar después de haber pasado un día mintiendo, estafando o matando. Con la virtud, nos protegemos a nosotros mismos y protegemos a los otros seres de ser dañados.

Hoy en día, la palabra *virtud* puede sonarnos anticuada. Podríamos asociarla con colegialas victorianas a las que se les enseñaba a ser modestas, prudentes, pacientes y obedientes. Sin embargo, en el budismo, la virtud no tiene nada que ver con las jovencitas ni con las personas dóciles que respetan las normas con poco entusiasmo. Es el fundamento del cambio radical. Significa que actuamos con honestidad, integridad, pasión y propósito en todo lo que hacemos. Esta es la fuerza poderosa, incluso feroz, que ennoblece a las personas e inspira la justicia social y la igualdad mundial. Del mismo modo que la virtud aporta felicidad, también confiere arrojo.

En el budismo, la virtud se considera un entrenamiento psicológico, no una serie de preceptos de inspiración divina. Tiene tres niveles, como explicaba Ajahn Chah. El entrenamiento en la virtud empieza evitando las acciones dañinas. El primer nivel, denominado no dañar, incluye cinco prácticas tradicionales: abstenerse de matar, robar, mentir, de hacer un mal uso de la sexualidad y de embriagarse. Cada una de estas prácticas tiene un gran poder. Imagina cómo se transformaría nuestro mundo si al menos una de ellas fuese respetada por todos los seres humanos.

El segundo nivel de la virtud es el cultivo deliberado del cuidado de las cosas. Más que abstenernos de hacer daño, cultivamos la reverencia por la vida. Más que abstenernos de robar, actuamos administrando de manera responsable todas las cosas de la tierra.

Más que abstenernos de mentir, defendemos la verdad. Más que abstenernos de hacer un mal uso de la sexualidad, respetamos nuestras relaciones íntimas. Más que abstenernos de embriagarnos, cultivamos el estar despiertos.

El tercer nivel de virtud se denomina virtud natural, la integridad espontánea del corazón despierto. La virtud natural surge cuando abandonamos el egoísmo, cuando somos libres para amar. En vez de basarnos en reglas y prácticas, nuestras acciones bondadosas provienen de una conexión innata. Todos reconocemos instintivamente este nivel de virtud cuando las personas son auténticas, amables e inquebrantables en su integridad. Nos sentimos inspirados y conmovidos por ellas. Este es el nivel más elevado de desarrollo psicológico. Gandhi, que fue un ejemplo de virtud natural para los tiempos modernos, lo explicaba así: «Que cada mañana el primer acto sea tomar la siguiente decisión para el día: "No temeré a nadie en la tierra. Solo temeré a Dios. No desearé ningún mal a nadie. No cometeré ninguna injusticia con nadie. Venceré la falsedad con la verdad. Y al oponerme a la falsedad, soportaré cualquier sufrimiento"».

Podemos comprobar que la salud psicológica aumenta a medida que la virtud se desarrolla desde el no hacer daño hasta el cuidar y, más tarde, al nivel más elevado de integridad.

Este es el vigésimo primer principio de la psicología budista:

---

21 La virtud y la integridad son necesarias para una genuina felicidad. Protege tu integridad cuidándola.

Enseñar la virtud en psicoterapia

Hace algunos años, expuse los principios budistas de la virtud en un importante congreso de psicología. Mi sesión se llamaba

«Enseñar la virtud en psicología», y la sala estaba llena a rebosar. Cientos de psicoterapeutas vinieron para escuchar cómo el entrenamiento explícito en una perspectiva ética podía encajar con la postura moralmente neutra de la psicología moderna.

Empecé reconociendo que hay un fundamento importante para esta perspectiva moralmente neutra. El psicoanálisis freudiano, en el que se basan la mayoría de las psicoterapias modernas, nació, como sabemos, en la sociedad represiva y estratificada de la Europa de finales del siglo XIX. Uno de los descubrimientos más importantes de Freud y sus colaboradores fue que, cuando sus pacientes se liberaban de la represión socialmente impuesta de sus sentimientos y pensamientos, tenía lugar una notable curación. Al utilizar técnicas como la asociación libre, los primeros psicoanalistas tenían que dejar claro que no se juzgaría ni censuraría nada. Sin este espacio protegido, sería imposible esperar el grado de honestidad que se necesita para la curación.

La psicología budista enfoca la curación de la misma manera. La atención plena requiere la suspensión del juicio. Investiga abiertamente el dolor, el placer, la alegría o la vergüenza, sin juzgar nada como correcto o incorrecto. Este es el primer paso de la curación, una visión clara y una profunda aceptación de lo que es. Ahora bien, esta aceptación es solo el primer paso en la transformación de la experiencia humana.

Los pasos siguientes implican la transformación interior, seguida de la necesidad de reconocer las consecuencias de nuestras acciones y dar los pasos para evitar el dolor. En la práctica clínica occidental, los psicoterapeutas colegiados tienen la obligación legal de comunicar los casos de grave peligro. Debemos actuar para prevenir el incesto, el abuso físico, el suicidio y otras maneras de hacer o hacerse daño que puedan atentar contra la vida. Pero los psicoterapeutas que asistían a mi presentación deseaban hablar sobre la posibilidad de abordar otros niveles de integridad moral. Expliqué que la psicología budista enseña a todo el mundo los principios de la virtud, porque la integridad se considera esencial para la felicidad. Necesitamos que nos recuerden el inevitable sufrimiento que proviene de actuar sin integridad. Di algunos ejemplos de los estudiantes con los que había trabajado.

Allen, un hombre soltero de mediana edad que asistió a un retiro, me contó en una entrevista personal que había robado miles de dólares de la compañía para la que trabajaba. Era imposible que alguien pudiera descubrirlo, decía. En primer lugar, los dos prestamos atención plena a este hecho sin ningún juicio. Mientras estábamos allí meditando sentados con esta historia y nuestros sentimientos, le pregunté a Allen cómo sentía su cuerpo. Me contó que lo sentía algo tenso, y al hacerse consciente de la contracción, surgió la agitación y el temor. Se dio cuenta de la cantidad de sentimientos difíciles y complejos que su comportamiento le provocaba: le complacía haber sido lo suficientemente listo como para haber actuado con impunidad, pero también se sentía culpable y temía que, al final, lo descubrieran. Le pregunté cómo era vivir con ese conflicto interior. Reconoció que era duro, y que el simple acto de confesarlo le había aportado alivio.

Entonces, le expliqué a Allen que el alivio proviene no solo del trabajo interior, sino también de reparar nuestras acciones. Como las acciones crean resultados kármicos, tenemos que abordar las consecuencias externas de haber actuado sin integridad. Le conté que las cuestiones éticas de la psicología budista no se enmarcaban en términos de bueno o malo. Simplemente nos centramos en el sufrimiento y en sus causas. Por eso, se entiende que robar produce sufrimiento tanto al que roba como a una comunidad más amplia. Estaba claro que la incomodidad de Allen era ya una prueba del sufrimiento que provoca robar. Sus acciones podrían provocar potencialmente más sufrimiento para él mismo y para otros.

Allen salió de la sala temblando y a la vez aliviado. Lo animé a que prestase plena atención a todo aquello que nuestra conversación hubiera despertado. Hablamos varias veces más en los siguientes días. Al reflexionar sobre sus acciones, Allen descubrió una sensación de privación e ira, y un fuerte sentimiento de tener derecho que lo llevaba a ver como correcto lo que había hecho. Meditando, también descubrió que bajo su ira había un joven asustado y frágil. Reconocimos que su confesión conmigo había sido solo el comienzo, y le insistí en que no podría sanarse si continuaba robando. Lo derivé a un psicoterapeuta budista para continuar su proceso. Le expliqué que su karma y su conciencia también requerirían que reparase su delito, que lo expiase de alguna manera, aunque fuera anónimamente.

Ken era otro meditador de mediana edad que se hallaba en conflicto con sus acciones. Cuando trabajamos juntos me contó que había tenido muchas aventuras a lo largo de los dieciséis años de matrimonio. Después de pasar unos meses con una nueva amante, la dejaba y buscaba otra. Afirmaba que mentir sobre las aventuras era como mentir en temas de impuestos, todo el mundo lo hacía. Hasta el momento había ocultado sus aventuras a su mujer y sus tres hijos. Nuestro trabajo empezó con la necesidad obvia por parte de Ken de examinar su compulsión interna y su conflicto. Empezó observando la desesperación de su motivación, los temores y la insatisfacción en su matrimonio, así como su visión denigrante de las mujeres. Al abrirse más en la meditación, se dio cuenta de que se sentía desgarrado. Sintió la confusión interior de su historia personal de traumas y sus relaciones adictivas. Aunque esta introspección fue un paso importante, su conflicto no podía resolverse solo sacando a la luz su pasado doloroso; también tenía que trabajar directamente con la adicción. Le sugerí que se pusiera en contacto con un grupo del programa de doce pasos.

También le enseñé que las prácticas budistas de no hacer daño incluyen abstenerse de causar daño con una conducta sexual errónea. Nuevamente, le expliqué que estas prácticas no se basaban en ideas de pecado o del bien y el mal, sino en las descripciones de las causas del sufrimiento humano basadas en milenios de experiencia. Desde la antigüedad se ha reconocido que el adulterio causa un gran dolor. El secreto y la compulsión que rodeaban el adulterio de Ken estaban causando un sufrimiento que solo podía ir a peor. La curación no sería posible a menos que la integridad de Ken fuese restaurada.

Para todos los que vienen a seguir el entrenamiento budista, se deja claro el fundamento de la integridad. Las prácticas básicas se presentan con un voto directo:

Para protegerme a mí mismo y a los otros, me comprometo a:
Abstenerme de matar
Abstenerme de robar
Abstenerme de usar de forma dañina la sexualidad
Abstenerme de hablar de forma dañina o con falsedad
Abstenerme de consumir de forma dañina bebidas alcohólicas y drogas

Según las enseñanzas budistas, sin la integridad básica no funcionamos en el nivel humano. Podemos parecer humanos, pero en nuestros corazones somos infrahumanos. Vivimos en los mundos de los espíritus hambrientos, los dioses celosos o los depredadores aterrados, o en el infierno del conflicto interminable. Desarrollar la virtud es una necesidad psicológica si queremos aliviar el sufrimiento.

Tradicionalmente, las fuentes de la integridad incluyen dos factores mentales llamados conciencia interna y externa. Los primeros traductores denominaron estas cualidades erróneamente «vergüenza moral» y «terror moral», palabras con fuertes resonancias victorianas de pecado y condena cristianos. Pero la psicología budista no ve el mundo a través de la lente de la vergüenza. No habla de un Dios que establece reglas morales y castiga a los que yerran. Por el contrario, describe las leyes morales del corazón, basadas en el karma, la interconexión y en quiénes somos en realidad.

La conciencia interior sabe cuándo nuestros actos son dañinos y reconoce que la falta de integridad nos traerá sufrimiento. La conciencia interior busca protegernos. La conciencia exterior sabe que los actos dañinos serán vistos como erróneos por los otros, y ve el sufrimiento colectivo que pueden causar. La conciencia exterior busca actuar de maneras que respeten a los otros y evitar las consecuencias dolorosas para los que nos rodean. Ambos aspectos de la conciencia se desarrollan a partir del corazón abierto, de la capacidad de sentir las consecuencias de nuestros actos. Sin esta conexión podríamos causar un gran daño. Incluso los sociópatas, cuyo diagnóstico implica la falta de conciencia, a menudo tienen la sensación de que falla algo, como si la conciencia aún estuviese allí, detrás de los muros distantes que han aislado sus corazones. He leído recientemente sobre un asesino en serie que se definía a sí mismo como «el hombre más solo del mundo».

La conciencia reconoce la verdad; sabe cuándo estamos actuando con integridad y cuándo no. La conciencia es un aspecto de Aquel Que Sabe, nuestro conocimiento innato más profundo. La conciencia entiende que estamos todos unidos y que, cuando hacemos daño a alguien, nos hacemos daño a nosotros mismos.

Sin la integridad y la conciencia perdemos nuestra libertad. Como ha escrito el comentarista social Michael Ventura: «Las personas a las que tienes que mentir son dueñas de ti. Las cosas sobre las que tienes que mentir son dueñas de ti. Cuando tus hijos ven que algo es dueño de ti, ya no son tus hijos, son los hijos de aquello que es dueño de ti. Si el dinero es dueño de ti, son los hijos del dinero. Si tu necesidad de pretensión y de ilusión es dueña de ti, son los hijos de la pretensión y la ilusión. Si el temor a la soledad es dueño de ti, son los hijos del temor a la soledad. Si tu temor a la verdad es dueño de ti, son hijos del temor a la verdad».

Para cuidar de nosotros mismos y de los demás, la integridad es esencial. Hace unos años leí un estudio que se hizo en un hospital psiquiátrico rural en el estado de Illinois. El hospital estaba en una zona rural, al lado de una autopista. A la salida del hospital había una máquina automática en la que había que depositar cincuenta céntimos por coche, pero no todo el mundo pagaba. Un psicólogo que trabajaba en el hospital empezó a preguntarse sobre esto. Instaló una cámara oculta para grabar a los que pagaban y los que no. Después, en el hospital comprobó los registros de los pacientes curados y dados de alta. Descubrió que los pacientes de los médicos y psicoterapeutas que pagaban mejoraban más rápidamente que los de aquellos que no pagaban. Parece que los que trabajamos en la sanación de alguna manera comunicamos nuestra integridad y fortalecemos también a las personas con las que trabajamos.

Cuando decimos la verdad, establecemos los fundamentos del despertar. Los mitos budistas cuentan que durante muchas vidas anteriores a su iluminación, el Buda cometió muchas faltas y errores. Utilizó lo que no era suyo, entró en conflicto con miembros de su familia, causó la muerte de otros; pero lo que no hizo fue mentir sobre sus acciones, ni a sí mismo ni a los otros. Su honestidad le condujo a la libertad, incluso en los peores momentos. En la comunidad budista se valora tener una conciencia clara. Se instruye a los monjes, las monjas y los practicantes laicos a fin de que practiquen con una atención cuidadosa para desarrollar su conciencia, para no causarse daño a ellos mismos ni a otros. La conciencia exterior es lo que condujo al Buda a denunciar el sistema de castas opresivo de su época y actuar para incluir a las mujeres de un modo más completo en la comunidad espiritual ordenada. Y desde la antigüedad hasta hoy, cuando los maestros o los miembros de la una comunidad abusan de su poder, incluso aunque al principio se niegue, finalmente la conciencia y la virtud de la comunidad deben llamarlos al orden y a reparar sus errores.

Ajahn Chah decía: «Cuida de tu virtud como un jardinero cuida de sus plantas. No hagas distinciones entre grande y pequeño. No pongas excusas». En el monasterio nos comprometíamos una y otra vez con una vida de virtud. Reflexionábamos sobre nuestros éxitos, reconocíamos nuestros fallos y empezábamos de nuevo. Los monjes y las monjas recitaban sus votos de virtud un día tras otro. Las personas laicas renovaban su compromiso con las cinco prácticas de la virtud cada vez que venían.

La integridad es esencial para la salud mental. Sabemos que, al final, la verdad se conocerá, no importa lo que sea. Como ha escrito la poeta Linda Hogan: «Después del accidente nuclear de Chernobyl, el viento contó la historia que las personas estaban ocultando. Dio a conocer la verdad. Transmitió la historia del peligro a otros países. Fue un poeta, un profeta, un científico». Aunque los textos budistas no conocían los vientos radioactivos, sabían de «la fragancia de la virtud que viaja más lejos que el viento, salvaguardando nuestra felicidad incluso frente al peligro».

Redención y perdón

Nadie es olvidado. Cualquier cosa que se diga
de Dios que no te conforte es una mentira.
MAESTRO ECKHART

Milarepa, el santo más venerado en los Himalayas, fue un joven tibetano cuya familia había sido víctima de terribles abusos por parte de los parientes tras la muerte del padre. En consecuencia, la madre de Milarepa le instó a que estudiase magia negra y se vengase de los que los habían tratado mal. Con estos poderes, mató a muchos de ellos. Pero más tarde se sintió lleno de temores y remordimientos y buscó a un maestro budista para que lo ayudase a liberarse de su mal karma. A través de años de extremas penitencias y una serie de espantosos juicios, Milarepa expió su terrible pasado. Después dedicó su vida al despertar y pasó años enseñando y atendiendo a los demás. La historia de su redención es el mito más ensalzado en todo el budismo tibetano.

De la misma manera, la redención transformó al peor asesino de los tiempos del Buda, Angulimala. Los astrólogos indios decían que había nacido bajo una estrella que favorece a los ladrones. Movido por las mentiras y los celos de los que lo rodeaban, Angulimala se convenció de que su deber religioso requería que matase a miles de inocentes. Vivía en la espesura de los bosques de Jalini, y se convirtió en la figura más temida de su época, un espadachín que podía correr tan deprisa como un veloz caballo.

El Buda fue a su encuentro voluntariamente, a pesar de las advertencias de que no lo hiciera. Cuando Angulimala dio con él, los poderes mágicos del Buda impidieron que le diera alcance.

–¡Detente! ¡Detente! –gritó Angulimala.

–Yo ya me he detenido –respondió el Buda–. He detenido todo el daño que pueda causar a los seres vivos.

De algún modo, la ausencia de miedo del Buda fue suficiente para acabar con el hechizo de aquella destrucción desatinada. Entonces, el Buda le pidió a Angulimala que cortase la rama de un árbol. Cuando la hubo cortado, le dijo:

–Ahora vuelve a colocarla en el árbol –Angulimala reconoció que era incapaz de hacer eso, y entonces el Buda le explicó-: Tu poder es tan limitado que solo puedes destruir la vida. ¿Y qué hay del poder para preservar la vida?

Angulimala arrojó su espada y decidió hacerse monje, y llegó a convertirse en un discípulo respetado del Buda. Como Milarepa, ahora Angulimala es un santo muy venerado. La gran popularidad de estas historias habla de la necesidad universal de redención, de recuperar nuestra nobleza.

Dos veces al mes, en la luna llena y la luna nueva, los monjes y las monjas del monasterio del bosque hacen unas prácticas formales de confesión para liberarse de la conducta errónea del pasado. Suelen reunirse bajo la cúpula de los árboles para confesar sus errores, buscar la comprensión y pedir perdón. Toda confesión acaba con el compromiso de empezar de nuevo. Para las dificultades serias, se convoca a un consejo de diez o veinte ancianos que escuchan la confesión con compasión. Los ancianos prescriben prácticas de expiación y transformación para ayudar a los monjes y a las monjas a orientarse nuevamente en el camino.

En este sentido, una de las prácticas comunes que los psicólogos y maestros budistas utilizan para ayudar a sus estudiantes es la de escuchar sus confesiones. Cuando escuchamos sus faltas y su arrepentimiento, trabajamos con la compasión, el perdón y la liberación. Sabemos que ellos no son sus errores del pasado. A veces, los estudiantes revelan lo peor de sus acciones. Trabajamos sobre cualquier cosa que pese en nuestro corazón.

La confesión es una práctica necesaria en psicología. En 1974 formé parte del cuerpo docente fundador de la Universidad Budista de Naropa, en Boulder, Colorado. En el verano, la clase que tenía mayor audiencia, impartida por Ram Dass, trataba sobre los caminos que conducen a la liberación. Bajo la luna llena del mes de julio, más de mil estudiantes de la clase de Ram Dass se reunieron en las estribaciones de las Montañas Rocosas para llevar a cabo un ritual que duraría toda la noche. Los estudiantes y algunos de los profesores que acudimos comenzamos la noche cantando, rezando y meditando. En el centro de nuestro círculo había una enorme hoguera encendida en honor de la diosa india Kali. Esta diosa representa la destrucción, especialmente del falso sentido del yo, un proceso que conduce al nacimiento del espíritu indestructible.

En el transcurso de la noche se invitó a los estudiantes a que escribiesen en un papel cualquier dificultad de la que necesitasen liberarse, para ofrecerla al fuego de Kali. Antes de acercarse al fuego, tenían que leer el papel en voz alta a Ram Dass, que, situado a cierta distancia, escuchaba en silencio. A continuación recibían la bendición de este. A lo largo de la noche, uno a uno, los estudiantes fueron revelando sus más difíciles secretos y entregando después sus sufrimientos a las llamas para que estas los transformasen. Los que estábamos allí pudimos reconocer el alivio e incluso la alegría que se reflejaba en las caras cuando volvían. Al día siguiente, Ram Dass describió a sus colaboradores las grandes cargas depositadas en aquellos papeles. El dolor y el miedo se habían manifestado de cien maneras. La vergüenza asociada a temas sexuales era un tema común. Otros expresaban el modo en que se infravaloraban y juzgaban a sí mismos. Había culpa y arrepentimiento por errores del pasado. En todos los casos había una necesidad de perdonar y empezar de nuevo.

Este es el vigésimo segundo principio de la psicología budista:

22 El perdón es necesario y a la vez posible. Nunca es demasiado tarde para buscar el perdón y empezar de nuevo.

Debido a que Maha Ghosananda fue uno de los pocos monjes budistas veteranos que sobrevivió al genocidio camboyano, se le pidió que ayudase a reestablecer las tradiciones budistas. Maha Ghosananda eligió responder enseñando el perdón y la reconciliación a los cientos de miles de refugiados en los campos de Camboya. Después llevó el mensaje del perdón en una marcha por toda Camboya, para ofrecer su visión de amor a los desposeídos, a los que se encontraban destrozados y aterrorizados. También trabajó con las comunidades de camboyanos exiliados en Estados Unidos. Cuando llegaba, los refugiados de esa zona se reunían para ofrecer una gran comida comunitaria antes de recibir sus enseñanzas. Pero en las inmediaciones de los templos camboyanos de Estados Unidos surgieron algunos grupos violentos. Como explicaba Maha Ghosananda, las facciones enfrentadas de Camboya habían traído con ellos parte de la guerra a América.

En todos los templos, Maha Ghosananda ofrecía sus enseñanzas sobre la compasión a todos los que habían sufrido, no importaban en el bando en el que hubieran estado. Explicaba las palabras del Buda: «En la guerra, no hay vencedores». Hablaba uno a uno a los miembros traumatizados de la comunidad: a los ancianos, los jefes de las bandas juveniles, las madres, los hombres que podían haber cometido terribles acciones en Camboya. Escuchaba sus historias y confesiones, recitaba palabras de reconciliación, hablaba de la bondad innata y recomendaba prácticas de sanación. Y lo más importante, acogía a todas las personas en el amor y el aprecio. Les decía que no importaba lo que hubiera ocurrido, era posible empezar de nuevo. Transmitía tanto amor a todos, que por un tiempo no podían seguir manteniendo su antiguo sentido limitado del yo. Su corazón amoroso se convirtió en una piedra de toque para muchas de esas comunidades, la base para poder cimentar su redención.

Muchos norteamericanos aún viven con el trauma causado por nuestras guerras. Lloyd Burton, un veterano de la guerra de Vietnam y ahora maestro budista, utilizó la atención plena y la bondad para alcanzar la sanación. Ya incluí su historia en *Camino con corazón*, pero se trata de un relato tan elocuente y honesto, que quiero reproducirlo aquí también. Lloyd describe con sus propias palabras un retiro de meditación en el que encontró la redención por las terribles atrocidades que había presenciado siendo soldado.

> Había servido con el equipo médico de campaña en el Cuerpo de Marines, al comienzo de la guerra, en las provincias montañosas de la frontera de lo que entonces eran Vietnam del Norte y Vietnam del Sur. Nuestras bajas eran elevadas, como las de los aldeanos que atendíamos cuando las circunstancias lo permitían.
>
> Habían pasado ocho años desde mi regreso cuando hice mi primer retiro de meditación. Por lo menos con una frecuencia de dos veces por semana a lo largo de esos años había tenido las mismas fantasías recurrentes, comunes en muchos excombatientes: soñaba que regresaba y me enfrentaba a los mismos peligros, que era testigo del mismo sufrimiento sin medida, y, de repente, me desperta-

ba sudando y asustado. En el retiro, las pesadillas no se presentaron durante la noche, sino que llenaban mi imaginación durante el día, cuando meditaba sentado, durante las meditaciones caminando, en las comidas. Los horribles recuerdos de la guerra se mezclaban con la visión del tranquilo bosque de secuoyas del centro de retiro. Los cuerpos de los estudiantes dormidos se convertían en los cadáveres de una improvisada morgue de campaña. Poco a poco comprendí que, al revivir esos recuerdos como buscador espiritual a la edad de treinta años, estaba afrontando por primera vez todo el impacto emocional de unas experiencias que, como estudiante de medicina a la edad de veinte años, no estaba preparado para soportar.

Empecé a darme cuenta de que mi mente poco a poco iba liberando recuerdos tan terroríficos, tan repulsivos y tan espiritualmente devastadores que no había podido ser consciente de que aún estaban en mí. En resumidas cuentas, estaba empezando a sufrir una profunda catarsis al enfrentar abiertamente a lo que más había temido y, por tanto, a lo que más había reprimido.

Durante el retiro, también me asaltó un miedo muy habitual, el de que, al dar rienda suelta a los demonios de la guerra, sería incapaz de controlarlos y que entonces se apoderarían de mis días y mis noches. Pero lo que experimenté fue justo lo contrario. Las visiones de los amigos caídos y los niños desmembrados dieron paso paulatinamente a otras escenas recordadas a medias de esa época: la majestuosa belleza de la selva, los mil matices de verde, la fragante brisa de las playas, tan blancas y deslumbrantes que parecían cubiertas por alfombras de diamantes.

Lo que también surgió por primera vez en el retiro fue un profundo sentimiento de compasión hacia mi ser del pasado y del presente: la compasión por el joven idealista que deseaba ser médico, obligado a presenciar las inenarrables obscenidades que es capaz de cometer el ser humano, y por el excombatiente angustiado, incapaz de liberarse de los recuerdos que no podía reconocer que albergaba.

> Desde este primer retiro, la compasión me ha acompañado. Mediante la práctica y la relajación interna continuas, ha aumentado hasta incluir también, en ocasiones, a los que me rodean, cuando no estoy demasiado pendiente de mí como para impedirlo. Aunque los recuerdos han permanecido, no lo han hecho las pesadillas. Los últimos gritos, envuelto en sudor, se produjeron en silencio, totalmente despierto, en algún lugar del norte de California hace muchos años.

Todos necesitamos encontrar la manera de redimir nuestro pasado y recuperar nuestra nobleza. Nadie experimenta esta necesidad más activamente que aquellos que han cometido crímenes. En los últimos años he trabajado en distintos proyectos de meditación en prisiones que buscan cambiar el sistema penitenciario tan tremendamente destructivo. En el año 2003 convocamos al Dalái Lama a un encuentro con antiguos presidiarios que habían estado ayudando en los proyectos de meditación de prisiones. Muchos de ellos habían cumplido sentencias de más de veinte años. Queríamos el apoyo del Dalái Lama para el creciente movimiento de rehabilitación en las prisiones y para las personas que gracias a su coraje y su esfuerzo habían llegado a transformar sus vidas. Una de ella, Anita, era una mujer de treinta y nueve años cuya calidez y comprensión saltaba a la vista de inmediato. Hacía dos años que había salido de la cárcel tras cumplir una condena de catorce años por haber sido cómplice de un robo a mano armada. Anita describía la manera en que las personas se endurecían y desarrollaban un comportamiento territorial en las condiciones degradantes de las prisiones. Para estar seguras, las mujeres que se encontraban en las prisiones de máxima seguridad establecían rutinas y límites estrictos para compartir sus diminutas celdas. De vez en cuando, estas rutinas se veían perturbadas por la llegada de convictas que cumplían condenas de menos de un año y que, por la saturación de la cárcel, se veían obligadas a compartir celdas con presas que cumplían condenas largas. Estas presas de corta estancia suelen ser rechazadas e ignoradas.

Cuando Noni, una joven tranquila, llegó a la celda de Anita para pasar unos cuatros meses, esta se mostró cautelosa y reservada: «Allí puedes dejar tus cosas; puedes usar esta parte de la celda, y de aquí no pases». Durante muchos días, Anita observó a su compañera de celda que parecía enferma y deprimida, sentada en su cama sin apenas probar la comida. Luego esta empezó a vomitar, especialmente por la mañana. Al final a Anita se le ocurrió que su compañera debía estar embarazada. Pensó en ella y en el bebé. No le pareció bien que esa joven madre se muriese de inanición. Estaba haciendo daño a su hijo. No tardó en encontrarse consolando a Noni y escuchando toda la historia de su vida. Poco a poco empezó a sentirse más confiada y a protegerla y apoyarla, tratando de que se sintiera mejor y de que comiera. Se corrió la voz de que la joven estaba embarazada y las mujeres de todo el pabellón de celdas de máxima seguridad empezaron a ayudarla ofreciéndole comida y consuelo. El impulso compasivo hacia Noni y su hijo se extendió; hizo que todas las presidiarias se uniesen.

Algunos meses después de que Noni saliese de la cárcel, llegó la noticia de que su hija, Julia, había nacido sana. Anita recordaba la gran alegría de todas las presas, que se sentían las tías y las abuelas de Julia. La nueva vida había alcanzado el dolor que guardaban en sus celdas. Y más que ninguna, Anita fue la más afectada. En nuestro grupo explicó que la nueva vida que llevaba Noni dentro había derribado las barricadas de su corazón y la había llevado a iniciar una trayectoria de seis años hacia la sanación y la redención. Ahora, desde fuera, Anita trabajaba en un proyecto para ayudar a otras mujeres presas.

Después de haberse sentido tan endurecida, Anita descubrió una nueva vida en su interior. He podido ver esta nueva vida en los rostros de algunos hombres a los que he enseñado meditación en prisiones como la de San Quintín, quienes decían: «Hice algo realmente terrible y estúpido cuando tenía dieciocho años y me metí en las drogas. Ahora, con cuarenta y cuatro, un cuarto de siglo más tarde, ya no soy esa persona». Desde luego hay hombres en San Quintín que siguen siendo violentos, incluso psicópatas. Pero los psicópatas no solo están en las prisiones, también son dirigentes de los gobiernos en muchas partes del mundo. Por fortuna, muchos presos sí cambian, incluso en las duras condiciones de una prisión.

La transformación no es solo una promesa abstracta o idealista; es una posibilidad física real. Durante años, los científicos creyeron erróneamente que el desarrollo del cerebro y el sistema nervioso acababa a los veinte o veinticinco años. La neurociencia moderna ha reconocido la «neuroplasticidad», que coincide con lo que la psicología budista ha sabido durante milenios: incluso los adultos pueden cambiar. El cerebro y el sistema nervioso de los adultos crece y cambia a lo largo de la vida. Hasta el final, podemos ser transformados neurológicamente por cualquier práctica. No estamos limitados por el pasado.

La práctica del perdón

La psicología budista ofrece enseñanzas y prácticas específicas para la redención y el desarrollo del perdón. Al igual que la práctica de la compasión, el perdón no ignora la verdad de nuestro sufrimiento. Perdonar no es algo débil, exige valentía e integridad; sin embargo, solo el perdón y el amor pueden aportarnos la paz que anhelamos. Como explicaba el sabio indio Meher Baba, «El verdadero amor no es para los pusilánimes».

Todos hemos traicionado y hecho daño a los demás, del mismo modo que todos hemos sido consciente o inconscientemente dañados por ellos. En esta dimensión humana, esto resulta inevitable. A veces nuestras traiciones son pequeñas, otras veces terribles.

Para liberarnos de nuestro pasado es esencial que perdonemos y seamos perdonados. Perdonar no significa que aprobamos las malas acciones de otro. Podemos consagrar nuestra vida a evitar que eso vuelva a suceder. Pero sin el perdón, el mundo no podrá liberarse nunca de los dolores del pasado. Como alguien dijo una vez bromeando, «perdonar significa renunciar a toda esperanza de un pasado mejor». Perdonar es una manera de avanzar.

En la psicología budista, el perdón no se presenta como un precepto moral: «Debes perdonar». Se entiende como una manera de acabar con el sufrimiento, de aportar dignidad y armonía a nuestra vida. El perdón es fundamentalmente para nuestro propio bien, para nuestra salud mental. Es una forma de soltar el dolor que arrastramos. Esto puede apreciarse en la historia de dos exprisioneros de guerra que se encontraron después de muchos años. Cuando el primero preguntó «¿Has perdonado ya a los que te apresaron?», el segundo contestó: «No, nunca». «Entonces –replicó el primero–, eres aún su prisionero».

Para la mayoría de la gente, el trabajo de perdonar es un proceso. Al practicar el perdón, podemos atravesar etapas de tristeza, rabia, dolor y confusión. Cuando nos permitimos sentir el dolor que aún retenemos, el perdón llega como un alivio, una liberación por fin para nuestro corazón. Perdonando reconocemos que no importa cuánto hayamos sufrido, no dejaremos a otro ser humano fuera de nuestro corazón.

La práctica del perdón se desarrolla a través de la repetición paciente. Uno de mis maestros me indicó que hiciese durante cinco minutos la práctica del perdón hacia mí mismo y los demás dos veces al día durante seis meses, lo que significa 360 veces. Practicando con las pequeñas faltas, como tratar de forma desconsiderada a un amigo, una y otra vez pedía perdón internamente y me comprometía a actuar de manera más considerada.

Esta experiencia me animó, pero cuando intenté hacerlo con mi padre, el proceso fue mucho más difícil. Tardé muchos años en perdonar. Solo cuando estaba muriéndose fui capaz de mirar atrás y reflexionar sobre lo que me había ayudado a liberarme del sufrimiento de nuestra familia. Cuando a la edad de setenta y cinco años, diez años después de su primer infarto, mi padre estaba a punto de morirse por un fallo cardíaco congestivo, asustado y lleno de dolor, estuve sentado a su lado durante largos días y noches. Él seguía pidiéndome que me quedase con él. Como yo me había sentado en meditación con mis temores y mi dolor, no tenía miedo. Al haber meditado en cementerios y acompañado a personas en el momento de morir, pude ser para él la presencia estable que necesitaba. Ahora también sabía lo suficiente para no decirle de buenas a primeras que lo quería, pero también sabía que él podía notarlo.

Después de años de meditación, terapia y prácticas del perdón, había llegado a ese lugar. Había trabajado con mi rabia hacia mi padre y la tristeza y frustración del niño impotente y asustado que fui. Un día me vino la imagen del suelo amarillo de linóleo de la habitación del fondo, donde mi padre estaba pegando a mi madre. Yo quería pegarle a él y rescatarla. Me sentía mal por mi madre, pero a la vez estaba enfadado con ella por ser tan débil y por su connivencia con la arrogancia brutal de mi padre. Intenté liberarme de mi padre y de toda su violencia rígida y paranoica. Reviví las escenas nocturnas en las que sus ojos se volvían vidriosos, con una mirada de loco, mientras renegaba maldiciéndonos, pegándonos e hiriéndonos.

Mientras meditaba y lloraba, sentí el dolor de mi propio corazón cerrado y me pregunté cómo podría perdonarlo. Respiré e hice la práctica del perdón y conecté con su desdichada historia y con el miedo paralizador de mi madre. Lo vi como un joven adolescente cuando su padre murió. Tanto mi padre como el suyo estuvieron atrapados entre dos mujeres que se odiaban mutuamente: su controladora madre fríamente educada y su avara y rígida abuela. Vi la paranoia y el miedo de mi padre y lo difícil que debió haber sido para él sentir aquella rabia incontrolada. Vi sus actos inexcusables y el dolor que no sabía cómo abordar. Me ayudó a descubrir que mi propia rabia no era distinta de la suya. Aprendí a respetar la ira, la depresión, el cinismo y el humor que mis hermanos y yo habíamos usado para sobrevivir. Vi que no estábamos solos. Me sentí conectado a un millón de padres e hijos distanciados, a todas las generaciones de personas con heridas familiares, muchas de ellas mayores que la mía. Después, poco a poco, vi su lado creativo y amoroso, junto con su capacidad de hacer daño a aquellos a los que amaba, y, al final, su humanidad, la humanidad de todos. Y en los últimos días en el hospital, pude sentarme junto a él con toda su complejidad y perdonarlo.

Ahora, como maestro budista, guío a otros en el camino del perdón. Los hermanastros de Josh le habían estafado parte de su herencia. Él sabía que debido a su negligencia era cómplice también. Durante cinco años había intentado arreglar las cosas con ellos con muy poco éxito; sin embargo, llevaba el sufrimiento y la traición como una carga en su cuerpo. No había sido un meditador regular, pero, para liberarse del sufrimiento, empezó a hacer de manera sistemática la práctica del perdón. Sabía que la compasión y el perdón eran fundamentales para su bienestar. Al principio había una lucha en él, y le sugerí que cada vez que surgiera la amargura, prestase atención a su cuerpo. Podía sentir un bloque de tensión rígida que conocía bien en sus hombros y brazos y un dolor opresivo en el pecho. La aflicción y la rabia contenidas eran un signo doloroso. No quería vivir así. Aunque no consiguiese el dinero, no quería vivir odiando a sus hermanos. Josh sabía que tenía que soltar su rencor. Después de varios meses de práctica repetida, pudo conectar con el espíritu del perdón y, poco a poco, aprendió a soltar.

El perdón fue también importante para Meryl, una profesora universitaria de ciencias biológicas que trabajaba en proyectos de sostenibilidad ecológica en Centroamérica. En un retiro me contó que recientemente había seducido a una estudiante de doctorado y a otras dos jóvenes ayudantes de la investigación. Había mezclado sus necesidades afectivas con el buen trabajo que estaba haciendo, y su activismo se había convertido en una especie de autojustificación para esas relaciones. Meditando, todo eso se le hizo evidente. Meryl no se arrepentía de sus intentos de establecer una conexión afectiva, pero lamentaba profundamente el dolor y la traición que había provocado.

Le sugerí que escribiera todas esas historias. Al hacerlo pudo desahogarse. Luego le pedí permiso para leerlas, y cuando acabé volvimos a encontrarnos. Le pregunté qué creía que debíamos hacer a continuación. Sus ojos se humedecieron y dijo que deseaba pedir perdón. Le ofrecí el mío y le dije que tenía que entender conscientemente y sentir el impacto de sus acciones para comprometerse a no causar ningún daño. Decidió que escribiría a esas mujeres. Después tenía que encontrar la manera de perdonarse a ella misma para poder liberarse del pasado y soltarlo.

Incluso en casos extremos, las enseñanzas budistas aconsejan el perdón. En el *Dhammapada*, el Buda da una instrucción que combina la compasión con la valentía: «Si alguien te ha maltratado, te ha pegado, te ha robado, abandona tus pensamientos de ira. Pronto morirás. La vida es demasiado corta para vivir con odio». Siempre que perdonamos, ya sea en las pequeñas cosas de nuestro entorno como en los grandes asuntos entre naciones, nos liberamos del pasado.

Lissa creció con mucha vergüenza por ser pobre. Externamente intentaba superar eso trabajando mucho. Fue la primera de su numerosa familia en ir a la universidad, donde tuvo que luchar con sus sentimientos de inseguridad e inferioridad. Al terminar la carrera empezó a trabajar en el Departamento de Seguridad Pública de su ciudad. Dieciséis años más tarde, la destinaron a una comunidad agrícola cerca de la ciudad de Oxnard. Me contó: «Ahora que vivo en la ciudad, cuando voy a los cafés y veo las ropas anticuadas y los agricultores incultos, es tan fácil juzgarlos y sentirme diferente. Podemos ser distintos en la cultura y en cuestiones políticas, pero estas son las maneras falsas en las que nos separamos. Luego, cuando miro de verdad, quisiera desprenderme de mis juicios y estar con ellos, con nosotros.

»Mi padre era como ellos. Bebía demasiado. Con nosotras, las hijas, se enfadaba. Con sus hijos era terrible. Yo estaba desesperada por librarme de él, de nuestra familia. Pero mi vergüenza, ira y resentimiento siguieron conmigo. Cuando empecé en la práctica budista, me costaba quedarme quieta sentada. Al poco tiempo me di cuenta de lo triste que estaba, de cuánto dolor había en mi cuerpo. Intenté afrontarlo. Me sentía agradecida por las enseñanzas de la bondad y el perdón. Las hice dos veces al día durante dos años. Necesitaba perdonarme a mí misma por estar tan enfadada y avergonzada, y también perdonar a mi padre. Practicar el perdón fue como aprender a ponerme de pie y caminar y sentirme bien conmigo misma. Entonces pude regresar a casa, ver a mi familia, incluso a mi padre, sin sentirme tan herida. Siete años después mi padre enfermó, y no me costó volver. Fui testigo de su lento declinar hasta convertirse en un anciano debilitado en su cama. Sabía que lo amaba. Había perdonado a todos». Con la virtud y el perdón reparamos el mundo.

Práctica: meditación del perdón

Para practicar la meditación del perdón, siéntate de manera cómoda. Cierra los ojos y deja que tu respiración se vuelva natural y relajada. Deja que tu cuerpo y tu mente se relajen. Respira suavemente en la zona del corazón, siente todas las barreras que has erigido y las emociones que soportas por no haber perdonado, a ti mismo y a los demás. Siente el dolor de mantener tu corazón cerrado. Después respira con suavidad y empieza a pedir perdón, ampliándolo cada vez más, recitando las siguientes palabras, dejando que las imágenes y los sentimientos que aparezcan se hagan más profundos a medida que las repites.

Pedir perdón a los otros

Recita: *Hay muchas maneras en las que he herido y dañado a otros, los he traicionado y abandonado, causándoles sufrimiento, de modo consciente o inconsciente, movido por el dolor, el miedo, la ira y la confusión*. Recuerda y visualiza las maneras en las que has herido a otros. Siente el dolor que les has causado movido por tu propio miedo y confusión. Siente tu propio dolor y arrepentimiento. Finalmente date cuenta de que puedes liberarte de esta carga y pedir perdón. Observa en tu mente todos los recuerdos que aún llevas como un peso en tu corazón. Y con cada persona, repite mentalmente: *Te pido perdón, te pido perdón*.

Perdonarte a ti mismo

Recita: *Hay muchas maneras en las que me he herido y dañado a mí mismo. Me he traicionado y abandonado muchas veces con el pensamiento, la palabra o la acción, de modo consciente o inconsciente*. Siente qué maravilloso es tu cuerpo y tu vida. Contempla todas las maneras en las que te has hecho daño. Obsérvalas en tu mente y recuérdalas. Siente el dolor que arrastras por ello y date cuenta de que puedes liberarte de esas cargas. Lleva el perdón a todas ellas, incluyéndolas una a una. Repítete: *Por todas las formas en las que me he hecho daño a través de la acción o la falta de acción, movido por el miedo, el dolor y la confusión, ahora me perdono completamente desde el corazón. Me perdono, me perdono*.

Perdonar a los que te han hecho daño

Recita: *Hay muchas maneras en las que otros me han hecho daño, me han maltratado o abandonado, de modo consciente o inconsciente, con el pensamiento, la palabra o la acción*. Observa en tu mente y recuerda estas muchas maneras. Siente el dolor que arrastras de este pasado y date cuenta de que puedes soltar esa carga ofreciendo el perdón cuando tu corazón esté preparado. Ahora di para ti mismo: *Recuerdo las muchas maneras en las que otros me han hecho daño, movidos por el miedo, el dolor, la confusión y la ira. He llevado este dolor en mi corazón demasiado tiempo. Te ofrezco mi perdón hasta el punto en que ahora estoy preparado. A los que me han hecho daño, les ofrezco mi perdón, te perdono.*

Repite amablemente estas instrucciones del perdón hasta que sientas una liberación en tu corazón. Para los grandes dolores, es posible que no sientas ninguna liberación, sino solo la carga y la angustia o la ira que hay dentro de ti. Contacta suavemente con eso. Perdónate por no estar preparado aún para soltar y avanzar. El perdón no puede forzarse; no puede ser algo artificial. Simplemente continúa con estas prácticas y deja que las palabras y las imágenes actúen poco a poco. Con el tiempo podrás convertir la meditación del perdón en una práctica regular de tu vida, soltando el pasado y abriendo tu corazón a cada nuevo momento con una sabia bondad.

22. El *bodhisattva*: cuidando al mundo

Las enseñanzas del Buda surgieron en la India como una fuerza espiritual contra la injusticia social, contra los ritos supersticiosos degradantes, las ceremonias y los sacrificios; denunciaban la tiranía del sistema de castas y abogaban por la igualdad de todos los hombres; emanciparon a las mujeres y les dieron la libertad espiritual.

WALPOLA RANULA. *Lo que Buda enseñó*

Los que dicen que la espiritualidad no tiene nada que ver con la política no saben lo que significa realmente la espiritualidad.

MAHATMA GANDHI

Lauren empezó a practicar la meditación budista para aliviar la sobrecarga y el estrés de sus ocho años de intenso trabajo en la defensa de los derechos de las mujeres en el ámbito internacional. Pero también deseaba tener un hijo y sabía que necesitaba más equilibrio en su vida. Se debatía entre ir a Indonesia, donde había estado trabajando, o quedarse en San Francisco. Las necesidades externas del mundo le parecían demasiado apremiantes. A Lauren le preocupaba la seguridad de sus jóvenes colegas feministas musulmanas, pero su compromiso con ellas estaba en conflicto con su creciente deseo de convertirse en madre.

Durante un retiro de diez días, el poder de estas dos polaridades se convirtió para Lauren en una especie de koan. Un verdadero koan no puede ser resuelto por la mente racional. Como dice un proverbio zen, es como tener una bola de hierro caliente en la garganta: demasiado caliente para tragarla, demasiado caliente para sacarla. ¿Qué hacer? Lauren estuvo practicando durante días la meditación sentada y caminando, a ratos sintiendo la frustración, a ratos llorando. Poco a poco su mente se calmó, sus límites empezaron a disolverse, su presión a debilitarse. Una mañana vino a verme temprano, bastante excitada. «Estaba atrapada pensando en todo esto de manera equivocada. No estoy separada del mundo que quiero ayudar. ¡Somos lo mismo!».

Lauren sonreía con ternura. Me explicó que al principio le parecía que tener un hijo era algo egoísta. Siempre había sentido que hacía las cosas mal, que no hacía suficiente. Sintió que la invadían oleadas de dolor y un sentimiento de vergüenza e infravaloración asociado a su familia. Después se dio cuenta de que sus intentos de salvar al mundo eran principalmente una manera de sentirse mejor con ella misma. Comprender esto le hizo sentirse avergonzada, pero la práctica de la bondad le permitió suavizar su juicio contra ella misma. Poco a poco, su cuerpo y sus sentidos se abrieron al musgo de los árboles, a la tierra empapada por la lluvia, a las ranas de la primavera, al bosque de robles, al cervatillo recién nacido, a todas las generaciones de hijos de todas las madres. Supo que podía crear una familia y también ofrecer su trabajo al mundo. Lo supo de un modo radical, certero e indiscutible: experimentó su conexión con la vida y el koan se derrumbó. Al cuidar su propia vida, podía cuidar también del mundo; al cuidar del mundo, podía cuidar también de ella misma.

Como Lauren, muchos de nosotros lidiamos con la manera de responder al sufrimiento del mundo. ¿Qué podemos hacer frente a la pobreza, la enfermedad, la guerra, la injusticia y la destrucción medioambiental? Es fácil desesperarse con la avalancha de noticias que recibimos sobre el mundo y volverse cínico o insensible. Nuestras psicologías tienden a tratar esto como un problema personal, pero no lo es. Todos estamos afectados por el sufrimiento del mundo y necesitamos encontrar una manera de trabajar con él. Este es un problema apremiante para nuestra psicología. El enfoque budista de este sufrimiento colectivo es afrontarlo. Entendemos que la felicidad y el sentido genuinos provienen de atender el sufrimiento. Podemos superar nuestra desesperación ayudando a otros a superar la suya.

Al escuchar esto, podemos sentirnos abrumados. O, como Lauren, podríamos confundir nuestra respuesta con la culpa, la desvalorización y la necesidad de sanación personal. Sin embargo, aunque podamos estar confundidos en cuanto a nuestra motivación, tenemos que responder. Y podemos hacerlo. Es sencillo. Todos podemos contribuir a la cordura de este mundo. Podemos cuidar de nosotros mismos y cuidar a otros. Al hacerlo, descubrimos el papel del *bodhisattva*.

El *bodhisattva*

El problema del mundo es que dibujamos
nuestro círculo familiar demasiado pequeño.
MADRE TERESA

Bodhisattva es la palabra sánscrita que se usa para referirse a un ser consagrado al despertar y a actuar en beneficio de todos los seres vivientes. El camino del *bodhisattva* es una de las prácticas budistas más radicales y poderosas. Es radical porque establece que la felicidad se alcanza cuando se atiende al bienestar de los demás tanto como al propio. Nuestra mayor felicidad está conectada con el bienestar de los demás.

El camino del *bodhisattva* contrasta notablemente con los sistemas habituales de terapia occidentales que reflejan tan a menudo el individualismo de nuestra cultura. Todo se centra en mí: mis miedos, mi neurosis, mi felicidad, mis necesidades, mis límites. Podemos encontrarnos tan atrapados en nuestros dramas que lleguemos a detener nuestro crecimiento. La introspección concentrada puede ser valiosa durante un tiempo, pero nosotros no queremos quedarnos aquí. Los terapeutas hablan de que llega un momento en que los pacientes se hartan de hablar de ellos mismos, lo que es realmente un buen signo. Significa que estamos yendo más allá de la identificación con nuestro sufrimiento personal. Estamos preparados para cuidar de un mundo mayor que el nuestro.

Toda tradición de sabiduría nos dice que el sentido y la felicidad para el ser humano no pueden encontrarse en el aislamiento, sino en la generosidad, el amor y la comprensión. El *bodhisattva*, sabiendo esto, se manifiesta en miles de formas, desde el amor de una madre a la ciudadanía global. Los meditadores a menudo recitan los votos del *bodhisattva* cuando se sientan a meditar, ofreciendo cualquier beneficio de su práctica para los demás: «Los seres vivientes son incontables; hago el voto de llevar la liberación a todos». Como en el juramento hipocrático, el voto de cuidar a los enfermos que hacen todos los médicos, el *bodhisattva* se compromete a cuidar del bienestar de todos. De un modo poético, el Dalái Lama hace los votos del *bodhisattva* basándose en las palabras de Shantideva, el venerado sabio del siglo VI:

Que pueda ser un guardián para los que necesitan protección,
una guía para los que caminan,
un bote, una balsa, un puente para los que desean atravesar un río.
Que pueda ser una luz en la oscuridad,
un lugar de reposo para los que están agotados,
una medicina sanadora para todos los que están enfermos,
una vasija de abundancia, un árbol de milagros.
Y para las innumerables multitudes de seres vivientes,
que pueda aportarles el sustento y la iluminación
perdurables como la tierra y el cielo,
hasta que todos los seres se liberen del sufrimiento
y todos estén despiertos.

Psicológicamente, resulta sorprendente decir esto. ¿Significa que voy a ir por ahí salvando a los seis mil millones de seres humanos y los billones de otros seres vivos? ¿Cómo voy a hacerlo? Cuando pensamos en ello desde nuestro sentido limitado del yo, es imposible. Pero cuando ponemos la intención desde el corazón, lo entendemos. Este voto implica una dirección, un propósito sagrado, una declaración de sabiduría, una ofrenda, una bendición. Cuando vemos el mundo desde la mirada de un *bodhisattva*, no hay yo y otros, sino solo nosotros.

El Dalái Lama representa una fuente de amor y fortaleza para los millones de tibetanos oprimidos. Su imagen se lleva en secreto y se oculta en muchos altares sagrados, y él los bendice y alienta desde lejos. Pero el Dalái Lama no es el único que apoya a otros con sus votos de *bodhisattva*. Todos los que cuidan de nosotros nos apoyan de maneras que trascienden el tiempo y el espacio. James Hillman, el psicoanalista jungiano, ha descrito la grave situación del disidente chino Liu Qing, que fue arrestado como activista por la democracia y recluido en prisión durante once años, obligado por sus guardianes a permanecer en silencio todo ese tiempo. Si se movía o hablaba, le pegaban. Para que lo dejasen libre no era necesario que implicase a otros, solo tenía que firmar una declaración diciendo que había cometido «errores en su forma de pensar», admitir que sus ideas estaban equivocadas. Sorprendentemente, Liu no firmó. Más tarde explicó que, a lo largo de esos once años, cada vez que flaqueaba veía las caras de su familia y amigos ante él y sabía que no podía traicionar su confianza. Pensar en aquellos que le querían era un sustento para él.

«No estamos separados, somos interdependientes», declara el Buda. Incluso el ser humano más independiente fue alguna vez un niño indefenso que tuvo que ser cuidado por otros. Ajahn Buddhadasa enseñaba a hacer una contemplación diaria de interdependencia a todos los que estaban en su templo del bosque. Con cada respiración intercambiamos dióxido de carbono y oxígeno con el arce y el roble, el cerezo y la secuoya de nuestra biosfera. Cada día, el alimento que nos nutre nos conecta con los ritmos de las abejas, las orugas y los rizomas; conecta nuestro cuerpo con la danza conjunta de incontables especies de plantas y animales. Nada está separado. El biólogo Lewis Thomas explica: «En este planeta, con este tipo de biosfera, la fuerza impulsora de la naturaleza es la cooperación [...]. La estrategia más ingeniosa y original de la naturaleza, y quizá la más significativa en cuanto a determinar los grandes hitos de la evolución, es la simbiosis, que se trata simplemente del comportamiento cooperativo llevado al extremo».

A menos que entendamos esto, nos sentiremos divididos entre cuidar de nosotros y atender los problemas del mundo. El ensayista E.B. White escribió: «Me levanto por la mañana dividido entre el deseo de salvar al mundo y el deseo de saborearlo». La psicología de la interdependencia nos ayuda a resolver este dilema. A través de la meditación descubrimos que la dualidad de interior y exterior es falsa. Por eso, cuando Ghandi fue elogiado por toda su labor en la India, comentó: «No lo hago por la India, lo hago por mí mismo».

Este es el vigésimo tercer principio de la psicología budista:

---

23 No hay separación entre dentro y fuera, entre yo y los otros. Cuidando de nosotros mismos, cuidamos al mundo. Cuidando al mundo, cuidamos de nosotros mismos.

Una vida de equilibrio: olvida las noticias

De alguna manera, el espíritu del *bodhisattva* se celebra en todas las culturas. Veneramos las figuras de san Francisco y de Kwan Yin y nos sentimos inspirados por el trabajo del médico

Albert Schweitzer en África y el de Dorothy Day, la fundadora del Movimiento de los Trabajadores Católicos. Pero la manera de actuar de un *bodhisattva* no requiere que nos convirtamos en un monje como san Francisco ni que trabajemos en África central como Albert Schweitzer. Se basa en la verdad de que podemos transformar nuestras circunstancias en una vida de servicio interior y exterior. Para hacer esto sin sentirnos abrumados, el *bodhisattva* crea una vida de equilibrio.

Esto es algo sumamente práctico. Si queremos actuar con sabiduría en el mundo, el primer paso es aprender a calmar la mente. Si nuestras acciones surgen de la ira, el apego, el miedo y la agresividad, perpetuarán los problemas. ¿Cuántas revoluciones han derrocado regímenes opresores para luego convertirse en los nuevos opresores? Solo cuando nuestras mentes y nuestros corazones sean pacíficos podremos esperar que la paz se manifieste en las acciones que realizamos.

Para comprender esta integración de lo interno y lo externo, podemos observar de nuevo la vida de Gandhi. Incluso durante los años más turbulentos, cuando estaba desmantelando el control del Imperio británico sobre la India, Ghandi pasaba un día a la semana en silencio. Meditaba para poder actuar a partir de los principios de la interdependencia, sin causar ningún daño a sí mismo y a los demás. No importaba lo apremiante y urgente que fuese la situación política, el día que pasaba en silencio le permitía calmar su mente y escuchar las intenciones más puras de su corazón.

Si quieres vivir una vida de equilibrio, empieza ahora. Olvida las noticias, medita, pon música de Mozart, camina entre los árboles o las montañas y empieza a crearte una zona de paz. Cuando vuelvo de un largo retiro o de viajar durante meses, me sorprende que las noticias sean tan parecidas a las que escuché al irme. Ya conocemos el argumento, conocemos los problemas. Olvida la noticia de última hora. Escucha más profundamente.

El maestro zen Thich Nhat Hanh explica de qué manera esta

calma interior es útil para la vida política: «Si todos se hubieran dejado llevar por el pánico cuando las balsas llenas de refugiados que huían del Vietnam tenían que hacer frente a las tormentas y los piratas, habrían estado perdidos. Pero bastaba con que una sola persona de la balsa permaneciese en calma. Ella podía enseñar a todos la manera de sobrevivir». Cuando reaccionamos a la inseguridad y el terrorismo con miedo, empeoramos el problema, creamos una sociedad atemorizada y atrincherada, convertimos América en una fortaleza. En vez de eso, podemos usar el coraje y la compasión para responder con calma, tanto con la acción prudente como con el corazón audaz.

Calmar nuestra mente es un acto político. El mundo no necesita más petróleo ni más energía ni más comida; necesita menos codicia, menos odio, menos ignorancia. Aunque hayamos adoptado la amargura y el cinismo político que existe externamente, podemos detenernos y empezar a sanar nuestro propio sufrimiento y nuestro miedo con compasión. A través de la meditación y la transformación interior, podemos hacer de nuestros propios corazones un lugar de paz e integridad. Cada uno de nosotros sabe cómo hacer esto. Como Gandhi reconoció, «No tengo nada nuevo que enseñar al mundo. La verdad y la no violencia son tan antiguas como las montañas». Para afrontar nuestras dificultades personales y colectivas, podemos invocar nuestra nobleza y nuestra firmeza interior.

Afrontar la verdad

Una vez hemos aprendido a calmar la mente, el segundo paso del *bodhisattva* es ver la verdad. Podemos volver nuestra mirada hacia las dificultades del mundo y dejar que brille la luz del entendimiento. Ajahn Chah decía: «El enemigo es la ilusión». La ilusión culpa a los demás, crea enemigos y fomenta la separación.

Lo cierto es que no estamos separados. La guerra, la injusticia económica, el racismo y la destrucción medioambiental surgen de la ilusión de separación. Es la ilusión la que nos separa de otras tribus humanas y de los árboles y de los océanos de este planeta cada vez más mermado. Cuando miramos de verdad, también podemos ver que ningún avance científico o material podrá resolver por sí solo nuestros problemas. Los nuevos sistemas de comunicación informáticos, los nuevos combustibles y los avances biológicos pueden fácilmente dirigirse a crear nuevas armas, a exacerbar los conflictos o a acelerar la degradación medioambiental. Los cambios económicos y políticos fracasarán a menos que encontremos una manera de transformar nuestra conciencia. Es una ilusión que la codicia y la explotación sin límites, el odio y la guerra nos protegerán de alguna manera y nos aportarán felicidad.

Hace más de medio siglo, el presidente Dwight Eisenhower, que había sido el comandante supremo de las tropas de los aliados durante la Segunda Guerra Mundial, hizo un memorable discurso antes de dejar su cargo. El militar más respetado mundialmente se pronunció contra la locura y el crecimiento desenfrenado de la industria armamentista en todo el mundo: «Cada fusil que se fabrica, cada buque de guerra que se bota, cada cohete que se dispara, en definitiva representa un robo a los que tienen hambre y no tienen qué comer, a los que tienen frío y no tienen con qué abrigarse. Este mundo armado no solo derrocha dinero, también derrocha el sudor de sus trabajadores, el talento de sus científicos, las esperanzas de sus niños... Esta forma de vivir no tiene ningún sentido verdadero. Bajo la nube de una amenaza de guerra, la humanidad está clavada en una cruz de hierro».

El presidente Eisenhower también habló del inmenso coste del complejo industrial-militar, que, al igual que el complejo industrial-penal y el complejo política exterior-poder, elige el poder y la explotación antes que la compasión. Debemos aprender que esto no nos dará seguridad. El bienestar colectivo surge cuando gobernamos con sabiduría y bondad en vez de con temor. Como dijo el Buda: «Los seres humanos deben evitar causar daño a otros seres y no permitir que sus acciones se basen en el odio y la codicia», lo que parece una referencia directa a los tiempos actuales. «Deben abstenerse de matar, de robar. Deben evitar los trabajos que traen sufrimiento, el comercio de armas, las acciones que provocan la esclavitud de otros». Con estas palabras no estaba dictando un código religioso, estaba proporcionando una psicología social para la felicidad de las personas y de los colectivos.

Al afrontar la verdad, el *bodhisattva*, de manera voluntaria, está presente compasivamente ante nuestro sufrimiento personal y colectivo. El poder de esta presencia se reveló frente a un mundo lleno de estupor cuando la Comisión para la Verdad y la Reconciliación de Sudáfrica dio a conocer públicamente durante más de dos años los relatos de los perpetradores y las víctimas de crímenes. Revelar la verdad de los muchos actos destructivos cometidos durante el *apartheid* no promovió el odio ni las represalias, sino que trajo de algún modo la sanación y la calma al sufrimiento de la nación. Este es un ejemplo de que el poder de la verdad permite que una comunidad se reconstruya después de tanta devastación. El reverendo Bongani Finca fue uno de los quince comisionados encargados de coordinar las declaraciones. Él describe que, a pesar de las atrocidades y la crueldad del pasado, las víctimas y los supervivientes deseaban encontrar la reconciliación: «Recuerdo que escuché el testimonio de la hija de uno de los cuatro hombres asesinados en Cradock, una joven de 16 años. Ella dijo: "Quiero perdonar. Pero no sé a quién perdonar. Si pudiera saber quién hizo qué a mi padre, podría perdonar". Este fue un testimonio conmovedor de una joven de la que podría esperarse que, a esa edad, estuviese resentida, pero no había ningún resentimiento en ella. A menudo, las actitudes y las respuestas de las víctimas en la Comisión de la Verdad eran asombrosas. Esto es un signo de que la gente que ha sufrido muchísimo, por alguna extraña razón, se vuelve muy generosa de espíritu».

Al final, la verdad desnuda saldrá a la luz. Será susurrada en los callejones, proclamada por los poetas, guardada en los corazones de todos los que se interesan por los demás. Martin Luther King dijo: «Todavía creo que defender la verdad pacíficamente es lo más grande del mundo. Este es el objetivo de la vida. El objetivo de la vida no es alcanzar el placer y evitar el dolor. El objetivo de la vida es hacer la voluntad de Dios, pase lo que pase». Estas palabras describen el poder moral y psicológico que se aparta de la ilusión y nos conduce a la verdad.

Visualizar la liberación y la justicia

Después de calmar la mente y afrontar lo que es verdad, el paso siguiente del camino del *bodhisattva* es visualizar la liberación del sufrimiento para nosotros mismos, la comunidad y el mundo. Visualizar tiene un enorme poder. Con nuestra visión e imaginación podemos ayudar a crear el futuro. Visualizar determina nuestra orientación, moviliza nuestros recursos, hace posible lo no manifiesto. La visión del *bodhisattva* es el paso necesario para la transformación del mundo. Debemos proyectar con valentía la visión de un mundo donde los niños sean atendidos y alimentados adecuadamente, donde, en vez de en una carrera armamentista nuestros esfuerzos creativos se enfoquen en la resolución de los conflictos. Debemos darnos cuenta de que las personas de todas las castas, tribus, razas y tendencias deben ser tratadas con igual respeto y oportunidades.

En los textos budistas, el *bodhisattva* Vimalakirti es una figura poderosa que ejemplifica esta valentía. Se trata de un ser sabio que, de forma deliberada, va en busca de las dificultades del mundo y se transforma mágicamente para enseñar allí donde haga falta. Vimalakirti se convierte en enfermo para enseñar a los profesionales de la salud de los hospitales cómo practicar el camino del despertar en su trabajo. Entra en los mercados como un hombre de negocios y en las tabernas, para beber. Cuando cuida de los demás, demuestra que la felicidad y la libertad son posibles para todos los que encuentra. Utiliza cada circunstancia como el lugar perfecto para enseñar el camino del despertar.

El budismo no se debe confundir con apartarse del mundo. Las enseñanzas budistas sobre la sociedad sabia y el liderazgo sabio se enseñan desde la infancia en todo el mundo budista. En cientos de cuentos populares, el Buda a menudo aparece en sus vidas anteriores como un príncipe o como un animal. En una historia, el futuro Buda nace como un rey de los ciervos que ofrece noblemente su vida al rey de los seres humanos para salvar a una cierva embarazada que ha sido cazada. Su gesto emociona tanto al rey de los seres humanos que prohíbe la caza del ciervo y de otros animales del bosque en todo el reino. En otra historia, el futuro Buda nace como un pequeño loro que intenta salvar a los animales de un incendio en el bosque. Tras llenar sus alas con agua del río, se adentra en las llamas en busca de sus aterrorizados amigos y vierte el agua sobre ellos. Su valentía conmueve al dios de la lluvia, que deja caer sus lágrimas, apagando las llamas y rescatando a todas las criaturas de una muerte atroz. Los niños que se educan en la cultura budista escuchan miles de veces estos venerados cuentos sobre el liderazgo sabio.

En un nivel más sofisticado, la psicología budista enseña la manera en que la práctica de la atención plena, la integridad, la generosidad y el respeto pueden crear una sociedad sana. Desde las escuelas de las aldeas hasta las reuniones de la comunidad, las prácticas budistas de la palabra correcta, la acción correcta y la vida correcta fomentan la ética y la armonía.

Los templos budistas son un ejemplo de esta psicología; se encuentran entre las instituciones sociales más antiguas del mundo.

A lo largo de dos mil años, los templos han actuado como centros de educación y para ofrecer servicios, han brindado su ayuda a los gobernantes de la comunidad, a los proyectos y organizaciones sociales y como mediadores en las disputas. Los habitantes de los pueblos acuden a los monasterios para que les recuerden la manera de vivir de un modo saludable, y toda la sociedad se nutre y beneficia con el ejemplo de los monjes y monjas. En la actualidad, con la crisis medioambiental en el sudeste asiático, los monjes de Birmania y Tailandia han convertido sus monasterios del bosque en santuarios para los animales salvajes, para ayudar a preservar a los pocos tigres quedan. Los monjes y monjas de Camboya se ocupan de atender centros de tratamiento de adicciones y hospitales para enfermos de sida. En Tailandia envuelven los árboles más antiguos con sus hábitos, para «ordenarlos» y salvar miles de acres de la deforestación.

Incluso cuando aparecen los conflictos en un monasterio, se abordan como una práctica. Hay consejos de reconciliación, votos de no causar daño, entrenamientos para escuchar con atención plena y métodos formales de confesión, arrepentimiento y liberación. Tanto la obra de Gandhi como la de Martin Luther King se basan en estos principios, en la *ahimsa* –en no causar daño–, como un camino para la felicidad.

El Buda aplicó esos principios directamente. Denunciando el sistema de castas, creó una sociedad alternativa basada en un respeto igualitario para todos los seres humanos. En una ocasión, el rey de una región envió a su primer ministro para que el Buda le aconsejase sobre la posibilidad de iniciar una guerra contra los vajjianos. El Buda respondió con una serie de preguntas:

–¿Se reúnen los vajjianos de manera regular y frecuente en asambleas?

–Sí, señor.

–¿Honran a sus ancianos y sus sabias costumbres?

–Sí, señor.

–¿Cuidan a los más vulnerables, a los niños y a las mujeres?

–Sí, señor.

–¿Respetan los santuarios de la naturaleza y los lugares sagrados y escuchan con respeto a sus conciudadanos y a sus vecinos?

–Sí, señor.

–Entonces, los vajjianos pueden esperar la prosperidad y no la decadencia. Cualquier sociedad que haga esto –explicó el Buda– puede esperar la prosperidad en vez de la decadencia.

El ministro regresó con estas palabras y el rey decidió abandonar sus planes de guerra.

Nosotros podemos aprender mucho de esto. Si nos reunimos con armonía y respeto, cuidamos a los más vulnerables, protegemos el medioambiente y respetamos a nuestros conciudadanos y vecinos, avanzaremos y prosperaremos. La sociedad estable y fuerte surge de la generosidad mutua, no de las grandes desigualdades. Estas enseñanzas son sorprendentemente modernas. En los Discursos Largos, el Buda dice que la pobreza engendra el robo, la violencia y otros delitos. Afirma que el castigo no es suficiente para acabar con la delincuencia. Enseña que hay que transformar las causas: «Las condiciones económicas del pueblo deberían mejorarse: los campesinos deben poder disponer de semillas de calidad y otras ayudas agrícolas, se debe apoyar a los comerciantes y pagar salarios adecuados a los trabajadores. Cuando el pueblo disponga de esos recursos, estará satisfecho, y en el país habrá paz y no se cometerán delitos». Esta no es una visión idealista. Es una manera práctica de restablecer la felicidad.

Cuidar del mundo

En algún lugar guardo una foto de la portada del *Manila Times* de 1967. Yo estaba realizando la formación de las Peace Corps en el Hospital de San Lázaro en Filipinas. En la foto se me ve solo ante la embajada de Estados Unidos sosteniendo un símbolo grande de la paz en una manifestación de un solo hombre contra la guerra de Vietnam. Ese día tuvo lugar una enorme concentración contra la guerra en Washington y yo también quise participar. Pensé que sabía lo suficiente sobre Vietnam para comprender que estábamos equivocados al intervenir, que tan solo estábamos perpetuando los errores cometidos por los colonialistas franceses antes que nosotros. Los primeros años en los que viajé por Tailandia, Laos y Vietnam reforzaron esta visión, a la que también contribuyeron muchos de los soldados con los que hablé.

Desde luego, la realidad resultó ser más compleja de lo que yo creía. Más tarde conocí a personas que habían sufrido horriblemente bajo los comunistas de Vietnam del Norte, que habían sido apaleadas en espantosos campos de concentración y torturadas por represalias ideológicas. También conocí a muchos que habían perdido a sus familiares y sufrido terriblemente bajo el régimen survietnamita de Diem. Tomados de uno en uno, todos tenían una historia convincente. Querían que los entendieras y te pusieras de su lado. Lo que es seguro es que no hay respuestas presuntuosas. Ahora abordo el activismo con una comprensión totalmente diferente. Intento respetar a todos los implicados. No estoy tan aferrado a mi postura. En vez de buscar chivos expiatorios, en vez de considerar a algunas personas como equivocadas y a otras como las que están en lo cierto, veo el sufrimiento que generan las poderosas energías de la ilusión y la ignorancia. Cuando actúo, no quiero añadir mi propia arrogancia o agresividad a nuestros conflictos.

Cuando el maestro zen Thich Nhat Hanh se declaró a favor de la paz en Vietnam en los años sesenta, comprendió que la verdadera paz solo se desarrollaría construyendo escuelas y hospitales, no tomando partido por nadie. En su libro *El loto en un mar de fuego*, describe cómo el Movimiento para el Servicio de los Jóvenes Budistas, que él ayudó a fundar, decidió apoyar a todos, sin que importase su orientación política. Martin Luther King se sintió tan inspirado por esta obra que nominó a Thich Nhat Hanh para el premio Nobel de la Paz. Pero en Vietnam, como los jóvenes budistas se negaron a jurar lealtad tanto a un bando como al otro, fueron considerados por ambos como una amenaza. «Si no estás con nosotros, estás con el enemigo». Muchos de los jóvenes budistas fueron asesinados en uno y otro lado. A pesar de estas muertes, Thich Nhat Hanh y los suyos continuaron su trabajo. Un *bodhisattva* se compromete a sanar el sufrimiento sin inmutarse por el éxito o el fracaso externo.

Una de las historias de la vida del Buda trata sobre las hostilidades entre los países vecinos de Magadha y Kapilavatthu, donde vivía el clan Shakya, al que pertenecía el propio Buda. Cuando el pueblo shakya comprendió que el rey de Magadha estaba planeando atacar, imploró al Buda que interviniera para mediar la paz. Él accedió. Pero, a pesar de sus muchas propuestas para la paz, el rey de Magadha no quiso escucharlas. Su mente no se aplacó y finalmente decidió atacar.

Así que el Buda salió solo y se sentó a meditar bajo un árbol muerto a un lado del camino que conducía a Kapilavatthu. Cuando el rey de Magadha pasó con su ejército, vio al Buda meditando bajo el árbol muerto a pleno sol. Entonces le preguntó:

–¿Por qué meditas bajo este árbol muerto?

–Porque incluso debajo de este árbol muerto tengo frío –respondió el Buda–, porque se encuentra en mi bello país natal.

Esta respuesta tocó el corazón del rey. Reconociendo el compromiso y la dedicación que los shakyas habían demostrado hacia su tierra, volvió a su país con su ejército. Más tarde, sin embargo, el mismo rey fue de nuevo incitado a la guerra. Esta vez, el Buda Shakyamuni no pudo detener el conflicto y el ejército de Magadha destruyó Kapilavatthu.

No podemos controlar el resultado de nuestras acciones. Sin embargo, podemos volver nuestra mirada hacia el mundo, plantar buenas semillas y confiar en que, al final, darán su fruto. En cualquier circunstancia en que unas pocas personas se comprometen con la idea de una humanidad libre y justa, la transformación puede tener lugar, a pesar de los más grandes obstáculos. En *Enterrad las cadenas*, de Adam Hochschild, se cuenta la historia de una increíble transformación. El relato de Hochschild empieza en 1787, con la reunión de una docena de hombres en una imprenta de Londres para reflexionar sobre los males de la esclavitud. El comercio de esclavos en el Caribe sostenía la economía de todo el Imperio británico, pero estos hombres eligieron proyectar la visión de un imperio sin esclavos. El principal protagonista fue Thomas Clarkson, que se unió a un pequeño grupo formado por otros fervorosos abolicionistas, especialmente cuáqueros, para cambiar la visión de la esclavitud en la sociedad.

Estos pocos hombres empezaron una larga y premeditada campaña. El mismo Clarkson recorrió a caballo 30.000 millas por toda Inglaterra durante años para llevar a cabo esta tarea. Trajo algunos esclavos instruidos y que sabían expresarse bien para que hablasen de los horrores de su experiencia en los salones y lugares de reunión. En 1833, este pequeño grupo logró que el parlamento aprobase una ley declarando ilegal la esclavitud en el Imperio británico, lo que a la vez catalizó el proceso para acabar con la esclavitud en todo el mundo.

Hochschild cuenta que los cuáqueros de esa época se negaron a quitarse el sombrero ante el rey Jorge o ante cualquier otro rey que no fuese Dios. Pero cuando Clarkson murió, incluso los cuáqueros se quitaron el sombrero para rendir homenaje a lo que había hecho por la humanidad.

Lo único que nos limita es nuestra imaginación. Sí, siempre habrá una sombra. Sí, la codicia y el miedo y la ignorancia formarán parte de nuestra psique, pero podemos encontrar maneras de vivir con sabiduría. Para el *bodhisattva*, cuidar a la familia, dirigir de manera consciente una empresa o trabajar contra la injusticia son maneras en las que se puede contribuir a la estructura común a todo. Todos podemos sentir esa posibilidad. Los seres humanos podemos vivir con más compasión, cuidándonos más unos a otros, con menos prejuicios, racismo y temor. Hay maneras sabias de resolver los conflictos que nos esperan en nuestras manos y nuestros corazones.

Práctica: votos del *bodhisattva*

Reflexiona sobre la posibilidad de hacer los votos del *bodhisattva* y llevar a cabo esta práctica. Con ello, te unirás a los millones de budistas que los han hecho. En la manera tradicional, puedes buscar un centro o un templo budista y hacer esos votos en la presencia de un maestro. Si no te es posible, puedes hacerlo en casa. Crea un espacio sagrado y coloca allí las imágenes de los *bodhisattvas* o budas que te precedieron. Si lo deseas, invita a un amigo o amigos para que sean tus testigos. Siéntate en silencio durante un rato y reflexiona sobre la belleza y el valor de la vida dedicada al beneficio de todos. Cuando estés preparado, añade algún ritual que tenga sentido para ti, como el de encender una vela o tomar refugio. Después recita tus votos. La siguiente es una versión tradicional, pero hay muchas otras:

> *Los seres que sufren son innumerables; hago el voto de liberarlos a todos.*
> *El apego es inextinguible; hago el voto de liberarlo del todo.*
> *Las puertas de la verdad son innumerables; hago el voto de abrirlas todas.*
> *Los caminos del despertar son supremos, hago el voto de comprenderlos todos.*

Puedes cambiar las palabras de esos votos para que expresen tu más profundo propósito. Más tarde puedes repetirlas cada vez que te sientes a meditar, de modo que dirijan y den sentido a tu práctica.

23. La sabiduría del camino del medio

Hubo un tiempo en el que quería encontrar algún lugar donde pudiera refugiarme, pero nunca vi un lugar así. No hay nada en este mundo que tenga una base sólida y nada que sea inmutable.

SUTTA NIPATA

El propósito de la Vida Santa no consiste en adquirir méritos, honores o fama, ni en aumentar la moralidad, la concentración o el conocimiento. El verdadero objetivo de la Vida Santa es la entrega inflexible, la liberación de la certeza del corazón; esa es su esencia, esa es su meta.

MAJJHIMA NIKAYA

La psicología budista no es un camino de negación ni de aceptación. Nos enseña la paradoja del universo entre los opuestos y más allá de ellos. Nos enseña a estar en el mundo sin ser del mundo. Esto se llama el camino del medio. Ajahn Chah hablaba del camino del medio cada día. En el monasterio contemplábamos el camino del medio. Al atardecer se reunían un centenar de monjes, que se sentaban en el pabellón de meditación al aire libre, rodeados de los altísimos árboles y la espesa vegetación del bosque, recitando estos versos originales: «Hay un camino del medio entre los extremos de la permisividad y la represión, libre del dolor y el sufrimiento. Este es el camino de la paz y la liberación en esta vida».

Si buscamos la felicidad únicamente a través de la permisividad, no somos libres. Si luchamos contra nosotros mismos y rechazamos el mundo, no somos libres. El camino del medio es el que trae la libertad. Esta es una verdad universal descubierta por todos los que han despertado. «Es como si viajando, en un gran bosque, uno tuviera que buscar un sendero antiguo, un camino antiguo que transitaron las personas de antaño... Así, monjes, he visto un antiguo camino que fue transitado por los iluminados del pasado...», dijo el Buda.

El camino del medio describe el terreno intermedio entre el apego y la aversión, entre ser y no ser, entre la forma y el vacío, entre la libre voluntad y el determinismo. Cuanto más nos adentremos en el camino del medio, más profundamente descansaremos en el juego de los opuestos. A veces Ajahn Chah lo describía como un koan, donde «no vas hacia delante, ni vas hacia atrás, ni te quedas inmóvil». Para descubrir el camino del medio, seguía, «trata de estar plenamente atento y deja que las cosas sigan su curso natural. Entonces, tu mente estará tranquila en cualquier circunstancia, como un lago en el claro del bosque. Todo tipo de animales maravillosos y extraordinarios vendrán a beber de ese lago, y verás con claridad la naturaleza de todas las cosas. Verás muchas cosas extrañas y maravillosas que aparecerán y desaparecerán, pero tú estarás sereno. Esta es la felicidad del Buda».

Aprender a confiar en el camino del medio requiere confianza en la vida; es como aprender a nadar. Me acuerdo de la primera vez que fui a una clase de natación a los siete años. Yo era un niño flaco que se agitaba tembloroso intentando flotar en una piscina fría. Pero una mañana se produjo un momento mágico mientras el profesor me aguantaba por la espalda y, de golpe, me soltó. Me di cuenta de que el agua me sostenía, de que podía flotar. Empecé a confiar. Cuando se confía en el camino del medio, hay sosiego y belleza, un conocimiento celular de que nosotros también podemos flotar en el océano a menudo cambiante de la vida que siempre nos ha sostenido.

Las enseñanzas budistas nos invitan a descubrir este sosiego en todas partes: en la meditación, en el mercado, dondequiera que estemos. En el camino del medio descansamos en la realidad del presente, donde todos los opuestos existen. T.S. Elliot lo llama el «punto inmóvil del mundo que gira. Ni carnal ni no carnal; ni desde ni hacia; [...] ni la detención ni el movimiento». El sabio Shantideva lo llama el «completo sosiego sin referencia». El texto de la *Perfecta Sabiduría* lo describe como «la comprensión de las cosas tal como son sin el apego al bien o al mal, siempre presente en todas las cosas, tanto en el camino como en la meta».

¿Qué significan estas misteriosas palabras? Son los intentos de describir la gozosa experiencia de moverse fuera del tiempo, más allá de la ganancia y la pérdida, más allá de la dualidad. Describen la capacidad de vivir en la realidad del presente. Como dijo un maestro: «El camino del medio no va de aquí a allí. Viene de allí a aquí». El camino del medio describe la presencia de la eternidad. En la realidad del presente, la vida es clara, vívida, despierta, vacía y llena de posibilidades.

Cuando descubrimos el camino del medio, ni nos apartamos del mundo ni nos perdemos en él. Podemos estar con toda la complejidad de nuestra experiencia, con nuestros pensamientos y emociones y dramas tal como son. Aprendemos a abrazar la tensión, la paradoja, el cambio. En vez de buscar la solución, esperamos el acorde al final de una canción, nos permitimos abrirnos y relajarnos en el medio. En el medio descubrimos que el mundo es abordable. Ajahn Sumedo nos enseña a abrirnos a las cosas tal cual son: «Por supuesto, siempre podemos imaginar condiciones más perfectas, cómo debería ser idealmente, cómo se deberían comportar los demás. Pero no es nuestra tarea crear un ideal. Nuestra tarea es ver las cosas tal como son, aprender del mundo tal cual es. Para el despertar del corazón, las condiciones son siempre suficientemente buenas».

Este es el vigésimo cuarto principio de la psicología budista:

24 El camino del medio se encuentra entre los opuestos. Descansa en el medio y encontrarás el bienestar dondequiera que estés.

Ginger era una trabajadora social de cincuenta y un años que había trabajado durante años en una clínica del Valle Central de California. Era una meditadora comprometida que pidió un permiso de un mes en su trabajo para asistir a nuestro retiro de primavera. Al principio fue difícil para ella aquietar su mente. Su querido hermano pequeño había sido ingresado de nuevo en el mismo centro psiquiátrico donde lo habían hospitalizado por primera vez cuando tuvo un brote esquizofrénico. Me contó que se sentía inundada por las emociones, abrumada por el miedo, la confusión, la inseguridad, la ira y el dolor. Le aconsejé que permitiera que esas emociones estuviesen allí, que simplemente se sentase o caminase sobre la tierra y dejase que las cosas se asentasen a su debido tiempo. Pero mientras meditaba sentada, los sentimientos y las historias se volvieron más opresivos. Le transmití las enseñanzas de Ajahn Chah de sentarse como un lago transparente en el bosque. La insté a que reconociese, uno a uno, todos los animales salvajes que se acercasen a beber en el lago.

Empezó a nombrarlos: miedo a perder el control, miedo a la muerte, miedo a vivir plenamente, dolor y apego a una relación anterior, el anhelo de una pareja y el deseo de ser independiente, el temor por su hermano, la ansiedad por el dinero, la rabia contra el sistema sanitario con el que tenía que batallar día a día en su trabajo, la gratitud hacia sus compañeros de trabajo.

La invité a que se sentase en medio de todo eso, con la paradoja, el caos, las esperanzas y los temores: «Toma tu asiento como una reina en su trono y permite el juego de la vida, las alegrías y las penas, los temores y la confusión, el nacimiento y la muerte a tu alrededor. No pienses que tienes que arreglarlo».

Ginger siguió practicando sentada y caminando, permitiéndolo todo. Mientras los intensos sentimientos seguían yendo y viniendo, empezó a relajarse y se volvió más serena y presente. Su meditación se hizo más espaciosa; los estados y sentimientos parecían olas impersonales de energía. Su cuerpo se volvió más ligero, la alegría surgió. Dos días más tarde las cosas empeoraron. Cayó enferma con una gripe y se sintió enormemente débil e insegura; comenzó a deprimirse. Como Ginger también tenía hepatitis C, temía que su cuerpo nunca fuese lo suficientemente fuerte como para meditar bien o vivir tranquila.

Le recordé que se sentase en medio de todo eso, y al día siguiente llegó serena y alegre otra vez. Dijo: «He vuelto al centro. No voy a permitir que mi karma del pasado y estos obstáculos me roben mi presencia. –Se río y siguió-: Como Budam me he dado cuenta de que "Ah, eres tú, Mara". Y solo digo: "Te veo, Mara". Mara puede ser mi dolor y mis esperanzas, mi cuerpo dolorido y mi miedo. Todo es simplemente la vida, y el camino del medio es muy profundo, es todo eso y nada de eso. Siempre está aquí».

He seguido viendo a Ginger durante varios años desde aquel retiro. Sus circunstancias externas no han mejorado gran cosa. Su trabajo, su hermano y su salud son dificultades que continúa afrontando. Pero su corazón está más tranquilo. Casi cada día se sienta en calma en medio del caos de su vida. Ginger me ha contado que la meditación la ha ayudado a encontrar el camino del medio y la libertad interior que anhelaba.

Tranquilamente en la inseguridad

La seguridad es más que nada una superstición. No existe en la naturaleza, ni los niños la experimentan por completo. A la larga, evitar el peligro no es más seguro que exponerse a él totalmente. La vida es una aventura arriesgada o no es nada.
HELLEN KELLER

Un día Ajanh Chah sostenía una preciosa taza de porcelana china. «Para mí esta taza ya está rota. Porque conozco su destino, puedo disfrutarla totalmente aquí y ahora. Y cuando desaparezca, habrá desaparecido». Cuando aprendamos la verdad de la incertidumbre y la relajación, seremos libres.

La taza rota nos enseña a ver la ilusión del control. Cuando nos comprometemos a criar un hijo, a montar un negocio, a crear una obra de arte o a enmendar una injusticia, en un cierto grado triunfaremos y también fracasaremos. Esta es una enseñanza brutal. Emilee es una cooperante. Su clínica en Kosovo fue destruida en un incendio y, sin embargo, empezó de nuevo. Sabe que su trabajo es ayudar a la gente a través del éxito y el fracaso. Rosa, que perdió a su mejor alumno de matemáticas en un tiroteo de una banda, tenía el corazón destrozado, pero no lamentó haber sido su tutora. Ahora su trabajo con otros es un homenaje a él.

Podemos perder nuestra mejor pieza de cerámica en un incendio, la escuela experimental en la que trabajamos con tanta dedicación podría cerrar sus puertas, nuestra empresa podría quebrar, nuestros hijos podrían tener problemas que queden fuera de nuestro alcance. Si nos centramos solo en los resultados, nos encontraremos desolados. Pero si sabemos que la taza se rompe, podemos dar lo mejor a la situación, crear lo que podamos y confiar en el proceso más amplio de la vida. Podemos hacer planes, cuidar, atender y responder, pero no podemos controlar. En vez de eso, podemos respirar y abrirnos a lo que ocurra, donde sea que estemos. Este es un cambio profundo, de retener a soltar. Como dijo Shunryu Suzuki: «Cuando entendemos la verdad de la impermanencia y hallamos nuestra serenidad dentro de ella, nos encontramos en el nirvana».

Cuando la gente hacía preguntas a Ajahn Chah sobre la iluminación, o sobre lo que ocurre después de la muerte, o sobre si la meditación curaría sus enfermedades, o sobre si las enseñanzas budistas podían aplicarse de la misma manera a los occidentales, sonreía y decía: «Es una incertidumbre...». Chögyan Trungpa llamaba a esta incertidumbre «ausencia de suelo». Con esta sabiduría de la incertidumbre, Ajahn Chah simplemente se relajaba. A su alrededor había una sensación enorme de serenidad. Él no se resistía ni trataba de manipular los acontecimientos. Respondía a la situación tal como venía. Cuando una monja occidental abandonó su orden budista para hacerse misionera cristiana y luego volvió al monasterio para tratar de convertir a sus antiguas amigas, muchas se sintieron molestas. «¿Cómo podía hacer eso?». Confundidas, fueron a preguntar a Ajahn Chah sobre ella. Este respondió riendo: «Quizá tenga razón». Con estas palabras, todo el mundo se relajó. Sin embargo, en medio de la incertidumbre, Ajahn Chah también podía actuar. Podía planificar la construcción de un gran templo o supervisar un conjunto de más de cien monasterios llevados por sus monjes. Cuando se trataba de aplicar la disciplina a los monjes que actuaban de forma inadecuada, podía ser decisivo, exigente y severo. Pero siempre había una sensación de espaciosidad alrededor de sus actos, como si en el momento siguiente pudiera volverse hacia ti sonriendo, guiñándote un ojo y diciendo: «Es una incertidumbre...». Él era la prueba viviente del secreto de la vida descrito en la *Bhagavad Gita*: «Actuar bien sin apego al fruto de tus acciones».

La confianza que expresaba Ajahn Chah se presenta siempre que nuestra conciencia descansa en el eterno presente. Él decía:

«Cuando estoy aquí sentado, nadie viene y nadie se va. Descansando en el camino del medio, no hay nadie que sea fuerte o débil, joven o viejo, nadie que nazca y nadie que muera. Esto es lo no condicionado. El corazón es libre». Los antiguos maestros zen llaman a esto la liberación de la mente que confía. ¿Cómo logramos esta sabiduría? Como explican los textos zen: «Vivir en la mente que confía es estar sin la ansiedad por la no perfección». El mundo es «imperfecto». En vez de luchar para hacerlo perfecto, nos relajamos, descansamos en la incertidumbre. Entonces podemos actuar con compasión y dar lo mejor sin apego al resultado; podemos llevar la intrepidez y la confianza a cualquier circunstancia.

Cuando Chas empezó con la práctica budista, la compañía de Internet para la que trabajaba estaba teniendo problemas. Su matrimonio parecía estancado. Y él aún sufría las consecuencias de haberse criado con un padre deprimido. Buscaba que la meditación le ayudase con la ansiedad sobre el futuro, la inseguridad respecto a su matrimonio y su frecuente desconexión de sí mismo.

Chas también tenía un profundo sentido místico del mundo. Uno de los momentos más importantes de su vida de adulto se le presentó en un sueño que tuvo sobre Katie, su hija más joven. A la edad de cuatro años, Katie fue hospitalizada por una meningitis vírica y entró en coma. Chas y su esposa no se apartaron de su lado durante días. Los médicos se mostraban cautelosos respecto a las posibilidades de recuperación. Después de cinco semanas sin que se produjera ningún cambio, Katie se apareció a Chas en un sueño y le dijo: «No te preocupes, papá, todo está bien». A la mañana siguiente, cuando Chas entró en la habitación de su hija, ella abrió los ojos y le sonrió. Ahora es una adolescente sana.

Chas había vislumbrado la verdad de que la gracia existe más allá de nuestros planes. El aprendizaje de la meditación volvió a despertar en él esta confianza. Con la atención plena, su estrés se alivió y empezó a sentir su cuerpo y sus sentidos abiertos. Explicó que, en una meditación, sintió que su cuerpo era un alga marina alta y delicada que flotaba bajo las olas. Su sentimiento de estar atrapado y su ansiedad se transformaron en momentos de interés, curiosidad y apreciación. Se volvió menos preocupado, más presente, más «vivo», como él decía. «Soltar mis miedos es como quitarle una capa al ego. Cuando surgen los pensamientos y los problemas que no puedo resolver, no se quedan fijos. Descanso como un alga en el océano, en la mente que confía». De tanto en tanto, contaba que esto se le olvidaba y volvía la inseguridad. La mente preocupada volvía a poseerle. ¿Debía mantener ese matrimonio? ¿Debía continuar en ese trabajo inseguro? Entonces recordaba el sueño de su hija y se relajaba y confiaba en el no saber. «Cualquier matrimonio, cualquier trabajo es inseguro, si somos honestos», decía.

Ocho años después, Chas sigue en su matrimonio y aún trabaja en lo que ahora es una importante compañía de Internet. Su meditación le ha enseñado una confianza que no está separada de la inseguridad y la paradoja de la misma vida.

Este es el vigésimo quinto principio de la psicología budista:

---

25 Libérate de las opiniones, libérate de los puntos de vista. Ábrete al misterio.

Libérate de los puntos de vista

El florecimiento de la comprensión, el amor y la inteligencia no tiene nada que ver con ninguna tradición, por muy antigua o maravillosa que sea. No tiene nada que ver con el tiempo. Se produce completamente por sí solo cuando un ser humano se interroga, se pregunta, escucha y mira sin quedarse atrapado en el miedo, el placer y el dolor. Cuando la preocupación por uno mismo se calma y queda en suspenso, el cielo y la tierra se abren.

TONI PACKER

La sabiduría de la incertidumbre nos libera de lo que la psicología budista llama la maleza de los puntos de vista y las opiniones. «Al ver el sufrimiento de los que se adhieren a las opiniones, una persona sabia debería no adoptar ninguna. Una persona sabia no se vuelve arrogante por las opiniones. ¿Cómo puede alguien molestar al que es libre, al que no se adhiere a ningún punto de vista? Pero los que se adhieren a los puntos de vista y a las opiniones van por el mundo fastidiando a la gente». Me gusta pensar que el Buda dijo esta última frase riéndose. Ajahn Chah solía decir con una sonrisa: «Tenéis tantas opiniones. Y sufrís demasiado por ellas. ¿Por qué no soltarlas?». He observado que, cuando la gente viene a Spirit Rock, están agradecidos de poder abandonar todo el barullo de los expertos en política, los debates radiofónicos, los mensajes propagandísticos y el derecho de los americanos a tener tus propias opiniones.

Liberarse de los puntos de vista es como limpiar un vidrio, como un aliento de aire fresco. El maestro zen Shunryu Suzuki llama a esta apertura mental «la mente del principiante». Rachel Carson, la gran naturalista, lo evoca así: «El mundo de un niño es fresco, nuevo y bello, está lleno de sorpresa y excitación. Por desgracia, para la mayoría de nosotros, esta visión clara, el instinto verdadero de lo que es bello y emocionante, se empaña o incluso se pierde al llegar a la edad adulta. Si pudiera influir en el hada madrina buena que se supone que vela por todos los niños, le pediría el regalo de que el sentido de lo maravilloso de todos los niños del mundo fuese tan indestructible que durase toda la vida».

Cuando nos liberamos de los puntos de vista, estamos deseosos de aprender. Lo que sabemos con certeza de este gran universo cambiante es muy limitado. Seung Sahn, un maestro zen coreano, nos dice que valoremos esta «mente que no sabe». A sus estudiantes los invitaba a preguntarse: «¿Qué es el amor? ¿Qué es la conciencia? ¿De dónde viene tu vida? ¿Qué ocurrirá mañana?». Cada vez que los estudiantes respondían «no lo sé», Seung Shan replicaba: «Bien, mantén esta mente de "no sé". Es una mente abierta, una mente clara».

Me encanta esta historia que contaba una madre de una niña de cinco años. La niña había cogido un estetoscopio de la cartera con instrumental médico de su madre y estaba jugando con él. Cuando se lo puso en los oídos, su madre pensó con orgullo: «Le interesa la medicina. Quizá cuando se haga mayor será médico como yo». Poco después, la pequeña colocó el extremo para la auscultación del estetoscopio en la boca de su madre y exclamó: «¡Bienvenida a McDonald's! ¿Qué desea tomar?». Al oír esto, la madre soltó una carcajada y sonrió para sí pensando con qué facilidad proyectamos nuestras ideas en los otros.

En las relaciones íntimas, si nos basamos en las suposiciones, perdemos nuestra frescura. Tanto en el papel de padres como en el de amantes, lo que vemos de las personas cercanas a nosotros es solo una pequeña parte de su misterio. De muchas maneras, en realidad no los conocemos. Con la mente del principiante aprendemos a ver al otro con la conciencia plena, libres de las opiniones. Sin las opiniones, escuchamos con más intensidad y vemos con más claridad. «Porque hay momentos –como dice Rilke– en que algo nuevo, algo desconocido, entra en nosotros; nuestros sentidos enmudecen en una tímida perplejidad, todo en nosotros se repliega, surge un silencio, y lo nuevo, que nadie conoce, se yergue en medio de todo ello y calla».

La sensación de estar vivos es una de las cualidades de la psicología de la atención plena. Hace muchos años, el maestro budista y psiquiatra Robert Hall pidió a su mentor, Fritz Perls, que hablase en la conferencia anual de la American Psyquiatric Association. Perls había sido discípulo de Freud, pero se había apartado del enfoque tradicional del psicoanálisis. Introdujo un planteamiento nuevo que denominó terapia gestalt. Influida por el zen, la terapia gestalt se centraba en el sentimiento de estar vivos, aquí y ahora. El enfoque de Perls fue acogido con gran recelo por la psiquiatría tradicional. Pero a esta conferencia asistieron unos mil médicos para escuchar lo que tenía que decir. En vez de presentar las típicas historias de casos, Perls pidió voluntarios para trabajar con ellos en el escenario. Ninguno de los médicos alzó la mano, pero una mujer, una ayudante de psiquiatría llamada Linda, se ofreció voluntaria.

Linda se sentó en una silla frente a Perls. Él empezó preguntándole cómo se sentía en ese momento. Ella dijo que se sentía ansiosa delante de tanta gente y que deseaba que la ayudase con una relación sentimental difícil. Encendió un cigarrillo. Mientras hablaba, tenía una caja de cerillas sobre la falda, que iba abriendo y cerrando nerviosamente. Perls observó ese movimiento y le pidió que lo exagerase. Mientras ella abría y cerraba la caja, él le pidió que hablase de lo que estaba experimentando. Primero habló de lo difícil que era abrirse (ella), y después, al cabo de un minuto, la caja de cerillas se convirtió en el ataúd de su padre. Al conectar con el duelo inconcluso por la muerte repentina de su padre rompió a llorar. Perls la ayudó a permanecer presente. Después ella habló de su difícil relación y de nuevo brotó el llanto. En pocos minutos, Linda se dio cuenta de que gran parte de su ansiedad y lucha actuales tenían que ver con el miedo de otra pérdida. Su sanación empezó cuando Perls la ayudó a escuchar abiertamente lo que ocurría en su interior.

Esta escucha nunca es tan poderosa como cuando nos enfrentamos cara a cara con el misterio de la muerte. Cuando estamos junto a alguien que se está muriendo, la única manera de ser útil es estar allí sin ningún plan. A veces, las personas que están a punto de morir están llorando y llenas de dolor. A veces están llenas de amor. A veces están luchando. Los que están a su alrededor pueden verse también atrapados por la ira, el dolor, el miedo o la culpa. La manera en que podemos ser de más ayuda al acompañar a un moribundo es manteniendo la mente y el corazón abiertos, mostrando respeto por su experiencia, sin ningún juicio. Y a menudo, cuando se permite la experiencia completa de la persona, todo el mundo se relaja en el misterio luminoso.

Los voluntarios budistas que asisten a los enfermos terminales aprenden a permanecer en meditación junto a estos, hablando y escuchando, incluso cuando externamente da la impresión de que el paciente está confuso o inconsciente. Stephen y Ondrea Levine, pioneros de este trabajo, han observado que, incluso cuando la gente está aparentemente en coma, escuchan. Así lo relata Arnold Mindell, un psiquiatra jungiano. En una entrevista con Stephan Bodian, contó que, para conectar su conciencia con sus pacientes, él permanece sentado y respirando al unísono con ellos. Explicó su visita a un anciano en un hospital para veteranos militares.

> John llevaba seis meses en coma con estertores y haciendo un montón de ruido que despertaba a los otros pacientes. Fui a verlo e hice ruidos con él mientras le apretaba la mano. Después de diez minutos, abrió los ojos y dijo:
>
> –¿Tú también lo viste?
>
> –Lo vi. ¿Qué viste tú?
>
> –Un barco blanco y grande que viene a buscar a John.
>
> –¿Vas a montar en él? –le pregunté.
>
> –No –exclamó gritando–. No voy a montarme en ese barco.
>
> –¿Por qué no? –pregunté.

–Ese barco se va de vacaciones, se va de crucero. Yo tengo que levantarme por la mañana para ir a trabajar.

John había trabajado mucho toda su vida y ya tenía más de ochenta años. El cáncer lo había reducido a un saco de huesos. Estaba atascado al final de su vida porque no podía permitirse irse de vacaciones. Por eso le dije:

–Eso de levantarte por la mañana para ir a trabajar me parece bien, pero, antes, podríamos inspeccionar ese barco. Mira dentro a ver quién lo conduce.

Entró en el barco y dijo con gran excitación:

–¡Uau! ¡Lo conducen ángeles!

–¿Quieres averiguar adónde van? –le pregunté.

De nuevo entró y giró los ojos a la derecha, aparentemente escuchando algo.

–Va a las Bermudas.

–¿Y cuánto cuesta? –dije, sabiendo que era una persona práctica. Tras un minuto contestó.

–No cuesta nada.

–Piénsalo –dije–. *¿Alguna vez fuiste de vacaciones?*

–Nunca. He estado trabajando y trabajando y trabajando.

–Bueno, piénsalo. Y decide qué quieres.

Al final dijo:

–Me voy de vacaciones. No cuesta nada, y va a las Bermudas.

–Y si no te gusta, posiblemente podrás dar la vuelta y volver.

–Sí, voy a coger ese barco.

–Haz lo que tú quieras –dije–. Confío en que decidirás lo mejor. Ahora tengo que ir a ver a otras personas.

De modo que cerró los ojos y así se quedó. Cuando volví al cabo de 30 minutos, había muerto. Se había ido a las Bermudas.

Abierto al misterio

Marcel Proust dijo una vez: «El viaje de descubrimiento no consiste en buscar nuevos caminos, sino en tener nuevos ojos». La práctica budista nos da nuevos ojos. Nos invita a sorprendernos. Hace varios años decidieron explorar con el telescopio espacial Hubble la pulgada cuadrada más oscura de cielo para captar cualquier atisbo de luz que apareciese. Con gran sorpresa, los astrónomos encontraron en las imágenes de esa pulgada cuadrada mil millones de galaxias distantes nunca vistas. Igualmente sorprendente es el hecho de que, cuando en vez de centrarnos en lo más grande nos centramos en lo más pequeño, vemos células, moléculas, átomos, partículas subatómicas y energía: un universo tan maravilloso y vasto como una galaxia en cada grano de arena. Mirando aún en otra dirección, los microbiólogos ven que una sola cucharada de tierra contiene un millón de formas de vida –insectos, bacterias, hongos–, todas viviendo y muriendo en una extensa colaboración para constituir el tejido vital del planeta.

Lo más sorprendente de todo es que podemos estar días, incluso meses, pasando por alto el misterio. Desde luego, nuestros hábitos automáticos nos sirven y nos ayudan a funcionar. Podría ser difícil actuar si estuviéramos en un estado constante de asombro. Pero el embotamiento de los sentidos tan frecuente está lejos del camino del medio. Como nos recuerda la naturalista Annie Dillard: «Si el paisaje revela alguna certidumbre es la de que la manifestación extravagante es la propia esencia de la creación. Tras una primera manifestación extravagante de la creación, el universo ha continuado expresándose exclusivamente a través de extravagancias, produciendo complejidades y colosos a lo largo de eones de vacío... Todo este espectáculo ha estado funcionando desde el inicio del mundo».

Somos parte de ese misterio. El globo ocular, el tímpano, la voz y las emociones, la ilusión y el despertar están entretejidos en el misterio, contenidos en él. No solo somos testigos del misterio, somos el misterio mirándose a sí mismo.

La gente que llega a la práctica budista espera que esta la ayude con el sufrimiento ordinario de su vida, y a menudo les ayuda. Ahora bien, en las enseñanzas budistas fluye una corriente más profunda. Cuando me siento con los estudiantes, no solo quiero ayudarlos a solucionar sus problemas. Deseo encontrar un momento con cada persona en el que su mente se detenga y sus ojos se abran. Deseo que estemos juntos como si nos encontrásemos en el polo sur de la Tierra en una clara noche de verano, sostenidos solo por la atracción de la gravedad, mirando hacia el océano insondable de estrellas. Deseo que recordemos juntos la belleza que hay a nuestro alrededor. Patricia llega enferma y asustada, pero si es capaz de soltar y sentir la preciosa y efímera danza de sus días en este universo intemporal, es una bendición. Si Jelan puede dejar de ser el niño herido y apreciar la misteriosa danza que condujo a su adopción y a su actual búsqueda de su madre biológica, su corazón se vuelve sabio. Si Linda puede liberarse de sus preocupaciones sobre la jubilación y sentir la gracia que los ha sustentado a ella y a su hijo de veinticuatro años, entonces nuestro trabajo es un éxito.

Plantar semillas en el camino del medio

Aunque no creo que nazca una planta donde no hubo ninguna semilla, tengo gran fe en una semilla. Convénceme de que tienes una semilla, y estoy preparado para esperar maravillas.

THOREAU

A A.T. Ariyaratne, exprofesor universitario y budista, se le considera el Gandhi de Sri Lanka. Se ha negado a tomar partido por ningún lado del conflicto; su vida es la expresión del camino del medio. A lo largo de dos décadas, en Sri Lanka ha tenido lugar una devastadora guerra civil. En el año 2002, negociaron un acuerdo de paz. Cuando el tratado de paz entró en vigor, Ariyaratne convocó a los seguidores de su movimiento, Sarvodaya, para que apoyasen la paz. El movimiento Sarvodaya ha usado los principios budistas de la acción justa para organizar la construcción de pozos y escuelas en un tercio de los pueblos de la nación y para trabajar conjuntamente en una forma de práctica espiritual. Con esta invitación, unos 650.000 miembros del Sarvodaya se reunieron con el fin de conocer su visión para el futuro de Sri Lanka. Cuando Ariyaratne habló a sus seguidores, les propuso un plan de quinientos años de paz: «Las enseñanzas budistas nos dicen que para transformarnos debemos entender las causas y los condicionamientos. Han hecho falta quinientos años para crear el sufrimiento de nuestra guerra civil». Ariyaratne describió las causas principales, que incluían los dolorosos efectos de cuatrocientos años de colonialismo, quinientos años de luchas entre hinduistas, musulmanes y budistas, así como varios siglos de desigualdades económicas. Siguió diciendo: «Por tanto, harán falta quinientos años para cambiar estas condiciones». Después propuso un plan a largo plazo para sanar a su país.

El plan empieza con varios años de alto el fuego y diez años para reconstruir las carreteras y las escuelas. Después sigue un programa de veinticinco años para que todos lleguen a conocer las diferentes lenguas y culturas, y cincuenta años de proyectos específicos para corregir las injusticias económicas y reunificar a los habitantes del país. Y a lo largo de los quinientos años, cada cien años se celebrará un consejo de ancianos que harán balance de cómo se está desarrollando el plan.

A Ariyartane no le preocupan las nuevas elecciones. No le preocupa morir antes de que su plan se complete. El suyo es un plan intemporal, una intención sagrada. Sencillamente vive con libertad en medio de todo esto, plantando las semillas de la bondad y la sabiduría. Como Ariyaratne, cuando encontramos el camino del medio podemos actuar, no desde la aversión o el apego, sino como un trabajo de amor. Nuestras acciones son el producto de nuestra sabiduría y compasión, incluso cuando los resultados inmediatos sean inciertos o no puedan verse. Thomas Merton aconsejaba no depender de la esperanza de los resultados, sino concentrarnos en el valor, la rectitud y la verdad del trabajo en sí. Esto no significa que el camino del medio sea fácil. Ariyaratne se ha visto confrontado y acusado, ha sufrido amenazas de muerte. Cuando actuemos con una visión a largo plazo, afrontaremos presiones para que tomemos partido, opiniones apegadas, la evaluación constante de los resultados y los intentos de controlarlo todo; pero el apego no es el camino de la sabiduría. Cuando seguimos el camino del medio, el elogio y la crítica, los obstáculos y el triunfo vienen y van.

Me acuerdo de Rob, un comprometido practicante budista que trabajaba como asesor en un bufete de abogados para temas de interés público en San Francisco. Su vida se había transformado en los últimos quince años de práctica de meditación y, aunque estaba enfermo de sida, a menudo no sentía miedo. A pesar de ser querido en su comunidad, su familia nunca había aceptado el hecho de que fuese gay, y lo habían rechazado durante la mayor parte de su vida de adulto. Cuando se estaba muriendo, su padre y su hermana fueron a visitarlo. Les angustiaba profundamente su estilo de vida y el hecho de que se estuviera muriendo de sida. Su hermana le preguntó: «¿Qué has hecho de bueno en tu vida?». Rob se quedó demasiado conmocionado como para contestar. Estuve con él después de esta visita, y era evidente que el juicio de su hermana le había herido en lo más hondo. Pero después me miró y, con la humildad de la persona que está afrontando la muerte, me dijo: «Puede que no haya hecho demasiado, pero puedo decir dos cosas: he sido amable y he descubierto el *dharma*. Y quizá eso sea bastante para una vida».

No nos ha sido dado saber de qué manera nuestra vida afectará al mundo. Lo que se nos ha dado es que podamos cuidar las intenciones de nuestro corazón y plantar bellas semillas con nuestras acciones. Sin duda, tus buenas acciones darán sus frutos, y este cambio hacia algo mejor puede venir de tu vida.

Práctica: la mente que no sabe

Utiliza esta práctica para llevar sabiduría a una situación de conflicto interior o exterior. Al principio puedes realizarla mientras meditas. Más adelante podrás practicar en situaciones sociales.

Siéntate en silencio y relajado. Concéntrate en tu respiración o en el cuerpo. Cuando te hayas calmado, proyéctate diez años hacia el futuro. Reconoce que no sabes qué ocurrirá entonces. Siente ese no saber y relájate. Piensa en la Tierra girando en el espacio con cientos de miles de personas que nacen y mueren cada día. ¿De dónde viene la vida? ¿Cómo empezó? ¿Qué cambios nos aguardan? Hay muchas cosas que no sabemos. Date cuenta de la verdad de la mente que no sabe, relájate y siéntete cómodo con ello.

Ahora recuerda un conflicto interior o exterior. Sé consciente de todos los pensamientos y opiniones que tienes sobre cómo deberían ser las cosas, sobre cómo deberían ser las personas. Ahora reconoce que en realidad no sabes. Quizá lo incorrecto puede conducir a algo mejor. No lo sabes.

Piensa cómo sería que te observases a ti mismo, a la situación o a las otras personas con la mente que no sabe. Sin saber. Sin certezas. Sin opiniones fijas. Permítete desear entender de nuevo. Observa con la mente que no sabe, con apertura.

¿Cómo afecta a la situación que descanses en la mente que no sabe? ¿Mejora? ¿Aporta mayor sabiduría? ¿Más liviandad? ¿Mayor relajación?

Practica el estar en la mente que no sabe hasta que te sientas cómodo descansando en ella, hasta que lo logres al máximo y puedas reírte y decir: «No sé».

24. El corazón despierto

Con sabiduría, permite que tu mente llena de amor inunde un cuarto del mundo, y luego también el segundo cuarto, el tercero y el cuarto. Llena el mundo entero, arriba, abajo, alrededor, inunda el mundo con pensamientos llenos de amor, libres de cualquier malevolencia, amor abundante, sublime, sin límites.

DIGHA NIKAYA

Si no podemos ser felices a pesar de nuestras dificultades, ¿para qué nos sirve la práctica espiritual?

MAHA GHOSANANDA

¿Quién, siendo amado, es pobre?

OSCAR WILDE

Tenemos dentro de nosotros una extraordinaria capacidad para el amor, la alegría y la libertad inquebrantable. La psicología budista describe esto como salud mental óptima. Dipama Barua, de la que ya hablé antes, demostró esas cualidades. Cuando estudié con ella, era una abuela y un ama de casa, además de encontrarse entre los más consumados meditadores del linaje Theravada. Hasta los treinta y pico, había sido una devota budista normal y corriente. Luego, en un espacio de pocos años, perdió a dos de sus tres hijos por una enfermedad. Desolado, su marido, un ingeniero, murió de un ataque al corazón poco después. Tras pasar un año en cama paralizada por el dolor, Dipama, con gran esfuerzo, acudió a un templo budista. Se sumergió desesperadamente en la meditación y, gracias a su ardiente naturaleza y a su habilidad innata, emergió con una profunda comprensión. Después siguió un aprendizaje y se convirtió en maestra en diversos tipos de meditación. A través de su intensa entrega y su espíritu radiante, llegó a ser una maestra muy venerada.

A finales de la década de 1970, fui a Calcuta para ver de nuevo a Dipama tras haber estado meditando durante un mes en Bodh Gaya. Debido a ciertos problemas con mi billete de avión, solo pude disponer de medio día para estar con ella. Era un día caluroso, la temperatura superaba los 38 °C. El aire en Calcuta estaba cargado de contaminación. Después de presentarle mis respetos, mantuve con ella una conversación profunda durante algunas horas. Aunque yo ya llevaba un tiempo enseñando con éxito, estaba pasando por un momento difícil. Sufría dolores agudos en la espalda, estaba afectado por el fracaso de una relación y, antes de ir a la India, había estado trabajado sesenta horas a la semana durante meses. A causa de este sufrimiento y estrés, le dije que empezaba a dudar de mi capacidad para encarnar las enseñanzas. Aunque se dio cuenta de lo delicado que estaba, me animó a que me mantuviera firme a pesar de todo. Cuando llegó el momento de irme, me dio su habitual abrazo de oso bengalí. Después pronunció una bendición especial para mí. Como era tan menuda, cuando me arrodillé para la bendición, quedamos a la misma altura.

Dipama pasó sus manos suavemente por mi cabeza y por todo mi cuerpo. Sopló su aliento sobre mí, recitando al mismo tiempo una plegaria sobre el amor bondadoso. Al principio, me pareció una plegaria muy larga, pero, a medida que continuó con su bendición, empecé a sentirme cada vez mejor. Después de diez largos minutos, todo mi cuerpo estaba vibrante y abierto. Sonreía de oreja a oreja. «Ve y enseña en un buen retiro para toda esa gente –dijo al acabar–. Ve con las bendiciones de la madre». Me sentía como si una amorosa abuela me estuviera despidiendo con todos sus buenos deseos multiplicados por especiales poderes yóguicos. Me sentía lleno de dicha.

Salí a las sofocantes calles de Calcuta y tomé un taxi hacia el aeropuerto de Dum Dum. Tardé dos horas en llegar mientras el conductor tocaba el claxon sin parar, zigzagueando entre los *rickshaws*, los coches, el humo y las basuras. En el aeropuerto, tuve que pasar por los tediosos trámites de las aduanas y esperar horas mientras los funcionarios revisaban mi equipaje, me interrogaban y sellaban mis documentos. Finalmente, pude subir al avión para volar tres horas hasta Bangkok. Allí también hacía calor y había un gran movimiento de gente, como en Los Ángeles. En el aeropuerto me encontré con largas colas para salir y más aduanas. Luego tardé otra hora y media en llegar hasta mi hotel en el lento y abarrotado tráfico de Bangkok.

En todo ese tiempo no pude dejar de sonreír. En las colas de las aduanas, en el viaje en avión, en el taxi, en los atascos de tráfico, seguía sentado con aquella enorme sonrisa. No desaparecía. Me fui a dormir sonriendo y me desperté sonriendo. Estuve sonriendo continuamente durante días y me sentí con el ánimo elevado durante meses.

Dipama y otros maestros budistas son un ejemplo de las posibilidades psicológicas del corazón despierto. En *Transformaciones de la conciencia,* el psicólogo de Harvard Jack Engler habla de un estudio realizado con Dipama y otros meditadores avanzados. El grado de salud mental y de bienestar que encontró en ellos es el más excepcional que hayan observado los científicos. Registró su historial médico y los sometió a toda una serie de test, como el de Roschard y algunas pruebas de apercepción temática, con el objeto de medir tanto la percepción como la personalidad. Las pruebas realizadas por Dipama confirmaron su descripción de una mente luminosa, amorosa y pacífica, completamente libre de ira, miedo, apego y conflictos de cualquier tipo. Estaba totalmente abierta a su vida interior. Engler comentaba: «Las pruebas demostraron una transformación cognitiva-emocional y una integración que reflejaban niveles profundos de liberación interior. Dipama, de forma espontánea, integró sus respuestas a las pruebas en su historia espiritual continua, una narración que revelaba el conjunto de las enseñanzas del *dharma* y, a la vez, mostraba una clara comprensión de las pruebas, un resultado extraordinario nunca observado por los investigadores».

Dipama es la prueba de que es posible que volvamos a nuestra naturaleza búdica. Pero debemos recordar que la cualidad luminosa del corazón no es exclusiva de los maestros de meditación ni de los meditadores avanzados. Está aquí, al alcance de todos. Mi colega Sharon Salzberg cuenta la historia de un retiro de un día sobre el amor bondadoso realizado en Oakland, en California.

> Siempre que imparto enseñanzas sobre la bondad en retiros realizados en entornos urbanos, propongo a los participantes llevar a cabo la meditación caminando en la calle. Les sugiero que escojan a alguien entre las personas que vean y, de manera cuidadosa y consciente, le deseen el bien repitiendo en silencio las frases tradicionales de la práctica de la bondad: «Que seas feliz, que estés en paz». Les digo que, incluso aunque no *sientan* amor, el poder de su intención de ofrecer amor no es menor. En una ocasión, nuestro retiro tuvo lugar a pocas manzanas del centro de Oakland. Como estábamos justo frente a la estación de Amtrak, varias personas eligieron llevar a cabo la práctica en los andenes.
>
> Tras la llegada de un tren, una mujer del grupo vio a un hombre que bajaba y decidió hacerlo receptor de su meditación de la bondad. En silencio, empezó a recitar las frases para él. Casi inmediatamente empezó a juzgarse a sí misma: *No lo debo estar haciendo bien porque me siento muy distante. No me invade un sentimiento cálido.* Sin embargo, reafirmando su intención de contemplar a todos los seres con amabilidad, en vez de distanciarse, continuó recitando: «Que seas feliz, que estés en paz». Volviendo a mirar al hombre, que iba vestido con traje y corbata y parecía nervioso, em-

pezó a juzgarlo a él: *¡Qué rígido y envarado parece!* Y juzgándose a ella, pensó: *En vez de intentar enviarle amor, lo estoy despreciando*. Sin embargo, continuó recitando las frases, alineando su energía con una intención profunda: ser una fuerza de amor para el mundo. En ese momento, el hombre fue directamente hacia ella y le dijo: «Nunca en mi vida había hecho esto, pero me gustaría pedirle que rezase por mí. Estoy a punto de afrontar una situación difícil en mi vida. Usted parece alguien con un corazón bondadoso, y me gustaría saber que rezará por mí.

Las cuatro moradas radiantes

Los budistas de la antigüedad, tan aficionados a listas, se entretuvieron en confeccionar un mapa de las posibilidades supremas de desarrollo humano. Enumeraron los cuatro grados del corazón noble, los cinco poderes espirituales, cinco categorías, ocho satoris, diez dibujos sobre la doma del buey, diez etapas del *bodhisattva* y treinta y siete factores de la iluminación. Pero la más entrañable descripción del despertar de los seres humanos, de lo que en Occidente podríamos llamar la óptima salud mental, son las Cuatro Moradas Radiantes.

Estas Cuatro Moradas Radiantes son la bondad, la compasión, la alegría y la ecuanimidad o la paz. Estas moradas resultan entrañables por la felicidad humana natural que expresan. Son inmediatas y sencillas, la descripción universal de un corazón abierto. Solo con oír sus nombres –amor, compasión, alegría y paz– sentimos que nos tocan directamente. Cuando encontramos a alguien que está lleno de estas cualidades, nuestro corazón se eleva. Cuando entramos en contacto con la paz, el amor, la alegría y la compasión dentro de nosotros, nos transformamos.

El amor es nuestra verdadera naturaleza, pero, como hemos visto, está cubierto por una capa protectora de miedo. Hemos aprendido de qué modo a través de la práctica budista se descubre el oro oculto bajo la arcilla y regresamos a nuestra bondad natural. A pesar de que el amor es innato, el camino budista también utiliza entrenamientos sistemáticos para cultivar este amor, que refuerzan nuestra capacidad de amar, sentir compasión, alegría y paz. Las prácticas que desarrollan estas cualidades combinan pensamientos repetidos, visualización y sentimientos. Estos entrenamientos han sido utilizados durante millones de años por los practicantes para transformar sus corazones.

Cuando se desarrollan las Moradas Radiantes, sus cualidades complementarias ayudan a que se equilibren entre sí. Este equilibrio se considera esencial para la psicología budista. Como el amor, la compasión y la alegría pueden conducir a un excesivo apego, es preciso compensar esa calidez con ecuanimidad. Como la ecuanimidad puede conducir a un excesivo desapego, es preciso compensar su frialdad con amor, compasión y alegría. Si se desarrollan juntas, estas cualidades radiantes expresan la óptima armonía mental.

Estas cualidades del despertar fluyen de forma natural a partir de la paz interior. Cuando la conciencia es pacífica y abierta, descansamos en la ecuanimidad. Cuando nuestro corazón pacífico encuentra otros seres, se llena de amor. Cuando este amor se encuentra con el dolor, se transforma de manera natural en compasión. Y cuando este amor del corazón abierto se encuentra con la felicidad, se convierte en alegría. De este modo, las Moradas Radiantes reflejan y conectan de forma espontánea la totalidad del mundo.

Este es el vigésimo sexto principio de la psicología budista:

---

26 En el corazón pacífico nace el amor. Cuando el amor encuentra el sufrimiento, se convierte en compasión. Cuando el amor encuentra la felicidad, se convierte en alegría.

Despertar el amor

La práctica del amor bondadoso es el primer entrenamiento de las Moradas Radiantes. En las etapas iniciales de esta práctica, se pide a los estudiantes que se visualicen y repitan cuatro o cinco frases tradicionales de buenos deseos hacia ellos mismos, como «Que esté seguro y sano. Que sea feliz». Junto con la recitación, se anima a los estudiantes a que sientan la cualidad del amor bondadoso reflejado en el cuerpo y en el corazón.

El amor bondadoso se desarrolla cuando repetimos estas frases miles de veces, durante días y meses. Al principio, puede resultar difícil ofrecernos amor a nosotros mismos: en muchos, esto puede desencadenar sentimientos de vergüenza o desvalorización. Sin embargo, es una práctica especialmente poderosa, porque cualquier cosa que no amemos en nosotros no la aceptaremos en otros. Las enseñanzas budistas explican: «Puedes buscar en todo el universo y no encontrar ningún ser más digno de amor que tú mismo».

Tras muchas repeticiones, puede crearse un fuerte sentimiento de amor hacia uno mismo. Después, la práctica del amor bondadoso se extiende sistemáticamente a los demás por categorías. Primero visualizamos y ofrecemos amor a nuestros benefactores, después a nuestros seres queridos, amigos, personas indiferentes y, por último, a las personas difíciles, incluso a nuestros enemigos. A continuación, ampliamos aún más los deseos de amor bondadoso –a todos los seres humanos, los animales, los insectos, los seres terrestres, los acuáticos y los que viven en el aire, seres grandes y pequeños, jóvenes y viejos, visibles e invisibles– hasta incluir a los seres en todas las direcciones. En cada etapa del proceso, ampliamos de forma deliberada nuestro campo de amor consciente. Si nos parece difícil pasar a la siguiente etapa, intentamos poco a poco soltar y perdonar, ofreciendo de manera repetida intenciones amorosas hasta que los obstáculos se disuelvan.

Ruby había sido una practicante budista durante quince años. En la actualidad rebosa felicidad y alegría, pero esto no es porque su vida haya sido fácil. Hace varios años me preguntó qué podía ayudarla para seguir con su entrenamiento y desarrollo. Además de su trabajo como gerente en la universidad, atendía a su madre y ayudaba en el cuidado de dos nietos, de modo que no podía asistir a los retiros largos.

Para equilibrar sus actividades de cuidadora de otros, le sugerí que realizase la práctica del amor bondadoso hacia ella misma durante un año. Al principio se resistió: «¿Quieres decir que me pase un año deseándome a mí misma que sea feliz? Me suena muy egocéntrico. No creo que pueda hacerlo». Pero decidió intentarlo. En su meditación de la mañana y durante todo el día, se deseaba a sí misma estar bien con una intención amorosa mientras estaba en el trabajo, conduciendo, cuando iba a comprar. A ratos, esta meditación le parecía aburrida y difícil, pero perseveró en ella. Al cabo de un año, estaba más radiante y feliz. Entonces le sugerí que asistiera a un retiro de una semana de meditación sobre el amor bondadoso.

Después de dos días de resistencia, entró en una quietud silenciosa y concentrada. Gracias a su práctica, había aprendido a no resistirse a su resistencia, a permitirse abrazar toda su experiencia con amor. Al hacer esto, su bondad creció. A lo largo de los siguientes días, experimentó el fluir de una energía luminosa que la llenaba hasta el último rincón de su cuerpo, que se expandía como un océano de amor sin límites. Estaba increíblemente feliz. «¡Estoy abierta –exclamó una mañana–. No soy nada y al mismo tiempo soy todo el mundo. Soy el manzano y la niebla junto al arroyo, y los cocineros cansados en la cocina por la noche, y el fango de mis zapatos, y las estrellas. Cuando mi mente piensa en el pasado y en el futuro, son solo historias que cuenta. En el amor bondadoso, no hay pasado ni futuro, solo hay silencio y amor».

Rubi se había graduado. El amor ya no era un entrenamiento o una práctica, era su vida. Fue el amor lo que la llevó a estar junto a la cama de su madre durante su larga enfermedad. Ahora me cuenta que ya no practica la meditación del amor bondadoso de manera formal para ella misma o para los otros, porque «surge solo. No estamos separados, y el amor es lo que somos».

La experiencia de practicar la bondad de ese modo ilumina nuevas posibilidades. Por ejemplo, cuando desplazamos la atención de los benefactores y amigos a las personas indiferentes, se abre una nueva dimensión del amor. En esa práctica, las personas indiferentes se definen como personas a las que normalmente no prestamos demasiada atención. Podemos escoger como nuestra primera persona indiferente al cajero que habitualmente nos atiende en el banco o a la camarera de un restaurante. En un retiro largo, elegí a un viejo jardinero. Pasé varios días y noches visualizándolo y enviándole buenos deseos en mi meditación. Más adelante me encontré con él de manera imprevista. Aunque no sabía su nombre, estaba tan feliz de verlo que pensé: «¡Oh, mi querida persona *indiferente!*». Entonces me di cuenta de a cuantas personas indiferentes había ignorado. Cuando las incluí en la práctica de la bondad, mi amor se amplió y se hizo más profundo.

Después de las personas indiferentes, la práctica del amor bondadoso se amplía a las personas difíciles y a los enemigos. Pero no empezamos aquí: solo cuando nuestro corazón está abierto y nuestro amor bondadoso es fuerte, lo llevamos a alguien por quien sintamos una profunda aversión, alguien por quien nos hayamos sentido agraviados, alguien que consideremos nuestro enemigo. Al hacerlo, al principio, el corazón se seca y se cierra: «Después de lo que me has hecho, nunca voy a amarte y a perdonarte, jamás». Pero cuando surge ese odio, perdemos la alegría de nuestro corazón abierto. Viendo esto, entendemos el coste del odio. Nos damos cuenta de que, para nuestro propio bien, este coste es demasiado alto. Finalmente pensamos: «De acuerdo, perdonaré.

Permitiré que mi bondad llegue incluso a ti –al comienzo solo un poco– para que pueda mantener mi corazón abierto». Con esta práctica repetida, aprendemos a mantener nuestro corazón abierto incluso en la dificultad. Cuando cultivamos la bondad de ese modo, al final podemos llegar a ser como Dipama, irradiar amor a todos los que encontremos.

Mi amiga Sylvia Boorstein me habló de Phil, un practicante budista de Nueva York que había trabajado en la práctica del amor bondadoso durante años. Una noche, en una callejuela del Soho, un hombre con aspecto desaliñado, la barba descuidada y el cabello rubio y sucio, se acercó a Phil, le apuntó con una pistola y le pidió su dinero. Phil llevaba más de seiscientos dólares en su cartera y se los dio. El atracador, presionándole con la pistola, le pidió más. Tratando de ganar tiempo, Phil le dio las tarjetas de crédito y después la cartera entera. El atracador, que parecía perturbado por el efecto de alguna droga, le dijo: «Voy a matarte». Phil respondió: «No, espera. Toma mi reloj. Vale mucho dinero». Desorientado, el atracador cogió el reloj y, moviendo la pistola de forma temblorosa, dijo otra vez: «Voy a matarte». De algún modo, Phil logró mirarlo con bondad y le dijo: «No tienes que matarme. Lo has hecho bien. Mira, tienes casi seiscientos dólares; tienes tarjetas de crédito y un reloj que vale dinero. No tienes que matarme. Lo has hecho muy bien». El atracador, confundido, bajó la pistola lentamente. «¿Lo he hecho bien?», preguntó. «Muy bien. Ve y díselo a tus amigos, lo has hecho bien». Confundido, el atracador se alejó, musitando para sí: «Lo he hecho bien».

Siempre que nuestra bondad aparece, es una bendición. Todas las culturas y tradiciones entienden la importancia de ver al otro con amor. Un viejo rabino jasídico preguntó a sus discípulos cómo podían saber cuándo la noche había terminado y el día estaba empezando, pues el amanecer era el momento para ciertas plegarias sagradas. «¿Es cuando puedes ver a un animal a lo lejos y saber si es una oveja o un perro?», propuso un estudiante. «No», respondió el rabino. «¿Es cuando puedes ver claramente las líneas de tu mano?», «¿Es cuando puedes ver un árbol a lo lejos y saber si es una higuera o un peral?». «No», respondió el rabino cada vez. «Entonces, ¿cuándo es?», preguntaron los discípulos. «Es cuando puedes mirar a la cara de cualquier hombre o mujer y ver que son tu hermano o hermana. Hasta entonces, es todavía de noche».

La alegría natural

Cuando el psicólogo Jack Engler estaba realizando su investigación con Dipama, le preguntó sobre uno de los malentendidos más comunes de las enseñanzas budistas: «Todo esto puede sonar muy aburrido: deshacerse del apego, deshacerse del odio, deshacerse de la ignorancia. ¿Qué gracia tiene entonces la vida?». Dipama se echó a reír. «¡Oh, no lo entiendes! La vida corriente es algo muy monótono. Siempre experimentamos todo a través de la misma lente. Cuando el apego, el odio y la ilusión desaparecen, todo te parece fresco y nuevo continuamente. Cada momento es nuevo. La vida era aburrida antes. Ahora, cada día, cada momento, está lleno de sabor y de entusiasmo».

Cuando el amor encuentra dolor, se convierte en compasión, como ya hemos visto. Cuando el amor encuentra felicidad, se convierte en alegría. La alegría es una expresión del corazón liberado y despierto. Recientemente, el Dalái Lama participó en un gran encuentro científico que se celebró en Washington. Se reunió con físicos, neurocientíficos y varios maestros budistas (incluido yo mismo) para explorar los últimos avances clínicos sobre meditación y neurobiología. Una mañana, un reportero de un canal de televisión que le entrevistó le preguntó sobre la meditación y la felicidad. «Ha publicado un libro que se encuentra en la lista de superventas del *New York Times*, titulado *El arte de la felicidad*, y a menudo enseña sobre la felicidad. ¿Podría explicar a los espectadores cuál ha sido el momento más feliz de su vida?». El Dalái Lama reflexionó un rato, sonrió y dijo: «Creo que ahora».

Cuando vivimos en el presente, la alegría surge sin ninguna razón. Esta es la felicidad de la conciencia que no depende de condiciones concretas. Los niños conocen esta alegría. Maurice Sendak, autor de *Donde viven los monstruos*, cuenta la historia de un chico que le escribió. «Me envío una simpática tarjeta con un dibujo. Me encantó. Respondo a todas las cartas que me envían los niños –a veces muy deprisa–, pero con esta me tomé tiempo. Le envié una tarjeta y dibujé un monstruo en ella. Y le escribí: "Querido Jim, me encantó tu tarjeta". Luego recibí una carta de respuesta escrita por la madre en la que me decía: "A Jim le gustó tanto su tarjeta que se la comió". Para mí, este fue uno de los mejores elogios que he recibido. A él no le importó que fuese un dibujo original ni nada de eso. La vio, le encantó y se la comió».

Hemos visto que la alegría puede aparecer espontáneamente en la meditación profunda. Los estudiantes describen que experimentan temblores, lloran de risa, sienten olas de frescor, corrientes de éxtasis, alegría flotante, alegría como el agua turquesa, excitación física, dicha llena de gratitud, alegría gozosa y juguetona, éxtasis de quietud. Describen la alegría en el cuerpo, el corazón y la mente, alegría por la belleza del mundo y alegría por la felicidad de los demás.

Sin embargo, a veces la mente interpreta erróneamente el budismo como una visión pesimista de la vida. En realidad, las Nobles Verdades nos enseñan sobre el sufrimiento y sus causas, y, en los países budistas, hay muy pocos maestros de meditación que sean severos y serios en su forma de enseñar. Como muchos occidentales, durante un tiempo busqué ese tipo de maestro. Estaba tan decidido a transformarme y a alcanzar una comprensión especial, que fui a los monasterios y los retiros más estrictos, donde se practicaba durante dieciocho horas al día, sentados inmóviles a pesar del tremendo dolor. Y en esos monasterios aprendí muchas cosas importantes.

Pero en esta seria búsqueda, pasé por alto el extraordinario optimismo de las culturas budistas. La de Tailandia, Laos, el Tíbet, Birmania y Nepal son culturas alegres; sus gentes ríen a menudo. Los niños te seducen con sus sonrisas felices. Los adultos trabajan, juegan y rezan con un espíritu jubiloso. En esa búsqueda de la austeridad, los serios occidentales olvidamos que la mayoría de los templos budistas son un derroche de color, están llenos de pinturas, estatuas e imágenes que reflejan historias fantásticas de ángeles, *devas*, *bodhisattvas* y budas. Ignoramos la vida comunitaria que se centra alrededor de los templos, los ciclos de rituales, danzas, celebraciones, fiestas y festivales. En nuestro ardor, no apreciamos la maravillosa risa y la alegría contagiosa de muchos de nuestros grandes maestros, como Ajahn Chah, Maha Ghosananda, Ananda Maitreya, el decimosexto karmapa y Aanagarika Munindra.

Cuando regresé a Estados Unidos y volví a enseñar, mis colegas y yo tendíamos a insistir en las enseñanzas del Buda sobre el sufrimiento y la necesidad de despertar. Éramos jóvenes y, al centrarnos en el sufrimiento humano, dábamos a nuestros retiros un aire de seriedad e importancia. Pero el sufrimiento no es el objetivo, sino el comienzo del camino. Ahora, en los retiros donde enseño, también animo a los participantes a que despierten a la alegría innata. Desde el comienzo, los animo a que permitan que los momentos de alegría y bienestar se hagan más profundos, se amplíen en su cuerpo y en su mente. Muchos de nosotros estamos condicionados para sentir miedo de la alegría y la felicidad; sin embargo, la alegría es necesaria para despertar. Tal como nos enseña el místico persa Rumi, «Cuando vas a un jardín, ¿miras las espinas o miras las flores? Pasa más tiempo con las rosas y el jazmín». André Gide, el novelista y filósofo francés, nos exhorta: «Debes saber que la alegría es más rara, más difícil y más bella que la tristeza. Una vez hagas este importantísimo descubrimiento, debes abrazar la alegría como a una obligación moral».

Los psicólogos que han trabajado con la comunidad tibetana en el exilio han notado una notable resiliencia y alegría en este pueblo, a pesar de que muchos son supervivientes de tremendos traumas y pérdidas. Lo más sorprendente son las respuestas de los monjes y las monjas que han sido encarcelados y torturados. Según un estudio realizado por psicólogos de Harvard, presentan muy pocos o ninguno de los signos habituales en las situaciones traumáticas, y, por el contrario, muestran haber profundizado en la compasión y en la apreciación de la alegría de la vida. Sus entrenamientos en la bondad, la compasión y la sabiduría los han llevado a rezar por sus enemigos. Un viejo lama explicó que, a lo largo de los veinte años en los que fue víctima del encarcelamiento y la tortura, su único miedo verdadero era perder su compasión y cerrar el corazón. Si queremos comprender la salud mental óptima, estos monjes y monjas son un ejemplo extraordinario.

Debra Chamberlin-Taylor, una maestra y amiga budista, cuenta la historia de una activista social que participó en un retiro de un año que dirigió para gente de color. Esta mujer había pasado por una infancia de pobreza, trauma y abuso. Había afrontado la muerte de uno de los padres, la enfermedad, el divorcio de un matrimonio doloroso, el racismo y la maternidad en solitario de dos hijos. Habló de cómo había tenido que esforzarse durante años para formarse, para defender aquello en lo que creía. Explicó cómo había tomado una postura radical para luchar por la justicia tanto en la política regional como nacional. Por último, en el último encuentro, esta mujer anunció: «Después de todas las luchas y los problemas por los que he pasado, he decidido hacer algo realmente radical. ¡Voy a ser feliz!».

Del mismo modo que podemos despertar nuevamente el amor bondadoso y la compasión, podemos despertar la alegría. Se trata de algo innato en la conciencia. Cuando la encontramos dentro de nosotros, podemos verla en otros. En un largo retiro de primavera, Lorna, una mujer joven, vino a hablar conmigo sobre su reacción frente a uno de los participantes en el retiro. Estaba teniendo dificultades con un hombre corpulento que se sentaba a su lado. Se movía demasiado. Bud era un exsoldado de infantería de marina que iba vestido con camiseta y llevaba los brazos llenos de tatuajes. Olía a tabaco y su energía la asustaba. Lorna había intentado entender lo que le pasaba. Había usado la práctica del amor bondadoso y había descubierto que Bud despertaba en ella su dolorosa historia con los hombres. Poco a poco, se fue dando cuenta de que la mayoría de las cosas que le molestaban estaban en su imaginación. Sin embargo, seguía dándole miedo la idea de hablar con él. Más tarde, en la última semana del retiro, vino a verme sonriendo: «Ya no me da miedo». Explicó que después del desayuno había salido a pasear junto al arroyo que hay debajo del edificio del comedor. Allí se había encontrado al marino, aspirando delicadamente el perfume de las flores que crecían en la orilla. El último día del retiro la vi con Bud junto a las flores manteniendo una alegre y animada conversación.

Como con el amor bondadoso y la compasión, hay una práctica para la alegría. Empezamos visualizando a alguien que amamos experimentando un momento de felicidad. Sentimos su bienestar. Después recitamos la intención «Que tu felicidad y alegría se hagan mayores», repitiendo estas intenciones una y otra vez, atravesando cualquier resistencia, cualquier sentimiento de cansancio, comparación o celos, una y otra vez hasta que el sentimiento de alegría se haga fuerte. Después, de manera sistemática, ampliamos esta práctica a otros seres queridos, uno tras otro, hasta que la cualidad de la alegría de su felicidad se haga aún más evidente. Luego dirigimos la práctica de la alegría hacia nosotros mismos, incluyendo nuestra alegría y nuestra felicidad en esos buenos deseos. A partir de aquí, poco a poco abrimos nuestra práctica de la alegría a todas las categorías de seres. Cuando nos entrenamos para celebrar la alegría y el éxito de los otros, despertamos la Morada Radiante de la alegría. Con alegría, cualquier cosa que hagamos se vuelve sagrada. Martin Luther King entendió esto cuando dijo: «Si una persona trabaja barriendo las calles, debe barrerlas como cuando Miguel Ángel pintaba, como cuando Beethoven componía música, como cuando Shakespeare escribía sus obras».

Como apoyo del cultivo de la alegría, podemos incluir la práctica de la gratitud. Los monjes budistas empiezan cada día con un canto de gratitud para bendecir su vida. Del mismo modo, los ancianos nativos americanos empiezan cada ceremonia con plegarias de gratitud a la Madre Tierra y al Padre Cielo, a las cuatro direcciones, a los hermanos y hermanas animales, vegetales y minerales que comparten nuestra tierra y apoyan nuestra vida.

La gratitud es un reconocimiento amoroso de todo lo que nos proporciona sustento, una manera de reverenciar cualquier bendición, grande o pequeña. La gratitud es la confianza en la vida misma. Con ella sentimos que la misma fuerza que hace crecer a la hierba por las grietas de la calzada anima nuestra vida. En el Tíbet, los monjes y monjas ofrecen plegarias de gratitud incluso por el sufrimiento que les toca vivir: «Que pueda tener suficiente sufrimiento para despertar la compasión y la sabiduría más profundas». La gratitud no envidia ni compara. La gratitud recibe maravillada las innumerables ofrendas de la lluvia y la luz del sol, de lo que mantiene y cuida cada vida.

Cuando la gratitud crece, se transforma en alegría. Experimentamos el coraje de regocijarnos de nuestra buena suerte y la buena suerte de los demás. Con la alegría, no tememos el placer. No tenemos la creencia equivocada de que somos desleales ante el sufrimiento del mundo si honramos la felicidad que se nos da. La alegría ilumina el corazón. Podemos alegrarnos por las personas que amamos, por los momentos de bondad, por la luz del sol y los árboles y por cada bocanada de aire que entra en nuestros pulmones. Como un niño inocente, podemos regocijarnos por la misma vida, por estar vivos.

El mundo en el que vivimos es un templo, y la luz milagrosa de las primeras estrellas brilla en él permanentemente. En lugar del pecado original, celebramos la bondad original. Santa Teresa de Jesús lo explicaba así: «[...] el Señor hace tan buen hortelano y no quiere que tome él trabajo ninguno, sino que se deleite en comenzar a oler las flores [...] y crece la fruta y madúrala de manera que se puede sustentar de su huerto, queriéndolo el Señor». En cada encuentro de las miradas y en cada hoja de árbol, en cada bocado de mandarina o de aguacate, se produce una bendición. Esta es la verdadera salud mental.

La libertad aquí y ahora

Las Cuatro Moradas Radiantes expresan el fruto del desarrollo mental. En equilibrio, la alegría, la compasión y la bondad descansan en una paz inquebrantable. La verdadera paz no es indiferencia ni resignación emocional; es un punto de quietud, la realidad viviente del presente. Esta quietud dinámica es lo que Dipama llama el estado supremo del entrenamiento budista, «donde la conciencia se convierte en una sinfonía de bondad que se despliega en el silencioso océano de la ecuanimidad».

Así, ahora podemos completar el círculo, llegando al lugar donde empezamos, y, como T.S. Eliot escribió, «lo conoceremos por primera vez». Descansar en el presente, dondequiera que estemos, se convierte en la morada del despertar. Ahora estamos verdaderamente vivos, con la capacidad de cuidar, de trabajar, de amar, de entender totalmente la vida con el corazón abierto. Vemos cómo funcionan las leyes de la vida, las causas del sufrimiento y la elección de la libertad. Hacemos todo lo que podemos para reducir el sufrimiento, y en todo momento somos libres. Este es el mensaje definitivo que la psicología budista comunica a sus seguidores: eres libre. Esta libertad es la naturaleza innata de nuestro corazón y nuestra mente.

Cada uno de nosotros reflejamos nuestra libertad interior de un modo único, a través de la personalidad, el cuerpo y la cultura. Algunos expresan su libertad principalmente con la ayuda del silencio, otros con la alegría. Algunos expresan la libertad mediante la paz y otros mediante el servicio y el amor. La conciencia libre y despierta se experimenta como un cristal de múltiples facetas. Una faceta es la paz, otra es el amor, una es la fuerza, otra es la claridad, otra, la gratitud; otras incluyen la integridad, la compasión, el valor, la creatividad, la alegría y la abundancia. Cada una de estas cualidades puede llenar la conciencia y brillar a través del cuerpo, el corazón y la mente. Esto no es simplemente una metáfora. Se convierte en una experiencia real. Estamos iluminados por esas cualidades, una o varias a la vez.

Cuando encontramos la libertad, incluso el dolor y la enfermedad se convierten en parte de la gracia de la vida, y son nuestros maestros. El Dalái Lama dijo: «Cuando en algún momento de nuestras vidas nos encontramos con una verdadera tragedia –lo que nos puede ocurrir a cualquiera–, podemos reaccionar de dos maneras. Obviamente podemos perder la esperanza, abandonarnos a la desesperanza, al alcohol, las drogas o a la tristeza sin límites. O también podemos despertarnos, descubrir en nosotros mismos una energía que estaba oculta allí y actuar con una genuina claridad y compasión». Las imperfecciones son parte del juego de la vida. La alegría y la tristeza, el nacimiento y la muerte son la danza de la existencia gracias a la cual puede brillar nuestra conciencia despierta.

Desde esta perspectiva, es posible encontrar la bondad en todas las cosas. Como prueba de la capacidad humana de hacer esto, esta es la plegaria que escribió un prisionero desconocido en el campo de concentración de Ravesbrück y que fue dejada junto al cuerpo de un niño muerto: «Oh, Señor, acuérdate no solo de los hombres y mujeres de buena voluntad, sino también de los de mala voluntad. Pero no recuerdes solo los sufrimientos que nos infligieron, recuerda también los frutos que hemos dado gracias a este sufrimiento: nuestro compañerismo, lealtad, humildad, valor, generosidad, la grandeza de corazón que se desarrolló a partir de todo esto. Y cuando ellos lleguen al juicio, deja que todos los frutos que hemos dado sean su perdón».

Ajahn Buddhadasa dice que encontrar la bondad en todas partes nos permite ser los servidores de la paz. *Buddhadasa* significa «servidor del despertar», «servidor de la paz». A su monasterio lo llama el jardín de la paz. Allí, entre los antiguos bosques, bellos estanques, el bambú y las esculturas de piedra, ofrece sus enseñanzas del amor bondadoso, la compasión y la paz. Durante cincuenta años, en distintos ciclos de treguas, insurgencias, simplicidad y modernización, han llegado decenas de miles de personas a escuchar sus enseñanzas sobre la paz. Cuando despertamos, también nos convertimos en servidores de la paz, ocupando nuestro lugar en el jardín.

Esta es la culminación de la psicología del corazón sabio. Somos la belleza que hemos estado buscando en nuestras vidas. Somos la conciencia que se conoce a sí misma. Vacío y espaciosidad, compasión y alegría, nuestra propia paz y ecuanimidad empiezan a transformar el mundo que nos rodea. La psicología budista nos ayuda a redescubrir esa libertad y alegría que son nuestra naturaleza original. «Oh, Noble Nacido, no olvides la naturaleza luminosa de tu propia mente. Confía en ella. Es tu hogar».

Prácticas: meditación del amor bondadoso

¡Soy mucho más que el pensamiento!
¡No sabía que dentro de mí hubiera tanta bondad!
WALT WHITMAN

Con un corazón bondadoso como trasfondo, todo lo que intentemos, todo lo que encontremos se abrirá y fluirá con más facilidad.

Puedes empezar la práctica del amor bondadoso meditando durante quince o veinte minutos en un lugar tranquilo. Siéntate cómodamente. Deja que tu cuerpo descanse y se relaje. Deja que tu corazón se ablande. Abandona todos los planes y preocupaciones.

Empieza por ti mismo. Respira con suavidad y recita interiormente las siguientes frases tradicionales dirigidas a tu propio bienestar. Empiezas por ti, porque sin amarte a ti mismo es casi imposible que ames a los otros.

Que me llene de amor.
Que esté a salvo de peligros internos y externos.
Que me sienta bien física y mentalmente.
Que esté tranquilo y feliz.

Mientras repites estas frases, visualízate tal como eres ahora, y abrázate con un corazón bondadoso. O quizá te sea más fácil visualizarte cariñosamente como a un niño pequeño. Ajusta estas palabras e imágenes de cualquier modo que desees. Crea las frases exactas que abran mejor tu corazón a la bondad. Repite estas frases, una y otra vez, permitiendo que los sentimientos penetren en tu cuerpo y en tu mente. Practica esta meditación durante varias semanas, hasta que se desarrolle un sentimiento de amor bondadoso hacia ti mismo.

Ten en cuenta que a veces puedes sentir que haces esta meditación de forma mecánica o torpe. También te puede provocar sentimientos opuestos al amor bondadoso, de irritación o ira. Si eso ocurre, es especialmente importante ser paciente y amable contigo mismo, percibir que cualquier cosa que aparezca sea recibida amistosamente y con cariño.

Cuando sientas que has establecido un sentimiento fuerte de amor bondadoso hacia ti mismo, puedes ampliar tu meditación para incluir a los demás. Después de centrarte en ti mismo durante cinco o diez minutos, elige a un benefactor, alguien de tu vida que hayas amado y que te haya cuidado de verdad. Imagina a esa persona y recita cuidadosamente las mismas frases:

Que te llenes de amor.
Que estés a salvo de peligros internos y externos.
Que te sientas bien física y mentalmente.
Que estés tranquilo y feliz.

Permite que las imágenes y los sentimientos hacia tu benefactor apoyen esta meditación. No importa si las imágenes o sentimientos son claros o no. Con la meditación irán cambiando. Tan solo continúa plantando las semillas de los deseos amorosos, repitiendo las frases amablemente, sea lo que sea lo que surja. Expresar gratitud hacia nuestros benefactores es una forma natural de amar. De hecho, para algunas personas, la práctica del amor bondadoso hacia ellas mismas les resulta tan difícil, que empiezan practicando con un benefactor. Eso está bien también. La clave en la práctica de la bondad es seguir la forma en que se abra con mayor facilidad tu corazón.

Cuando se desarrolle el amor bondadoso hacia tu benefactor, empieza poco a poco a incluir a otras personas en tu meditación. Visualiza a cada ser querido; recita interiormente las mismas frases, evocando un sentimiento de amor bondadoso hacia cada persona.

Después de eso, puedes incluir a otros. Pasa algún tiempo deseando el bien a un círculo de amigos cada vez más amplio. Luego, poco a poco, amplía tu meditación para incluir a los miembros de la comunidad, vecinos, gente de todas partes, animales, todos los seres, la tierra entera.

Finalmente, incluye a las personas difíciles de tu vida, incluso a tus enemigos, deseando que ellos también se llenen de amor bondadoso y paz. Esto requerirá práctica. Pero, a medida que tu corazón se abra, primero a tus seres queridos y después a los amigos, descubrirás que al final ya no querrás cerrarlo más.

El amor bondadoso puede practicarse en cualquier parte. Puedes utilizar esta meditación en los atascos de tráfico, en los autobuses o en los aviones. Mientras practicas en silencio esta meditación entre la gente, llegarás a sentir una maravillosa conexión con ellos: el poder del amor bondadoso. Calmará tu mente y te mantendrá conectado con tu corazón.

Meditación de la compasión

Para esta práctica, véase el capítulo 2.

Meditación de la gratitud y la alegría

Siéntate en silencio tranquilamente. Permite que tu cuerpo se relaje y se abra, que la respiración sea natural, que tu corazón esté sereno. Empieza la práctica de la gratitud sintiendo que año tras año has cuidado de tu propia vida. Luego empieza a reconocer todas las cosas que te han apoyado para cuidarte.

> *Con gratitud recuerdo a las personas, animales, plantas, insectos, criaturas del cielo y el mar, el aire y el agua, el fuego y la tierra, todos los que se han esforzado con alegría para bendecir mi vida cada día.*
> *Con gratitud recuerdo los cuidados y el trabajo de mil generaciones de mayores y antepasados que me precedieron.*
> *Doy gracias por la seguridad y el bienestar que me han sido dados.*
> *Doy gracias por las bendiciones de esta tierra que me han sido dadas.*
> *Doy gracias por la salud que me ha sido dada.*
> *Doy gracias por la familia y amigos que me han sido dados.*

Doy gracias por la comunidad que me ha sido dada.
Doy gracias por las enseñanzas y las lecciones que me han sido dadas.
Doy gracias por la vida que se me ha dado.

Del mismo modo que podemos estar agradecidos por nuestras bendiciones, también podemos estar agradecidos por las bendiciones de otros.

Ahora lleva tu práctica a cultivar la alegría. Continúa respirando con suavidad. Piensa en alguien a quien quieras, alguien por quien te puedas alegrar fácilmente. Visualízalo y siente la alegría natural que surge en ti por su bienestar, su felicidad y su éxito. Con cada respiración, ofrécele tus deseos sinceros llenos de gratitud.

Que estés contento.
Que tu felicidad sea cada vez mayor.
Que no estés separado de la gran felicidad.
Que cada vez sean mayores tu buena suerte y las causas de tu alegría y felicidad.

Con cada frase, conecta con un sentimiento de cariño y alegría empática. Cuando llegues a sentir algún grado de gratitud natural por la alegría y el bienestar de este ser querido, amplía esta práctica a otra persona que quieras. Recita las mismas frases que de manera simple expresen la intención de tu corazón.

Después, poco a poco, abre la meditación a otros seres queridos y benefactores. Cuando la alegría por los demás se haga más fuerte, vuelve a incluirte a ti mismo. Continúa repitiendo las intenciones de la alegría una y otra vez, atravesando cualquier resistencia o dificultad que surja, hasta que te sientas estabilizado en la alegría. Después empieza a incluir de manera sistemática a las personas indiferentes, las personas difíciles e incluso a los enemigos, hasta extender la alegría a todos los seres en todas partes, jóvenes y viejos, cercanos y lejanos.

Haz esta práctica de la alegría hasta que el esfuerzo deliberado de la práctica desaparezca y las intenciones de la alegría se fundan con la alegría natural de tu propio corazón sabio.

Meditación de la ecuanimidad y la paz

Para cultivar las cualidades de la paz y la ecuanimidad, siéntate en una postura cómoda con los ojos cerrados. Lleva una atención suave a tu respiración hasta que tu cuerpo y tu mente se calmen. Reflexiona por un momento sobre los beneficios de una mente equilibrada y ecuánime. Siente qué gran regalo sería ofrecer al mundo que te rodea un corazón pacífico. Permítete tomar conciencia de tus sentimientos internos de equilibrio y serenidad. Después, cuando respires, empieza suavemente a repetir frases como las siguientes:

Al inspirar, calmo mi cuerpo.
Al espirar, calmo mi mente.
Que esté equilibrado.
Que esté en paz.

Repite estas frases hasta que sientas que tu cuerpo y tu mente se calman. Después amplía la sensación de calma a una ecuanimidad espaciosa. Reconoce que todas las cosas creadas surgen y desaparecen: la alegría, la tristeza, las situaciones placenteras y las dolorosas, las personas, casas, animales, naciones, incluso civilizaciones enteras. Descansa en medio de todo esto.

Que aprenda a ver con ecuanimidad y equilibrio la aparición y desaparición de todas las cosas.
Que me abra al equilibrio y la paz.

Cuando el sentimiento de ecuanimidad y paz se haya estabilizado en ti, empieza a visualizar uno a uno a tus seres queridos. Recita las mismas frases con atención.

> *Que aprendas a ver con ecuanimidad y equilibrio la aparición y desaparición de todas las cosas.*
> *Que estés abierto, equilibrado y en paz.*

Permite que la paz envuelva la imagen de cada ser querido. Continúa practicando lo mejor que puedas, respirando con suavidad, deseando pacientemente paz, repitiendo las frases, sea lo que sea lo que surja.

Cuando las cualidades de la ecuanimidad y la paz crezcan puedes ampliar poco a poco la meditación para incluir a otros. Comienza con tus benefactores, aquellos que se preocupan por ti. Visualiza a cada persona una a una, recitando interiormente las mismas frases, ofreciendo una bendición de paz. Luego, poco a poco, aumenta el círculo de la meditación para incluir de manera sistemática a los amigos, los vecinos, las personas indiferentes, los animales, todos los seres, la tierra.

> *Que aprendas a ver con ecuanimidad y equilibrio la aparición y desaparición de todas las cosas.*
> *Que estés abierto, equilibrado y en paz.*

Por último, puedes incluir a las personas difíciles de tu vida, incluso a aquellas que podrías considerar tus enemigos, deseándoles que también encuentren la ecuanimidad y la paz.

Al reflexionar sobre cada persona, en general se suele reconocer que todos los seres son los herederos de su propio karma. Todos los seres reciben el fruto de sus acciones. Sus vidas surgen y desaparecen de acuerdo con las acciones creadas por ellos. Podemos cuidar intensamente de los demás, pero, en última instancia, no podemos actuar por ellos ni amar por ellos. Para ayudar a liberar el corazón, puedes recitar:

> *Tu felicidad y tu sufrimiento dependen de tus acciones y no de mis deseos.*

Tras reflexionar con sabiduría sobre todos los seres y sus acciones, ahora puedes visualizar a cada uno y regresar a estas simples frases:

> *Que aprendas a ver con ecuanimidad y equilibrio la aparición y desaparición de todas las cosas.*
> *Que estés abierto, equilibrado y en paz.*

Continúa realizando esta práctica por tanto tiempo y tan a menudo como desees, respirando y dejando que el corazón descanse en la gran paz natural.

Bibliografía

Aronson, Harvey. *Buddhist Practice on Western Ground: Reconciling Eastern Ideals and Western Psychology*. Boston: Shambhala Publications, 2004.

Baer, Ruth A., ed. *Mindfulness-Based Treatment Approaches: Clinician's Guide to Evidence Base and Applications*. Burlington, MA: Academic Press, 2006.

Begley Sharon. *Train Your Mind, Change Your Brain: How a New Science Reveals Our Extraordinary Potential to Transform Ourselves*. Nueva York: Random House, 2007.

Bennett-Goleman, Tara. *Emotional Alchemy*. Nueva York: Harmony Books, 2001.

Bien, Thomas, y Bien, Beverly. *Mindful Recovery: A Spiritual Path to Healing from Addiction*. Nueva York: John Wiley, 2002.

Brach, Tara. *Radical Acceptance: Embracing Yoyr Life with the Heart of a Buddha*. Nueva York: Bantam Dell, 2003.

Brazier, David. *Zen Threrapy*. Nueva York: John Wiley, 1995.

Csiskszentmihalyi, Mihaly. *Flow*. Nueva York: HarperCollins, 110/2002.

Davidson, Richard J., y Harrington, Anne. *Visions of Compassion: Western Scientist and Tibetan Buddhist Examine Human Nature*. Oxford: Oxford University Press, 2002.

Epstein, Mark. *Thought Without a Thinker: Psychoterapy from Buddhist Perspective*. Nueva York: Basic Books, 1995.

Epstein, Mark. *Psychotherapy Without the Self*. New Haven: Yale University, 2007.

Fishman, Barbara Miller. *Emotional Healing Through Mindfulness Meditation*. Rochester, VT: Inner Traditions, 2002.

Germer, Christopher, Siegel, Ronald D., Fulton, Paul R., eds. *Mindfulness and Psychotherapy*. Nueva York: Guilford Press, 2005.

Gilbert, Paul. *Compassion: Conceptualisations, Research and Use in Psychotherapy*. Londres: Routledge, 2005.

Glaser, Aura. *A Call to Compassion: Bringing Buddhist Practices of the Heart into the Soul of Psychology*. Berwick, ME: Nicolas-Hays, 2005.

Goleman, Daniel. *Destructive Emotions: A scientific Dialogue with the Dalai Lama*. Nueva York: Bantam Dell, 2003.

Goleman, Daniel. *The Meditative Mind*. Nueva York: Tarcher/Putnam, 1988.

Kabat-Zinn, Jon. *Full Catastrophe Living*. Nueva York: Dell, 1990.

Kornfield, Jack. *A Path with Heart: A Guide Through the Perils and Promises of Spiritual Life*. Nueva York: Bantam, 113.

Kumar, Sameet M. *Grieving Mindfully: A Compassionate and Spiritual Guide to Coping with Loss*. Oakland, CA: New Harbinger, 2005.

Ladner, Lorne. *The Lost Art of Compassion: Discovering the Practice of Happiness in the Meeting of Buddhism and Psychology*. Nueva York: HarperCollins, 2004.

Langan, Robert. *Minding What Matters: Psychotherapy and the Buddha Within*. Boston: Wisdom Publications, 2006.

Linehan, Marsha M. *Skills Training Manual for Treating Borderline Personality Disorder*. Nueva York: Guilford Press, 1993.

Liney, P. Alex y Joseph, Stephen, eds. *Positive Psychology in Practice*. Hoboken: John Wiley, 2004.

Magid, Barry. *Ordinary Mind: Exploring the Common Ground of Zen and Psychotherapy*. Somerville, MA: Wisdom Publications, 2002.

Marlatt, G. Alan. *Mindfulness for Addition Problems*. En Carlson, J. (Ed.) Series VI: Spirituality. Compact disc. Washington, D.C.: American Psychological Association, 2005.

Martin, Philp. *The Zen Path Through Depression*. Nueva York: HarperCollins, 1999.

McQuaid, Jhon R., y Carmona, Paula E. *Peaceful Mind: Using Mindfulness and Cognitive Behavioural Psychology to Overcome Depression*. Oakland, CA: New Harbinger Publications, 2004.

Miller, Alec L., Rathus, Jill H., Linehan, Marsha M. *Dialectical Behaviour Therapy with Suicidal Adolescents*. Nueva York: The Guilford Press, 2007.

Molino, Anthony, ed. *The Couch and the Tree*. Nueva York: North Point Press, 1998.

Mruk, Christopher J., y Hartzell, Joan. *Zen and Psychotherapy: Integrating Traditional and Nontraditional Approaches*. Nueva York: Springer Publishing Company, 2003.

Nauriyal, D. K., Drummond, Michale S., Lal, Y. B., eds. *Buddhist Thought and Applied Psychological Research: Transcending the Boundaries*. Nueva York: Routledge, 2006.

Rosenbaum, Robert. *Zen and the Heart of Psychotherapy*. Nueva York: Plenum Press, 1999.

Rubin, Jeffrey B. *Psychotherapy and Buddhism*. Nueva York: Plenum Press, 1996.

Safran, Jeremy. *Psychoanalysis & Buddhism: An Unfolding Dialogue*. Somerville, MA: Wisdom Publications, 2003.

Salzberg, Sharon. *Lovingkindness: The Revolutionary Art of Happiness*. Boston: Shambhala Publications, 1995.

Schwarts, Jeffrey M., y Begley, Sharon. *The Mind and the Brain: Neuroplasticity and the Power of Mental Force*. Nueva York: HarperCollins, 2002.

Segal, Zindel V., Williams, J. Mark G., Teasdale, John D. *Mindfulness-Based Cognitive Therapy for Depression: A New Approach to Preventing Relapse*. Nueva York: The Guilford Press, 2002.

Segall, Seth Robert, ed. *Encountering Buddhism: Western Psychology and Buddhist Teachings*. Albany, NY: State University of New York Press, 2003.

Siegel, Daniel. *The Mindful Brain: Reflection and Attunement in the Cultivation of Well-Being*. Nueva York: Norton and Company, 2007.

Suler, John R. *Contemporary Psychoanalysis and Eastern Thought*. Albany, NY: State University of New York Press, 1993.

Suzuki, D. T., Fromm, Erich, De Martino, Richard. *Zen Buddhism and Psychoanalysis*. Nueva York: Harper & Row, 1960.

Thera, Nyanaponika. *Abhidhamma Studies*. Somerville, MA: Wisdom Publications, 1998.

Thondup, Tulku. *The Healing Power of Mind*. Boston: Shambhala Publications, 1998.

Tsering, Geshe Tashi. *Buddhist Psychology: The Foundation of Buddhist Thought*. Somerville, MA: Wisdom Publications, 2006.

Unno, Mark, ed. *Buddhism and Psychotherapy*. Nueva York: The Guilford Press, 2007.

Welwood, John. *Toward a Psychology of Awakening: Buddhism, Psychotherapy, and the Path of Personal and Spiritual Transformation*. Boston: Shambhala Publications, 2000.

Wilber, Ken, Engler, Jack, Brown, Daniel P. *Transformations of Consciousness*. Boston: Shambhala Publications, 1986/2008.

Young-Eisendrath, Polly, y Muramoto, Shoji, eds. *Awakening and Insight: Zen Buddhism and Psychotherapy*. Nueva York: Taylor & Francis, 2002.

Autorizaciones de textos citados

Págs. 26-27: Texto de D. S. Barnett publicado en «Readers Write: Fears and Phobias» (Los escritores escriben: temores y fobias), de la revista *The Sun* (febrero 2002, número 314). *Copyright* 2002 de D. S. Barnett. Reproducido con autorización de la autora.

Págs. 90-91: De *The joy of insight* (La alegría de comprender), de Victor Weisskopf. *Copyright* 1991 de Victor Weisskopf. Reproducido con autorización de Basic Books, que pertenece al Perseus Books Group.

Págs. 106-107: De *How can I help?* de Ram Dass y Paul Gorman (*Cómo puedo ayudar: manual de un servidor del mundo*, publicado en España por Gaia Ediciones, 1998). *Copyright* 1985 de Ram Dass y Paul Gorman. Utilizado con la autorización de Alfred A. Knopf, de Ramdom House, Inc.

Pág. 131: De «Absolutely Clear» en *The Subject Tonight is Love: 60 Wild and Sweet Poems* de Hafiz («Absolutamente claro» en El tema de esta noche es el amor: 60 poemas dulces y salvajes), traducido al inglés por Daniel Ladinsky. *Copyright* 2003 de Daniel Ladinsky. Reproducido con autorización de Penguin Group (EE. UU.), Inc.

Págs. 271-272: Extracto de las págs. 38-41 de *The Dance: Moving to Rhythms of Your True Self* (La danza: moverse con los ritmos del verdadero ser), de Oriah. *Copyright* 2001 de Oriah Mountain Dreamer. Reproducido con autorización de HarperCollins Publishers.

Pág. 305: Extracto de la pág. 15 de High Tide in Tucson: *Essays from Now or Never* (Marea alta en Tucson: ensayos de ahora o nunca), de Barbara

Kingsolver. *Copyright* 1995 de Barbara Kingsolver. Reproducido con autorización de HarperCollins Publishers.

Págs. 342-343: Relato de un miembro del Cuerpo de Marines de Estados Unidos, reproducido con autorización de Lloyd Burton.

Págs. 368-369: Extracto de «Burnt Norton» de *Four Quartets* (Cuatro Cuartetos) de T. S. Elliot. *Copyright* 1936 de Houghton Mifflin Harcourt Publishing Company y renovado en 1964 por T. S. Eliot. Reproducido con autorización de la editorial.

Pág. 377: De «Field of Dreams: An Interview with Arnold Mundell» (Campo de sueños: una entrevista con Arnold Mundell), de Stephen Bodian. *Copyright* 1990 de Stephen Bodian. Reproducido con la autorización del autor.

Pág. 392: De *Open Secret: Versions of Rumi* (Secreto abierto: versiones de Rumi), traducido al inglés por John Moyne y Coleman Barks. *Copyright* 1984 de John Moyne y Coleman Barks. Reproducido por acuerdo con Shambhala Publications Inc., Boston, MA. www.shambhala.com.

Agradecimientos

He tenido la gran fortuna de trabajar con dos extraordinarios editores. Noelle Oxenhandler ha aportado con gran amor el armazón de la estructura, el talento refinado de su oficio de escritora y su claridad en el *dharma* ganada a pulso para dirigir el proceso y editar pacientemente este libro desde su mismo origen. Toni Burbank, de Bantam, a quien muchos consideramos una de las grandes joyas del mundo editorial, ha continuado el trabajo de Noelle y ha guiado con gran entrega y pulido magistralmente este proyecto con una aguda visión para la verdad y un corazón sabio y consciente. Me siento agradecido a ambos por su trabajo, su clarividencia y su amabilidad.

Además, mi bondadosa e invencible ayudante en este proyecto, Sara Sparling, ha contribuido con su cariño y dedicación en las innumerables revisiones y cambios, y quiero agradecerle su radiante equilibrio.

Este ha sido un largo proyecto de adaptación cultural. Muchos compañeros del alma que se dedican a este mismo trabajo, como Tara Branch, Mark Epstein, Roger Wals, Trudy Goodman, Richard Heckler, Shauna Shapiro, Sylvia Boorstein, Dan Siegel y Ajahn Amaro, han leído los distintos borradores y ofrecido sus sugerencias y su aliento.

Wes «Scoop» Nisker y Bokora Legendre, verdaderos amigos y también autores, compartieron conmigo el mejor lugar del mundo de retiro para escritores en Bali. Fueron una gran ayuda; ¡qué manera de escribir!

Como siempre, quiero rendir homenaje a mis queridos compañeros de las enseñanzas, los veintiún miembros de la Junta de Maestros de Spirit Rocky y el colectivo de maestros de la Insight

Meditation Society que me han acompañado en esta aventura de adaptar la sabiduría de Oriente a formas más accesibles para Occidente. Y ante los muchos estudiantes sinceros cuyas historias aparecen aquí, algunas grabadas, otras enviadas a petición mía, demasiados para poder nombrarlos, y de los que tanto he aprendido, me inclino con agradecimiento.

Me siento enormemente dichoso de haber recibido estas enseñanzas transformadoras de un linaje vivo de grandes maestros, como Ajahn Chah, Mahasi Sayadaw, Maha Ghosananda, Ajahn Buddhadasa, Ajahn Jumnian, Asabha Sayadaw, Dipama Barua, Anagarika Munindra, Sri Nisargadatta, Kalu Rinpoche y Su Santidad el Dalái Lama.

También quiero reconocer el privilegio de formar parte y de haber aprendido de toda una generación de exploradores occidentales visionarios, especialmente Hameed Ali, Stan y Christina Grof, Michael Meade, Ram Dass, Dora Kalff, Jon Kabat-Zinn, Myron Sharif, Michael y Sandra Harner, Angeles Arrien, Malidoma y Sobonfu Somé, Luis Rodríguez, Daniel Goleman, Peter Levine y otros.

Michael Katz ha llevado a cabo su trabajo como agente de este libro haciendo gala de su experiencia de veterano monje zen, en ocasiones con un grito y, más a menudo, susurrando. Le agradezco las dos cosas.

Por último, quiero dar las gracias desde el corazón por las constantes bendiciones que recibo de mi esposa, Liana, una fuente extraordinaria de inspiración y profundidad; a mi querida hija Carolina, una joven compasiva con una clara visión; y a mis creativos hermanos y a sus familias.

editorial Kairós

Puede recibir información sobre
nuestros libros y colecciones inscribiéndose en:

www.editorialkairos.com
www.editorialkairos.com/newsletter.html

Numancia, 117-121 • 08029 Barcelona • España
tel. +34 934 949 490 • info@editorialkairos.com